Individualversicherung

Versicherungslehre 1

Individualversicherung

Versicherungslehre 1

5. Auflage

Herausgeber
Deutsche Versicherungsakademie (DVA) GmbH

Die Deutsche Bibliothek – CIP-Einheitsaufnahme

Individualversicherung

Hrsg. Deutsche Versicherungsakademie (DVA) GmbH. –
Karlsruhe : VVW

1. Versicherungslehre. – 1

[Autoren/verantw. Red.: Peter Koch ; Hubert Holthausen]
[Hauptbd.]. – 5. Aufl. – 2002

ISBN 3-89952-000-9

Autoren/Verantwortliche Redakteure:

Professor Dr. jur. Peter Koch, Aachen
Hubert Holthausen, Köln

Herausgeber:

Deutsche Versicherungsakademie (DVA) GmbH
Stuntzstraße 16
81677 München

5. Auflage 2002

Satz: Satz-Schmiede Bachmann, Bietigheim

Druck: Konkordia GmbH, Bühl

ISBN 3-89952-000-9
(ISBN 3-88487-314-8, 1. Auflage, 1992)

Vorwort

Infolge der Neuordnung des Ausbildungsberufs „Versicherungskaufmann“ im Jahre 1996 stieg die Zahl der Ausbildungsverhältnisse in den letzten Jahren stetig an.

Parallel zu dieser positiven Entwicklung im Bereich der beruflichen Erstausbildung erlebt die Versicherungswirtschaft einen kontinuierlich andauernden Strukturwandel, dessen Ende zurzeit noch nicht abzusehen ist. Dabei zeigt sich, dass Innovationsfähigkeit und kreativer Umgang mit diesem Wandel zu entscheidenden Erfolgsfaktoren im steigenden Wettbewerbsdruck geworden sind.

Durch umfangreiche Gesetzesänderungen in den letzten Jahren sind auch versicherungsfachliche Inhalte stets einem ständigen Wandel ausgesetzt. Versicherungsfachwissen veraltet immer schneller. Darum sind gut qualifizierte Mitarbeiter auf Grund der Wettbewerbssituation im Finanzdienstleistungssektor heute mehr denn je ein Garant für den künftigen Unternehmenserfolg. Durch das Gesetz über die integrierte Finanzdienstleistungsaufsicht existiert seit dem 1. Mai 2002 in der Bundesrepublik Deutschland eine staatliche Aufsicht über Kreditinstitute, Finanzdienstleistungsinstitute und Versicherungsunternehmen, die sektorübergreifend den gesamten Finanzmarkt umfasst. Gerade deshalb unterliegen die Lerninhalte ebenfalls dem kontinuierlichen Anpassungsprozess in der beruflichen Aus- und Weiterbildung.

Die mittlerweile vorliegende 5. Auflage der Lehrbuchreihe Individualversicherung hat sich über ein Jahrzehnt hinweg zu einem „Klassiker“ der Ausbildungsliteratur in der Versicherungswirtschaft entwickelt und dabei auch über die Grenzen der Versicherungswirtschaft hinaus weit reichende Beachtung gefunden.

Neben der Erweiterung um fachliche Neuerungen wie „Riester-Rente“, Pflegeversicherung und der Umstellung aller Tarife auf die neue Währung sind alle enthaltenen Fallbeispiele auf das neue „Bedingungswerk 3 der Südstern Versicherungen“ abgestellt.

Der große Erfolg dieser Lehrbuchreihe ist sowohl für Herausgeber und Verlag als auch für die Autorinnen und Autoren Ansporn und Verpflichtung, dieses „Standardwerk“ auch künftig auf dem bisherigen Niveau zu halten.

Besonderer Dank gilt all denen, die durch ihre vielfältigen Anregungen zur Optimierung dieses Werkes beigetragen haben.

München, September 2002

Inhaltsverzeichnis

Abkürzungsverzeichnis

Abs.	Absatz
Abschn.	Abschnitt
ADS	Allgemeine Deutsche Seeversicherungsbedingungen
a. F.	alte Fassung
AFB	Allgemeine Bedingungen für die Feuerversicherung
AG	Aktiengesellschaft
AGB	Allgemeine Geschäftsbedingungen
agv	Arbeitgeberverband der Versicherungsunternehmen in Deutschland
AHB	Allgemeine Versicherungsbedingungen für die Haftpflichtversicherung
AKB	Allgemeine Bedingungen für die Kraftfahrtversicherung
AktG	Aktiengesetz
ALB	Allgemeine Bedingungen für die kapitalbildende Lebensversicherung
allg.	allgemein
AltZertG	Altersvorsorge-Zertifizierungsgesetz
AUB	Allgemeine Unfallversicherungsbedingungen
AVAD	Auskunftsstelle über Versicherungs-/Bausparkassenaußendienst und Versicherungsmakler in Deutschland e.V.
AVB	Allgemeine Versicherungsbedingungen
AVmG	Gesetz zur Reform der gesetzlichen Rentenversicherung und zur Förderung eines kapitalgedeckten Altersvorsorgevermögens (Altersvermögensgesetz)
BA	Berufsakademie
BAFin	Bundesanstalt für Finanzdienstleistungsaufsicht
BAV	Bundesaufsichtsamt für das Versicherungswesen
BBR	Besondere Bedingungen und Risikobeschreibungen für die Privathaftpflichtversicherung
BDSG	Bundesdatenschutzgesetz
BdV	Bund der Versicherten e.V.
BDVM	Bundesverband Deutscher Versicherungsmakler e.V.
BGB	Bürgerliches Gesetzbuch
BGH	Bundesgerichtshof
BGHZ	Entscheidungen des Bundesgerichtshofs in Zivilsachen (Amtliche Sammlung)
Bsp.	Beispiel
BVerwG	Bundesverwaltungsgericht
BVK	Bundesverband Deutscher Versicherungskaufleute e.V.
BWV	Berufsbildungswerk der Deutschen Versicherungswirtschaft e.V.

ca.	circa
CEA	Comité Européen des Assurances (Europäische Versicherungs-vereinigung)
CRM	Customers Relationship Management
d.	der, die, das
DAV	Deutsche Aktuarvereinigung e.V.
DM	Deutsche Mark
Dt.	Deutsch(er)
DVA	Deutsche Versicherungs-Akademie
DVS	Deutscher Versicherungs-Schutzverband e.V.
E	Electronic (elektronisch)
e.V.	eingetragener Verein
EC	Extended Coverage (erweiterte Deckung)
ECU	European Currency Unit (Europäische Währungseinheit)
ED	Einbruchdiebstahl
EDV	Elektronische Datenverarbeitung
EG	Europäische Gemeinschaft
EGVVG	Einführungsgesetz zum VVG
einschl.	einschließlich
EU	Europäische Union
EV	Erstversicherer, Erstversicherung
evtl.	eventuell
EWG	Europäische Wirtschaftsgemeinschaft
FBU	Feuer-Betriebsunterbrechung
FinDAG	Gesetz über die Bundesanstalt für Finanzdienstleistungsaufsicht (Finanzdienstleistungsaufsichtsgesetz)
GB	Geschäftsbericht
GDV	Gesamtverband der Deutschen Versicherungswirtschaft e.V.
gem.	gemäß
GG	Grundgesetz
GmbH	Gesellschaft mit beschränkter Haftung
GVG	Gerichtsverfassungsgesetz
GwG	Gesetz über das Aufspüren von Gewinnen aus schweren Straftaten (Geldwäschegesetz)
HGB	Handelsgesetzbuch
HUK	Haftpflicht, Unfall, Kraftfahrt
i. d. R.	in der Regel
i. S.	im Sinne
Kfz	Kraftfahrzeug
KfzPflVV	Verordnung über den Versicherungsschutz in der Kraftfahrzeug-Haftpflichtversicherung (Kraftfahrzeug-Pflichtversicherungs-verordnung)
KG	Kommanditgesellschaft

lt.	laut
LW	Leitungswasser
max.	maximal
MB	Musterbedingungen
MB/KK	Musterbedingungen für die Krankheitskosten- und Krankentagegeldversicherung
Mio.	Million
Mrd.	Milliarde
Nr.	Nummer
OLG	Oberlandesgericht
p. r. t.	pro rata temporis (zeitanteilig)
PflVG	Gesetz über die Pflichtversicherung für Kraftfahrzeughalter (Pflichtversicherungsgesetz)
PH	Privathaftpflichtversicherung
PKV	Private Krankenversicherung
Pkw	Personenkraftwagen
RfB	Rückstellung für Beitragsrückerstattung
RV	Rückversicherer, Rückversicherung
SGB	Sozialgesetzbuch
StGB	Strafgesetzbuch
StVO	Straßenverkehrs-Ordnung
u.	und
U.	Unternehmen
u. a.	unter anderem(n)
V	Versicherung
VAG	Gesetz über die Beaufsichtigung der Versicherungsunternehmen (Versicherungsaufsichtsgesetz)
VDVF	Verein Deutscher Versicherungs-Fachwirte e.V.
VDVM	Verband Deutscher Versicherungsmakler e.V.
VerBAV	Veröffentlichungen des Bundesaufsichtsamtes für das Versicherungswesen
ver.di	Vereinte Dienstleistungsgewerkschaft
Vers.	Versicherer, Versicherung
VersR	Versicherungsrecht (Zeitschrift)
VersStG	Versicherungsteuergesetz
VGA	Bundesverband der Assekuranzführungskräfte e.V.
VGB	Allgemeine Wohngebäude-Versicherungsbedingungen
vgl.	vergleiche
VHB	Allgemeine Hausratversicherungsbedingungen
VMV	Versicherungs-Makler-Verband e.V.
VN	Versicherungsnehmer
VR	Versicherer

VS	Versicherungssumme
VU	Versicherungsunternehmen
VVaG	Versicherungsverein auf Gegenseitigkeit
VVB	Vereinigung der Versicherungs-Betriebswirte e.V.
VVG	Gesetz über den Versicherungsvertrag (Versicherungsvertragsgesetz)
VW	Versicherungswert
z. B.	zum Beispiel
ZPO	Zivilprozessordnung

1. Grundlagen des Versicherungswesens

1.1 Risk Management

Herr Otto Müller ist Inhaber einer Schreinerei. Er macht sich Gedanken darüber, welche Gefahren seinen Geschäftsbetrieb, seinen privaten Haushalt sowie ihn persönlich und seine Familie bedrohen.

Grundsätzlich haben sich jeder Unternehmer und jede Privatperson mit diesen Problemen zu beschäftigen. Es muss das Ziel sein, mögliche Risiken so gering wie möglich zu halten und gegebenenfalls gegen Zahlung eines Entgelts abzuwälzen.

Begriff

Die Planung, Durchführung und Kontrolle von Sicherungsmaßnahmen aller Art bezeichnet man als Risk Management. Mit diesem Wort wird zum Ausdruck gebracht, dass man die Risiken in den Griff bekommen will. Erforderlich ist, dass man sie erkennt und anschließend bewältigt.

Bei privaten Haushalten gehört das Risk Management ganz einfach zur Haushaltsführung. Bei Unternehmen ist es entweder bei der Leitung oder in speziellen Abteilungen angesiedelt. Wichtig ist, dass sich das Sicherheitsdenken auf den gesamten Betrieb und alle Mitarbeiter erstrecken muss.

Ansatz

Ausgangspunkt aller Überlegungen im Bereich des Risk Management sind die Gefahren und die Folgen, die bei ihrer Verwirklichung eintreten. Man hat die Risiken im Einzelnen zu analysieren und sich mit der Möglichkeit ihrer Bewältigung zu befassen.

1.1.1 Gefahren

Was ist Gefahr (Risiko)?

Gefahren bedrohen die Sicherheit. Unter Gefahr versteht man daher die Möglichkeit des Eintritts von wirtschaftlichen Nachteilen. Anstelle des Wortes „Gefahr“ wird häufig in gleichem Sinne auch der Begriff „Risiko“ verwendet. Sie haben also grundsätzlich den gleichen Inhalt. Jedoch bezeichnet man in der Versicherungswirtschaft als Risiko auch das versicherte Objekt, also beispielsweise eine Fabrik in der Feuerversicherung.

Arten

Es gibt sehr unterschiedliche Gefahren. Sie können zu Schäden an Hab und Gut führen, durch Krankheit oder Tod den Menschen selbst betreffen oder durch eine Unachtsamkeit zu erheblichen Schadenersatzverpflichtungen führen.

Gefahren bedrohen:		
Personen	Sachen	Vermögen
durch - Krankheit - Unfall - Berufsunfähigkeit - Tod	Beschädigung, Zerstörung oder Abhandenkommen, z. B. durch - Feuer - Einbruchdiebstahl - Maschinenbruch - Leitungswasser	unerwartete finanzielle Aufwendungen für - Schadenersatzleistungen - Prozesskosten - Lohnfortzahlung nach einem Brand

Unternehmerrisiko

Für Privatpersonen und Haushalte (Verbraucher) auf der einen Seite sowie gewerbliche Unternehmen auf der anderen Seite bestehen jeweils verschiedene Risiken. Die Unternehmen sind auch der Gefahr von Sach- und Vermögensschäden ausgesetzt. In besonderer Weise droht ihnen aber das so genannte unternehmerische Risiko, das die Möglichkeit des Eintritts von Verlusten auf Grund des wirtschaftlichen Umfeldes, von Konjunkturschwankungen, Veränderungen des Absatzmarktes und Abweichungen im Kundenverhalten einschließt. Es ist grundsätzlich unversichert und unversicherbar.

Unternehmerrisiko

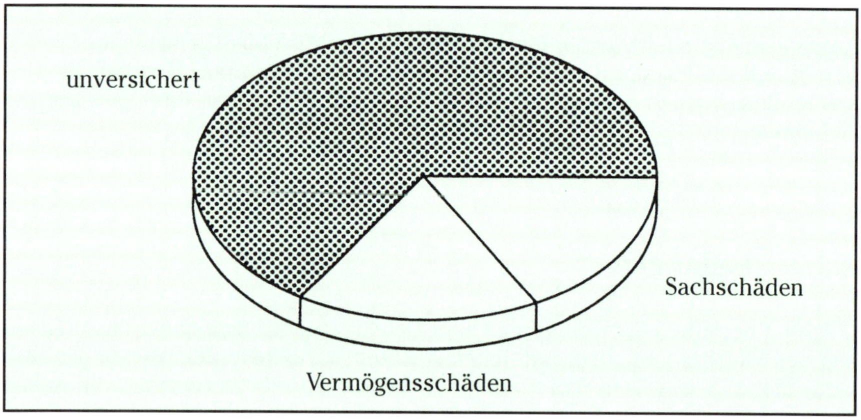

Nach ihrer Entstehungsursache werden unterschieden: Ursachen

Subjektive Gefahren	Objektive Gefahren
beruhen unmittelbar auf menschlichem Verhalten – Brandstiftung – Leichtfertigkeit bei Schweißarbeiten – riskante Fahrweise eines Kraftfahrers	werden in der Regel nicht durch den Menschen beeinflusst – Blitzschlag – Naturkatastrophen

1.1.2 Schäden

Der Eintritt des drohenden Ereignisses führt zu einem Schaden. Schaden bedeutet somit die Konkretisierung oder Verwirklichung der drohenden Gefahr. Begriff

Materielle Schäden	Immaterielle Schäden
sind unmittelbare wirtschaftliche Einbußen für den Geschädigten – durch Verlust von Vermögenswerten – durch Entstehung von Aufwendungen	wirken sich nicht unmittelbar auf das Vermögen aus – Schmerzen nach einem Unfall – Verlust eines nahen Angehörigen

Materielle Schäden oder Vermögensschäden können eintreten in einer Person, einer Sache oder dem Vermögen als solchem. Danach unterscheidet man Personenschäden, Sachschäden und reine Vermögensschäden. Schadenarten

Personenschäden	Sachschäden	reine Vermögensschäden
Verletzung oder Tod einer Person	Verlust, Beschädigung oder Zerstörung einer Sache	Eingriff in das Vermögen als solches (falsche Beratung durch einen Rechtsanwalt oder Notar, die zu Vermögensverlusten führt)

Folgen

Auf das Vermögen des Geschädigten können sich materielle Schäden in doppelter Weise auswirken:

Ungeplante Ausgaben	Verlust von Einkommensquellen
– Wiederbeschaffung von Hausrat – Reparatur eines Kraftfahrzeugs – Arzt- und Krankenhauskosten	– Tod des Ernährers – Berufsunfähigkeit – Arbeitslosigkeit

1.1.3 Analyse und Bewältigung von Risiken

Grundsatz

Wegen der Vielzahl drohender Risiken und der mit ihrem Eintritt verbundenen Schäden ist die Gefahrverhütung eine wichtige Aufgabe. Voraussetzung für alle Sicherheitsmaßnahmen ist es, Risiken (Gefahren) rechtzeitig zu erkennen. Diesem Zweck dienen beispielsweise die als Gefahrzeichen bekannten Straßenverkehrsschilder. Sie mahnen, „sich auf die angekündigte Gefahr einzurichten" (§ 40 StVO).

Träger

Die Schadenverhütung ist Bestandteil der Sicherheitspolitik des Staates zum Schutz der Bürger. Dazu dienen zahlreiche gesetzliche Vorschriften: Straßenverkehrsrecht, Brandschutz, gewerbe- und gesundheitspolizeiliche Bestimmungen. Seit Einführung der Verpflichtung zum Tragen eines Sturzhelms für Mofa- und Motorradfahrer sowie zum Anlegen von Sicherheitsgurten für Autofahrer ist die Zahl der Unfalltoten im Straßenverkehr erheblich zurückgegangen.

Aber auch jede Privatperson und jedes Unternehmen ist bemüht, Vorkehrungen gegenüber drohenden Gefahren zu treffen. Sie sind als Risk Management von besonderer Bedeutung in den Betrieben, weil Technik, Industrialisierung und wissenschaftlicher Fortschritt ständig neue Gefahrenquellen schaffen.

Ablauf

Der Prozess des Risk Management besteht aus drei verschiedenen Stufen:

Risikoanalyse
Risikobewältigung
Kontrolle

Risikoanalyse

Am Anfang steht immer die Risikoanalyse. Der Schreinermeister hat zu untersuchen, welche Gefahren seinen Betrieb, seinen Haushalt sowie ihn selbst und seine Familienangehörigen bedrohen.

Dieser Vorgang der Risikoanalyse setzt sich wiederum aus drei verschiedenen Schritten zusammen.

Ablauf der Risikoanalyse		
Risikoerkennung	Quantifizierung der Risiken	Ursachenanalyse

Risiken kann man nur dann in den Griff bekommen und bewältigen, wenn man sie und ihre Ursachen erkennt. Daher hat der Schreinermeister systematisch zu untersuchen, welche Ereignisse seinen Betrieb bedrohen. Folgende Fälle sind denkbar:

Risikoerkennung

- Ein Feuer vernichtet das Gebäude und die gesamte Betriebseinrichtung einschließlich der Holzvorräte.
- Wertvolle Möbel werden entwendet.
- Ein Sturm deckt das Dach ab, und Regen lässt die Holzprodukte unbrauchbar werden.
- Eine wertvolle Produktionsmaschine fällt plötzlich aus.
- Ein Großabnehmer gerät in Konkurs, sodass die Rechnungsbeträge nicht eingehen.

Zur Risikoanalyse gehört aber nicht nur das Aufspüren möglicher Gefahren, sondern auch ihre Bewertung für das gesamte Betriebsgeschehen. Man spricht von einer Quantifizierung der Risiken.

Quantifizierung

Hierfür bieten sich zwei Methoden an.

Der Schreinermeister wird zunächst nach der Häufigkeit des Eintritts bestimmter Ereignisse fragen: Hat es in seinem Betrieb oft gebrannt? Wie häufig sind wichtige Maschinen ausgefallen? Ist die Werkstatt schon wiederholt von Dieben heimgesucht worden?

Darüber hinaus ist es aber auch von ganz entscheidender Bedeutung, welche Schäden die einzelnen Risiken bei ihrem Eintritt hervorrufen können. Unter diesem Gesichtspunkt kann man die Risiken in drei verschiedene Gefährdungsklassen einteilen:

- Existenzvernichtende Gefahren, wie z. B. die vollständige Zerstörung des Betriebes durch Feuer
- Existenzbedrohende Gefahren, wie z. B. der Ausfall einer Maschine oder eines Großkunden
- Existenzneutrale Gefahren, wie z. B. das Zerbrechen einer Verglasung infolge eines Sturms

Messgrößen für die Höhe des entstehenden Schadens sind sowohl die Wiederbeschaffungskosten als auch der Ertragsausfall für den Betrieb.

Ursachenanalyse

Neben der Erkennung und Quantifizierung der Risiken ist im Rahmen einer Analyse die Feststellung ihrer Ursachen notwendig.

Risiken können ihre Ursachen in dem Betrieb selbst haben, weil beispielsweise organisatorische Mängel bestehen, das Risikobewußtsein der Belegschaft fehlt oder keine ausreichenden Brandschutzeinrichtungen vorhanden sind.

Risiken können ihre Ursache aber auch außerhalb des Betriebes haben, wie beispielsweise Naturgewalten oder die Zahlungsunfähigkeit großer Abnehmer.

Bewältigung der Risiken

Die wichtigste Aufgabe des Risk Management besteht darin, die Risiken nach ihrer Analyse zu bewältigen. Zu diesem Zweck müssen entsprechende risikopolitische Maßnahmen getroffen, durchgeführt und überwacht werden. Die Risikobewältigung gliedert sich somit in drei Bereiche.

Risikobewältigung		
Handlungsalternativen	Entscheidung	Durchführung

Nachdem der Inhaber des Schreinereibetriebes sich durch eine Risikoanalyse Klarheit über die bestehende Situation verschafft hat, kann er im Wege des Risk Management zwischen verschiedenen Handlungsalternativen wählen. Der Schreinermeister kann sich für folgende Möglichkeiten entscheiden:

- Risikotragung
- Risikovermeidung bzw. -verminderung
- Finanzielle Abwälzung des Risikos

Unternehmer und Privatpersonen können die sie bedrohenden Risiken selbst tragen, ohne irgendwelche Maßnahmen zu ihrer Vermeidung, Verminderung oder finanziellen Abwälzung zu treffen. Sie gehen davon aus, dass sie von den Gefahren nicht betroffen werden oder ihr Eintritt nicht zu einer Zerstörung der finanziellen Existenz führen kann.

Risikotragung

Eine solche Entscheidung wird sehr selten getroffen; denn jedermann weiß, dass Betriebe und der gesamte Hausrat durch Feuer oder Naturgewalten vollständig zerstört werden können.

Eine mögliche Alternative sind Sicherungs- und Vorsichtsmaßnahmen, durch die der Eintritt bestimmter Gefahren vermieden oder das Ausmaß eines Schadens vermindert werden soll. Da die menschliche Existenz und die Wirtschaft notwendigerweise mit Gefahren verbunden sind, gibt es keinen generellen Risikoausschluss. Eine Risikovermeidung kann vielmehr nur für Teilbereiche in Betracht kommen.

Risikovermeidung und -verminderung

Beispiel:

Ein Unternehmen, das bestimmte Spezialmaschinen herstellt, verzichtet auf den Export in die USA, um das Produkthaftpflichtrisiko zu vermeiden und die mit ihm verbundenen erheblichen Versicherungsprämien einzusparen. Außerdem will man eine Rufschädigung durch spektakuläre Prozesse vermeiden. Mit dieser Entscheidung wird ganz bewusst ein Umsatzrückgang in Kauf genommen.

Zu dem Gebiet der Risikovermeidung gehören auch die Risikoabwälzung durch entsprechende Absprachen mit dem Vertragspartner, die Risikoteilung und die Risikostreuung.

Vorbeugende Maßnahmen zur Risikovermeidung können sich auf die Zeit vor Eintritt des Schadens sowie seine spätere Begrenzung beziehen.

Risikovermeidung		Risikoverminderung	
Generell lassen sich Risiken nicht ausschließen	Für Teilbereiche sind denkbar:	Durch vorbeugende Maßnahmen	
		Gegen den Eintritt des Schadens (Gefahrverwirklichung)	Zur Begrenzung des Schadens (Minimierung)
	– Risikoabwälzung durch vertragliche Vereinbarung eines Haftungsausschlusses – Risikoteilung durch Vergabe eines Auftrages an mehrere Bauunternehmer – Risikostreuung durch Aufteilung des Vermögens auf mehrere Kapitalanlage-Arten	– Alarmanlagen – Unfallverhütungs-Einrichtungen – Inspektion technischer Anlagen – Vorsorgeuntersuchungen	– Betriebsfeuerwehr – Notstrom-Aggregate – Melde- und Rettungssysteme für Verkehrsunfälle – Brandwände

Finanzielle Absicherung

Da Risiken grundsätzlich nicht vermieden und nur in einem gewissen Umfang vermindert werden können, nimmt ihre finanzielle Absicherung durch eine Reihe von Vorsorgemöglichkeiten im Rahmen des Risk Management einen ganz wichtigen Platz ein.

Sehr häufig bestehen die Entscheidungen darin, dass verschiedene Maßnahmen miteinander kombiniert werden. So wird ein Betrieb beispielsweise die erforderlichen Sicherungsmaßnahmen für die Brand-, Einbruchdiebstahl- und Unfallgefahr treffen, Versicherungen für diese Risiken abschließen, aber auch einen Teil selbst tragen, um gegebenenfalls Prämien zu sparen, hierfür jedoch die erforderlichen Rücklagen bilden, um bei Schadeneintritt den Verlust ausgleichen zu können.

Zusammenfassung

1. Gefahr = Möglichkeit des Eintritts von Schäden
2. Gegenstand der Bedrohung
   - Personen
   - Sachen
   - Vermögen
3. Entstehungsursachen
   - subjektive Voraussetzung
   - objektive Gegebenheiten

---

1. Schaden = Verwirklichung der drohenden Gefahr
2. Arten
   - Personen-
   - Sach-
   - reine Vermögensschäden
3. Folgen
   - unerwartete Ausgaben
   - Verlust von Einnahmequellen

---

1. Erfordernis von Sicherungsmaßnahmen
2. Träger: Staat, Privatpersonen, Unternehmen
3. Weg des Risk Management: Gefahren
   - erkennen
   - vermeiden
   - vermindern
   - finanziell abwälzen (Vorsorge)
4. Kombination verschiedener Maßnahmen unter Berücksichtigung individueller Gegebenheiten

1.2 Finanzielle Absicherung des Risikos

Notwendigkeit

Trotz aller Sicherheitsmaßnahmen lassen sich die Verwirklichung von Gefahren und damit der Eintritt von Schäden nicht verhindern. Aus diesem Grunde sind private Haushalte und Wirtschaftsunternehmen auf Möglichkeiten der Vorsorge angewiesen, welche die wirtschaftlichen Folgen durch einen vollständigen oder teilweisen Ausgleich mildern.

Formen

Es gibt verschiedene Arten der Vorsorge, die von privaten Haushalten und Wirtschaftsunternehmen in Anspruch genommen werden können. Sie unterscheiden sich nach ihren Trägern und Voraussetzungen.

Möglichkeiten finanzieller Vorsorge
– Leistungen des Staates – individuelle Selbsthilfe – Versicherung

1.2.1 Leistungen des Staates

Grundlagen

Die Bundesrepublik Deutschland ist ein „sozialer" Bundesstaat (Art. 20 des Grundgesetzes). Daher können unter bestimmten Voraussetzungen staatliche Leistungen in Anspruch genommen werden. Die Fälle sind jedoch sehr beschränkt, weil in der sozialen Marktwirtschaft grundsätzlich die eigenverantwortliche Vorsorge des Einzelnen im Vordergrund zu stehen hat. Steuermittel sollen nur in Ausnahmefällen für derartige Zwecke eingesetzt werden. Für sozialpolitische Aufgaben bedient sich der Staat im Übrigen des Instruments der Versicherung, insbesondere der Sozialversicherung.

Einzelfälle

Für Einzelpersonen, private Haushalte und Wirtschaftsunternehmen ist in drei Fällen eine Inanspruchnahme des Staates von praktischer Bedeutung.

Subventionen	Versorgung	Sozialhilfe
Förderungsmaßnahmen an private Unternehmen in Form von verlorenen Zuschüssen, Krediten, Bürgschaften und Gewährleistungen	Ansprüche eines bestimmten Personenkreises (insbesondere Beamte, Soldaten, Kriegsopfer) auf Grund der Fürsorgepflicht ihrer Dienstherren	Hilfeleistung des Staates für Personen in einer Notlage, die ihnen die Führung eines menschenwürdigen Lebens nicht ermöglicht und die sie durch eigene Mittel und Kräfte nicht beheben können

Für Privatpersonen und Haushalte können vor allem Versorgungsansprüche und soziale Hilfeleistungen in Betracht kommen. Es besteht jeweils ein Rechtsanspruch gegen die öffentliche Hand. Sozialhilfeleistungen können alle Bürger, Versorgungsleistungen nur ein bestimmter Personenkreis beanspruchen. Versorgungsansprüche erstrecken sich auf Pension, Beihilfe im Krankheitsfall und Leistungen für den Fall, dass ein Beamter bei Ausübung seines Dienstes zu Schaden kommt. Sozialhilfeleistungen setzen demgegenüber die Hilfsbedürftigkeit des Anspruchstellers voraus, die darauf beruht, dass alle anderen Möglichkeiten zur Existenzsicherung erschöpft sind, wie z. B. Unterstützung von Angehörigen und Versicherungsleistungen (Subsidiaritätsprinzip).

Unterscheidung

Eine Form der Versorgung bildet auch die Erstattung von Versicherungsbeiträgen an Wehrpflichtige und Zivildienstleistende. Lebensversicherungsbeiträge werden nach dem Arbeitsplatzschutzgesetz erstattet.

Wehr- und Zivildienst

Voraussetzungen	Höhe
• Bestand des Vertrages 12 Monate vor Wehrdienstbeginn mit Mindestendalter 60 Jahre bzw. Laufzeit von mindestens 35 Jahren bei vermögenswirksamer Lebensversicherung • Berechtigter muss 12 Monate vor Wehrdienstbeginn Versicherungsnehmer, versicherte Person und Bezugsberechtigter im Erlebensfall sein • Leistung der Beiträge aus eigenen Einkünften	• Beiträge, die durchschnittlich in den letzten 12 Monaten vor Wehrdienstbeginn gezahlt wurden • Maximal 40 % des Höchstbeitrages für die freiwillige gesetzliche Rentenversicherung

Beiträge zu Schaden- und Unfallversicherungen sind nach dem Unterhaltssicherungsgesetz erstattungsfähig. In Betracht kommen Beiträge zur Unfall-, Feuer-, Diebstahl-, Haftpflicht- und Rechtsschutzversicherung.

Voraussetzungen	Höhe
• Bestand des Versicherungsvertrages 12 Monate vor Wehrdienstbeginn • Wehrpflichtiger muss Versicherungsnehmer sein	• Versicherungsbeiträge bis zu 6 vom Hundert, zusammen mit den allgemeinen Leistungen bis höchstens 90 vom Hundert des Nettolohns

1.2.2 Individuelle Selbsthilfe

Sparen

Als einfachste Form der individuellen Vorsorge für Privatpersonen und Haushalte dient das Sparen. Durch Konsumverzicht werden Mittel angesammelt, die für einen künftigen Geldbedarf zur Verfügung stehen. Sparen kann jedoch niemals den Versicherungsschutz für den Fall des Eintritts ungewisser Ereignisse ersetzen. Spargelder werden allmählich angespart und stehen nicht in beliebiger Höhe zur Verfügung, während jederzeit mit einem Geldbedarf zum Ausgleich von Schäden gerechnet werden muss.

Rücklagenbildung

Auch Unternehmen sind nicht in der Lage, durch Bildung von Rücklagen Beträge in einer Höhe bereitzuhalten, die für den Ausgleich der wirtschaftlichen Folgen von Schäden benötigt werden. Ein solches Verfahren ist betriebswirtschaftlich ungeeignet, weil sich derartige Risiken für den Einzelfall nicht kalkulieren lassen. Außerdem würden in unrationeller Weise Mittel gebunden, die unter Umständen nicht benötigt werden.

Bedeutung

Trotzdem gehören Sparen und Rücklagenbildung neben dem Abschluss von Versicherungen zur notwendigen Vorsorge. Es können nämlich nicht alle privaten und betrieblichen Risiken durch Versicherungen abgedeckt werden. Das unternehmerische Risiko ist ohnehin nur teilweise versicherbar. Beispielsweise besteht auch kein Versicherungsschutz für den Ersatz oder die Erneuerung abgenutzter Gegenstände, etwa Maschinen, Garderobe oder Kraftfahrzeuge.

Angesparte Mittel müssen auch zur Verfügung stehen, wenn ein Versicherungsnehmer bewusst darauf verzichtet, mögliche Schäden vollständig zu versichern. Wer eine Selbstbeteiligung, etwa in der Fahrzeugversicherung oder der privaten Krankenversicherung, vereinbart, erreicht dadurch eine niedrigere Prämie, hat aber bei Eintritt des Versicherungsfalles den durch Versicherung nicht gedeckten Betrag selbst zu tragen.

1.2.3 Versicherung der Risiken

Hauptform finanzieller Vorsorge

Das geeignetste und deshalb am meisten verbreitete Instrument der finanziellen Vorsorge für den ungewissen Bedarf, der bei der Verwirklichung drohender Gefahren entsteht, ist die Versicherung. Sie gewährt im Rahmen der einzelnen Versicherungszweige Leistungen bei Eintritt bestimmter Ereignisse, wie Feuer, Einbruchdiebstahl, Sturm, Hagel, Krankheit, Arbeitslosigkeit oder Tod. Der Umfang des Versicherungsschutzes ergibt sich jeweils aus gesetzlichen Bestimmungen oder der vertraglichen Vereinbarung im Einzelfall.

Versicherungsprinzip

Die Mittel für die Versicherungsleistungen werden von den Versicherten durch Prämien oder Beiträge aufgebracht. Alle Aufwendungen müssen daher durch entsprechende Beitragszahlungen gedeckt sein. Dieses Finanzierungsverfahren bezeichnet man als Versicherungsprinzip.

Abgrenzungen

Vom Sparen bzw. von der Rücklagenbildung unterscheidet sich die Versicherung dadurch, dass ihre Leistungen nicht durch die von dem einzelnen Versicherten angesparten Mittel begrenzt sind. Es erfolgt vielmehr eine Aufteilung der Risiken auf eine Vielzahl von Versicherten.

Von der Versorgung unterscheidet sich die Versicherung dadurch, dass sie nicht auf einen engen Kreis versorgungsberechtigter Personen begrenzt ist und nicht nur eine Grundversorgung, sondern vollen Schadenausgleich bietet.

Von der Sozialhilfe unterscheidet sich die Versicherung dadurch, dass sie nicht die Hilfsbedürftigkeit des Anspruchstellers voraussetzt und vollen Ausgleich der wirtschaftlichen Folgen von Schäden bietet.

Versicherung gewährt von Anfang an vollen Versicherungsschutz, ohne dass der Einzelne die im Versicherungsfall benötigten Mittel angespart haben muss. Der Versicherte erwirbt durch seine Beitragszahlung einen Rechtsanspruch auf die gesamte vereinbarte Versicherungsleistung.

Die Versicherung kann in doppelter Weise ausgestaltet sein: Ausgestaltung

- Die Individualversicherung ist ein Wirtschaftszweig und beruht auf dem Grundsatz von Leistung und Gegenleistung (Äquivalenzprinzip).

- Die Sozialversicherung ist ein Teil der staatlichen Sozialpolitik und bezweckt über die Beiträge einen sozialen Ausgleich (Solidaritätsprinzip).

Finanzielle Vorsorge		
Formen	Bedürftigkeitsprüfung	Finanzierung
Sparen	nein	Ansparung der Mittel
Versorgung	nein	Steuermittel
Sozialhilfe	ja	Steuermittel
Versicherung	nein	Beiträge der Versicherten

1.2.3.1 Begriff der Versicherung

Die Versicherung ist durch folgende Merkmale gekennzeichnet: Merkmale

Deckung eines Geldbedarfs
Ungewissheit, aber Schätzbarkeit des Bedarfs
Zwischenwirtschaftlicher Risikoausgleich

Deckung eines Geldbedarfs

Aufgabe der Versicherung ist es, Mittel für einen möglicherweise entstehenden Geldbedarf zur Verfügung zu stellen. Ausgelöst wird dieser Bedarf durch die Verwirklichung einer drohenden Gefahr und die Notwendigkeit des Ausgleichs der wirtschaftlichen Folgen.

Geld

Bei dem eintretenden Bedarf muss es sich um einen Geldbedarf handeln. Er muss also in Geld zu beziffern sein. Dies ist immer der Fall bei wirtschaftlichen Einbußen, wie der Vernichtung von Vermögensgegenständen durch Feuer. Nicht versicherbar sind deshalb Gegenstände, für deren Bewertung objektive Maßstäbe fehlen, beispielsweise ein Familienfoto oder Briefe eines verstorbenen Angehörigen.

Bedarf

Die Höhe des Bedarfs, der durch die Versicherung gedeckt werden soll, kann auf unterschiedliche Weise berechnet werden. Danach unterscheidet man zwischen konkretem und abstraktem Bedarf.

Konkreter Bedarf	Abstrakter Bedarf
Er orientiert sich grundsätzlich am Umfang des eingetretenen Schadens (entwendete Gegenstände, Reparaturkosten für ein Fahrzeug, abgebranntes Gebäude).	Er wird vom Versicherungsnehmer selbst ermittelt, indem er die Versicherungssumme für die Lebensversicherung oder die Tagegeld-Beträge in der Unfall- und Krankenversicherung festsetzt.

Ungewissheit, aber Schätzbarkeit des Bedarfs

Zufall

Der Geldbedarf muss ungewiss sein. Eintritt und Umfang des versicherten Ereignisses dürfen daher nicht feststehen. Sie müssen zufällig eintreten. Gefahren drohen zwar jedermann; es ist jedoch ungewiss, wann und in welchem Umfang sie sich konkretisieren.

Zufällig ist ein Ereignis,

- wenn unbekannt ist, ob es überhaupt eintritt, z. B. ein Hagelschlag oder ein Unfall,
- wenn man weiß, dass es bestimmt eintreten wird, aber der Zeitpunkt ungewiss ist, wie der Tod eines Menschen in der Lebensversicherung.

Schätzbarkeit

Ein Versicherungsunternehmen kann Deckung für Gefahren nur unter der Voraussetzung bieten, dass der erforderliche Geldbedarf schätzbar ist. Deshalb werden zur Kalkulation der Prämie bestimmte statistische Unterlagen benötigt.

Risikoausgleich

Kollektiv

Die Versicherung beruht darauf, dass die Gefahren alle Personen, Haushalte und Wirtschaftsunternehmen bedrohen, aber nur wenige von ihnen tatsächlich betroffen werden. Man spricht deshalb von einem Risikoausgleich im Kollektiv. Der Versicherer übernimmt die Einzelrisiken gegen Prämie, wobei die Gesamteinnahmen ausreichen müssen, um die anfallenden Schäden auszugleichen und die Kosten zu decken.

Zeit

Darüber hinaus findet ein Risikoausgleich in der Zeit beispielsweise dadurch statt, dass Rückstellungen für den jährlich schwankenden Schadenbedarf, etwa in der Hagel- oder Sturmversicherung, gebildet werden (Schwankungsrückstellung).

Viele von Gefahren bedrohte Personen
(Versicherungsnehmer)

↓

Beiträge

↓

Versicherungsbetrieb

↓

Auszahlung der Versicherungsleistungen
an Versicherungsnehmer oder Drittgeschädigte

Äquivalenzprinzip

Beiträge der Versicherungsnehmer auf der einen Seite sowie Leistungen für Versicherungsfälle und Kosten auf der anderen Seite müssen sich die Waage halten. Dieses Erfordernis des Gleichgewichts wird auch das Äquivalenzprinzip der Versicherung genannt.

Beiträge	Leistungen für Versicherungsfälle
	Kosten

Dienstleistung

Zur Durchführung des Risikoausgleichs nutzen die Versicherungsunternehmen den statistischen Erfahrungssatz, dass der Schadeneintritt den nach der Wahrscheinlichkeitsrechnung ermittelten Werten entsprechen wird. Im Rahmen der Versicherungstechnik werden darüber hinaus weitere risikoausgleichende Instrumente eingesetzt, wie Sicherheitszuschläge bei der Prämienkalkulation, Mitversicherung oder Rückversicherung. Die Gewährung des Versicherungsschutzes stellt eine unternehmerische Leistung dar. Es handelt sich ebenso wie bei den Produkten der Banken um eine Finanzdienstleistung. Juristisch gesehen stellt die Versicherung ein Leistungsversprechen für den Fall des Eintritts der versicherten Gefahr dar.

Kunden-orientie-rung

Weil diese Art der Dienstleistung wegen ihrer mathematischen Voraussetzungen und der Notwendigkeit einer genauen juristischen Abgrenzung des Deckungsumfanges besonders kompliziert und abstrakt erscheint, sind die Versicherungsunternehmen und ihre Mitarbeiter in verstärktem Maße darauf angewiesen, ihre Tätigkeit kundenorientiert auszurichten. Man sollte den Kreis der bei einer Versicherungs-Gesellschaft versicherten Personen nicht als Gefahrengemeinschaft bezeichnen, wie dies früher häufig geschehen ist. Es handelt sich bei ihnen um die Kunden des Versicherungsunternehmens, die möglichst individuell betreut werden müssen.

1.2.3.2 Kalkulation der Prämie

Grund-lagen

Die Kalkulation der Prämie beruht auf dem im Begriff der Versicherung enthaltenen Merkmal der Schätzbarkeit des Bedarfs. Der Versicherer benötigt Unterlagen, aus denen sich ermitteln lassen:

1. Zahl der Versicherungsfälle = Schadenhäufigkeit bzw. Sterbewahrscheinlichkeit in der Lebensversicherung
2. Aufwand pro Versicherungsfall = Schadendurchschnitt, sofern die Versicherung den Ersatz eines eingetretenen Schadens bezweckt (konkreter Bedarf)

Die Prämienkalkulation beruht somit auf der Grundlage statistischer Erfahrungen und mathematischer Methoden. Man geht nach dem Gesetz der großen Zahl davon aus, dass die für vorangegangene Perioden ermittelten Daten auch für die bestehenden Versicherungsverträge gelten.

Leben

Beispiel aus der Lebensversicherung:

Sterbetafel der Deutschen Aktuarvereinigung (DAV-Sterbetafel 1994)		
Alter	Frau	Mann
0	1 000 000	1 000 000
30	978 011	962 430
40	968 489	945 456
50	946 818	907 578
60	898 416	812 525
70	787 772	618 243
80	527 486	301 131

Wenn beispielsweise von 100 000 Personen im Laufe eines Jahres 784 sterben, errechnet sich hieraus eine einjährige Sterblichkeit von 7,84 Promille. Die Sterblichkeit ist vom Lebensalter abhängig und steigt mit zunehmendem Alter an. Männer weisen in allen Altern eine höhere Sterblichkeit auf als Frauen.

Danach lässt sich der Risikoanteil des Beitrages für eine einjährige Risikoversicherung mit 7,84 € für je 1 000,00 € Versicherungssumme berechnen. Die vom Versicherungsnehmer erhobene Tarifprämie hat darüber hinaus Sicherheitszuschläge und Kosten zu berücksichtigen.

Beispiel aus der Kraftfahrzeug-Haftpflichtversicherung:

Kraftfahrt

Basiszahlen 2000		
Pkw in Millionen	Schadenfälle in Millionen	Schadenaufwand in Milliarden
37,372	3,000	DM 20,179 / € 10,317

Zur Ermittlung der Prämie werden benötigt:

Kalkulation

$$\text{Schadenhäufigkeit} = \frac{\text{Zahl der Versicherungsfälle}}{\text{Zahl der Versicherungen}}$$

$$\text{Schadendurchschnitt} = \frac{\text{Schadenaufwand}}{\text{Zahl der Versicherungsfälle}}$$

Daraus lässt sich der Teil der Prämie, der zur Erbringung der Versicherungsleistung benötigt wird, wie folgt ermitteln:

Schadenbedarf (Risikoanteil) = Schadenhäufigkeit × Schadendurchschnitt

Für die Prämienkalkulation ergeben sich somit folgende Werte:

Beitrag

Schadenhäufigkeit	Schadendurchschnitt in		Schadenbedarf Risikoanteil der Prämie in	
	DM	€	DM	€
0,080 = 80 Versicherungsfälle auf 1 000 Fahrzeuge	6 726,33	3 439,12	538,11	275,13

Auch dieser Risikoanteil erhöht sich um Sicherheitszuschläge und Kosten. Darüber hinaus differenzieren die Versicherer nach Fahrzeugtypen und weiteren Gefahrenmerkmalen, um zu einer gerechten Prämie zu gelangen.

Zusammenfassung

Möglichkeiten finanzieller Vorsorge	Merkmale der Versicherung
Sparen: Begrenzte Höhe der Mittel zum Schadenausgleich Sozialhilfe: Grundversorgung in Notfällen	Deckung eines Geldbedarfs konkreter Bedarf — abstrakter Bedarf
Versorgung: Gesetzlich begrenzter Personenkreis	Ungewissheit, aber Schätzbarkeit des Bedarfs - Zufall - Statistische Unterlagen
Versicherung: Ausgleich der wirtschaftlichen Folgen von Schäden aus Beiträgen	Risikoausgleich im Kollektiv und in der Zeit Deckung der Versicherungsleistungen und Kosten durch Beiträge

Übungsaufgaben

1. Was versteht man unter dem Begriff „Risk Management“?

2. Worin unterscheiden sich subjektive und objektive Gefahren? Begründen Sie Ihre Aussage durch je zwei Beispiele.

3. Warum ist es sowohl für den zukünftigen Versicherungsnehmer als auch für den Versicherer wichtig, Risikoanalysen durchzuführen?

4. Sie treffen Ihren alten Schulfreund, der inzwischen verheiratet ist und zwei Kinder hat. Als er hört, dass Sie in der Versicherungsbranche tätig sind, möchte er von Ihnen wissen, ob es außer Versicherungen auch andere Vorsorgemöglichkeiten gibt.
   Bitte informieren Sie ihn über die Ihnen bekannten Möglichkeiten und deren Grenzen.

5. Herr Meier besitzt ein Einfamilienhaus.
   Erläutern Sie ihm

   - welche Gefahren dem Gebäude drohen und
   - auf welche Weise er das Risiko bewältigen kann.

6. Der VN ist Inhaber einer Schlosserei. Er beschwert sich, dass er die Kalkulation und damit die Höhe der Beiträge für seine Versicherungen nicht überprüfen kann. Für seine Schlosserarbeiten muss er auf den Rechnungen detailliert die einzelnen Kosten ausweisen, damit seine Kunden die Preiskalkulation nachvollziehen können.
   Erläutern Sie dem VN die Kalkulation des Risikobeitrages. Gehen Sie bei Ihrer Antwort auch auf die Unterschiede zur Kalkulation von Sachgütern (z. B. einer Schlosserei) ein.

7. In einem Beratungsgespräch behauptet Herr Schmidt, dass er lieber sein Geld zur Bank bringe, als es für Versicherungen auszugeben.
   Nehmen Sie zu dieser Aussage Stellung.

8. Was besagt das Äquivalenzprinzip?
   Erläutern Sie dieses Prinzip anhand der Sparte Ihrer Wahl.

9. Während eines Kundengespräches fragt Sie Herr Fischer, inwiefern Sie in der Lage sind, sein Leben zu versichern, obwohl jeder weiß, dass er sterben muss.
   Was antworten Sie Herrn Fischer?

10. Erläutern Sie die Merkmale des Versicherungsbegriffs am Beispiel der Unfall- und Hausratversicherung.

11. Die Statistik eines Kfz-Versicherers weist folgende Daten auf:

- 92 Schäden je 1 000 Versicherte
- Durchschnittliche Schadenhöhe 2 400,00 €
- Sicherheits- und Betriebskostenzuschlag 35 %.

Ermitteln Sie

a) die Risikoprämie
b) den durchschnittlichen Bruttojahresbeitrag einschließlich 16 % Versicherungsteuer.

12. Berechnen Sie die Risikoprämie zur Sturmversicherung. Aus der Statistik ergeben sich folgende Werte:

Stückzahl der Wagnisse	10 000
Stückzahl der Versicherungsfälle	2 000
Gesamtwert der Wagnisse	250 000 000,00 €
Summe der Schäden in einer Periode	2 000 000,00 €.

Berechnen Sie

a) die Schadenhäufigkeit
b) die durchschnittliche Schadenhöhe
c) die Risikoprämie.

13. Der Dipl.-Informatiker Otto Belitz beabsichtigt, sich nach Abschluss seines Studiums selbstständig zu machen und ein Unternehmen zur Erstellung von Software für Handwerksbetriebe holzverarbeitender Art im weitesten Sinne zu gründen, weil er sich auf Grund seiner Ausbildung in diesem Gewerbezweig mit der Materie auskennt.
Er bittet den ihm bekannten Südstern-Vertreter um Analyse der mit der Betriebsaufnahme für ihn verbundenen persönlichen und geschäftlichen Risiken. Insbesondere möchte er wissen, welche Versicherungen er vordringlich abzuschließen habe und mit welchen er sich Zeit lassen könne, bis der Betrieb Gewinn bringend laufe.

14. Peter Schreiner möchte bei der Südstern Versicherung AG eine kapitalbildende Lebensversicherung abschließen. Da er in den nächsten 18 Monaten mit seiner Einberufung zum Wehrdienst rechnet, erkundigt er sich, ob für die Dauer des Wehrdienstes nicht der Bund die Beitragszahlung übernehme.
Geben Sie Herrn Schreiner umfassend Auskunft.

1.3 Gliederung der Individual- und Sozialversicherung

> Die Verkäuferin Beate Bach zahlt Beiträge zur Kranken-, Renten-, Arbeitslosen-, Kraftfahrzeug-Haftpflicht-, Privathaftpflicht-, Lebens- und Hausratversicherung. Zum Teil werden die Beiträge von ihrem Gehalt einbehalten, zum Teil im Wege des Lastschriftverfahrens von ihrem Konto abgebucht. Sie überlegt, auf welchen Gründen die unterschiedliche Verfahrensweise des Beitragseinzuges beruht.

Grundformen

Die Versicherung gliedert sich in die beiden großen Bereiche der Individualversicherung und der Sozialversicherung. Die beiden Grundformen arbeiten nach dem so genannten Versicherungsprinzip, weil die Mittel für die Versicherungsleistungen im Wesentlichen durch Beiträge der Versicherten aufgebracht werden. Im Einzelnen bestehen erhebliche Unterschiede zwischen den beiden Bereichen der Versicherung.

1.3.1 Individualversicherung

Begriff

Der Begriff Individualversicherung erklärt sich aus der Gegenüberstellung zur Sozialversicherung. Unter Individualversicherung versteht man die von privaten Versicherungsunternehmen betriebene Versicherung. Deshalb wird neuerdings anstelle des Wortes Individualversicherung häufig auch die Bezeichnung „Privatversicherung" im gleichen Sinne gebraucht.

Merkmale

Im Bereich der Individualversicherung werden die Versicherungsverträge „individuell" unter Berücksichtigung der Bedürfnisse des Einzelfalles abgeschlossen. Es steht dem Einzelnen grundsätzlich frei, gegen welche Risiken, in welcher Höhe und bei welchem Unternehmen er sich versichern will. Nur für einige Zweige besteht eine gesetzliche Versicherungspflicht, beispielsweise in der Kraftfahrzeug-Haftpflichtversicherung. Die Unternehmen der Individualversicherung bieten Versicherungsschutz gegen eine Vielzahl von Gefahren. Es werden Beiträge erhoben, die nach wirtschaftlichen Gesichtspunkten berechnet sind und dem Risiko sowie der gebotenen Leistung entsprechen.

Gliederung

Privatpersonen, Haushalte und Wirtschaftsunternehmen suchen im Rahmen der Individualversicherung Schutz gegenüber den wirtschaftlichen Folgen von Schäden unterschiedlichster Art. Dieser Versicherungsschutz wird in Form einer Vielzahl von Versicherungszweigen angeboten, die auf rechtlichen und versicherungstechnischen Gründen beruhen.

1.3.1.1 Versicherungszweig

Bezeichnung

Das Wort Versicherungszweig erklärt sich daher, dass man den Versicherungsschutz mit dem Bild eines Baumes vergleicht, bei dem die einzelnen Äste die Versicherungszweige bezeichnen. Anstelle von Zweig wird auch von Branche gesprochen, wobei dieser Begriff aber der Bezeichnung Wirtschaftszweig vorbehalten bleiben sollte. Die neueren Gesetze verwenden anstelle des Wortes „Versicherungszweig" überwiegend die Bezeichnung „Sparte" oder „Versicherungssparte" im gleichen Sinne.

Vielfalt

Die einzelnen Versicherungszweige sind kaum zu überschauen. Ihre Zahl ist groß. Jedoch kommt nicht jeder Sparte die gleiche Bedeutung zu. Einige Zweige erbringen nur ein geringes Prämienaufkommen und werden nur von wenigen Gesellschaften betrieben.

Aufteilung der Brutto-Beiträge nach Versicherungszweigen 2001			
Versicherungszweig	Brutto-Beiträge in Mrd. DM	Brutto-Beiträge in Mrd. €	Anteil in %
Leben	122,0	62,4	46,0
PKV	42,4	21,7	16,0
Kraftfahrt	41,9	21,4	15,8
Allgemeine Haftpflicht	11,7	6,0	4,4
Unfall	10,8	5,5	4,1
Wohngebäude	6,8	3,5	2,6
Rechtsschutz	5,3	2,7	2,0
Hausrat	4,7	2,4	1,8
Transport	3,3	1,7	1,3
Industrie-Feuer	2,0	1,0	0,7
Sonstige	14,1	7,2	5,3
Insgesamt	265,0	135,5	100,0

Quelle: Errechnet nach Angaben des GDV.

Aufgabe

Innerhalb eines Versicherungszweiges werden weitgehend gleichartige Risiken zusammengefasst, die gegen dieselbe Gefahr versichert sind. Diese Zusammenfassung ermöglicht es, auf Grund der statistischen Unterlagen eine risikogerechte Prämie zu kalkulieren und ein einheitliches Bedingungswerk für jeden Versicherungszweig zu schaffen, in dem der Umfang des Versicherungsschutzes sowie die Rechte und Pflichten der Vertragspartner geregelt sind.

Versicherung von Gebäuden und beweglichen Sachen gegen Feuergefahr	=	Feuerversicherung
Versicherung von Personen gegen Aufwendungen im Krankheitsfall	=	Krankenversicherung
Versicherung von Personen gegen Schadenersatzverbindlichkeiten	=	Haftpflichtversicherung
Versicherung von Hausratgegenständen gegen Feuer-, Einbruchdiebstahl-, Raub-, Vandalismus-, Leitungswasser-, Sturm- und Hagelgefahr	=	Hausratversicherung

Beispiele

Versicherungszweige werden nach den versicherten Risiken weiter unterteilt in Versicherungsarten. Es handelt sich bei ihnen um Untergliederungen eines Versicherungszweiges. Mehrere Versicherungsarten bilden einen Versicherungszweig.

Versicherungsart

Versicherungszweige	Versicherungsarten
Kraftfahrtversicherung	Kraftfahrzeug-Haftpflichtversicherung Fahrzeugversicherung Kraftfahrtunfallversicherung
Haftpflichtversicherung	Privat-Haftpflichtversicherung Betriebs-Haftpflichtversicherung Berufs-Haftpflichtversicherung Vermögensschaden-Haftpflichtversicherung
Feuerversicherung	Einfache Feuerversicherung Landwirtschaftliche Feuerversicherung Industrie-Feuerversicherung

Beispiele

Es gibt Versicherungsunternehmen, die mehrere Zweige zusammen betreiben, beispielsweise die Sparten der Sach- und HUK-Versicherung (Schaden- und Unfallversicherung). Sie werden als Mehrbranchen- oder Kompositversicherer bezeichnet. Von ihnen sind die Einbranchen- oder Spezialversicherer zu unterscheiden, die sich auf den Betrieb einer Sparte beschränkt haben. Diese Spezialisierung kann auf geschäftspolitischen Gründen beruhen (z. B. Transportversicherung) oder aufsichtsrechtlich angeordnet sein (z. B. Lebens- und Krankenversicherung).

Einbranchen- und Kompositversicherer

1.3.1.2 Einteilungsmöglichkeiten

Die einzelnen Versicherungszweige lassen sich unter verschiedenen Gesichtspunkten gliedern. Sie können eingeteilt werden nach der Art der Versicherungsleistung, dem Gegenstand der Versicherung und dem gedeckten Bedarf.

Gliederungsgesichtspunkte

Versicherungsleistung

Einteilung nach der Versicherungsleistung	
Schadenversicherung	Summenversicherung
Versicherungsleistung:	Versicherungsleistung:
Schadenersatz	Auszahlung der vereinbarten Versicherungssumme
Der Versicherer hat den tatsächlich entstandenen Schaden zu ersetzen, soweit er durch die Versicherungssumme gedeckt ist.	Objektive Maßstäbe für einen Versicherungswert bestehen nicht.
Fall der konkreten Bedarfsdeckung.	Fall der abstrakten Bedarfsdeckung.

Beispiel für Schadenversicherung:

Der Versicherungsnehmer versichert einen Gegenstand im Wert von 50 000,00 € für 100 000,00 €. Bei einem Totalschaden ersetzt der Versicherer lediglich den konkreten Schaden von 50 000,00 €. Hat der Versicherungsnehmer einen Gegenstand im Wert von 100 000,00 € für nur 80 000,00 € versichert, so ist der Schadenersatz auf die Höhe der Versicherungssumme begrenzt, weil er auch nur für die niedrigere Summe Prämie entrichtet hat.

Beispiel für Summenversicherung:

Der Versicherungsnehmer wählt für die Lebensversicherung eine Versicherungssumme von 100 000,00 €. Es ergeben sich keine Begrenzungen bei Eintritt des Versicherungsfalles.

Einteilung nach dem versicherten Gegenstand		
Personenversicherung	Sachversicherung	Vermögensversicherung
Versichert ist eine konkrete Person, in der das Risiko läuft. Ersetzt werden Vermögensschäden.	Versichert sind bestimmte, im Versicherungsvertrag einzeln bezeichnete oder um schriebene Sachen (Gebäude oder bewegliche Sachen). Versichert sein können einzelne oder mehrere Gefahren.	Die Versicherung bezieht sich auf das Vermögen als Ganzes, nicht auf einzelne Gegenstände. Versichert ist eine Vermögensminderung im ganzen (z. B. durch Prozesskosten oder Schadenersatzansprüche Dritter).
– Lebensversicherung – Krankenversicherung – Unfallversicherung	– Feuerversicherung – Sturmversicherung – Verbundene Hausratversicherung	– Haftpflichtversicherung – Rechtsschutzversicherung – Kreditversicherung

Versicherter Gegenstand

Einteilung nach Bilanzpositionen	
Aktivenversicherung	Passivenversicherung
Versichert sind diejenigen Vermögenswerte des Versicherungsnehmers, die auf der Aktivseite seiner Bilanz enthalten sind, gegen Beschädigung oder Zerstörung (Feuer), Abhandenkommen (Diebstahl) oder Ausfall (z. B. einer Forderung, die nicht eingetrieben werden kann).	Die Versicherung schützt den Versicherungsnehmer vor der Vermehrung der Verbindlichkeiten auf der Passivseite seiner Bilanz (z. B. durch Schadenersatzverpflichtungen, Kosten der Rechtsverfolgung, Aufwendungen für Krankheitsbehandlung).

Bilanzpositionen

1.3.1.3 Zusammenfassung von Versicherungszweigen

Kombinierte und gebündelte Versicherung

Durch die Gliederung des Versicherungsschutzes in Versicherungszweige können für den Versicherungsnehmer Deckungslücken entstehen, die durch zusammengefasste Versicherungen vermieden werden. Sie dienen gleichzeitig auch der Arbeitsvereinfachung, weil nur die Aufnahme eines Antrages und die Ausfertigung eines Versicherungsscheines erforderlich sind. Es ist zwischen kombinierter und gebündelter Versicherung zu unterscheiden.

Kombinierte Versicherung	Gebündelte Versicherung
Deckung einer Mehrzahl von Gefahren unter Zugrundelegung eines einheitlichen Bedingungswerkes in einem Versicherungsvertrag. Durch die Kombination entsteht ein neuer Versicherungszweig. Es gibt einen einheitlichen Prämiensatz. Der Vertrag kann nur insgesamt gekündigt werden.	Zusammenfassung mehrerer Versicherungsverträge unter Zugrundelegung der für jeden Einzelnen in Betracht kommenden Allgemeinen Versicherungsbedingungen. Für jeden Versicherungszweig ist eine gesonderte Prämie auszuweisen. Der einzelne Versicherungsvertrag ist unabhängig von den übrigen Deckungen kündbar.
Beispiele: Verbundene Hausratversicherung Verbundene Wohngebäudeversicherung	Beispiel: Familienversicherung als Bündelung von Hausrat-, Privathaftpflicht- und Unfallversicherung

System der Versicherungszweige				
Schadenversicherung konkrete Bedarfsdeckung Schadenersatz			Summenversicherung abstrakte Bedarfsdeckung vereinbarte Versicherungssumme	
Personenschaden – Krankheitskosten	Sachschaden – Feuer	Vermögensschaden – Haftpflicht	Kapitalbetrag – Lebensversicherungssumme	Wiederkehrende Leistungen – Tagegeld
Zusammenfassung von Versicherungszweigen Einheitlicher Antrag und Versicherungsschein				
Kombinierte (Verbundene) Versicherung			Gebündelte Versicherung	
Ein Versicherungsvertrag Ein Versicherungszweig			Mehrere Versicherungsverträge Mehrere Versicherungszweige	

1.3.2 Sozialversicherung

Die Sozialversicherung ist im Gegensatz zur Individualversicherung Teil des Systems der sozialen Sicherung in der Bundesrepublik Deutschland. Der Staat verfolgt mit ihr sozialpolitische Ziele. Daher weist die Sozialversicherung neben dem Versicherungsprinzip auch versicherungsfremde Elemente, wie beispielsweise staatliche Zuschüsse, auf. Grundsätzlich ist die Sozialversicherung im Arbeitsvertrag verwurzelt. Das Versicherungsverhältnis entsteht in der Regel kraft Gesetzes auf Grund bestimmter arbeitsrechtlicher oder beruflicher Merkmale.

Begriff

1.3.2.1 Kennzeichen

Die einzelnen Zweige der Sozialversicherung sind durch eine Vielzahl gesetzlicher Vorschriften verhältnismäßig kompliziert geregelt. Sie lässt sich jedoch durch fünf wesentliche Merkmale kennzeichnen:

Merkmale

- Zwangscharakter
- Schutz der Arbeitskraft
- Solidaritätsprinzip
- Sachleistungsprinzip
- Betrieb durch Sozialversicherungsträger

Zwangscharakter

Für Beschäftigte ist die Sozialversicherung in der Regel Zwangsversicherung. Die Entstehung des Versicherungsverhältnisses und der Umfang des Versicherungsschutzes sind gesetzlich vorgeschrieben (Zwangscharakter). Diese Regelung dient dem Schutz der Versicherten und dem sozialen Ausgleich.

Zwangscharakter

Eine freiwillige Versicherung gibt es beispielsweise für Personen, die in der gesetzlichen Krankenversicherung wegen Überschreitung der Einkommensgrenzen nicht mehr der Versicherungspflicht unterliegen.

Schutz der Arbeitskraft

Die Sozialversicherung beschränkt sich auf die Deckung bestimmter, mit der Arbeitskraft in Zusammenhang stehender personenbezogener Risiken, wie Krankheit, Berufsunfall, Invalidität, Arbeitslosigkeit und Pflegebedürftigkeit.

Personenbezogene Risiken

Beiträge

Finanzierung

Die Mittel für die Versicherungsleistungen werden in erster Linie durch Beiträge der Versicherten und ihrer Arbeitgeber, zum Teil auch nur durch die Arbeitgeber aufgebracht. Das Versicherungsprinzip ist durch staatliche Zuschüsse durchbrochen. Die Beiträge werden nicht nach dem Äquivalenzprinzip, sondern nach dem Solidaritätsprinzip im Verhältnis zum Einkommen der Versicherten erhoben, sodass insoweit eine Umverteilung stattfindet. Die soziale Rentenversicherung beruht auf der Solidarität der Generationen (Generationenvertrag): die aktive Generation leistet Beiträge in der Erwartung, dass die nachfolgende Generation die gleiche Verpflichtung zur Sicherung der Renten übernimmt.

Leistungen

Sachleistungsprinzip

Die Leistungen der Sozialversicherung bezwecken in erster Linie die Wiederherstellung und den Einsatz der Arbeitskraft. Im Vordergrund steht daher das Sachleistungsprinzip in Form von Krankenbehandlung oder der Gewährung von Heilverfahren in der Unfall- und Rentenversicherung. Demgegenüber gewährt die Individualversicherung ihre Leistungen vorwiegend in Form von Geldzahlungen.

Sozialversicherungsträger

Organisation

Die Sozialversicherung wird auf gesetzlicher Grundlage von speziellen Sozialversicherungsträgern betrieben. Sie unterliegen dem Prinzip der Selbstverwaltung, die in den einschlägigen Gremien von den Versicherten und den Arbeitgebern getragen wird. Gegen Entscheidungen der Sozialversicherungsträger kann nach Einhaltung eines Widerspruchsverfahrens Klage vor den Sozialgerichten erhoben werden.

1.3.2.2 Gliederung

Vgl. auch Abschn. 3.11, 4.9, 5.2 und 5.10 in Versicherungslehre 2.

Zweige

Die Sozialversicherung ist nicht als Einheitsversicherung konzipiert; sie gliedert sich ebenso wie die Individualversicherung in Zweige, deren Zahl sich allerdings auf fünf beschränkt:

- Rentenversicherung
- Krankenversicherung
- Unfallversicherung
- Arbeitslosenversicherung
- Pflegeversicherung

Zweige	Rentenversicherung	Krankenversicherung
Versicherte	Alle Arbeitnehmer Bestimmte Selbstständige Freiwillig Versicherte	Alle Arbeitnehmer bis zu einer dynamisierten Jahresarbeitsverdienstgrenze Rentner Studenten Bestimmte Selbstständige Freiwillig Versicherte
Träger	Bundesversicherungsanstalt für Angestellte Landesversicherungsanstalten Sonstige	Gesetzliche Krankenkassen: Allgemeine Ortskrankenkassen, Betriebs-, Innungs- und Ersatzkassen (Wahlrecht der Versicherten)
Beiträge	Arbeitgeber und Arbeitnehmer je zur Hälfte	Arbeitgeber und Arbeitnehmer je zur Hälfte
Leistungen	Rehabilitationsmaßnahmen Renten wegen – Alters – verminderter Erwerbsfähigkeit (ab 01. 01. 2001 eingeschränkt) – Todes	Gesundheitsvorsorge Krankenbehandlung (einschließlich der Familienangehörigen) Mutterschaftshilfe Krankengeld Sterbegeld (nur für die vor dem 01. 01. 1989 Versicherten)

Zweige	Unfallversicherung	Arbeitslosenversicherung
Versicherte	Alle Arbeitnehmer Kindergartenkinder, Schüler und Studenten	Alle Arbeitnehmer
Träger	Berufsgenossenschaften	Bundesanstalt für Arbeit
Beiträge	Nur Arbeitgeber nach Gefahrenklasse im Umlageverfahren	Arbeitgeber und Arbeitnehmer je zur Hälfte
Leistungen	Voraussetzung: Arbeits- und Wegeunfälle, Berufskrankheiten Unfallverhütung und Erste Hilfe Heilbehandlung Berufshilfe (Übergangsgeld) Verletztenrente Sterbegeld Hinterbliebenenrente	Arbeitsvermittlung Arbeitslosengeld (zeitlich befristet) Arbeitslosenhilfe (nur bei Bedürftigkeit) Kurzarbeiter- und Schlechtwettergeld Insolvenzausfallgeld

Zweig	Pflegeversicherung
Versicherte	Alle Mitglieder der gesetzlichen Krankenversicherung
Träger	Pflegekassen, deren Aufgaben von den gesetzlichen Krankenkassen wahrgenommen werden
Beiträge	Arbeitgeber und Arbeitnehmer je zur Hälfte
Leistungen	Sach- oder Geldleistungen bei häuslicher oder stationärer Pflege Umfang der Leistungen nach drei Pflegestufen

1.3.3 Abgrenzung von Individual- und Sozialversicherung

Grundversorgung

Von ihrem Umfang her bietet die Sozialversicherung nur eine Grundversorgung. Außerdem beschränkt sie sich von ihrer Zweckbestimmung her auf die Versicherung von Risiken, die im Zusammenhang mit dem Arbeitsverhältnis stehen. Daher deckt die gesetzliche Unfallversicherung nur Berufs- und Wegeunfälle, nicht dagegen Unfälle, die man in der Freizeit, beim Sport oder zu Hause erleidet.

Ergänzung

Die Individualversicherung bietet Versicherungsschutz in allen Bereichen, die von der Sozialversicherung nicht erfasst werden. Außerdem besteht in manchen Fällen eine Befreiungsmöglichkeit durch den Abschluss eines privaten Versicherungsvertrages, beispielsweise für Studierende in der gesetzlichen Krankenversicherung. Darüber hinaus stockt die Individualversicherung die von der Sozialversicherung gebotenen Leistungen auf und ergänzt sie:

- Zusatzversicherung zur gesetzlichen Krankenversicherung
- Lebensversicherung zur Aufstockung der gesetzlichen Rentenversicherung
- Private Unfallversicherung
- Private Pflegezusatzversicherung.

Drei-Säulen-Theorie

Besonders anschaulich zeigt sich das Zusammenwirken von Individual- und Sozialversicherung bei der Altersversorgung. Ihre Grundpfeiler sind nach der so genannten Drei-Säulen-Theorie die gesetzliche Rentenversicherung, die betriebliche Altersversorgung und die private Lebensversicherung. Die durch die gesetzliche Rentenversicherung gebotene Grundsicherung findet vor allem durch die Lebensversicherung ihre notwendige Ergänzung und Aufstockung.

Altersvorsorgevermögen

Durch das Altersvermögensgesetz vom 26. 06. 2001 wurde zur Schließung der Versorgungslücke in der gesetzlichen Rentenversicherung eine umfassende staatliche Förderung der privaten und betrieblichen kapitalgedeckten Altersvorsorge eingeführt. Begünstigt sind Arbeitnehmer und andere pflichtversicherte Personengruppen. Die Eigenvorsorge soll die gesetzliche Rente teilweise ersetzen. Gefördert werden Altersvorsorgeverträge, die ab Beginn des Rentenalters eine lebenslange Auszahlung gewähren, wie insbesondere private Rentenversicherungen oder Fonds- und Banksparpläne (so genannte Riester-Rente, benannt nach dem Bundesminister für Arbeit und Sozialordnung Walter Riester).

Die Altersvorsorgeverträge unterliegen der Zertifizierung durch die Bundesanstalt für Finanzdienstleistungsaufsicht. Dabei handelt es sich um die Feststellung, dass ihre Vertragsbedingungen den gesetzlichen, namentlich steuerrechtlichen Anforderungen entsprechen. Eine Prüfung, ob ein Altersvorsorgevertrag wirtschaftlich tragfähig, die Zusage des Anbieters erfüllbar und die Vertragsbedingungen zivilrechtlich wirksam sind, findet nicht statt.

Die steuerliche Förderung besteht aus zwei Elementen

- einer direkten Zulage (Altersvorsorgezulage)
- und dem Abzug der Aufwendungen als Sonderausgaben.

(Vgl. auch Abschn. 3.11.7 in Versicherungslehre 2, Teil 1.)

Pflegeversicherung

Eine Sonderstellung nimmt die 1995 eingeführte Pflegeversicherung ein. Für die Mitglieder der gesetzlichen Krankenversicherung bildet sie einen Zweig der Sozialversicherung. Personen, die bei einem privaten Krankenversicherungsunternehmen versichert sind, haben eine private Pflegepflichtversicherung abzuschließen, deren Leistungen nach Art und Umfang denjenigen der gesetzlichen Pflegeversicherung gleichwertig sein müssen. Dabei tritt an die Stelle der Sachleistungen eine der Höhe nach gleiche Kostenerstattung. Gesetzliche Rechtsgrundlage der privaten Pflegepflichtversicherung ist ebenfalls das Sozialgesetzbuch; dementsprechend sind bei Streitigkeiten auch die Sozialgerichte zuständig. Insofern gelten für die private Pflegepflichtversicherung gewisse Ausnahmen gegenüber den sonstigen Zweigen der Individualversicherung.

Zusammenfassung

Merkmal	Sozialversicherung	Individualversicherung
Entstehung des Versicherungs-verhältnisses	Kraft Gesetzes Zwangsversicherung mit Aufnahme einer versicherungspflichtigen Beschäftigung	Vereinbarung durch Abschluss eines Versicherungsvertrages
Versicherte Risiken	Krankheit, Arbeitsunfall, Invalidität, Alters- und Hinterbliebenenversorgung, Arbeitslosigkeit, Pflegebedürftigkeit (personenbezogene Risiken)	Alle versicherbaren Gefahren (natürliche und juristische Personen)
Rechtsform	Sozialversicherungsträger als Anstalten oder Körperschaften des öffentlichen Rechts mit Selbstverwaltung (Mitwirkung der Versicherten)	Private und öffentlich-rechtliche Versicherungsunternehmen
Bemessung der Beiträge	Nach der Höhe des Einkommens des Versicherten (Solidaritätsprinzip)	Nach Risiko und Leistung (Äquivalenzprinzip)
Leistungen	Gesetzlich einheitlich festgelegt	Frei vereinbar
Rechtsgrundlagen	Sozialversicherungsgesetze: Sozialgesetzbuch (SGB)	Privatrechtliche Gesetze: BGB, HGB, VVG und VAG Allgemeine Versicherungsbedingungen
Entscheidungen über Streitigkeiten	Sozialgerichte	Ordentliche Gerichte

Übungsaufgaben

1. Herr Müller hat für seinen Hausrat eine Versicherungssumme in Höhe von 150 000,00 € abgeschlossen. Ein befreundeter Versicherungsvertreter macht ihn darauf aufmerksam, dass sein Hausrat höchstens 100 000,00 € wert sei, auch bei Totalschaden würde er maximal diesen Betrag erhalten. Herr Müller versteht das nicht: Er zahlt doch auch für 150 000,00 € Beitrag.
   Erklären Sie ihm die Entschädigungsregelung.

2. Nach der angewandten Versicherungstechnik unterscheidet man zwischen „abstrakter" und „konkreter" Bedarfsdeckung.
   Erläutern Sie diese Aussage anhand jeweils eines Beispiels.

3. Die Individualversicherung können wir in die Summen- und Schadenversicherung gliedern.

   a) Erläutern Sie drei Unterschiedsmerkmale zwischen der Summen- und Schadenversicherung.
   b) Ordnen Sie die Lebens-, Unfall- und Krankenversicherung mit ihren verschiedenen Bereichen diesen beiden Begriffen zu.

4. Im Bereich des Versicherungswesens kennen wir die Sozialversicherung und die Individualversicherung.

   a) Nennen Sie die Zweige der Sozialversicherung.
   b) Erläutern Sie den nachstehenden Unterschied zwischen Sozialversicherung (kommt kraft Gesetzes zu Stande) und der Individualversicherung (kommt kraft Vertrages zu Stande).
   c) § 1 VVG teilt die Individualversicherung ein in Personen- und Schadenversicherung. Begründen Sie, warum diese gesetzliche Einteilung heute als unzureichend angesehen wird.

5. Jede Summenversicherung ist eine Personenversicherung; aber nicht jede Personenversicherung ist eine Summenversicherung.
   Erläutern Sie diese Aussage und führen Sie Beispiele an.

6. Familie Klein möchte ihre Grundversorgung durch den Abschluss einer kapitalbildenden Lebensversicherung ergänzen. Im Rahmen des Beratungsgespräches kommen Sie auch auf das Altersvermögensgesetz zu sprechen.
   Herr Klein fragt: „Welchen Sinn und Zweck hat dieses Altersvermögensgesetz?" Geben Sie Herrn Klein umfassend Auskunft!

1.4 Bedeutung der Individualversicherung

> Herr Wilhelm Weber ist Inhaber einer großen Maschinenfabrik. Er stellt sich die Frage, welchen konkreten Nutzen ihm der Abschluss einer Feuer- und Feuer-Betriebsunterbrechungs-Versicherung bringt. Wichtig erscheint ihm in diesem Zusammenhang auch, inwieweit man eine Deckung auch dann als sinnvoll ansehen kann, wenn es nicht zum Eintritt von Versicherungsfällen kommt. Darüber hinaus stellt sich das Problem, ob sich Versicherungsleistungen auch gesamtwirtschaftlich auswirken.

Wirtschaftliche Aufgaben

Die Versicherung erfüllt wichtige wirtschaftliche Aufgaben. Einzelwirtschaftlich stellt sie die Existenz der privaten Haushalte und Unternehmen sicher. Gesamtwirtschaftlich gewährleistet sie die ungehinderte Fortsetzung des Wirtschaftsprozesses.

1.4.1 Einzelwirtschaftliche Bedeutung

Wirtschaftsgut Versicherung

Private Haushalte und Wirtschaftsunternehmen schließen Versicherungsverträge ab, weil sie sich von dem Versicherungsschutz Vorteile und damit einen wirtschaftlichen Nutzen versprechen. Der Versicherungsschutz stellt ein Wirtschaftsgut dar, das als Marktleistung einen Wert hat. Er ist ein notwendiges Sicherheitsgut, das die Gefahr einer Beeinträchtigung bestehender Einkommensquellen und Vermögenswerte auf den Versicherer überträgt.

Die Versicherung bietet die Möglichkeit eigenverantwortlicher Vorsorge, für die Sparmittel und Rücklagen nicht ausreichen würden. Es kommt hinzu, dass der Versicherungsschutz billiger ist als die ständige Bereithaltung entsprechender Mittel für den Eintritt bestimmter Ereignisse.

Im Hinblick auf diese einzelwirtschaftliche Bedeutung der Versicherung müssen die Gestaltung und Abwicklung des Vertragsverhältnisses in besonderem Maße von dem Gedanken der Kundenorientierung getragen sein.

Risikoabwälzung

Kalkulierbare Größe

Private Haushalte und Unternehmen übertragen auf Grund der Versicherungsnahme bestimmte, genau abgegrenzte Risiken auf den Versicherer. Man spricht insoweit von Risikotransfer. In erster Linie liegt die Bedeutung also in der Verminderung oder Beseitigung von Risikolagen und der Erzeugung von Sicherheit.

Für Betriebe werden die Risiken dadurch zu einer kalkulierbaren Größe und in Gestalt der Prämie Bestandteil der Preisberechnung ihrer Produkte. Die dadurch bewirkte Einschränkung der Gefahren ermöglicht es den Unternehmen, sich verstärkt mit den durch die Versicherung nicht gedeckten Risiken, wie dem Absatzrisiko, auseinander zu setzen.

Ausgleichsfunktion

Im Falle des Eintritts der versicherten Gefahr werden die wirtschaftlichen Folgen eines Vermögensverlustes materiell ausgeglichen. Private Haushalte und Unternehmen werden wirtschaftlich so gestellt, wie wenn der Versicherungsfall nicht eingetreten wäre.

Schadeneintritt

Beispiele:

Die Sachversicherung stellt die Geldbeträge zur Verfügung, um ein abgebranntes Gebäude wieder aufzubauen sowie beschädigte oder entwendete Gegenstände wiederzubeschaffen. Die Haftpflichtversicherung befreit den Versicherungsnehmer von seiner Verpflichtung zum Schadenersatz. Die Teilhaberversicherung stellt die Mittel für etwaige Erbschaftsforderungen bereit und sichert damit den Fortbestand des Unternehmens.

Finanzierung

Private Haushalte und Unternehmen sind darauf angewiesen, im Falle der Kreditaufnahme Sicherheiten anzubieten. Als Sicherheiten können die zu finanzierenden Objekte, wie beispielsweise Bauwerke oder Kraftfahrzeuge, nur dann dienen, wenn sie ausreichend versichert sind. Daher ermöglicht erst die Versicherung eine Aufnahme von Fremdmitteln. Eine wichtige Sicherheit kann bei Personaldarlehen in diesem Zusammenhang auch eine Lebensversicherung darstellen.

Sicherungsobjekte

Unternehmensfinanzierungen setzen immer voraus, dass Kreditwürdigkeit nur dann gegeben ist, wenn Versicherungsschutz in dem üblichen Umfang besteht. Dadurch wird eine erhöhte Sicherheit gegenüber Gläubigern und Teilhabern geboten.

1.4.2 Gesamtwirtschaftliche Bedeutung

Im gesamtwirtschaftlichen System nimmt die Versicherung eine bedeutende Stellung neben dem produzierenden Gewerbe und dem Handel ein. Das Versicherungswesen ist eine Dienstleistungseinrichtung, deren Leistungen sich in ihrer Auswirkung nicht auf die privaten Haushalte und Unternehmen beschränken, sondern für die gesamte Volkswirtschaft von Bedeutung sind.

Volkswirtschaft

Wirtschaftsprozess

Folgeschäden

Die Versicherung stellt sicher, dass sich ein Schaden in der Regel auf den Bereich des Versicherungsnehmers beschränkt und nicht auf andere Personen und Betriebe ausstrahlt. Daher wird der Primärschaden lokalisiert und ein Folgeschaden für weitere Wirtschaftseinheiten vermieden. Insofern verhindert die Versicherung bei Eintritt von Schäden eine Unterbrechung des Wirtschaftsprozesses. Ein unversicherter Versicherungsfall in einem Industriebetrieb würde Kreditgeber, Zulieferer und Kunden beeinträchtigen. Die Weiterbeschäftigung ist nicht nur in den betroffenen Unternehmen, sondern auch in ihrem Umkreis sichergestellt.

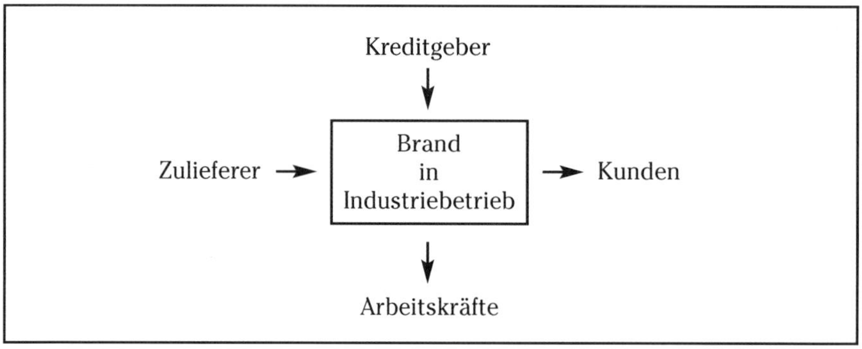

Durch die Konzentration des Schadens auf den versicherten Betrieb vermindert die Versicherung die Störanfälligkeit für die gesamte Wirtschaft und ermöglicht die ungehinderte Fortführung der Wirtschaftsführung im volkswirtschaftlichen Sinne.

Entlastung des Staates

Staat

Die Versicherung stellt den Staat und damit die Allgemeinheit von Leistungen aus Steuermitteln bei Eintritt von Schadenfällen frei. Aus diesem Grunde ist die öffentliche Hand an einem funktionierenden Versicherungswesen interessiert. Sie müsste häufig eingreifen, um die Unterbrechung des Wirtschaftsprozesses zu verhindern und den Arbeitsmarkt zu entlasten. Daher fördert der Staat das Versicherungswesen durch die steuerliche Abzugsfähigkeit der Versicherungsprämien und die Einführung gesetzlicher Versicherungspflichten für bestimmte Risiken. Ziel dieser Maßnahmen ist es, die Allgemeinheit vor unübersehbaren Belastungen zu bewahren.

Kapitalsammelbecken

Finanzierung

Die Versicherungswirtschaft bildet ein Kapitalsammelbecken, das aus den Prämien der Versicherungsnehmer gespeist wird. Da die Beiträge im Voraus gezahlt werden und bei der Lebensversicherung Sparen und Versichern miteinander verbunden sind, stehen den Versicherungsunternehmen erhebliche Beträge für die Vermögensanlage zur Verfügung. Sie fließen insbesondere in Schuldscheindarlehen, Wertpapiere, Realkredite und Grundstücke. Mit diesen Mitteln werden vor allem der Wohnungsbau, die Industrie und der Staat finanziert. Auf diese Weise tragen die Versicherungsunternehmen zur Förderung der Wirtschaft und zur Erhöhung des Volkseinkommens bei.

Kapitalanlagen der Versicherungsunternehmen

Förderung von

Wohnungsbau | Industrie | Staat

Wirtschaftliches Ergebnis:

- Förderung von Investitionen
- Schaffung von Arbeitsplätzen
- Nachfrage nach Gütern und Dienstleistungen
- Erhöhung des Volkseinkommens

Förderung der technischen Entwicklung

Technischer Fortschritt

Das Versicherungswesen fördert den technischen Fortschritt und die Aufnahme neuer Produktionsverfahren. Es übernimmt die damit verbundenen Risiken und unterstützt auf diese Weise die Investitionsbereitschaft der Wirtschaft. Bestimmte technische Einrichtungen, wie Energie-Anlagen sowie der moderne Auto- und Luftverkehr, wären ohne entsprechenden Versicherungsschutz nicht durchführbar.

Soziale Funktion

Drittgeschädigte

Von großer sozialer Bedeutung ist schließlich der Schutz des geschädigten Dritten durch die Haftpflichtversicherung, der in engem Zusammenhang mit der Förderung des technischen Fortschritts steht. In vielen Fällen könnten Verkehrsopfer und andere Geschädigte ihre Schadenersatzansprüche gegen den Schädiger nicht durchsetzen, wenn dieser nicht versichert wäre. Daher dient die Haftpflichtversicherung in gleicher Weise dem Schutz des Schädigers, den sie von Ansprüchen Dritter freistellt, wie dem Schutz des Geschädigten, dem sie häufig überhaupt erst ermöglicht, Ersatzleistungen zu erhalten. Ein wichtiges Beispiel bildet die Kraftfahrzeug-Haftpflichtversicherung, zu deren Abschluss der Kraftfahrzeughalter im Interesse der Verkehrsopfer gesetzlich verpflichtet ist.

1.4.3 Größenverhältnisse

Zahlenangaben

Die große einzel- und gesamtwirtschaftliche Bedeutung der Versicherung findet ihren konkreten Ausdruck in den Prämieneinnahmen und den Leistungen der Versicherungsunternehmen, den Kapitalanlagen, die als Sicherheit für die Verpflichtungen der Versicherer dienen, sowie den Ausgaben der privaten Haushalte für Versicherungen.

Beitragseinnahmen

Der Umsatz der Versicherungsunternehmen wird an ihren Beitragseinnahmen gemessen. Man bezeichnet die gesamten Beitragszahlungen der Versicherungsnehmer an die Versicherungsunternehmen (Erstversicherer) als Brutto-Beitragseinnahmen. Diejenigen Beiträge, die den Erstversicherern nach Abzug der an Rückversicherer weitergegebenen Prämien für eigene Rechnung verbleiben, heißen Netto-Beiträge. Im Jahre 2001 haben Privatpersonen, Haushalte und Wirtschaftsunternehmen in Deutschland insgesamt 265 Milliarden DM/135,5 Milliarden € an Versicherungsbeiträgen gezahlt. Der größte Anteil davon entfällt auf die Lebensversicherung, die private Krankenversicherung sowie die Kraftfahrtversicherung.

Leistungen

Der Versicherungsschutz konkretisiert sich in den Leistungen der Versicherungsunternehmen bei Eintritt des Versicherungsfalles. Einschließlich der Leistungsfälle in der privaten Krankenversicherung und der Lebensversicherung haben die Versicherer im Jahre 2001 bundesweit Gesamtleistungen in Höhe von 309,6 Milliarden DM/158,3 Milliarden € erbracht. Von der Zahl der Versicherungsfälle her steht die private Krankenversicherung im Vordergrund, nach dem Schadenaufwand ganz eindeutig die Kraftfahrtversicherung, wobei in der Lebensversicherung die Auszahlungen bei Ablauf eine ganz erhebliche Rolle spielen.

Kapitalanlagen

Zum Jahresende 2001 betrug der Kapitalanlagenbestand der Versicherungswirtschaft insgesamt rund 1 600 Milliarden DM/818 Milliarden €.

Auf die Lebensversicherungsunternehmen sowie die Pensions- und Sterbekassen entfallen auf Grund der mit dem Sparvorgang verbundenen Kapitalbildung drei Viertel aller Kapitalanlagen der deutschen Versicherungswirtschaft. Auf sie konzentriert sich somit in entscheidendem Maße die Anlagetätigkeit. Die Dauer der von ihnen eingegangenen Versicherungsverträge und die Zuverlässigkeit der für sie bestehenden mathematischen Rechnungsgrundlagen gestatten eine langfristige kontinuierliche Kapitalanlage mit einer differenzierten Finanzplanung.

Versicherungsschutz der Haushalte 2000/2001

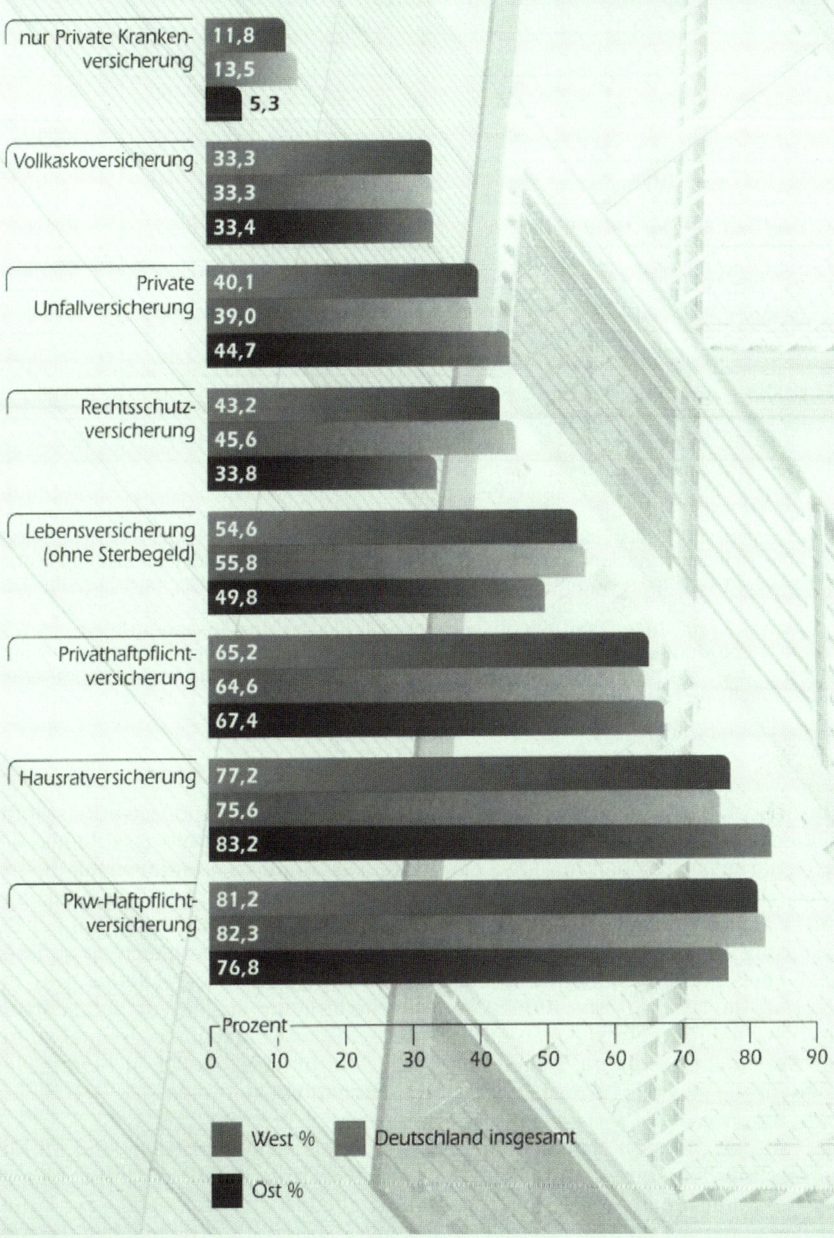

Quelle: Allensbacher Werbeträger-Analyse 2001.

Zahl der Verträge

Versicherungsbestände zum Jahresende Versicherungsverträge bzw. -risiken in Millionen (Jahresendbestand); privates und gewerbliches Geschäft der GDV-Mitglieder			
	1980	1990	2000
Lebensversicherung*	65,75	72,38	87,49
Private Krankenversicherung1)	24,10	32,74	47,85
Schaden- und Unfallversicherung2)	164,61	207,31	259,91
Kraftfahrtversicherung3)	63,00	75,54	97,21
Sachversicherungszweige4)	47,71	57,84	67,11
Allgemeine Haftpflichtversicherung	21,90	27,99	37,81
Rechtsschutzversicherung	17,20	24,46	28,72
Private Unfallversicherung5)	14,80	21,48	29,06
insgesamt	238,86	291,49	395,25

* Zum 1. 1. 1998 fand eine größere Bestandsübertragung von einem Nicht-Mitgliedsunternehmen zu einem Mitgliedsunternehmen statt. Die 1997er Vergleichsdaten wurden entsprechend angepasst, 1) bis 1994 Tarifversicherte (geschätzt); ab 1995 Risiken einschl. Pflegepflichtversicherung, Auslandsreisekrankenversicherung u. a., ab 1996 neue Zählung (veränderte Abgrenzungen); nicht mit dem Vorjahr vergleichbar, 2) ohne Transport-, Kredit-, Luftfahrt-, Nuklearversicherung sowie sonstige Sachversicherungen (Tierversicherung u. a.), 3) umfasst Kraftfahrzeughaftpflicht, Vollkasko, Teilkasko und Insassen-Unfall; ab 1990 einschl. neue Bundesländer, 4) Hausrat-, Gebäude-, Feuer-, Einbruchdiebstahl-, Leitungswasser-, Glas-, Sturmversicherung, Technische Versicherungen u. a.; Beteiligungsgeschäft mitgezählt, 5) Verträge, nicht identisch mit Zahl der Versicherten.

Quelle: GDV-Jahrbuch 2001.

Private Haushalte

Obwohl das Bedürfnis nach Sicherheit in Industrie, Handel und Gewerbe ständig zunimmt, macht der Anteil des gewerblichen Geschäfts am Beitragsvolumen der Versicherungswirtschaft nur etwa ein Viertel aus. Rund 75 % entfallen auf die privaten Haushalte. Bezieht man die Versicherungsbeiträge der Privathaushalte und Unternehmen auf die Zahl der Einwohner, so errechnet sich pro Kopf der Bevölkerung ein Betrag von rund 3 000,00 DM/1 530,00 €. Im Vergleich zu anderen westlichen Industrienationen ist dies eher Mittelmaß. Viele Länder, wie die Schweiz, die USA, Großbritannien und die Niederlande, liegen vor Deutschland. International führend ist Japan mit einer gegenüber Deutschland dreimal so hohen Versicherungsdichte. Dabei ist jedoch dem unterschiedlichen Beitragsaufwand für die gesetzliche Sozialversicherung Rechnung zu tragen.

Die von den privaten Haushalten gezahlten Versicherungsbeiträge sind im Einzelnen natürlich stark vom Einkommen und der Größe der Haushalte abhängig. Der Gesamtaufwand für Versicherungsschutz gliedert sich in Beiträge zur Individualversicherung und zur Sozialversicherung. Den größten Teil machen die Ausgaben für die gesetzliche Versicherung aus. Insgesamt gibt ein Vier-Personen-Arbeitnehmerhaushalt im Durchschnitt etwas mehr als 6 Prozent seines Nettoeinkommens für privaten Versicherungsschutz aus. Bei höherem Einkommen nehmen diese Ausgaben zu.

Zusammenfassung

Einzelwirtschaftliche Bedeutung der Versicherung	Gesamtwirtschaftliche Bedeutung der Versicherung
– Übernahme von Risiken – Ausgleich von Schäden – Erleichterung der Finanzierung – Möglichkeit der Konzentration auf nichtgedeckte Gefahren	– Fortsetzung des Wirtschaftsprozesses – Freistellung des Staates von Leistungen – Finanzierung von öffentlicher Hand und Wirtschaft – Förderung des technischen Fortschritts – Schutz des Drittgeschädigten
Wichtige Zahlen	
Brutto-Beitragseinnahmen 2001:	265 Mrd. DM/135,5 Mrd. €
Zahl der Versicherungsverträge 2001:	395 Mio.
Kapitalanlagen 2001:	1 600 Mrd. DM/813 Mrd. €
Durchschnittliche Ausgaben pro Kopf der Bevölkerung für Versicherungen:	3 000,00 DM/1 530,00 €

Übungsaufgaben

1. Im Beratungsgespräch mit dem Kunden Hans Winkel, der Eigentümer einer Spezialmaschinenfabrik ist, weist der Generalagent Schmidt auf eine wichtige Funktion der Versicherung hin: Das Risiko wird für den Unternehmer Winkel kalkulierbar.

   a) Was versteht Agent Schmidt darunter?
   b) Auf welche weiteren wichtigen Aufgaben der Versicherung würden Sie im Beratungsgespräch mit dem Herrn Winkel eingehen?

2. Die Versicherungswirtschaft mit ihrem vielfältigen Angebot ist aus unserem Wirtschaftsleben nicht mehr wegzudenken. Sie erfüllt heutzutage eine Vielzahl wirtschaftsspezifischer Funktionen.
   Erklären Sie anhand der Feuerversicherung

   a) die betriebswirtschaftliche und
   b) die volkswirtschaftliche Bedeutung der Versicherungswirtschaft.

   Beschreiben Sie je drei Funktionen.

3. Welche Bedeutung hat die Existenz leistungsfähiger Versicherungsunternehmen für eine Volkswirtschaft?

4. Warum hat der Staat die Sozialversicherung für bestimmte Personengruppen gesetzlich vorgeschrieben?

5. Welche Versicherungszweige können für den Kreditgeber im Falle einer Kreditgewährung von Bedeutung sein?

6. Begründen Sie, warum die Bundesbürger neben den Beiträgen zur Sozialversicherung auch Prämien für private Versicherungen aufbringen.

7. Was versteht man unter dem Begriff „Risikoabwälzung“?

2. Organisation und Beaufsichtigung der Versicherungswirtschaft

2.1 Rechtsformen der Versicherungsunternehmen

Ein Versicherungsnehmer erkundigt sich bei seinem Generalagenten, wer ihm gegenüber der eigentliche Risikoträger sei, wodurch die Erfüllbarkeit der Versicherungsleistungen gewährleistet werde und ob sich für die Kunden Unterschiede hinsichtlich der Unternehmensformen ergeben.

Versicherungsunternehmen

Der Versicherungsschutz wird von Versicherungsunternehmen gewährt. Sie sind auf den Betrieb von Versicherungsgeschäften spezialisiert und dürfen darüber hinaus nur solche Geschäfte betreiben, die hiermit in unmittelbarem Zusammenhang stehen, wie beispielsweise die Vermittlung von Bausparverträgen. Versicherungsunternehmen sind auf bestimmte Rechtsformen beschränkt.

§ 7 Abs. 1 VAG

Gesetzlich zulässige Unternehmensformen sind:

Aktiengesellschaft (AG)

Versicherungsverein auf Gegenseitigkeit (VVaG)

Öffentlich-rechtliche Körperschaft oder Anstalt

Es handelt sich um juristische Personen des privaten oder öffentlichen Rechts. Alle anderen Unternehmensformen sind nicht gestattet, weil bei ihnen die erforderliche Langlebigkeit, Kapitalausstattung und Publizität fehlt. Aus diesem Grund dürfen Versicherungsgeschäfte in Form der Risikoübernahme nicht von Einzelkaufleuten, Personengesellschaften (Offene Handelsgesellschaft, Kommanditgesellschaft) oder Gesellschaften mit beschränkter Haftung (GmbH) betrieben werden.

Unternehmen der Individualversicherung

– Privatversicherung im weiteren Sinne –

Privatversicherung im engeren Sinne		Öffentlich-rechtliche Versicherung	
Aktiengesellschaft	Versicherungsverein auf Gegenseitigkeit	Körperschaft	Anstalt

Angleichung

Die einzelnen Unternehmensformen unterscheiden sich in ihrer rechtlichen Struktur. Soweit sie am Versicherungsmarkt auftreten, haben sie sich jedoch weitgehend angeglichen. Es bestehen grundsätzlich keine Unterschiede in ihrer betriebswirtschaftlichen Arbeitsweise, der Ausgestaltung des Versicherungsverhältnisses und den gebotenen Leistungen. Die Tätigkeit der Versicherungsunternehmen hat in erster Linie den Interessen und Bedürfnissen ihrer Kunden Rechnung zu tragen. An den Überschüssen, insbesondere in der Lebensversicherung, werden die Versicherten bei allen drei Unternehmensformen beteiligt.

Spartentrennung
§ 8
Abs. 1 a
VAG

Zum Schutz der Versicherten dürfen die Unternehmen nicht alle Versicherungssparten zusammen betreiben. Diese Regelung wird als Grundsatz der Spartentrennung bezeichnet. Sie gilt inzwischen nur noch für die Lebens- und Krankenversicherung, für die jeweils rechtlich selbstständige Unternehmen bestehen müssen.

Gründe für die Spartentrennung	
Lebensversicherung	Krankenversicherung
Ansammlung der Sparbeiträge in einer Deckungsrückstellung für die Auszahlung der Versicherungssumme bei Ablauf	Bildung einer Alterungsrückstellung auf Grund der Entrichtung höherer Beiträge in jungen Jahren für das mit dem Alter zunehmende Krankheitsrisiko

Rechtsschutz

Ein Versicherungsunternehmen, das die Rechtsschutzversicherung zusammen mit anderen Versicherungszweigen betreibt, hat die Leistungsbearbeitung in dieser Sparte einem rechtlich selbstständigen Schadenabwicklungsunternehmen zu übertragen. Dadurch soll verhindert werden, dass der Versicherer in einen Interessenkonflikt gerät, wenn der Versicherungsnehmer einen Schadenersatzanspruch aus einem Verkehrsunfall mit Hilfe der Rechtsschutzversicherung durchsetzen möchte. Würde die Rechtsschutzversicherung bei der gleichen Gesellschaft wie die Haftpflichtversicherung des Schädigers bestehen, wäre die Folge, dass der Rechtsschutzversicherer einen Anspruch gegen sich selbst bearbeiten müsste, falls die Schadenbearbeitung nicht einem eigenen Unternehmen übertragen wäre.

Die Spartentrennung hat zur Bildung von Versicherungskonzernen geführt, weil die Versicherer Wert darauf legen, den Kunden die gesamte Palette des Versicherungsschutzes durch ihre Vermittler aus einer Hand anbieten zu können. Unter einem Versicherungskonzern versteht man die Zusammenfassung mehrerer rechtlich selbstständiger Versicherungsunternehmen unter einheitlicher Leitung. Die einheitliche Leitung wird von einer Obergesellschaft wahrgenommen, die in der Regel eine so genannte Holding-Gesellschaft (Beteiligungs-Gesellschaft) ist. Durch spezielle Unternehmen werden die Lebens- und Krankenversicherung betrieben. Alle übrigen Versicherungszweige werden unter der Bezeichnung Schaden- und Unfallversicherung zusammengefasst. Für sie besteht innerhalb der Konzerne ein Kompositversicherer.

Versicherungskonzerne

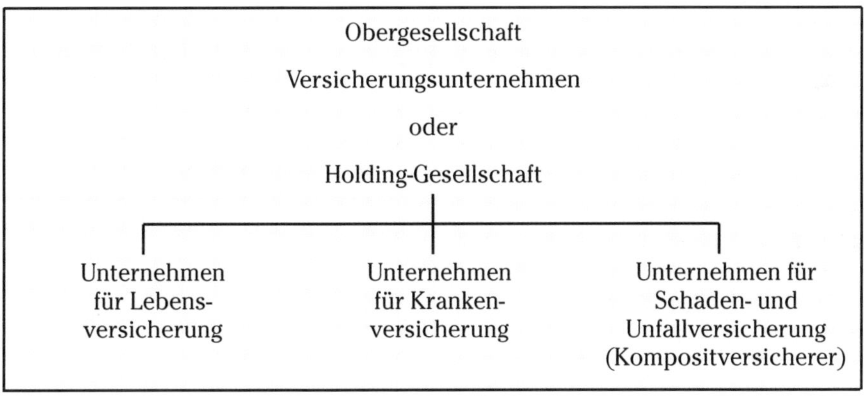

2.1.1 Versicherungs-Aktiengesellschaft

Die Versicherungs-Aktiengesellschaft ist eine rechtsfähige Kapitalgesellschaft (juristische Person) mit einem bestimmten, in Anteile (Aktien) zerlegten Grundkapital. Für die Verbindlichkeiten haftet das Gesellschaftsvermögen. Die Versicherungs-Aktiengesellschaft betreibt Versicherungsgeschäfte gegen feste Prämie.

Begriff
§ 1 AktG

Rechtsgrundlage ist das Aktiengesetz (AktG) vom 06. 09. 1965. Es gilt für alle Aktiengesellschaften und damit auch für die Versicherungs-Aktiengesellschaft.

2.1.1.1 Besonderheiten

Die Versicherungs-Aktiengesellschaft unterscheidet sich von den übrigen Aktiengesellschaften dadurch, dass der Versicherungsschutz als Finanzdienstleistung eine unsichtbare Ware darstellt. Es gelten für sie deshalb einige Besonderheiten, die sich insbesondere auf den Inhalt der Satzung, die Firma und die Kapitalausstattung beziehen.

Satzung § 9 VAG

Die Satzung eines Versicherungsunternehmens hat die einzelnen betriebenen Versicherungszweige und die Grundsätze für die Vermögensanlage zu nennen. Ferner soll sie eine Angabe darüber enthalten, ob das Versicherungsgeschäft nur unmittelbar oder zugleich auch mittelbar (durch Rückversicherung als indirektes Geschäft) betrieben werden soll.

Firma

Die Firma ist der Name, unter dem ein Kaufmann seine Geschäfte betreibt. Bei einer Aktiengesellschaft handelt es sich grundsätzlich um eine Sachfirma, die dem Gegenstand des Unternehmens entnommen ist. Für Versicherungs-Aktiengesellschaften bedeutet dies, dass sie das Wort „Versicherung" in ihrer Firma zu führen haben. Die Bezeichnung „Versicherung" darf nur von Versicherungsunternehmen und deren Verbänden verwendet werden (§ 4 VAG). Bei Gesellschaften, die nur einen Zweig betreiben, ist dieser anzugeben. Zur Unterscheidung von anderen Versicherern wird ein Phantasiewort oder eine regionale Bezeichnung hinzugefügt.

Firmierung von Versicherungs-Aktiengesellschaften			
Beispiele			
Unternehmen der Schaden- und Unfallversicherung	Unternehmen der Lebensversicherung	Unternehmen der Krankenversicherung	Unternehmen der Rückversicherung
Providentia Allgemeine Versicherungs-Aktiengesellschaft	Regensburger Lebensversicherungs-Aktiengesellschaft	Sanitas Krankenversicherung Aktiengesellschaft	Saxonia Rückversicherungs-Aktiengesellschaft

2.1.1.2 Grundkapital

§§ 272 HGB, 7 AktG

Grundkapital ist das gezeichnete Kapital der Aktiengesellschaft, das von den Aktionären aufzubringen ist. Es muss für Aktiengesellschaften im Allgemeinen mindestens 50 000,00 € betragen. Bei Versicherungs-Aktiengesellschaften stellt das Grundkapital zusätzlich die Erbringung der Versicherungsleistungen bei Eintritt des Versicherungsfalles sicher. Es erfüllt damit eine Garantie- und Sicherheitsfunktion. Aus diesem Grunde werden aufsichtsrechtlich je nach den betriebenen Versicherungszweigen wesentlich höhere Beträge als Grundkapital verlangt.

Aktien

Eingeteilt wird das Grundkapital in Aktien. Das Wort Aktie bezeichnet aber auch das Mitgliedschafts- und Anteilsrecht des Aktionärs und das über dieses Recht ausgestellte Wertpapier.

Begriff der Aktie		
Bruchteil des Grundkapitals	Mitgliedschafts- und Anteilsrecht des Aktionärs	Wertpapier
Es gibt - Nennbetragsaktien, die auf mindestens 1,00 € lauten müssen, und - Stückaktien. Der Anteil am Grundkapital bestimmt sich bei Nennbetragsaktien nach dem Verhältnis ihres Nennbetrags zum Grundkapital, bei Stückaktien nach der Zahl der Aktien.	Mitgliedschaftsrechte - Stimmrecht - Auskunftsrecht Vermögensrechte - Anspruch auf Dividende - Bezugsrecht bei Kapitalerhöhung	Als Wertpapier verbrieft die Aktie das Mitgliedschafts- und Anteilsrecht. Versicherungsaktien werden zu einem Teil an der Börse gehandelt (Publikumsgesellschaften), zum Teil aber auch von anderen Versicherungsunternehmen oder Holding-Gesellschaften gehalten.

Für die Versicherungswirtschaft ist die Einteilung der Aktien als Wertpapiere in Inhaberaktien und Namensaktien von besonderer Bedeutung. Da das Grundkapital eine Sicherheits- und Garantiefunktion erfüllt, braucht es bei Versicherungs-Aktiengesellschaften nicht voll eingezahlt zu sein. Teileingezahlte Aktien dürfen aber nur als Namensaktien ausgegeben werden. Berechtigter

Arten von Aktien		
Inhaberaktien	Namensaktien	Vinkulierte Namensaktien
Berechtigt ist der jeweilige Inhaber der Aktie. Eine Übertragung erfolgt ohne Mitwirkung der Gesellschaft.	Berechtigt ist nur der namentlich genannte Aktionär. Er wird in das von der Gesellschaft geführte Aktienbuch eingetragen.	Sonderfall der Namensaktie: Die Übertragung der Aktie kann nur mit Zustimmung der Gesellschaft erfolgen.

2.1.1.3 Organe

Gesetzliche Organe der Versicherungs-Aktiengesellschaft sind: Vorstand, Aufsichtsrat und Hauptversammlung. Die Mitbestimmung der Arbeitnehmer ist beim Aufsichtsrat angesiedelt. Ein Drittel der Aufsichtsratsmitglieder wird von der Belegschaft gewählt. Versicherungs-Aktiengesellschaften mit mehr als 2 000 Beschäftigten unterliegen der Mitbestimmung nach dem Mitbestimmungsgesetz Arten vom 04. 05. 1976. Ihre Aufsichtsräte sind je zur Hälfte aus Vertretern der Aktionäre und der Arbeitnehmer zusammengesetzt (paritätische Besetzung). Außerdem ist im Vorstand ein Arbeitsdirektor für Personalangelegenheiten zu bestimmen.

Zusammenwirken

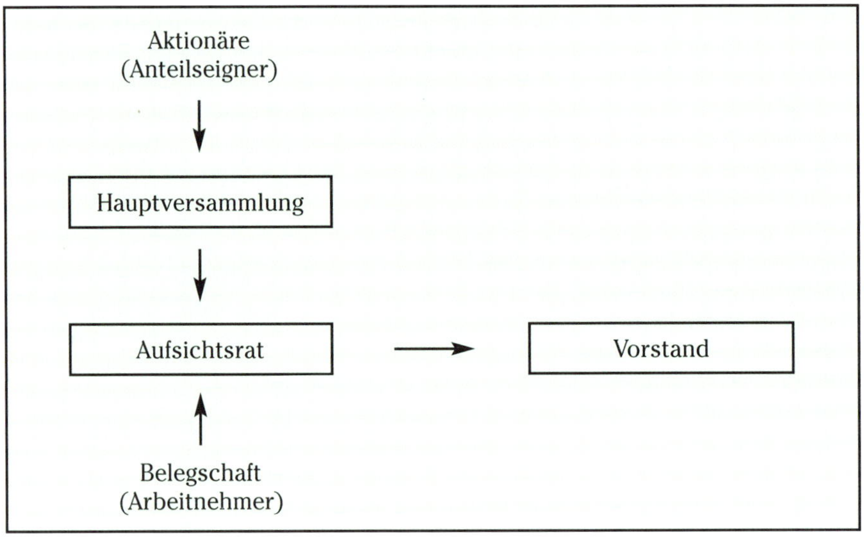

Funktionen

Funktionen		
Aufsichtsrat	**Vorstand**	**Hauptversammlung**
Bestellung des Vorstands Überwachung des Vorstands – Entgegennahme von Berichten – Zustimmung zu bestimmten Rechtsgeschäften Feststellung des Jahresabschlusses	Leitung der Gesellschaft Vertretung nach außen Adressat von Verfügungen der Aufsichtsbehörde Aufstellung des Jahresabschlusses Einberufung der Hauptversammlung	In der Hauptversammlung üben die Aktionäre ihre Mitgliedschaftsrechte aus. Beschlussfassung über: Bestellung der Aktionärsvertreter des Aufsichtsrats Verwendung des Bilanzgewinns Entlastung der Mitglieder des Vorstands und des Aufsichtsrats Satzungsänderungen Maßnahmen der Kapitalbeschaffung

2.1.2 Versicherungsverein auf Gegenseitigkeit

Der Versicherungsverein auf Gegenseitigkeit (VVaG) ist ein rechtsfähiger Verein, der die Versicherung seiner Mitglieder nach dem Grundsatz der Gegenseitigkeit betreibt. Es handelt sich um eine Unternehmensform, die nur im Bereich des Versicherungswesens vorkommt und sich aus genossenschaftlichen Zusammenschlüssen des Mittelalters entwickelt hat. Die wirtschaftliche Bedeutung des Versicherungsvereins auf Gegenseitigkeit ist groß. Viele bedeutende Unternehmen der deutschen Versicherungswirtschaft weisen diese Rechtsform auf. Begriff

Der Versicherungsverein auf Gegenseitigkeit ist in den §§ 15 bis 53 b VAG geregelt. Er ist ebenso wie die Aktiengesellschaft eine Handelsgesellschaft und wird in das Handelsregister eingetragen. Aus der Firma muss hervorgehen, dass es sich um einen VVaG handelt, beispielsweise durch die Bestandteile „auf Gegenseitigkeit" oder „a. G.". Rechtsgrundlage

2.1.2.1 Mitgliedschaft

Als Verein versichert der VVaG seine Mitglieder. Mitglied kann nur werden, wer ein Versicherungsverhältnis mit dem Verein begründet. Versicherungsverhältnis und Mitgliedschaft fallen somit zusammen. Die Versicherungsnehmer sind gleichzeitig Vereinsmitglieder, wobei für sie das Interesse am Versicherungsschutz eindeutig vorrangig ist. Können nach der Satzung auch Nichtmitglieder versichert werden, spricht man von einem „gemischten Verein". § 20 VAG

Alle Mitglieder haben das Recht auf gleichmäßige Behandlung. Das bedeutet, dass Mitgliedsbeiträge und Vereinsleistungen nach gleichen Grundsätzen bemessen sein müssen. Selbstverständlich ergeben sich bei unterschiedlichen Risikovoraussetzungen (z. B. Alter und Gesundheitszustand in der Lebens- und Krankenversicherung) auch unterschiedliche Beiträge. § 21 VAG

Die Rechte und Pflichten der Mitglieder ergeben sich aus der Satzung. Sie hat insbesondere Bestimmungen zu enthalten über: Satzung

- Name (Firma) und Sitz des VVaG
- Voraussetzungen für Erwerb und Verlust der Mitgliedschaft
- Vorschriften über den Gründungsstock
- Art und Erhebung der Beiträge.

2.1.2.2 Beiträge

Für den Versicherungsschutz haben die Vereinsmitglieder (Versicherungsnehmer) Beiträge zu entrichten. Es kann sich um Vorbeiträge oder nachträgliche Umlagen handeln. § 24 VAG

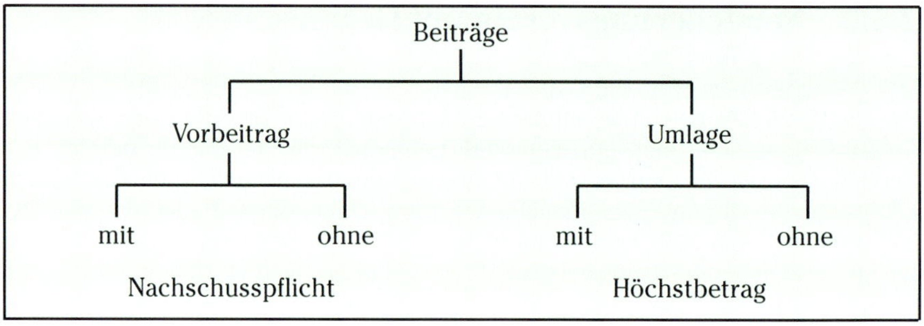

Vorbeitrag

Der Vorbeitrag wird für den geschätzten künftigen Bedarf erhoben. Reichen die Vorbeiträge nicht aus, können entsprechend der Satzung Nachschüsse gefordert oder die Versicherungsleistungen gekürzt werden. Die Nachschusspflicht kann aber durch die Satzung auch ausgeschlossen werden. Dies ist inzwischen die Regel bei allen großen Versicherungsvereinen auf Gegenseitigkeit. Im Ergebnis besteht dann kein Unterschied zu der festen Prämie der Versicherungs-Aktiengesellschaft.

Umlage

Die Umlage wird nicht im Voraus, sondern nachträglich bei Eintritt eines Bedarfs, beispielsweise beim Tod eines Mitglieds im Falle einer Sterbekasse, erhoben. Für die Umlagen kann die Satzung einen Höchstbetrag festsetzen. Ein derartiges Umlageverfahren kommt nur noch bei kleineren Versicherungsvereinen auf Gegenseitigkeit vor.

2.1.2.3 Gründungsstock

§ 22 VAG

Zur Finanzierung des Versicherungsvereins auf Gegenseitigkeit ist ein Gründungsstock zu bilden, der dem Grundkapital (gezeichnetes Kapital) der Aktiengesellschaft entspricht. Höhe und Zusammensetzung des Gründungsstocks bestimmt die Aufsichtsbehörde. Die Mittel werden entweder von Mitgliedern (Gründungsmitglieder) oder von Nichtmitgliedern (Garanten) aufgebracht. Durch Zeichnung verpflichten sie sich, die übernommenen Beträge zu leisten. Sobald die Einrichtungskosten des ersten Geschäftsjahres bestritten sind, beginnt die Tilgung des Gründungsstocks aus den Jahreseinnahmen.

Aufgabe

Der Gründungsstock hat eine dreifache Funktion zu erfüllen. Seine Mittel dienen:

- zur Deckung der Kosten der Vereinserrichtung
- als Gewährstock zur Übernahme etwaiger Verluste, die später von der zu bildenden Verlustrücklage (Sicherheitsrücklage) zu decken sind
- als Betriebsstock zur Deckung der laufenden Ausgaben des VVaG, die nach der Errichtung anfallen.

2.1.2.4 Vereinsorgane

§ 29 VAG

Gesetzliche Organe des Versicherungsvereins auf Gegenseitigkeit sind der Vorstand, der Aufsichtsrat und die oberste Vertretung. Vorstand und Aufsichtsrat haben die gleiche Funktion wie bei der Versicherungs-Aktiengesellschaft. Auch beim Versicherungsverein auf Gegenseitigkeit wird ein Drittel der Mitglieder des Aufsichtsrats von der Belegschaft (Arbeitnehmer) gewählt. Das Mitbestimmungsgesetz findet auf VVaG keine Anwendung.

Zusammenwirken

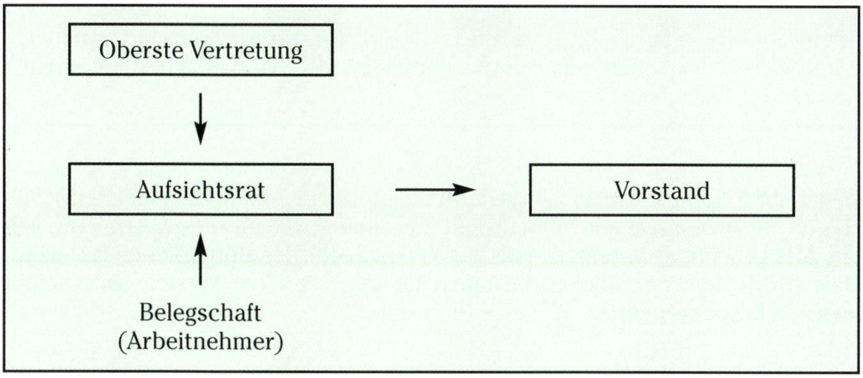

Oberste Vertretung

Die oberste Vertretung ist ein spezielles Organ des Versicherungsvereins auf Gegenseitigkeit, das aber in seiner Funktion der Hauptversammlung bei der Aktiengesellschaft verwandt ist und ihr im Wesentlichen entspricht. Sie kann als Versammlung der Mitglieder oder als Versammlung von Vertretern der Mitglieder ausgestaltet sein. Bei großen VVaG überwiegt aus praktischen Gründen die Mitglieder-Vertreter-Versammlung. Die Form der obersten Vertretung und die Wahlordnung bestimmen sich nach der Satzung. Regelmäßig wird die erste Mitgliedervertretung von allen Mitgliedern gewählt (Urwahl). Nach den Satzungen der meisten VVaG hat die Mitgliedervertretung das Recht, sich beim Ausscheiden von Mitgliedervertretern jeweils durch Zuwahl (Kooptation) wieder zu ergänzen.

Oberste Vertretung		
Form	**Wahlverfahren**	**Funktion**
Mitgliederversammlung: Versammlung der Mitglieder des VVaG Mitglieder-Vertreter-Versammlung (Mitgliedervertretung): Repräsentation der Mitglieder durch Vertreter	Urwahl: Wahl durch alle Mitglieder des VVaG Kooptation: Zuwahl durch die Mitgliedervertretung bei Ausscheiden eines Mitglieder-Vertreters	Wahl des Aufsichtsrats Änderung der Satzung Änderung der Allgemeinen Versicherungsbedingungen Genehmigung des Jahresabschlusses Bestandsübertragung und Auflösung des Vereins

2.1.2.5 Kleinere Vereine

§ 53 VAG

Kleinere Versicherungsvereine unterscheiden sich von den großen VVaG dadurch, dass sie bestimmungsgemäß einen sachlich, örtlich oder dem Personenkreis nach eng begrenzten Wirkungskreis haben. Ob dies der Fall ist, entscheidet die Aufsichtsbehörde.

Beispiele:

Pensionskasse für ein Unternehmen, Brandgilde für mehrere Ortschaften, Sterbekasse für einen bestimmten Personenkreis, Tierversicherungsverein für eine größere Gemeinde.

Rechtsfolgen

Wegen ihrer geringen wirtschaftlichen Bedeutung finden auf die kleineren Versicherungsvereine nicht alle Vorschriften Anwendung, die für die großen VVaG gelten. Maßgebend ist in erster Linie das Vereinsrecht des Bürgerlichen Gesetzbuches (BGB). Im Wesentlichen bestehen für den kleineren Versicherungsverein folgende Besonderheiten:

- Er darf nur Mitglieder versichern.
- Er ist keine Handelsgesellschaft und wird nicht in das Handelsregister eingetragen.
- Er braucht keinen Aufsichtsrat zu bestellen, kann dies aber tun.

2.1.3 Öffentliche Versicherungsunternehmen

Grundlagen

Die öffentlich-rechtliche Versicherung beruht auf landesrechtlichen Vorschriften. Ihre Versicherungseinrichtungen sind entweder Körperschaften oder Anstalten des öffentlichen Rechts, für die zum Teil eine Haftung öffentlicher Gewährträger besteht. Sie unterliegen wie alle Behörden einer staatlichen Dienstaufsicht, die nicht mit der fachlich ausgerichteten Versicherungsaufsicht verwechselt werden darf. Ursprünglich beschränkte sich die Tätigkeit der öffentlich-rechtlichen Versicherer auf die Gebäude-Brandversicherung, für die zum Teil Sonderrechte in Form von Zwangs-, Pflicht- und Monopolanstalten bestanden. Später kamen weitere Versicherungszweige hinzu. Räumlich erstreckt sich ihr Wirkungsbereich auf ein abgegrenztes Gebiet (Regionalitätsprinzip).

Wettbewerb

Mit Wirkung vom 1. Juli 1994 wurden die in einigen Bundesländern auf dem Gebiet der Gebäudeversicherung geltenden Sonderrechte aufgehoben und die bestehenden Versicherungsverhältnisse in privatrechtliche Verträge übergeleitet, beiden Seiten jedoch ein Kündigungsrecht unter Wahrung der Belange der

Grundpfandgläubiger eingeräumt. Danach sind die öffentlich-rechtlichen Versicherer für alle Sparten im Wettbewerb mit den privaten Gesellschaften tätig. Einige Anstalten sind auch durch Umwandlung in Aktiengesellschaften privatisiert worden. Soweit sich ihre Aktien bei öffentlich-rechtlichen Institutionen, insbesondere Sparkassen sowie regionalen Sparkassen- und Giroverbänden befinden, werden sie auch zusammen mit den Anstalten und Körperschaften als öffentliche Versicherer bezeichnet.

Nach der Art der betriebenen und angebotenen Versicherungszweige unterscheidet man zwei Formen der öffentlichen Versicherer.

Öffentliche Versicherer	
Öffentliche Schadenversicherungsunternehmen	Öffentliche Lebensversicherungsunternehmen

Gemeinschaftliche Unternehmen der öffentlichen Versicherer, die überregional tätig sind, bestehen für die private Kranken-, Rechtsschutz- und Rückversicherung.

Zusammenfassung

Unternehmensform	Versicherungs-Aktiengesellschaft	Versicherungsverein auf Gegenseitigkeit	Öffentlich-rechtliche Versicherer
Gesetzliche Grundlagen	Aktiengesetz (AktG) 1965	§§ 15 bis 53 b VAG	Landesrechtliche Vorschriften, Satzungen
Haftungsbasis	Eigenkapital (Grundkapital, Rücklagen)	Eigenkapital (Gründungsstock, Rücklagen)	Haftung der Gewährträger (z. B. Bundesland, Landschaftsverband)
Organe	Hauptversammlung, Aufsichtsrat, Vorstand	Oberste Vertretung, Aufsichtsrat, Vorstand	Verwaltungsrat, Vorstand (auch Präsidial- oder Direktorialverfassung)
Rechtsbeziehungen	Versicherungsvertrag	Mitgliedschaft, Versicherungsvertrag	Versicherungsvertrag
Entgelt	Feste Prämie	Beiträge (Vorbeiträge oder Umlagen)	Feste Prämie (auch Umlagen)
Marktanteil	ca. 65 %	ca. 25 %	ca. 10 %

Übungsaufgaben

1. VN Schulze ist bei der Südstern Versicherung AG versichert. Er beabsichtigt, auch einige Aktien seiner Gesellschaft zu kaufen; allerdings gibt die Oststern Versicherung AG nur vinkulierte Namensaktien aus.

   a) Erläutern Sie ihm diese Aktienart.
   b) Warum besteht das gezeichnete Kapital der Südstern Versicherung AG aus vinkulierten Namensaktien und nicht aus Inhaberaktien?
   c) Welche Gründe würden für die Ausgabe von Inhaberaktien sprechen?

2. „Die Spartentrennung hat zur Bildung von Versicherungskonzernen geführt."
   Erläutern Sie diese Aussage.

3. Der Auszubildende Müller sucht auf der Passivseite der Bilanz eines VVaG den Gründungsstock nach § 22 VAG. Er findet aber nur die Position „Verlustrücklage".
   Erläutern Sie ihm den Zusammenhang zwischen diesen beiden Positionen.

4. In der Versicherungswirtschaft werden vom Bundesaufsichtsamt für das Versicherungswesen bei privatrechtlich organisierten Versicherungsunternehmen nur die Unternehmungsformen der Aktiengesellschaft und des Versicherungsvereins auf Gegenseitigkeit zugelassen.

   a) Erläutern Sie drei wesentliche Unterschiede zwischen der AG und dem VVaG.
   b) Aufsichtsrechtlich muss das Mindestkapital einer Versicherungs-Aktiengesellschaft wesentlich höher sein als im Aktiengesetz vorgeschrieben. Begründen Sie diese Regelung.

5. Im Zuge der an den Versicherungsmärkten herrschenden Konzentrationswelle haben die Hauptversammlungen der Oststern Beteiligungs-AG und der Weststern Holding AG beschlossen, ihre Unternehmen zum Ost-West Versicherungskonzern zusammenzuschließen. Zur früheren Oststern Versicherungsgruppe mit dem größeren Prämienaufkommen gehören die Oststern Allgemeine Versicherungs-AG und die Oststern Lebensversicherung AG; Krankenversicherungen werden an einen kleineren VVaG außerhalb der Gruppe vermittelt. Die Weststern Holding AG besteht aus der Weststern Lebensversicherungs-AG, der Weststern Allgemeinen Versicherung AG und der Weststern Krankenversicherungs-AG. Es ist vorgesehen, die Weststern Leben und die Weststern Allgemeine auf die Oststern Leben und Oststern Allgemeine zu verschmelzen, die Weststern Kranken bestehen zu lassen und am Markt unter der einheitlichen Bezeichnung Ost-West Versicherungen aufzutreten.
   Nehmen Sie bitte zu den Fragen Stellung, welche Vor- und Nachteile dieser Zusammenschluss für die beteiligten Unternehmen, die Mitarbeiter des Innen- und Außendienstes sowie die Versicherten bietet.

2.2 Aufbau eines Versicherungsunternehmens

> Der nebenberufliche Versicherungsvertreter Alois Huber in einer süddeutschen Kleinstadt wird von einem Kunden gefragt, wie man sich den Aufbau eines großen Versicherungsunternehmens zu erklären habe. Dabei wird auch darüber gesprochen, ob die Versicherungsvertreter zum Versicherungsbetrieb gehören und nach welchen Gesichtspunkten eine Verteilung der Aufgaben und ihre Erledigung innerhalb des Versicherungsunternehmens erfolgt.

Grundlagen

Das Versicherungsunternehmen erstellt den Versicherungsschutz. Wirtschaftlich handelt es sich bei ihm um die Ausübung eines Dienstleistungsgewerbes, rechtlich wird die Erfüllung des Leistungsversprechens für den Eintritt des Versicherungsfalles sichergestellt.

Hinsichtlich der betriebswirtschaftlichen Aufbauorganisation besteht kein Unterschied zwischen den einzelnen Unternehmensformen.

Kundenorientierung

Das entscheidende Kriterium für den effizienten Aufbau eines Versicherungsunternehmens hat die Kundenorientierung zu sein. Der Betrieb muss so strukturiert werden, dass er allen Anforderungen der Kunden und ihrer Wünsche gerecht wird. Dazu gehören die rasche und unbürokratische Abwicklung der Geschäftsvorfälle, die verständliche Beantwortung von Kundenanfragen, die schnelle und lesbare Dokumentation der Versicherungsverträge, die vertragsgerechte Regulierung der Schäden sowie die Erhaltung bestehender und die Gewinnung neuer Kundenkontakte. Daher ist Kundenorientierung ein generelles Unternehmensprinzip. Es betrifft nicht nur die unmittelbare Zusammenarbeit mit den Kunden, sondern auch alle innerbetrieblichen Leistungen.

CRM

Neuerdings spricht man in der Versicherungspraxis von Customers Relationship Management (CRM) und meint damit die geschilderten Maßnahmen zur Verbesserung der Kundenbeziehungen. Dazu gehört aus betriebsorganisatorischer Sicht vor allem auch die ständige Erreichbarkeit des Unternehmens durch die Einrichtung so genannter Call oder Kundenservice Center.

Ansätze

Bei der Aufbauorganisation eines Versicherungsunternehmens steht zunächst die Gliederung in Teilbereiche im Vordergrund. Danach unterscheidet man Innen- und Außendienst. Je nachdem, ob die Aufgaben zentral in einer Direktion oder verteilt auf Filialbetriebe erledigt werden, unterscheidet man Zentralisation und Dezentralisation.

Gliederung eines Versicherungsunternehmens			
Räumliche Einteilung		Aufgabenverteilung	
Innendienst	Außendienst	zentral	dezentral

Die Aufgaben innerhalb des Versicherungsbetriebes können nach Funktionen, nach Produkten und nach Kundengruppen aufgeteilt werden. Danach unterscheidet man funktionsbezogene, produktbezogene und kundengruppenbezogene Aufbauorganisationen. Es handelt sich jeweils um idealtypische Modelle, die für das Verständnis der Arbeit eines Versicherungsbetriebes wichtig sind, jedoch bei keinem Unternehmen in reiner Form vorkommen.

Aufbauorganisation		
Möglichkeiten der Aufgabenverteilung nach		
Funktionen	Produkten	Kundengruppen

2.2.1 Innen- und Außendienst

Für die Praxis der Versicherungsbetriebe ist ihre Gliederung in Innen- und Außendienst von erheblicher Bedeutung. Die beiden Begriffe werden sowohl räumlich als auch aufgabenbezogen verstanden.

Räumliche Einteilung

Unter dem Gesichtspunkt der Gliederung des Gesamtunternehmens in Teilbetriebe versteht man unter dem Innendienst die eigentliche Zentrale, die auch Direktion, Generaldirektion oder Hauptverwaltung genannt wird. Den Außendienst bilden demgegenüber die dezentralen Teilbetriebe, wie Geschäftsstellen (Bezirks- und Filialdirektionen) sowie versicherergebundene Vermittler. Soweit auf den Geschäftsstellen auch Verwaltungsaufgaben erledigt werden, zählt man sie ebenfalls zum Innendienst, im Übrigen zum Außendienst. Eine klare Trennung ist deshalb nicht immer möglich.

Teile des Versicherungsbetriebes	
Zentrale (Direktion)	Innendienst
Dezentrale Geschäftsstellen	Innendienst / Außendienst
Versicherergebundene Vermittler (eigentlicher Außendienst)	Außendienst

Geschäftsstellen

Geschäftsstellen sind das Bindeglied zwischen der Direktion als dem eigentlichen Innendienst sowie den Vermittlern und Kunden, deren Betreuung ihnen aus möglichst großer regionaler Nähe obliegt. Sie treten in der Praxis unter verschiedenen Bezeichnungen auf:

Bezeichnungen

- Zweigniederlassung
- Landesdirektion
- Subdirektion
- Filialdirektion
- Bezirksdirektion
- Organisationsstelle
- Direktionsstelle
- Bezirksverwaltung

Aus den verwendeten Bezeichnungen lassen sich keine Rückschlüsse auf die Funktion oder die rechtliche Stellung der Geschäftsstelle ziehen. Im Verhältnis der Geschäftsstellen zueinander gibt es die Möglichkeiten der Gleichrangigkeit oder der organisatorischen Über- und Unterordnung.

Stellung

Verhältnis der Geschäftsstellen	
Gleichrangigkeit	Über- und Unterordnung
Direktion / \\ Geschäftsstellen	Direktion | Filialdirektion | Bezirksdirektion

Den Geschäftsstellen werden von der Direktion verschiedene Aufgaben übertragen. Sie können sich auf die Betreuung der Versicherungsvermittler sowie die Bearbeitung des Versicherungsgeschäftes beziehen. Danach unterscheidet man Außendienst- und Verwaltungsgeschäftsstellen. Es ist auch denkbar, dass eine Geschäftsstelle beide Aufgaben wahrnimmt.

Einteilung der Geschäftsstellen nach Funktionen	
Außendienstgeschäftsstelle	Verwaltungsgeschäftsstelle
Unterstützung, Betreuung und Kontrolle der Vermittler	Durchführung von Verwaltungsaufgaben
Möglichkeit der Wahrnehmung beider Funktionen	

Die Begriffe Innen- und Außendienst werden aber auch in einem aufgabenorientierten Sinne verstanden.

Aufgabenorientierte Bezeichnung

Dementsprechend sind

- Innendienst alle Tätigkeiten innerhalb der Büros des eigentlichen Versicherungsbetriebes
- Außendienst alle Tätigkeiten außerhalb des eigentlichen Versicherungsbetriebes (Büro) unmittelbar beim Kunden.

2.2.2 Zentralisation und Dezentralisation

Aus der Gliederung des Versicherungsunternehmens in die Teilbereiche des Innen- und Außendienstes mit den zwischen ihnen als Bindeglied stehenden Geschäftsstellen folgt die Aufgabenverteilung nach den Prinzipien der Zentralisation oder Dezentralisation.

Gegenüberstellung

Zentralisation bedeutet die Zusammenfassung der Verwaltungsarbeiten eines Versicherungsunternehmens in der Direktion (Zentrale), Dezentralisation die überwiegende Verlagerung dieser Arbeiten auf die Geschäftsstellen.

Vor- und Nachteile

Die Vorteile der Dezentralisierung bestehen vor allem in Kundennähe und Flexibilität durch marktnahe und schnelle Entscheidungen. Nachteilig bei Dezentralisation können der notwendige Koordinationsaufwand und unter Umständen zu kleine Betriebsgrößen sein, sodass die Geschäftsstelle nicht über Fachleute auf allen Gebieten verfügt.

Auf der anderen Seite hat der Einsatz der elektronischen Datenverarbeitung die Konzentration der Arbeitsvorgänge und damit ihre Zentralisierung begünstigt. Im Zuge der Datenfernverarbeitung (Teleprozessing) können jedoch die im Rechenzentrum der Direktion gespeicherten Daten mit Hilfe von Terminals (Bildschirmen) auf den Geschäftsstellen bearbeitet werden.

Mischformen

Die Praxis kennt zahlreiche Mischformen. In Versicherungsunternehmen sind vor allem die Entscheidungen bezüglich der Unternehmenspolitik zentralisiert. Außerdem wird das Geschäft mit speziellen Kundengruppen, in schwierigen Versicherungszweigen und ab einer gewissen Größenordnung häufig zentral in der Direktion bearbeitet.

Mitunter werden auch Verwaltungsgeschäftsstellen schwerpunktmäßig für größere Gebiete mit entsprechendem Arbeitsanfall gebildet, zu deren Einzugsbereich jeweils mehrere Außendienstgeschäftsstellen gehören.

Gestaltungsformen	Zentralisation	Dezentralisation
Begriff	Zusammenfassung der Verwaltungsaufgaben bei der Direktion (Zentrale)	Verlagerung der Verwaltungsaufgaben auf die Geschäftsstellen
Vorteil	Einheitliche Bearbeitung mit größerer fachlicher Kompetenz	Größere Kundennähe und Flexibilität bei kleineren Betriebseinheiten
Mischformen	– Zentralisierung schwieriger Geschäftsvorgänge – Verlagerung von Verwaltungsaufgaben auf einzelne Geschäftsstellen	

2.2.3 Produktbezogener Aufbau

Gesamtkonzeption

Der eigentliche Versicherungsbetrieb gliedert sich in vier Teile. An der Spitze steht die Leitung (Vorstand). Die Versicherungsverträge werden im versicherungstechnischen Bereich bearbeitet. Daneben gibt es den so genannten Finanzbereich. Aufgabe der übrigen Abteilungen, wie beispielsweise Personal-, Verwaltungs-, Rechts- oder Steuerabteilung, ist es, dafür Sorge zu tragen, dass der versicherungstechnische Bereich und der Finanzbereich die ihnen übertragenen Aufgaben reibungslos erledigen können.

Innendienst	
Leitung	
Versicherungstechnischer Bereich	Finanzbereich
Unterstützende Bereiche	

Innerhalb des versicherungstechnischen Bereiches war bei den Versicherungsunternehmen lange Zeit die produktbezogene Aufbauorganisation vorherrschend. Dementsprechend waren die Versicherungsbetriebe nach dem Prinzip der Spartenorientierung gegliedert. Daraus folgt die Notwendigkeit, zwischen Einbranchen- und Mehrbranchen-Versicherungsunternehmen zu unterscheiden.

Einbranchenversicherer

Sofern ein Versicherungsunternehmen nur eine Sparte betreibt, ergibt sich ganz von selbst die Ausrichtung des gesamten Geschäftsbetriebes auf diesen Versicherungszweig. Dies gilt für diejenigen Gesellschaften, die auf Grund des aufsichtsrechtlichen Spartentrennungsgebotes nur einen Versicherungszweig betreiben dürfen, wie die Lebens- und Krankenversicherungsunternehmen, aber auch für andere Gesellschaften, deren Aktivitäten sich auf eine Sparte konzentrieren, wie beispielsweise im Falle der Rechtsschutzversicherung.

Kompositversicherer

Wenn ein Versicherungsunternehmen mehrere Sparten betreibt, so spricht man von Mehrbranchen-Gesellschaften, Kompositversicherern oder im Sinne der aufsichtsrechtlichen Terminologie von Unternehmen der Schaden- und Unfallversicherung. Früher herrschte für diese Gesellschaften ausschließlich der produktbezogene Aufbau im Sinne einer Spartenorganisation vor.

Spartenorganisation

Aufbau nach Produkten			
Einbranchenversicherer			Mehrbranchenversicherer (Kompositversicherer)
Leben	Kranken	Rechtsschutz	Gliederung nach Sparten (Versicherungszweige)

Weitere Untergliederung

Für die produktbezogene Aufbauorganisation eines Kompositversicherers bietet sich zunächst die Strukturierung nach bestimmten Spartengruppen, in denen mehrere Versicherungszweige zusammengefasst sind, an. Denkbar sind Abteilungen für die Sach-, HUK-, Transport- und die Technischen Versicherungen. Nach dem bei den einzelnen Versicherungsunternehmen unterschiedlichen Prämienvolumen und dem sich daraus ergebenden Arbeitsanfall für die einzelnen Versicherungszweige bietet sich eine weitere, ebenfalls produkt- oder versicherungszweigbezogene Unterteilung im Rahmen der Aufbauorganisation des Versicherungsbetriebes an.

Produktbezogener Aufbau des Kompositversicherers				
Spartengruppen	Sach	HUK	Transport	Technische Versicherungszweige
Untergliederung nach einzelnen Zweigen	Feuer	Haftpflicht – Allgemein – Vermögensschaden	in der Regel keine weitere Unterteilung	
	Wohngebäude			
	Hausrat	Unfall		
	Sachnebensparten – ED – LW usw.	Kraftfahrt		

Tätigkeiten

Die spartenorientierte Bearbeitung des Versicherungsgeschäftes erfolgt traditionell in der so genannten Fachabteilung. Für sie besteht eine Leitung, die für Grundsatzfragen, die Ausgestaltung des Versicherungsschutzes nach Preis und Umfang für die jeweilige Sparte sowie die Überwachung der Tagesarbeit zuständig ist. Darunter finden sich die Vertrags- und die Schadenbearbeitung. Zur Vertragsbearbeitung gehören die Antragsbearbeitung (Neugeschäft) und die Verwaltung des Bestandes. Man spricht auch von Erst- und Folgebearbeitung. Sie werden häufig zu Betriebsabteilungen zusammengefasst, denen die Schadenabteilungen gegenüberstehen, die in der Personenversicherung Leistungsabteilungen heißen.

Fachabteilung für eine Sparte (z. B. Kraftfahrtversicherung)		
Leitung – Grundsatzfragen – Koordination – Tarifpolitik		
Betrieb		Schaden
Erstbearbeitung (Antragsbearbeitung)	Folgebearbeitung (Bestandsverwaltung)	mitunter auch für mehrere Sparten zusammengefasst

2.2.4 Funktionen

Die Gesamtaufgabe des Versicherungsunternehmens besteht darin, den Versicherungsschutz zu produzieren. Diese Versicherungsproduktion kann man nach den jeweils typischen Verrichtungen in einzelne Teilaufgaben gliedern. Sie werden als betriebliche Funktionen bezeichnet.

Diese Funktionen sind im Versicherungsbetrieb:

- Leitung
- Beschaffung
- Absatz
- Leistungserstellung
- Verwaltung
- Finanzierung

In der Versicherungspraxis ist eine Trennung der Funktionen meist nur schwer möglich, da sie integriert vorgenommen werden. Das Modell der funktionsbezogenen Aufbauorganisation vermittelt jedoch ein anschauliches Bild der unterschiedlichen Teilaufgaben, die in einem Versicherungsbetrieb wahrzunehmen sind.

Leitung

Die Leitung des Versicherungsunternehmens umfasst die Planung, Organisation und Kontrolle. Sie ordnet die betrieblichen Prozesse und kombiniert alle Funktionen in dem Versicherungsunternehmen. Insbesondere hat die Leitung alle elementaren Entscheidungen über die Unternehmenspolitik zu treffen, wie insbesondere die Festlegung und Umsetzung der Unternehmensziele.

Beschaffung

Zur Beschaffung gehört im Wesentlichen die Bereitstellung aller erforderlichen sachlichen Mittel des Versicherungsbetriebes, des Personals und etwaiger externer Dienstleistungen.

Absatz

Der Absatz hat entscheidende Bedeutung für ein Versicherungsunternehmen. Er erfolgt vor der eigentlichen Leistungserstellung. Grundsätzlich handelt es sich um die Abgabe des Versicherungsschutzes an die Versicherungsnehmer gegen Zahlung der Prämie. Für diesen Absatz wird in der Versicherungspraxis auch häufig der Begriff Versicherungsvertrieb verwendet. Dabei ist die räumliche Distanz zwischen den Standorten des Versicherungsunternehmens und der Versicherungsnehmer zu überbrücken. Da sich die Absatzfunktion sowohl auf das Neugeschäft als auch auf den Bestand erstreckt, ist sie in der Versicherungswirtschaft eine permanent durchzuführende Funktion. Sie erstreckt sich auch auf die Erbringung von Serviceleistungen.

Leistungserstellung

Unter Leistungserstellung versteht man die eigentliche Produktion des Versicherungsschutzes. Sie folgt dem Absatz zeitlich nach. Regelmäßig wird die Leistungserstellung in Erstbearbeitung und Folgebearbeitung der Versicherungsverträge sowie in die Abwicklung der Versicherungsfälle (Schadenbearbeitung) eingeteilt.

Zur Leistungserstellung gehören aber auch weitere Teilfunktionen, wie die Regelung einer eventuell notwendigen Rück- oder Mitversicherung.

Verwaltung

Die Verwaltung umfasst alle diejenigen Tätigkeiten, die mittelbar mit der Erbringung von Versicherungsdienstleistungen verbunden sind, wie z. B. die Personalverwaltung, die Verwaltung der Betriebsmittel sowie die Datenverarbeitung. Von ihrem Inhalt her handelt es sich um eine Fortsetzung der Beschaffungsfunktion.

Finanzierung

Die Finanzierung dient der Sicherheit der Versicherungsleistungen bei Eintritt des Versicherungsfalles.

Aufbauorganisation nach Funktionen				
Art	Beschaffung und Verwaltung	Absatz	Leistungserstellung	Finanzierung
Untergliederung nach Aufgaben bzw. Stellen	sachliche Mittel	innerbetriebliche Betreuung	Erstbearbeitung	Rechnungswesen
	Personal	Außendienst	Folgebearbeitung	Kapitalanlagen
			Schadenbearbeitung	

2.2.5 Kundengruppenorientierung

Neuerdings zeichnet sich in der Versicherungswirtschaft eine verstärkte Ordnung nach Kundengruppen, also den Absatz- und Marktbedürfnissen, ab. Dadurch soll eine bessere Anpassung des Versicherungsschutzes an die einzelnen Gruppen sowie eine individuelle Betreuung auch im Innendienst erreicht werden.

Problemlösung

Unter diesem Gesichtspunkt sollen den Kunden nicht einzelne Produkte, wie beispielsweise eine Hausratversicherung oder eine Kraftfahrtversicherung, angeboten und verkauft werden. Vielmehr sollen die Probleme des Kunden auf bestimmten Gebieten optimal und zufrieden stellend gelöst werden. Der Trend führt daher vom bloßen Produktangebot zur Problemlösung. Der Versicherungskunde ist nämlich nicht am Kauf eines speziellen Versicherungsproduktes, sondern an der bestmöglichen Lösung seines Vorsorge-, Vermögensbildungs- und Vermögenssicherungsproblems interessiert.

Aus diesem Grund umfasst die Problemlösung neben dem Angebot des Versicherungsschutzes weitere Dienstleistungen, wie beispielsweise das Bausparen, um dem Kunden die Eigentumsbildung zu erleichtern.

An diesem Ziel der Problemlösung hat sich nicht nur die Betreuung des einzelnen Kunden, sondern auch die gesamte Aufbauorganisation des Versicherungsunternehmens zu orientieren.

Arten

Die Anforderungen an die jeweiligen Problemlösungen unterscheiden sich nach den einzelnen Kundengruppen, weil sie jeweils eine unterschiedliche Risikosituation aufweisen. Sie ist sowohl bei der Beratung des Kunden als auch bei der Betreuung seiner Versicherungsverhältnisse im Innendienst zu berücksichtigen. Es muss das Ziel sein, die gesamten Bedürfnisse eines Kunden von der Antragsprüfung bis zur Bearbeitung der Versicherungsfälle möglichst in eine Hand zu legen. Daraus ergibt sich die Notwendigkeit, die Bearbeitung des Versicherungsgeschäftes nach den verschiedenen Kundengruppen und nicht in erster Linie nach den Produkten, also den Versicherungszweigen, zu gliedern. Für jede Kundengruppe kommen nämlich andere Ansätze ihrer Problemlösungen und damit unterschiedliche Versicherungsdeckungen in Betracht.

Von entscheidender Bedeutung ist in diesem Zusammenhang die Gegenüberstellung privater und gewerblicher Kunden. Man spricht demgemäß von Privatkunden- und Firmenkundengeschäft.

Privatkundengeschäft

Die Versicherungsverträge mit Privatpersonen, insbesondere privaten Haushalten, dienen zur Deckung des Versicherungsbedarfs der persönlichen Lebenssphäre unter Ausschluss gewerblicher und beruflicher Risiken. Die in Betracht kommenden Versicherungszweige zeichnen sich durch einen hohen Standardisierungsgrad aus. Das Privatkundengeschäft ist durch verhältnismäßig niedrige Durchschnittsprämien und entsprechend geringeren Schadenaufwand pro Versicherungsfall gekennzeichnet.

Innerhalb dieses Bereiches kann man Einzelpersonen sowie private Haushalte mit einfachem Zuschnitt und vermögender Art unterscheiden.

Firmenkundengeschäft

Das Firmenkundengeschäft deckt Risiken von gewerblichen Unternehmen und Selbstständigen im gewerblich-beruflichen Bereich. Die versicherten Risiken sind durch Großschadenmöglichkeiten gekennzeichnet und bedürfen daher einer weitgehend individuellen Behandlung.

Innerhalb des Firmenkundengeschäftes kann man unterscheiden zwischen dem Industriegeschäft mit Großunternehmen, dem sonstigen gewerblichen Geschäft mit mittelständischen Unternehmen sowie dem Geschäft mit den Angehörigen freier Berufe.

Betriebsaufbau

Dementsprechend gliedert sich auch die Aufbauorganisation des Versicherungsunternehmens nach den verschiedenen Kundengruppen.

Kundengruppenorientierter Aufbau			
Privatkundengeschäft	Firmenkundengeschäft		
Einzelpersonen private Haushalte - einfach - vermögend	Industrie	sonstiges Gewerbe	freie Berufe

Misch-
formen

In keinem Versicherungsunternehmen findet man eines dieser Modelle in reiner Form vor. Vielmehr gibt es eine Vielzahl von Kombinationen. So sind auch bei der Gliederung nach Kundengruppen von dem jeweiligen Sachbearbeiter die einzelnen Bearbeitungsvorgänge auszuführen. Neben dem Aufbau des versicherungstechnischen Geschäftes nach Kundengruppen bleibt immer die Gliederung der sonstigen Bereiche nach betrieblichen Funktionen. Aufgabe der Modelle kann es nur sein, die möglichen Grundformen, auf die jede Aufbauorganisation zurückzuführen ist, zu verdeutlichen.

Zusammenfassung

Aufbauorganisation		
Aufbau nach Betriebsteilen	Innendienst	Außendienst
Zuordnung der Tätigkeiten	Zentralisation	Dezentralisation
Produktbezogen	Versicherungszweige	
Funktionen	- Leitung - Beschaffung und Verwaltung - Absatz - Leistungserstellung - Finanzierung	
Kundengruppen	Privatkunden	Firmenkunden
Mischformen	Kombination des produkt-, funktions- und kundenbezogenen Aufbaus	

Übungsaufgaben

1. Die Südstern Versicherung AG will künftig den Innen- und Außendienst nach Kundengruppen organisieren.

   a) Was verstehen Sie unter der Kundengruppenorganisation? Nennen Sie auch andere Einteilungsmöglichkeiten.
   b) Welche Vorteile können mit dieser Organisationsform verbunden sein?
   c) Welche Probleme sehen Sie?

2. Die Südstern Versicherung AG beabsichtigt auch, die Zusammenarbeit mit Maklern zu verstärken.

   a) Welche Vorteile verspricht sich die Südstern Versicherung AG davon?
   b) Welche Nachteile können sich für das VU ergeben?

3. Die Südstern Versicherung AG beabsichtigt ebenfalls, in Zukunft die Antrags-, Bestands- und Leistungsbearbeitung im Privatkundengeschäft durch die Generalagenturen bearbeiten zu lassen.
   Welche Vorteile, aber auch welche Probleme sehen Sie in dieser Verlagerung der versicherungsfachlichen Arbeiten?

4. Die Trennung der Funktionen im Versicherungsbetrieb ist nur integriert vorzunehmen.
   Erkundigen Sie sich in Ihrem Unternehmen, wie diese Funktionen betrieblich wahrgenommen werden.

5. Ein großer Versicherungskonzern wirbt in Zeitschriftenanzeigen für die Fusion mit folgenden Sätzen:
   „Mit dem Zusammenschluss ... haben wir als vier der führenden deutschen Versicherer das Fundament für unseren Erfolg im neuen Europa gelegt. Konsequent schöpfen wir nun Synergiepotenziale aus ...“

   a) Erläutern Sie vier Beispiele für mögliche Synergiepotenziale.
   b) Nennen Sie sechs Vorteile, die die Fusion (betriebs- und gesamtwirtschaftlich) mit sich bringen kann.
   c) Nennen Sie sechs Nachteile (betriebs- und gesamtwirtschaftlich), die mit der Fusion verbunden sein könnten.

2.3 Absatz des Versicherungsschutzes

> Herr Anton Müller ist Inhaber einer mittelständischen Maschinenfabrik. Er hält eine Überprüfung seiner Risikosituation und der bestehenden Versicherungsverträge für erforderlich. In diesem Zusammenhang stellt sich für ihn die Frage nach dem Zugang zu dem für ihn am geeignetsten Versicherungsunternehmen. In Betracht kommen:
>
> - der Spezialist eines Versicherungsunternehmens
> - ein örtlicher Versicherungsvertreter
> - ein Versicherungsmakler.
>
> Ein jung verheiratetes Ehepaar hat eine neue Wohnung bezogen. Außerdem soll ein Kraftfahrzeug angeschafft werden. Es erhält Besuch von
>
> - einem Versicherungsvertreter
> - dem Mitarbeiter einer Vertriebsgesellschaft.
>
> Ein Bekannter erklärt den Eheleuten, dass man sich an bestimmte Versicherungsunternehmen ohne Außendienst-Mitarbeiter wenden könne, um den Versicherungsschutz preisgünstiger zu erhalten. Dabei müsse man aber auf die persönliche Beratung verzichten.

Begriff

Die Versicherungsunternehmen müssen ihre Versicherungsprodukte an die Kunden heranbringen. Absatz oder Vertrieb des Versicherungsschutzes bedeutet somit in erster Linie die Überwindung der zwischen dem Versicherungsunternehmen und den Kunden bestehenden Entfernung. Der Versicherungsschutz wird an den Kunden gegen Zahlung der Prämie als Preis abgegeben. Dabei sind die Begriffe Absatz und Vertrieb gleichbedeutend.

Aufgabe

Der Absatz bildet für das Versicherungsunternehmen die wichtigste betriebswirtschaftliche Funktion. Die Gewinnung eines Kunden löst erst alle anderen Funktionen des Betriebes aus. Die Leistungserstellung setzt voraus, dass ein Antrag auf Gewährung von Versicherungsschutz vorliegt.

Gesamtbeziehung

Der Absatz oder Vertrieb des Versicherungsschutzes stellt nicht einen einmaligen Vorgang dar. Vielmehr begründet der Abschluss des Versicherungsvertrages eine Dauerbeziehung zum Kunden, die erhalten und gepflegt werden muss. Es wird deshalb mit Recht hervorgehoben, dass das Verhältnis zwischen dem Versicherer und dem Versicherungsnehmer absatzwirtschaftlich geprägt ist.

Die Pflege dieser Beziehung bezeichnet man als Bestandspflege. Sie wird ergänzt durch den Service oder Kundendienst, der den Kunden während der gesamten Laufzeit des Vertrages und insbesondere bei Eintritt des Versicherungsfalles zu gewähren ist. Service und Kundendienst sind daher ein Mittel der Absatzförderung.

Verfahren

Die Praxis kennt verschiedene Gestaltungsformen des Versicherungsabsatzes oder -vertriebs.

Vermittler

Herkömmlich kommen die Versicherungsverträge durch die Einschaltung von Versicherungsvermittlern zu Stande. Diese Versicherungsvermittler stellen für den Versicherer Absatzorgane dar. Wegen dieses Einsatzes von Vermittlern handelt es sich um einen indirekten Vertrieb.

Direktvertrieb

Demgegenüber werden bei dem so genannten Direktvertrieb unmittelbare Beziehungen zwischen dem Kunden und dem Versicherungsunternehmen hergestellt, ohne dass Vermittler eingeschaltet sind. Der Versicherungsinteressent wendet sich direkt an das Versicherungsunternehmen, um den Versicherungsschutz zu erhalten.

<table>
<tr><th colspan="3">Absatzverfahren</th></tr>
<tr><td colspan="2">Absatz über Vermittler
(indirekter Vertrieb)</td><td>Direktvertrieb</td></tr>
<tr><td>Versicherergebundene Vermittler (Außendienst)</td><td>Nichtversicherergebundene Vermittler</td><td>keine Zwischenschaltung von Vermittlern</td></tr>
</table>

Absatzorgane

Die Absatz- oder Vertriebsorgane stellen die Verbindung zwischen den Kunden und den Versicherungsunternehmen her. Nach ihrer Beziehung zum Versicherungsunternehmen lassen sich drei Formen unterscheiden. Das Absatzorgan kann Teil des Versicherungsbetriebes selbst sein, beispielsweise ein Angestellter, der die Kunden für bestimmte Geschäftsarten betreut. Das Absatzorgan kann aber auch ein selbstständiger Kaufmann sein, der an das Versicherungsunternehmen gebunden ist, wie der Versicherungsvertreter. Darüber hinaus gibt es unternehmensfremde Absatzorgane, die Versicherungen an ein Versicherungsunternehmen vermitteln, wie der Versicherungsmakler, bestimmte Wirtschaftsverbände und Organisationen oder Unternehmen anderer Wirtschaftszweige, beispielsweise Banken, Reisebüros, Warenhäuser oder Versandhandelsunternehmen auf Grund von Kooperationsabkommen. Zu den betriebsfremden Absatzorganen gehören aber auch spezielle Vertriebsgesellschaften, insbesondere Strukturvertriebe.

Absatzorgane		
Aufgabe: Vermittlung von Versicherungen		
Betriebseigene Absatzorgane	Betriebsgebundene Absatzorgane	Betriebsfremde Absatzorgane
- innerbetriebliche Stellen mit Vertriebsaufgaben - Angestellte im Außendienst	- Versicherungsvertreter	- Versicherungsmakler - Unternehmen anderer Wirtschaftszweige - Vertriebsgesellschaften

Aufgabe

Gemeinsam ist allen Absatzorganen die Vermittlung von Versicherungen an Versicherungsunternehmen.

Versicherungsvermittler

Notwendigkeit

Versicherungsvermittler wirken in erheblichem Umfang beim Abschluss von Versicherungsverträgen mit, weil der Kunde auf diesem Gebiet einen großen Beratungsbedarf hat. Der Versicherungsschutz ist als juristisches Leistungsversprechen für die Zukunft nur schwer verständlich und deshalb in besonderem Maße erklärungsbedürftig. Durch ihre Tätigkeit erbringen die Versicherungsvermittler den Kunden eine echte Dienstleistung, die sich nicht auf die Abschlussphase beschränkt, sondern sich auf das gesamte Versicherungsverhältnis erstreckt.

Aufgaben

Die Versicherungsvermittler haben Versicherungsverträge anzubahnen, zu vermitteln, abzuschließen und in sonstiger Weise zu betreuen. Die persönliche Werbearbeit und Beratung hat daran einen hohen Anteil. Im Vordergrund steht die Kundengewinnung. Aber auch nach dem Vertragsabschluss hat sich die Beratung und Betreuung des Versicherungsnehmers fortzusetzen, beispielsweise bei der Anmeldung von Schadenfällen. Mitunter sind die Versicherungsvermittler auch noch mit dem Einzug der Prämien betraut, soweit nicht ein Direktinkasso durch die Versicherungsunternehmen im Wege des Lastschriftverfahrens erfolgt.

Qualifikation

Um unlautere Personen von der Versicherungsvermittlung fernzuhalten, besteht eine Auskunftsstelle über Versicherungs-/Bausparkassenaußendienst und Versicherungsmakler in Deutschland e.V. (AVAD) mit dem Sitz in Hamburg. Jedes Versicherungsunternehmen hat vor der Eingehung geschäftlicher Beziehungen mit einem Versicherungsvermittler eine Auskunft von dieser Einrichtung einzuholen und darf die Zusammenarbeit mit ihm nur aufnehmen, sofern sich keine Bedenken ergeben. Die Auskünfte beruhen auf Angaben der angeschlossenen Versicherungsunternehmen. Sie sind vertraulich und stellen kein Werturteil dar.

Zur Hebung des Fachwissens sowie zur Verbesserung der Kundenbetreuung und des Ansehens des Berufsstandes in der Öffentlichkeit wurde für Mitarbeiter im Versicherungsaußendienst eine inzwischen allgemein anerkannte Berufsqualifikation geschaffen. Nach erfolgreicher Prüfung vor einer Kommission des Berufsbildungswerks der Deutschen Versicherungswirtschaft (BWV) e.V. wird ein Zertifikat und eine Ausweiskarte mit Lichtbild verliehen. Der Inhaber ist berechtigt, die Berufsbezeichnung „Versicherungsfachmann/-fachfrau (BWV)" zu führen. Die Kunden können ihm als Partner in Vorsorge- und Sicherheitsfragen vertrauen. Für langjährige erfolgreiche Versicherungsvermittler besteht eine Anerkennungsregelung. Ebenfalls anerkannt wird der Abschluss als Versicherungskaufmann, Versicherungsfachwirt, Versicherungsbetriebswirt (DVA) und Betriebswirt (BA/Versicherungen).

Arten

Nach ihrer Rechtsstellung teilt man die Versicherungsvermittler in drei Gruppen ein.

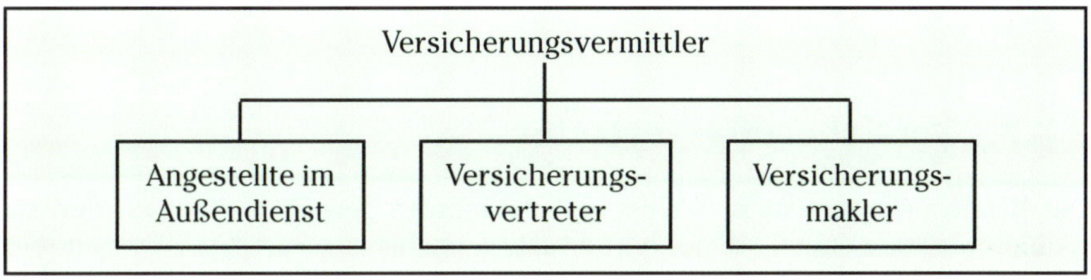

2.3.1 Angestellte im Außendienst

§§ 59, 84 Abs. 2 HGB

Der Angestellte im Außendienst ist Handlungsgehilfe nach dem Handelsgesetzbuch. Er steht in einem abhängigen Arbeitsverhältnis zu dem Versicherungsunternehmen und ist daher unselbstständiger Arbeitnehmer. Bei der Ausübung seiner Tätigkeit ist er an Weisungen gebunden, die sich insbesondere auf die Gestaltung seiner Arbeitszeit beziehen. Er hat regelmäßig Berichte zu erstatten.

Abgrenzung

Vom Versicherungsvertreter unterscheidet sich der Angestellte durch das Merkmal der Unselbstständigkeit. Er wird deshalb mitunter auch als angestellter oder unselbstständiger Versicherungsvertreter bezeichnet. Der Angestellte im Außendienst unterliegt den arbeitsrechtlichen Vorschriften und dem Tarifvertrag für das private Versicherungsgewerbe. Es bestehen Kündigungsschutz, Urlaubsanspruch und Sozialversicherungspflicht. Im Gegensatz zum Versicherungsvertreter erhält der Angestellte im Außendienst ein festes Gehalt, zu dem in der Regel erfolgsabhängige Provisionen sowie Fahrtauslagen und Spesen kommen.

Einsatz

Außendienst-Angestellte führen häufig die Bezeichnung Inspektor, Bezirksinspektor oder Organisationsleiter, weil ihre Aufgabe in erster Linie darin besteht, Versicherungsvertreter zu gewinnen, zu betreuen und zu unterstützen. Darüber hinaus sind sie aber in schwierigen Versicherungszweigen (z. B. betriebliche Altersversorgung, Industriegeschäft) auch mit der unmittelbaren Kundenbetreuung befasst (Spezialisten). Zusätzlich werden Angestellte im Außendienst für Sonderaufgaben eingesetzt, beispielsweise die Durchführung bestimmter Werbeaktionen.

Angestellte im Führungsdienst sind in der Regel mit der Leitung von Geschäftsstellen betraut.

Übersicht

Angestellte im Außendienst		
Rechtsstellung	Vergütung	Hauptaufgaben
Handlungsgehilfe Arbeitsverhältnis Unselbstständigkeit	Festes Gehalt ergänzt durch: - Provisionen - Fahrtauslagen - Spesen	Gewinnung und Schulung von Versicherungsvertretern Betreuung schwieriger Sparten Durchführung von Spezialaufgaben

2.3.2 Versicherungsvertreter

§§ 84, 92 HGB

§ 1 HGB

Der Versicherungsvertreter ist ein selbstständiger Gewerbetreibender, der als Handelsvertreter ständig damit betraut ist, Versicherungsverträge zu vermitteln oder abzuschließen. Die Versicherungs-Agentur ist sein Gewerbe, das er anzumelden hat. Der Versicherungsvertreter besitzt die Kaufmannseigenschaft, es sei denn, dass sein Handelsgewerbe nach Art und Umfang einen in kaufmännischer Weise eingerichteten Geschäftsbetrieb nicht erfordert.

Selbstständigkeit
§ 84 HGB

Wesentliches Merkmal des Versicherungsvertreters ist seine Selbstständigkeit. Sie wird dadurch gekennzeichnet, dass er im Wesentlichen seine Tätigkeit frei gestalten und seine Arbeitszeit bestimmen kann. Im Einzelfall schließt dies konkrete Weisungen des Versicherers, beispielsweise einen Kunden zu einer bestimmten Zeit zu besuchen, nicht aus. Feste Arbeitszeiten können dem Versicherungsvertreter jedoch nicht vorgeschrieben werden. Wirtschaftlich besteht eine enge Bindung des Vertreters an das Versicherungsunternehmen, dessen Interessen er wahrzunehmen hat.

2.3.2.1 Arten

Die Versicherungsvertreter lassen sich unter verschiedenen Gesichtspunkten einteilen.

Haupt- und nebenberufliche Vertreter

§ 92 b HGB

Von besonderer Bedeutung ist die Unterscheidung zwischen hauptberuflichen und nebenberuflichen Versicherungsvertretern. Für den hauptberuflichen Vertreter ist die Vermittlungstätigkeit die Existenzgrundlage. Er unterhält in der Regel ein eigenes Büro und ist als Kaufmann in das Handelsregister eingetragen. Demgegenüber betreibt der nebenberufliche Vertreter die Versicherungsvermittlung neben einem anderen Hauptberuf. Er ist nicht Kaufmann. Da für ihn diese Tätigkeit lediglich einen zusätzlichen Verdienst bedeutet, ist er deshalb weniger schutzbedürftig als der hauptberufliche Versicherungsvertreter. Der Vertrag kann von beiden Seiten mit einer Frist von einem Monat gekündigt werden, und es besteht nach Vertragsbeendigung kein Ausgleichsanspruch. In der Regel sind die Provisionssätze für nebenberufliche Vermittler niedriger.

In Deutschland ist der typische hauptberufliche Versicherungsvertreter oder Generalagent nur für ein Versicherungsunternehmen tätig. Man bezeichnet ihn als Ausschließlichkeits- oder Einfirmenvertreter. Da sich seine Tätigkeit stets auf sämtliche Unternehmen einer Versicherungsgruppe oder eines Konzerns (Lebens-, Kranken- und Schadenversicherung) erstreckt, wird er auch Konzernvertreter genannt. Der Einfirmen- oder Konzernvertreter ist an die jeweiligen Unternehmen gebunden und darf mit Ausnahme der Risiken, die seine Gesellschaft im Einzelfall nicht zeichnet, nicht für andere Versicherer tätig werden. Wegen dieser Bindung kann ein Mindesteinkommen festgesetzt werden. Demgegenüber unterliegt der Mehrfachvertreter keinem Konkurrenzverbot und kann in einer Sparte für mehrere Versicherer tätig werden. Er ist vor allem im gewerblichen und industriellen Geschäft von Bedeutung. Es besteht keine Untergrenze des Einkommens.

Ausschließlichkeitsvertreter

Einem hauptberuflichen Versicherungsvertreter oder Generalagenten können andere Versicherungsvertreter unterstellt sein. Sie werden als Untervertreter bezeichnet. Der echte Untervertreter steht ausschließlich in Rechtsbeziehungen zu dem Generalvertreter, von dem er auch seine Vergütung bezieht. Der unechte Untervertreter ist dem Generalvertreter nur organisatorisch unterstellt und bezieht die Provision unmittelbar von dem Versicherungsunternehmen.

Untervertreter

Versicherungsvertreter können unterschiedliche Vollmachten besitzen. Danach werden sie eingeteilt in Vermittlungs- und Abschlussvertreter. Ihre jeweilige Rechtsstellung ist von Bedeutung für das Verhältnis zum Kunden.

Vollmacht

Übersicht

Einteilung der Versicherungsvertreter			
Tätigkeit		Bindung an das Versicherungsunternehmen	
Hauptberuflicher Vertreter	Nebenberuflicher Vertreter	Einfirmen-/ Konzernvertreter	Mehrfachvertreter
Existenzgrundlage	zusätzlicher Verdienst	Ausschließlichkeit (mit Ausnahme der von seiner Gesellschaft nicht gezeichneten Risiken)	keine Ausschließlichkeit
stark schutzbedürftig	weniger schutzbedürftig	Konkurrenzverbot	Tätigkeit für mehrere Versicherungsunternehmen
Kaufmann	kein Kaufmann	alle Versicherungssparten	im Wesentlichen gewerbliches und industrielles Geschäft
Ausgleichsanspruch	kein Ausgleichsanspruch	Mindesteinkommen möglich	keine Untergrenze des Einkommens
längere Kündigungsfristen	kürzere Kündigungsfristen		

Verhältnis zu einem Generalagenten		Umfang der Vollmacht	
echter Untervertreter	unechter Untervertreter	Vermittlungsvertreter	Abschlussvertreter
Rechtsbeziehungen nur zum Generalagenten Provisionsanspruch gegen Generalagent rechtliche und organisatorische Unterstellung unter Generalagent	Rechtsbeziehungen nur zum Versicherungsunternehmen Provisionsanspruch gegen Versicherungsunternehmen nur organisatorische Unterstellung unter Generalagent	§ 43 VVG	§ 45 VVG

2.3.2.2 Stellung zum Versicherungsunternehmen

Agenturvertrag

Die Rechtsbeziehungen im Innenverhältnis zwischen Versicherungsvertreter und Versicherungsunternehmen richten sich nach dem Versicherungsvertreter-Vertrag (Agenturvertrag) und den einschlägigen gesetzlichen Bestimmungen. Es besteht ein ständiges Betrauungsverhältnis, aus dem sich für den Versicherungsvertreter Pflichten und Rechte ergeben.

VW 2000, 476

Der Gesamtverband der Deutschen Versicherungswirtschaft e.V. (GDV), der Bundesverband Deutscher Versicherungskaufleute e.V. (BVK) und der Bundesverband der Assekuranzführungskräfte e.V. (VGA) haben „Hauptpunkte" als Richtschnur für die Formulierung von Vertreterverträgen aufgestellt, die sie als Mindestregelungen ansehen. Dabei wird davon ausgegangen, dass die praktische Zusammenarbeit zwischen Vertreter und Unternehmen die Selbstständigkeit des Versicherungsvertreters nicht beeinträchtigen darf.

Hauptpunkte eines Vertrages für selbstständige hauptberufliche Versicherungsvertreter gemäß §§ 84 Abs. 1, 92 HGB

Haupt-punkte

§ 1 Übernahme der Vertretung[1)]

(1) [1]Der Vertreter/die Vertreterin (nachfolgend Vertreter genannt) übernimmt mit Sitz in ... eine Vertretung des Versicherungsunternehmens (VU) mit Wirkung vom ... [2]Die Übernahme der Vertretung geschieht unter den nachstehenden Bedingungen sowie gemäß den diesem Vertrag beigefügten und den noch zu erlassenden schriftlichen Geschäftsanweisungen, soweit sie diesem Vertrag nicht zuwiderlaufen.

(2) Der Vertreter ... (Name) führt im Geschäftsverkehr ausschließlich die mit dem VU abgestimmte Bezeichnung[2)].

(3) [1]Das VU und der Vertreter sind sich einig, dass – sofern der Vertreter eine Berufsausbildung zum Versicherungskaufmann nicht absolviert hat – er die Anforderungen des Ausbildungsprogramms des Berufsbildungswerkes der Deutschen Versicherungswirtschaft e.V. (im Folgenden BWV) zum „Versicherungsfachmann/-fachfrau (BWV)“ zu erfüllen hat. [2]Steht endgültig fest, dass der Vertreter den Anforderungen des Ausbildungsprogramms nicht genügt, so wird der Agenturvertrag gekündigt.

§ 2 Rechtsstellung des Vertreters[3)]

(1) [1]Der Vertreter ist selbstständiger Gewerbetreibender im Hauptberuf gemäß §§ 84 ff. Handelsgesetzbuch (HGB). [2]Über seine Zeit und die Art der Durchführung seiner Tätigkeit kann der Vertreter im Wesentlichen frei bestimmen.

(2) Der Vertreter hat seine öffentlich-rechtlichen, insbesondere seine gewerbe- und steuerrechtlichen Verpflichtungen in eigener Verantwortung zu erfüllen und sorgt für seine eigene soziale Absicherung.

Fortsetzung nächste Seite

1) Wird der Vertrag nicht mit dem Vertreter als Einzelkaufmann, sondern mit einer Handelsgesellschaft (Personen- oder Kapitalgesellschaft) geschlossen, so sind Besonderheiten zu beachten, z. B.: Vor Firmenänderungen, Aufnahme von Teilhabern sowie Veränderungen in der Leitung der Handelsgesellschaft, ist eine Verständigung mit dem VU herbeizuführen.

2) [1]Eine Vereinbarung über die Firmierung erfolgt über die vertragliche Einbeziehung der entsprechenden Ziffer der „Wettbewerbsrichtlinien der Versicherungswirtschaft“ in der jeweils gültigen Fassung (siehe diesbezüglich auch Fußnote 9). [2]Im Übrigen wird auf die vom Bundesaufsichtsamt für das Versicherungswesen und den Verbänden der Versicherungswirtschaft erarbeiteten „Grundsätzen zur Firmierung von Versicherungsvermittlern“ (VerBAV 1982, 305) verwiesen.

3) [1]Unter § 2 Abs. 3 und 4 sind von denjenigen Rechten und Pflichten des Vertreters, die sich schon aus den gesetzlichen Vorschriften ergeben, nur diejenigen aufgeführt, die als besonders bedeutsam herausgehoben werden sollen. [2]Die weitere Ausgestaltung dieser Bestimmungen bleibt den Vertragspartnern je nach ihren besonderen Bedürfnissen überlassen.

(3) [1]Der Vertreter ist Vermittlungsagent i. S. d. § 43 Versicherungsvertragsgesetz (VVG). [2]Er ist berechtigt, soweit nicht hier oder in den Allgemeinen Versicherungsbedingungen (AVB) etwas anderes bestimmt ist,

a) Anträge auf Schließung, Verlängerung oder Änderung eines Versicherungsvertrages sowie den Widerruf solcher Anträge entgegenzunehmen,

b) Anzeigen, welche bei der Schließung des Versicherungsvertrages und während der Versicherung zu machen sind sowie Kündigungs- und Rücktrittserklärungen oder sonstige das Versicherungsverhältnis betreffende Erklärungen entgegenzunehmen,

c) vom VU zur Weiterleitung an den Versicherungsnehmer (VN) ausgefertigte Versicherungsscheine, Nachträge und sonstige Vertragsdokumente auszuhändigen.

(4) Der Vertreter ist ohne ausdrückliche Ermächtigung nicht befugt,

a) die Annahme oder Ablehnung von Versicherungsanträgen zu erklären,

b) die Änderung, Verlängerung oder Aufhebung von Versicherungsverträgen zu vereinbaren,

c) Kündigungs- und Rücktrittserklärungen abzugeben,

d) das VU durch irgendwelche Erklärungen zu verpflichten, insbesondere Deckungszusagen zu erteilen,

e) Prämien/Beiträge oder sonstige Zahlungen anzunehmen oder zu stunden,

f) Prämien-/Beitragsklagen zu erheben.

§ 3 Aufgaben des Vertreters

(1) [1]Der Vertreter ist verpflichtet, mit der Sorgfalt eines ordentlichen Kaufmanns die Geschäfte des VU und dessen Kooperationspartner zu fördern und deren Interessen wahrzunehmen (§ 86 HGB). [2]Er hat sich dabei ständig um die Vermittlung von Produkten dieser Unternehmen, insbesondere von neuen Versicherungen, zu bemühen.

(2) [1]Ebenso bestehen seine Aufgaben darin, den Bestand zu pflegen. [2]Hierzu zählen insbesondere die Kundenbetreuung und die Erhaltung des Bestandes. [3]Weiterhin hat er die Prämien/Beiträge einzuziehen, soweit das VU dazu Vollmacht erteilt hat. [4]Er hat ferner bei Schadens- und Leistungsfällen mitzuwirken.

(3) Im Rahmen seiner Aufgaben hat der Vertreter bei der Umsetzung konkreter geschäftspolitischer Entscheidungen des VU mitzuwirken.

(4) Versicherungsverträge im Bestand anderer Vertreter des VU bzw. der Unternehmensgruppe sind zu respektieren.

Fortsetzung nächste Seite

§ 4 Verantwortlichkeit des Vertreters

[1]Im Rahmen seines Vertrages haftet der Vertreter für die Erfüllung der ihm obliegenden Pflichten. [2]Bedient sich der Vertreter zur Erfüllung seiner Verpflichtungen aus dem Agenturvertrag einer oder mehrerer Hilfspersonen, so hat er deren Verschulden wie eigenes zu vertreten[4)].

§ 5 Elektronische Kommunikations- und Datenverarbeitungssysteme

Die Teilnahme des Vertreters am elektronischen Kommunikations- und Datenverarbeitungssystem des VU wird in einem gesonderten Vertrag geregelt.

§ 6 Provisionen des Vertreters/Provisionsabgabeverbot

(1) [1]Der Vertreter erhält für seine Tätigkeit Provisionen nach Maßgabe der als Anlage beigefügten Provisionsregelungen. [2]Beeinflussen gesetzliche Bestimmungen, behördliche Anordnungen oder die höchstrichterliche Rechtsprechung die Provisionsregelungen, ist das VU nach Treu und Glauben berechtigt, die Provisionsregelungen unter Berücksichtigung der beiderseitigen Interessen nach billigem Ermessen mit einer angemessenen Ankündigungsfrist anzupassen[5)]. [3]Die Provisionen sind fällig, sobald die Prämien gezahlt sind. [4]Die Provision errechnet sich aus dem Beitrag ohne Gebühr und ohne Steuern. [5]Bei vorzeitigem Erlöschen einer Versicherung ist, vorbehaltlich § 87 a Abs. 3 HGB, die entsprechend der kürzeren Dauer nicht verdiente Abschlussprovision zurückzuvergüten[6)].

(2) [1]Mit der Zahlung dieser Provisionen sind regelmäßig alle Aufwendungen des Vertreters abgegolten. [2]Aus seinen Einnahmen hat der Vertreter, sofern nichts anderes vereinbart ist, sämtliche persönlichen und sachlichen Kosten seines Geschäftsbetriebes, wie z. B. Reiseaufwendungen, Bürobedarf, Telekommunikationsmittel und die mit seinem Geschäftsbetrieb zusammenhängenden Abgaben, zu bestreiten.

(3) Die aufsichtsrechtlichen Bestimmungen über das Provisionsabgabeverbot sind zu beachten[7)].

Fortsetzung nächste Seite

4) Sofern das vertretene VU dem Vertreter keine Haftungsfreistellung gegenüber Ansprüchen von Versicherungsnehmern bzw. Kunden einräumt, verbunden mit einem entsprechenden Regressverzicht, ist dem Vertreter der Abschluss einer Berufshaftpflichtversicherung zu empfehlen.

5) Einseitige Provisionsänderungsklauseln sind nach der höchstrichterlichen Rechtsprechung grundsätzlich zulässig, jedoch unterliegen diese hohen Anforderungen. Im Einzelnen fordert der BGH (Urteil vom 12. Januar 1994 – VIII ZR 165/92; NJW 1994, 1060 [1063]) für die Wirksamkeit einer derartigen Klausel, dass diese die schwer wiegenden Gründe für eine einseitige Provisionsänderung nennt und in ihren Voraussetzungen und Folgen die Interessen des Vertragspartners angemessen berücksichtigt.

6) Auf die Notwendigkeit eventueller Provisionsrückforderungsvereinbarungen nach Maßgabe des § 87 a Abs. 3 HGB wird hingewiesen.

7) Provisionsabgaben und Sondervergütungen an Versicherungsnehmer in mittelbarer oder unmittelbarer Form sind nach den Anordnungen des Bundesaufsichtsamtes für das Versicherungswesen verboten.

§ 7 Weitere Tätigkeiten

(1) Für andere VU, Bausparkassen und Geldinstitute darf der Vertreter nur mit ausdrücklicher Einwilligung des VU unmittelbar oder mittelbar tätig werden[8)].

(2) Andere Tätigkeiten dürfen ausgeübt werden, soweit sie mit den Verpflichtungen aus diesem Vertrag vereinbar sind.

§ 8 Wettbewerb

Der Vertreter ist verpflichtet, die für den Wettbewerb geltenden Grundsätze und Vorschriften, insbesondere die „Wettbewerbsrichtlinien der Versicherungswirtschaft", zu beachten[9)].

§ 9 Aufrechnung

Gegen einen Anspruch des VU auf Herausgabe von Kundengeldern kann der Vertreter nur mit Forderungen gegen das VU aufrechnen, welche dieses schriftlich anerkannt hat oder die rechtskräftig festgestellt sind.

§ 10 Revision

Im Rahmen der vom Bundesaufsichtsamt für das Versicherungswesen (BAV) angeordneten Zuverlässigkeitsüberprüfung von Versicherungsvermittlern sowie gesetzlicher Vorschriften ist das VU berechtigt, Revisionen in der Vertretung durchzuführen.

§ 11 Sicherheitsleistung

Der Vertreter hat dem VU auf Verlangen für seine vertraglichen und gesetzlichen Verpflichtungen aus diesem Rechtsverhältnis unter Beachtung der aufsichtsbehördlichen Anordnungen und der gesetzlichen Vorschriften eine angemessene Sicherheit zu stellen.

§ 12 Beendigung des Vertragsverhältnisses

(1) Das Vertragsverhältnis kann unter Einhaltung der gesetzlichen Kündigungsfristen in der jeweils geltenden Fassung ordentlich gekündigt werden[10)].

Fortsetzung nächste Seite

8) Darüber hinaus wird den Vertragsparteien empfohlen, eine praktische Ausgestaltung des vertreterrechtlichen Wettbewerbsverbotes (Ventillösung) entsprechend der „Gemeinsamen Erklärung des GDV, BVK und VGA" vom 27. Oktober 1992 (vgl. GDV-Rundschreiben M-Tgb.-Nr. 122/92 vom 11. November 1992) gegebenenfalls in einer gesonderten Vereinbarung zu regeln.

9) Den VU wird freigestellt, einzelne Passagen der „Wettbewerbsrichtlinien der Versicherungswirtschaft", insbesondere das Ausspannungsverbot für den Bereich der Lebens- und Krankenversicherung (vgl. Ziff. 48, 65), inhaltlich deklaratorisch wiederzugeben.

10) [1]Eine nicht unterbrochene anderweitige Außendiensttätigkeit für das VU sollte berücksichtigt werden. [2]Die gesetzlichen Kündigungsfristen können durch Vereinbarung verlängert werden; die Frist darf für den Unternehmer nicht kürzer sein als für

(2) [1]Die Kündigung des Vertragsverhältnisses kann außerdem von jedem Teil ohne Einhaltung einer Kündigungsfrist ausgesprochen werden, wenn ein wichtiger Grund vorliegt (§ 89 a HGB). [2]Als wichtiger Grund, der das VU zur sofortigen Kündigung berechtigt, ist insbesondere anzusehen, wenn der Vertreter gegen § 7 dieses Vertrages verstößt. [3]Sofern der Vertreter aus begründetem Anlass kündigt, bleibt davon sein Ausgleichsanspruch nach § 89 b HGB unberührt.

(3) Im Fall des Todes des Vertreters erlischt das Vertragsverhältnis mit sofortiger Wirkung.

(4) [1]Mit Beendigung des Vertragsverhältnisses erlischt jeder Anspruch des Vertreters gegen das VU auf Provisionen oder sonstige Vergütungen; ausgenommen hiervon sind etwaige Ansprüche aus § 87 Abs. 3 und § 89 b HGB. [2]Es wird vereinbart, dass die von der Verbänden entwickelten – als Anlage beigefügten – „Grundsätze zur Errechnung der Höhe des Ausgleichsanspruchs" in ihrer jeweils gültigen Fassung bei der Ermittlung bzw. Berechnung eines Ausgleichsanspruchs in den Sparten Sach, Leben, Kranken und Bausparen nach Maßgabe des § 89 b HGB zu Grunde gelegt werden. [3]Anderweitige Ermittlungs- bzw. Berechnungsarten können nur herangezogen werden, soweit eine der Vertragsparteien im Einzelfall nachweist, dass die nach den „Grundsätzen" durchgeführte Ermittlung bzw. Errechnung des Ausgleichsanspruchs nicht dem § 89 b HGB und insbesondere den dort festgeschriebenen Billigkeitsgrundsätzen entspricht. [4]Die Beweislast trägt insoweit die Partei, die sich hierauf beruht.

§ 13 Verjährung

Gemäß § 88 HGB verjähren Ansprüche aus dem Vertragsverhältnis in vier Jahren, beginnend mit dem Schluss des Jahres, in dem sie fällig geworden sind.

§ 14 Geschäftsunterlagen und Schriftwechsel

(1) [1]Der Vertreter ist verpflichtet, alle Geschäftsunterlagen[11)] sorgsam aufzubewahren, ihren Inhalt vertraulich zu behandeln und sie zur Verfügung und zur Kontrolle des VU bereitzuhalten. [2]Soweit dem Vertreter von dem VU für seinen Geschäftsbetrieb Akten oder sonstiges Material, gleich welcher Art, zur Verfügung gestellt wird, bleibt dieses Eigentum des VU.

Fortsetzung nächste Seite

den Handelsvertreter. (Bsp.: Bei Einfirmen-/Konzernvertretern kann das Vertragsverhältnis nach einer Vertragsdauer von mehr als 15 Jahren, sofern der Vertreter mindestens das 40. Lebensjahr vollendet hat, nur mit einer Frist von mindestens 9 Monaten zum Vierteljahresschluss, nach einer Vertragsdauer von mehr als 20 Jahren, sofern der Vertreter mindestens das 45. Lebensjahr vollendet hat, nur mit einer Frist von mindestens 12 Monaten zum Vierteljahresschluss gekündigt werden.)

11) Zu den Geschäftsunterlagen i. S. d. Vorschrift zählen nicht die sog. Akquisitionsdaten. Allerdings ist insoweit § 15 gleichwohl zu beachten. Es wird in diesem Zusammenhang verwiesen auf das Rundschreiben des GDV an seine Mitgliedsunternehmen M-Tgb.-Nr. 53/90 vom 16. Mai 1990.

(2) [1]Bei Beendigung des Vertragsverhältnisses ist der Vertreter verpflichtet, die Geschäftsunterlagen unverzüglich dem VU und dessen Beauftragten zu übergeben. [2]Er ist ferner verpflichtet, das ihm für seine Tätigkeit ausgehändigte Material, wie z. B. Antragsvordrucke, Tarife, Bedingungen, Werbedrucksachen, Rundschreiben und dergleichen, an das VU zurückzugeben. [3]Der Vertreter darf auch keine Abschriften und sonstige Vervielfältigungen sowie Auszüge von Geschäftsunterlagen, die zu Zwecken der Ausübung unzulässigen Wettbewerbs verwendet werden können, behalten. [4]Ausgenommen hiervon sind lediglich Unterlagen und Schriftwechsel über das Vertragsverhältnis sowie Kontenblätter und Buchungsnoten, soweit sich diese nicht auf den Verkehr mit den dem VU vertraglich verpflichteten Untervertretern beziehen.

(3) Unbeschadet hiervon bleibt die für Vertreter geltende Regelung des Zurückbehaltungsrechts gemäß § 88 a HGB.

(4) Die Behandlung der in einer vertretereigenen EDV gespeicherten Kundendaten nach Beendigung des Vertretungsvertrages bleibt einer gesonderten Vereinbarung vorbehalten.

§ 15 Datenschutz

Der Vertreter ist gemäß § 5 des Bundesdatenschutzgesetzes (BDSG) zur Wahrung des Datenschutzgeheimnisses verpflichtet.

§ 16 AVAD-Auskunftsverkehr

Dem Vertreter ist das „Informationsblatt über den AVAD-Auskunftsverkehr" in der jeweils gültigen Fassung ausgehändigt worden, und er hat sich mit der Einhaltung des Auskunftsverfahrens einverstanden erklärt.

§ 17 Gerichtsstand

Bei Rechtsstreitigkeiten aus diesem Vertrag, die nicht durch gütliche Verständigung oder durch ein schiedsgerichtliches Verfahren erledigt werden können, sind nur die Gerichte des Ortes der Bezirks-/Filialdirektion des VU oder des Vertreters (§ 21 ZPO) zuständig.

Berlin/Bonn/Köln, Januar 2000

Pflichten

§§ 86, 90 HGB

Den Versicherungsvertreter trifft eine Reihe von Rechtspflichten. Er hat sich um die Vermittlung oder den Abschluss von Versicherungsverträgen ständig zu bemühen. Diese Bemühungspflicht umfasst nicht nur die Gewinnung neuer Kunden, sondern insbesondere auch die fortlaufende Pflege des Bestandes durch regelmäßige Betreuung der Kunden. Sachbezogene Weisungen des Versicherers, die individuell oder durch Rundschreiben erteilt werden, sind zu befolgen. Der Vertreter hat Tarife und Kundenlisten gegenüber der Konkurrenz geheim zu halten. Seine Interessenwahrnehmungspflicht gebietet es, bei der Werbung und Bestandspflege die Belange des Versicherers zu beachten und keine Tätigkeit zu seinem Nachteil auszuüben.

Tätigkeit des Versicherungsvertreters		
Dienstleistung	Interessenwahrung	Nebenpflichten
Gesetzlich: Bemühungspflicht – Versicherungsvermittlung – Kundenbetreuung (Bestandspflege) Vertraglich vereinbart: Verwaltung von Versicherungsverträgen Prämieninkasso Schadenbearbeitung	Gesetzlich: Sorgfalt bei der Versicherungsvermittlung (Qualität des Geschäftes) Weisungsfolgepflicht Wettbewerbsverbot (Einfirmen-/Konzernvertreter; Ausnahme: Mehrfachvertreter) Vertraglich vereinbart: Wettbewerbsabrede für die Dauer von zwei Jahren nach Vertragsbeendigung	Benachrichtigungs- und Mitteilungspflicht (Weiterleitung von Anträgen und Willenserklärungen der Kunden) Auskunfts- und Rechenschaftspflicht (Beitragseinzug) Geheimhaltungspflicht Herausgabepflicht von Unterlagen (nach Vertragsbeendigung)

Rechte

Als Gegenleistung für seine Tätigkeiten im Interesse des Versicherungsunternehmens stehen dem Versicherungsvertreter Vergütungsansprüche zu. Zu ihnen gehören in erster Linie die Provision, sonstige Leistungen und der Ausgleichsanspruch.

Provision §§ 87, 92 HGB

Die Vermittlungs- oder Abschlussprovision ist das Entgelt für den Erfolg der Tätigkeit des Versicherungsvertreters. Der Provisionsanspruch setzt voraus, dass der Versicherungsvertrag auf seine Tätigkeit zurückzuführen ist (Kausalität). Den Nachweis hierfür erbringt der Versicherungsvertreter in der Regel durch die Einreichung des vom Antragsteller unterschriebenen Versicherungsantrages. Provisionen aus allen in einem bestimmten Bezirk zu Stande gekommenen Versicherungen gibt es in der Versicherungswirtschaft nicht.

Zahlung

Der Provisionsanspruch entsteht, sobald der Versicherungsnehmer die Prämie gezahlt hat, aus der sich die Provision berechnet. Die Höhe der Provision richtet sich nach der Provisionstabelle des Versicherers. Sie bemisst sich in der Schadenversicherung meistens als Prozent-Satz der Prämie, in der Lebensversicherung als Promille-Betrag der Beitragssumme und in der Krankenversicherung als eine Anzahl von Monatsbeiträgen. Die Provision wird entweder als Einmalprovision (Lebensversicherung) oder laufende Provision (Schadenversicherung) gewährt.

Vermittlungs- oder Abschlussprovision

Einmalprovision

Laufende Provisionen

Erstprovision	Folgeprovisionen
(meist etwas höher als die Folgeprovisionen)	(meist etwas niedriger als die Erstprovision)

Sofern dem Versicherungsvertreter vertraglich weitere Aufgaben hinsichtlich der Kundenbetreuung (Prämieninkasso, Schadenbearbeitung) zugewiesen sind, erhält er hierfür so genannte Inkasso- oder Verwaltungsprovisionen, die als laufende Provisionen gezahlt werden.

§ 87 d HGB

Der Versicherungsvertreter hat aus den Provisionszahlungen grundsätzlich seine sämtlichen Aufwendungen (Bürokosten, Fahrtauslagen) zu bestreiten. Sonstige Leistungen (Zuschüsse, Fixum) bedürfen der ausdrücklichen Vereinbarung mit dem Versicherungsunternehmen.

Ausgleichsanspruch § 89 b HGB

Ein Ausgleichsanspruch steht einem hauptberuflichen Versicherungsvertreter bei Beendigung des Vertretervertrages (z. B. im Falle der Kündigung oder des Erreichens der Altersgrenze) unter bestimmten Voraussetzungen zu.

- Das Versicherungsunternehmen muss aus der Geschäftsverbindung mit neuen Kunden, die der Vertreter geworben hat, auch nach Beendigung des Vertragsverhältnisses noch erhebliche Vorteile haben.
- Der Versicherungsvertreter muss infolge der Beendigung des Vertragsverhältnisses Ansprüche aus Provisionen verlieren, die er bei Fortsetzung des Vertrages aus bereits abgeschlossenen oder künftig zu Stande gekommenen Geschäften mit den von ihm geworbenen Kunden gehabt hätte (Provisionsverzichtsklausel).
- Die Zahlung eines Ausgleichs muss unter Berücksichtigung aller Umstände der Billigkeit entsprechen. Dies ist nicht der Fall, wenn der Versicherungsvertreter das Vertragsverhältnis gekündigt hat, ohne dass ihm ein Verhalten des Versicherers hierzu begründeten Anlass gegeben hat, oder das Versicherungsunternehmen den Agenturvertrag gekündigt hat und für die Kündigung ein wichtiger Grund wegen schuldhaften Verhaltens des Versicherungsvertreters vorlag.
- Der Ausgleichsanspruch beträgt höchstens drei Jahresprovisionen und ist innerhalb eines Jahres nach Beendigung des Vertragsverhältnisses geltend zu machen.
- Die Abwicklung richtet sich nach den von den zuständigen Verbänden aufgestellten „Grundsätzen zur Errechnung der Höhe des Ausgleichsanspruchs (§ 89 b HGB)“, die den Unterschieden in den einzelnen Versicherungszweigen Rechnung tragen.

Vergütung des Versicherungsvertreters		
Provision	Sonstige Leistungen	Ausgleichsanspruch
Vermittlungs- oder Abschlussprovision - Einmalprovision - Laufende Provisionen Inkasso- oder Verwaltungsprovisionen (für zusätzlich zugewiesene Aufgaben)	nur bei besonderer Vereinbarung: Feste Bezüge (Fixum; für eine Übergangs- bzw. Einarbeitungszeit) Zuschüsse zu Bürokosten und Fahrtauslagen Altersversorgung	Voraussetzungen: - Beendigung des Agenturvertrages - Vorteile des Versicherungsunternehmens - Provisionswegfall für den Vertreter - Billigkeit - Anwendung der „Grundsätze"

2.3.2.3 Verhältnis zum Kunden

Das Rechtsverhältnis zwischen dem Versicherungsvertreter und dem Kunden (Versicherungsnehmer) bestimmt sich durch die bestehende Vollmacht, die Zurechenbarkeit der Kenntnis bestimmter gefahrerheblicher Umstände sowie die Haftung des Versicherers für das Verhalten des Vertreters.

Vermittlungs- und Abschlussvertreter

Versicherungsvertreter können unterschiedliche Vollmachten besitzen. Danach unterscheidet man Vermittlungs- und Abschlussvertreter (Agenten).

Vollmacht §§ 43, 45 VVG

Im Normalfall ist der Versicherungsvertreter Vermittlungsvertreter mit einer bestimmten gesetzlichen Vollmacht. Ausnahmsweise können Versicherungsvertreter auch mit Abschlussvollmacht ausgestattet sein (Abschlussvertreter). Sie wird im einfachen Geschäft bei der Verwendung von Blockpolicen oder ausnahmsweise an besonders erfahrene Vertreter mit Spezialkenntnissen erteilt. Der Abschlussvertreter darf neben den Aufgaben des Vermittlungsvertreters auch selbst im Namen des Versicherungsunternehmens Verträge abschließen und insbesondere Deckungszusagen erteilen.

Beispiele:

- Reisebüros, die Reisegepäckversicherungen abschließen
- Zeichnungsagenten für die Transportversicherung an Seeversicherungsplätzen.

Umfang der Vollmacht	
Vermittlungsvertreter	Abschlussvertreter
Er ist nach § 43 VVG bevollmächtigt, – Anträge auf Schließung, Verlängerung oder Änderung eines Versicherungsvertrages sowie den Widerruf solcher Anträge entgegenzunehmen – die Anzeigen, die während der Versicherung zu machen sind, sowie Kündigungs- und Rücktrittserklärungen oder sonstige, das Versicherungsverhältnis betreffende Erklärungen von dem Versicherungsnehmer entgegenzunehmen – die von dem Versicherer ausgefertigten Versicherungsscheine oder Verlängerungsscheine auszuhändigen – Prämien nebst Zinsen und Kosten anzunehmen, sofern er sich im Besitz einer vom Versicherer unterzeichneten Prämienrechnung befindet; zur Unterzeichnung genügt eine Nachbildung der eigenhändigen Unterschrift.	Er hat nach § 45 VVG die gleiche Vollmacht wie der Vermittlungsvertreter. Zusätzlich ist er befugt, – Versicherungsverträge abzuschließen (insbesondere Deckungszusagen zu erteilen) – Änderungen oder Verlängerungen zu vereinbaren – Kündigungs- und Rücktrittserklärungen abzugeben. Ohne besondere Vollmacht ist er nicht befugt, – Schäden zu regulieren – Versicherungsschutz anzuerkennen oder abzulehnen – Prozesse für den Versicherer zu führen.

Beschränkungen

Die gesetzliche Empfangsvollmacht des Versicherungsvertreters zur Entgegennahme von Anträgen und Anzeigen erstreckt sich auch auf mündliche Erklärungen des Versicherungsnehmers. Klauseln in Antragsvordrucken, welche die Vollmacht einschränken, sind daher unwirksam, weil der Vertreter auf alleinige Veranlassung des Versicherers dem Antragsteller als empfangsberechtigt zur Entgegennahme des Antrages gegenübersteht. Sonst wäre er bloßer Bote, was seiner Beratungsfunktion jedoch widerspricht. Was dem Vertreter mit Bezug auf die Antragstellung gesagt ist, gilt als dem Versicherer gesagt.

BVerwG VersR 98, 1137

Demgegenüber kann die Empfangsvollmacht des Versicherungsvertreters nach Vertragsschluß in Allgemeinen Versicherungsbedingungen eingeschränkt werden. Der Versicherer kann für die das Versicherungsverhältnis betreffenden Mitteilungen Schriftform verlangen und bestimmen, dass sie erst wirksam werden, sobald sie ihm zugegangen sind, und dass die Versicherungsvermittler zu ihrer Entgegennahme nicht bevollmächtigt sind. Dies wird mit dem anzuerkennenden Klarstellungs- und Beweissicherungsinteresse des Versicherers begründet.

BGH VersR 99, 710

Kenntnis gefahrerheblicher Umstände

Von erheblicher praktischer Bedeutung ist es, inwieweit sich ein Versicherer die Kenntnis seiner Versicherungsvertreter über gefahrerhebliche Umstände im Bereich der Versicherungsnehmer zurechnen lassen muss. Nach der allgemeinen Regelung des § 166 BGB kommt es für die Kenntnis oder das Kennenmüssen gewisser Umstände ausschließlich auf die Person des Vertreters an. Dies gilt im Bereich des Versicherungsrechts auf jeden Fall für den Abschlussvertreter. Kennt er gefahrerhebliche Umstände, die nicht im Antrag angegeben sind, muss der Versicherer sich dies zurechnen lassen. § 44 VVG

Nach der Vorschrift des § 44 VVG steht die Kenntnis des Vermittlungsvertreters der Kenntnis des Versicherers allerdings nicht gleich.

Die Rechtsprechung wendet diese Bestimmung jedoch einschränkend nur auf das private Wissen des Versicherungsvertreters an, nicht dagegen auf Kenntnisse, die der Vertreter im Rahmen seiner Akquisitionsbemühungen erlangt. Da sich die Vollmacht des Versicherungsvertreters auch auf die Entgegennahme von Erklärungen im Rahmen des Anbahnungsgespräches erstreckt, ist alles, was dem Agenten bei den Antragsverhandlungen mitgeteilt wird, auch zur Kenntnis des Versicherers gelangt. Die Mitarbeiter des Versicherungsaußendienstes werden bildhaft als „Auge und Ohr" des Versicherers bezeichnet, sodass alle Kenntnisse, die sie bei der Aufnahme des Versicherungsantrages erlangen, denjenigen des Versicherers gleichstehen. Die Beweislast dafür, dass der Antragsteller falsche Auskünfte erteilt habe, liegt selbst dann beim Versicherer, wenn die schriftliche Antwort objektiv falsch ist und durch seine Unterschrift bestätigt wurde, sofern er nur substantiiert behauptet, er habe dem Vertreter mündlich das Richtige gesagt. BGHZ 102, 194 = VersR 88, 233 OLG Hamm VersR 92, 729

Beispiele:

- Der Versicherungsvertreter hört am Stammtisch, dass ein Interessent für eine Lebensversicherung an einer schweren Krankheit leiden soll.
- Der Versicherungsvertreter sieht bei einem Spaziergang, dass ein als Wohngebäude versichertes Objekt inzwischen als Fabrikationsstätte für chemische Produkte genutzt wird.
- Der Versicherungsvertreter erfährt bei der Aufnahme eines Antrags über eine Berufsunfähigkeitsversicherung mündlich von Erkrankungen, nimmt diese jedoch nicht in den Antrag auf. Was der Versicherungsvertreter bei der Entgegennahme eines Antrags auf Abschluss eines Versicherungsvertrages erfährt, gilt als Kenntnis des Versicherers.

Haftung des Versicherers für das Verhalten des Vertreters

Für das Verhalten seiner Vermittler muss der Versicherer weitgehend einstehen. Dies entbindet den Antragsteller jedoch nicht davon, auf eine sorgfältige und gewissenhafte Beantwortung der gestellten Fragen zu achten, selbst wenn der Vertreter das Antragsformular für ihn ausfüllt. Eine Haftung des Versicherers kann sich insbesondere ergeben aus der Vertrauensstellung des Vertreters oder einer arglistigen Täuschung.

Vertrauensstellung BGHZ 2, 92

Aus der Vertrauensstellung des Versicherungsvertreters gegenüber dem Kunden wird in ständiger Rechtsprechung der Gewohnheitsrechtssatz abgeleitet, dass ein Versicherungsnehmer „auf die Richtigkeit einer Auskunft des Agenten über den Umfang der Versicherung vertrauen darf, weil dessen Aufgabe gerade darin besteht, dem Versicherungsnehmer für die Versicherungsgesellschaft die erforderliche Belehrung und Aufklärung über den Inhalt und die Bedeutung der Versicherungsbedingungen und die sonstigen Anforderungen der Gesellschaft zu gewähren. Wenn die Versicherungsgesellschaften ihre Agenten mit solchen Aufgaben betrauen, müssen sie auch für deren Erklärungen einstehen und diese gegen sich gelten lassen. Gegenüber einer Falschaufklärung über den Inhalt und die Bedeutung der Versicherungsbedingungen durch den Vermittlungsagenten kann sich der Versicherer nur dann auf den der Aufklärung entgegenstehenden Wortlaut der Bedingungen selbst berufen, wenn dieser so klar ist, dass der Widerspruch dem Versicherungsnehmer erkennbar war und ihm damit ein erhebliches eigenes Verschulden zur Last fällt“.

Dieser Tatbestand bezieht sich insbesondere auf folgende Erklärungen der Versicherungsvertreter:

- Erteilung falscher Auskünfte über den Umfang oder Beginn des Versicherungsschutzes, die Höhe der Prämie, den Rückkaufswert, die Kündigungsmöglichkeit bei Besitzwechsel usw.

- Entgegennahme eines offensichtlich verfehlten Versicherungsantrages; unterlassene Zurückweisung einer Anzeige, die der Vertreter nicht entgegennehmen durfte; Nichterwähnen einer bereits bestehenden Versicherung für das angetragene Risiko; Unterlassen eines Hinweises, dass der Deckungsschutz nicht in dem Umfang gewährt werden kann, wie er begehrt wird, oder bei einer Schadenmeldung des nach den Umständen gebotenen Hinweises auf die Folgen unwahrer oder unvollständiger Angaben.

- Falsche Belehrung (z. B. über Inhalt und Bedeutung von Antragsformularen und damit im Zusammenhang stehende Fragen).

Arglistige Täuschung § 123 BGB

Hat ein Versicherungsvertreter den Versicherungsnehmer beim Vertragsabschluss arglistig getäuscht, so kann dieser den Vertrag gegenüber dem Versicherer anfechten, auch wenn ihm die Täuschungshandlung unbekannt war. Der Versicherer gilt nicht als Dritter. Vielmehr wird der Fall so behandelt, wie wenn der Versicherer selbst die Täuschung vorgenommen hätte.

> **Beispiel:**
>
> Ein Versicherungsvertreter spiegelt einem Schreinermeister in einer Kleinstadt bewusst wahrheitswidrig vor, dass die zuständige Handwerkskammer ein von seiner Gesellschaft angebotenes Versicherungspaket speziell für Tischlereibetriebe empfehle. Es stellt sich heraus, dass die Handwerkskammer keine derartige Empfehlung abgegeben hat. Der Schreinermeister kann den Versicherungsvertrag gegenüber dem Versicherer anfechten, obwohl dieser von der Vorgehensweise des Vertreters nichts wusste, und die gezahlte Prämie zurückfordern (§§ 812, 123, 142 BGB).

2.3.3 Versicherungsmakler

§ 93 HGB

Der Versicherungsmakler ist ein selbstständiger Kaufmann, der gewerbsmäßig für andere Personen, ohne von ihnen auf Grund eines Vertragsverhältnisses ständig damit betraut zu sein, die Vermittlung von Versicherungsverträgen übernimmt. Er unterscheidet sich vom Versicherungsvertreter somit in erster Linie dadurch, dass er nicht in einem ständigen Betrauungsverhältnis steht, sondern von Fall zu Fall tätig wird.

Aufgaben

Der Versicherungsmakler ist ein unabhängiger Versicherungsvermittler, der wirtschaftlich auf der Seite des Versicherungsnehmers steht. Seinen Auftrag erhält er nicht vom Versicherungsunternehmen, sondern vom Kunden. Er hat die Risiken zu analysieren, auf diesen Grundlagen den Versicherungsbedarf zu ermitteln, einen geeigneten Versicherer auszusuchen, bei dessen Auswahl er frei ist, und für eine sachgerechte Deckung zu möglichst günstigen Konditionen zu sorgen. Deshalb bezeichnet man ihn auch als Beschaffungsorgan des Versicherungsnehmers. Häufig wird er auch in die Schadenregulierung eingeschaltet.

Der so genannte technische Makler übernimmt für den Versicherer zusätzlich die versicherungstechnische Betreuung und Verwaltung des vermittelten Geschäfts.

Bedeutung

Ursprünglich waren Versicherungsmakler überwiegend an Seeplätzen tätig. Die Zahl der Versicherungsmakler hat stark zugenommen. Es handelt sich in der Regel um kaufmännisch geführte Geschäftsbetriebe. Sie sind vor allem mit der Vermittlung gewerblicher und industrieller Versicherungen befasst und nehmen auf diesem Gebiet eine wichtige Beratungsfunktion wahr. Eine wesentliche Rolle spielen auch Rückversicherungsmakler, die sich in der Regel auf diesen Bereich spezialisieren.

2.3.3.1 Rechtsstellung

Versicherungsnehmer

In erster Linie steht der Versicherungsmakler in einem Rechtsverhältnis (Geschäftsbesorgungsvertrag) zu dem Versicherungsinteressenten, der ihn beauftragt. Er hat seinen Kunden zu beraten, den geeigneten Versicherungsschutz zu besorgen und dabei die Interessen des Versicherungsnehmers wahrzunehmen. Seine Stellung wird deshalb auch als die eines „Bundesgenossen" des Kunden bezeichnet. Zum Unterschied von den Maklern anderer Wirtschaftszweige ist der Versicherungsmakler seinem Kunden gegenüber verpflichtet, tätig zu werden, insbesondere die benötigten Versicherungsverträge abzuschließen.

Makler-vertrag

Die Rechtsbeziehungen zwischen dem Auftraggeber und dem Versicherungsmakler werden in der Regel in einem Maklervertrag oder -auftrag festgelegt, der vom Kunden nach § 627 Abs. 1 BGB jederzeit gekündigt werden kann.

Beispiel eines Maklervertrages

Vertragspartner

Müller Schraubenfabrik KG
– Auftraggeber –

Fides Versicherungsmakler GmbH

1. Maklerauftrag

Der Auftraggeber betraut den Versicherungsmakler mit der Wahrnehmung seiner Versicherungsangelegenheiten nach Maßgabe der beigefügten Allgemeinen Vertragsgrundlagen für den Versicherungsmakler-Vertrag. Diese Betreuung erstreckt sich auf bereits bestehende und künftige, von ihm vermittelte Versicherungsverhältnisse.

2. Vollmacht

(1) Die Vertretungsbefugnisse des Versicherungsmaklers gegenüber den Versicherern ergeben sich aus der vom Auftraggeber erteilten Maklervollmacht.

(2) Alle Maßnahmen und Erklärungen, die für das Versicherungsverhältnis von grundsätzlicher Bedeutung sind, bedürfen der Abstimmung mit dem Auftraggeber.

3. Vergütung

(1) Die Vergütung für die Tätigkeit des Versicherungsmaklers ist in den Versicherungsprämien enthalten und für den Auftraggeber damit abgegolten.

(2) Ein Entgelt für darüber hinausgehende Leistungen bedarf der ausdrücklichen gesonderten Vereinbarung.

Fortsetzung nächste Seite

4. Laufzeit

Der Maklervertrag ist für die Dauer eines Jahres abgeschlossen. Er verlängert sich jeweils um den Zeitraum eines Jahres, sofern er nicht vom Auftraggeber gekündigt wird.

5. Datenschutz

(1) Der Auftraggeber willigt ein, dass die vom Versicherungsmakler angesprochenen Versicherer im erforderlichen Umfang Daten, die sich aus den Antragsunterlagen oder der Vertragsdurchführung (Beiträge, Versicherungsfälle, Risiko-/Vertragsänderungen) ergeben, an Rückversicherer zur Beurteilung des Risikos und zur Abwicklung der Rückversicherung sowie zur Beurteilung des Risikos und der Ansprüche an andere Versicherer und ihre Verbände übermitteln. Diese Einwilligung gilt unabhängig vom Zustandekommen des Vertrages auch für entsprechende Prüfungen bei anderweitig beantragten Verträgen und bei künftigen Anträgen.

(2) Der Auftraggeber willigt ferner ein, dass diese Versicherer, soweit dies zur ordnungsgemäßen Durchführung seiner Vertragsangelegenheiten erforderlich ist, allgemeine Vertrags-, Abrechnungs- und Leistungsdaten in gemeinsamen Datensammlungen führen und an den Versicherungsmakler weitergeben.

(3) Gesundheitsdaten dürfen nur an Personen- und Rückversicherer übermittelt werden; an Versicherungsmakler dürfen sie nur weitergegeben werden, soweit dies zur Vertragsgestaltung erforderlich ist.

Quelle: Versicherungs-Makler-Verband (VMV) e.V., München (jetzt: Verband Deutscher Versicherungsmakler e.V. – VDMV, Hamburg).

In der Praxis wird der eigentliche, vom Auftraggeber zu unterschreibende Maklervertrag so knapp wie möglich gefasst. Zusätzliche Tatbestände werden in Allgemeinen Geschäftsbedingungen geregelt, die jedoch nur dann wirksam sind, wenn auf sie im Maklervertag ausdrücklich hingewiesen wird (§ 305 Abs. 2 BGB).

Allgemeine Geschäftsbedingungen

Beispiel Allgemeiner Vertragsgrundlagen für den Versicherungsmakler-Vertrag

1. Rechtsstellung des Versicherungsmaklers

Der Versicherungsmakler ist ein unabhängiger Versicherungsvermittler, der wirtschaftlich auf der Seite seines Auftraggebers steht, dessen Interessen er wahrzunehmen hat.

Fortsetzung nächste Seite

2. Pflichten des Versicherungsmaklers

Dem Versicherungsmakler obliegt die Betreuung der Versicherungsangelegenheiten seines Auftraggebers und insbesondere die Beschaffung des zur Deckung seiner Risiken erforderlichen Versicherungsschutzes im Einvernehmen mit dem Auftraggeber. In diesem Zusammenhang nimmt der Versicherungsmakler eine Beratungsfunktion gegenüber seinem Auftraggeber wahr.

3. Vergütung

Die Vergütung für die Vermittlungs- und Betreuungstätigkeit des Versicherungsmaklers trägt gewohnheitsrechtlich der Versicherer. Sie ist Bestandteil der Prämie.

4. Vermittlung an Versicherer

(1) Der Versicherungsmakler deckt die Risiken seiner Auftraggeber bei am Markt eingeführten Versicherungsunternehmen, die in der Bundesrepublik Deutschland ihren Sitz haben oder eine Niederlassung unterhalten. Sofern die Art der Risiken oder die Marktverhältnisse es erfordern, ist es dem Versicherungsmakler freigestellt, Versicherungen auch an im Dienstleistungsverkehr tätige Versicherer zu vermitteln.

(2) Versicherungen werden an Direktversicherer oder Versicherungsunternehmen, die dem Versicherungsmakler keine Vergütung gewähren (abschlusskostenfreie Tarife, in die keine Provision eingerechnet ist), nicht vermittelt. Falls der Auftraggeber dies ausdrücklich wünscht, wird hierfür ein gesondertes Entgelt vereinbart.

5. Mitgliedschaft in einem Berufsverband

Der Versicherungsmakler ist Mitglied des ... und hält dessen satzungsgemäße Aufnahmebedingungen für seinen Berufsstand ein.

6. Zuschnitt des Versicherungsmaklers

(1) Die Tätigkeit des Versicherungsmaklers ist namentlich auf die Betreuung der Versicherungsangelegenheiten privater und freiberuflicher Kunden sowie von Unternehmen der mittelständischen Wirtschaft ausgerichtet.

(2) Seine Geschäftstätigkeit umfasst nicht die Vermittlung von ... (Sparten aufführen).

(3) Regional beschränkt sich die Vermittlungstätigkeit des Versicherungsmaklers auf Versicherer, die in (Geschäftsgebiet, z. B. Bundesland) ihren Sitz haben oder eine Niederlassung bzw. Geschäftsstelle unterhalten.

Fortsetzung nächste Seite

7. Haftung

(1) Seine Pflichten gegenüber dem Auftraggeber erfüllt der Versicherungsmakler mit der Sorgfalt eines ordentlichen Kaufmanns. Für wider Erwarten eintretende Schädigungen hat der Versicherungsmakler durch entsprechenden Versicherungsschutz Vorsorge getroffen. Etwaige Schadenersatzansprüche des Auftraggebers aus dem Maklervertrag sind für Fälle eines durch einfache Fahrlässigkeit verursachten Schadens auf den Betrag von 2 000 000,00 DM (jetzt: 1 000 000,00 €) beschränkt.

(2) Ansprüche auf Schadenersatz aus dem Maklervertrag verjähren in drei Jahren von dem Zeitpunkt an, in dem der Anspruch entstanden ist, spätestens jedoch in drei Jahren nach Beendigung des Auftrags.

8. Rechtsgrundlagen

Die Beziehungen zwischen den Parteien sind vom Grundsatz des gegenseitigen Vertrauens getragen. Im Übrigen richten sie sich nach den einschlägigen gesetzlichen Vorschriften und gewohnheitsrechtlichen Regelungen sowie den maßgebenden aufsichtsbehördlichen Grundsätzen und Usancen.

Quelle: Versicherungs-Makler-Verband (VMV) e.V., München (jetzt: Verband Deutscher Versicherungsmakler e.V. – VDMV, Hamburg).

Versicherer

Die Vertretungsbefugnis des Versicherungsmaklers gegenüber dem Versicherer ergibt sich aus der ihm erteilten Maklervollmacht. Sie ist dem Versicherungsunternehmen vorzulegen.

Beispiel einer Maklervollmacht

– Auftraggeber – bevollmächtigt

– Versicherungsmakler –

zur Regelung seiner Versicherungsverhältnisse, zur Betreuung seiner Versicherungsangelegenheiten sowie zur Beschaffung des erforderlichen Versicherungsschutzes.

Diese Maklervollmacht umfasst insbesondere:

(1) die uneingeschränkte aktive und passive Vertretung des Auftraggebers gegenüber den jeweiligen Versicherern einschließlich der Abgabe aller die Versicherungsverträge betreffenden Willenserklärungen und Anzeigen,

(2) die Kündigung bestehender und den Abschluss neuer Versicherungsverträge,

Fortsetzung nächste Seite

(3) die Geltendmachung der Versicherungsleistungen aus den von dem Versicherungsmakler vermittelten bzw. betreuten Versicherungsverhältnissen, die sonstige Mitwirkung bei der Schadenregulierung sowie die Empfangnahme von Geldzahlungen aus Versicherungsfällen für Rechnung des Auftraggebers,

(4) die Erteilung von Untervollmachten an einen anderen Versicherungsmakler,

(5) die Einreichung von Eingaben an die Aufsichtsbehörde im Namen des Versicherungsnehmers.

Die gesamte Korrespondenz ist mit dem Versicherungsmakler zu führen.

Der Versicherungsmakler ist von den Beschränkungen des § 181 BGB befreit.

Die Vollmacht ist zeitlich nicht befristet, kann vom Auftraggeber aber jederzeit widerrufen werden.

Quelle: Versicherungs-Makler-Verband (VMV) e.V., München (jetzt: Verband Deutscher Versicherungsmakler e.V. – VDMV, Hamburg).

Courtage

Der Anspruch des Versicherungsmaklers auf Vergütung, die als Courtage bezeichnet wird, besteht gewohnheitsrechtlich nicht gegenüber seinem Auftraggeber, sondern ausschließlich gegenüber dem Versicherungsunternehmen. Dies weicht von der handelsrechtlichen Regelung des § 99 HGB ab. Höhe und Voraussetzungen der Courtage werden meist in einer Rahmenzusage des Versicherungsunternehmens festgesetzt. Auch im Verhältnis zum Versicherer ist der Versicherungsmakler zu einer korrekten Tätigkeit verpflichtet (Doppelrechtsverhältnis), was sich in der Praxis vor allem bei der Verwaltung der vermittelten Verträge zeigt.

Beispiel einer Courtagezusage

1) Sie sind unabhängiger Versicherungsmakler im Sinne von § 93 HGB und nehmen die Interessen der von Ihnen vertretenen Kunden wahr.

2) Für den Geschäftsverkehr mit Ihnen sind die jeweils aktuellen Anordnungen des Bundesaufsichtsamtes für das Versicherungswesen zur Überprüfung der Zuverlässigkeit von Versicherungsmaklern maßgebend.

3) Als Vergütung für die Vermittlung von Versicherungsverträgen an unsere Gesellschaft gewähren wir Ihnen Courtagen gemäß der beigefügten Tabelle.

Die Courtage wird so lange gezahlt, wie der von Ihnen vermittelte oder in Betreuung übernommene Versicherungsvertrag besteht und der Versicherungsnehmer die Prämie entrichtet.

Von einem Prämienzahlungsverzug werden wir Sie unverzüglich unterrichten.

Fortsetzung nächste Seite

4) Den gesamten die Vertragsangelegenheiten betreffenden Schriftwechsel werden wir ausschließlich mit Ihnen führen. Wir verpflichten uns, weder unmittelbar noch über unsere Außenorganisation einen abwerbenden Einfluss auf die uns von Ihnen zugeführten Kunden zu nehmen.

5) Sofern uns der Versicherungsnehmer oder ein Dritter unter Vorlage einer entsprechenden Vollmacht die Beendigung des mit Ihnen bestehenden Maklervertrages mitteilt, werden wir Sie hiervon unverzüglich in Kenntnis setzen.

   In diesem Falle steht Ihnen bei einjährigen Verträgen die Courtage vollständig zu. Bei mehrjährigen Verträgen oder Verträgen mit Verlängerungsklausel erfolgt ab dem nach der Beendigung des Maklervertrages beginnenden Versicherungsjahr eine Aufteilung der Courtage zwischen Ihnen und dem neuen Vermittler im Verhältnis 50 : 50.

6) Diese Courtagezusage ist jederzeit widerruflich.

   Der Widerruf bezieht sich nur auf die Vermittlung von Neugeschäft und lässt die Courtageverpflichtung für bestehende Versicherungsverträge gemäß Ziff. 3 unberührt.

7) Bei Streitigkeiten aus dieser Courtagezusage sind wir bestrebt, unter Einschaltung des Gesamtverbandes der Deutschen Versicherungswirtschaft e. V. und Ihres Versicherungsmaklerverbandes zu einer gütlichen Einigung zu gelangen.

   Im Übrigen ist Gerichtsstand der Sitz des Versicherungsmaklers.

Versicherungsunternehmen:
Versicherungsmakler:
Kenntnis genommen

Quelle: Versicherungs-Makler-Verband (VMV) e.V., München (jetzt: Verband Deutscher Versicherungsmakler e.V. – VDMV, Hamburg).

Der Versicherungsmakler gehört nicht wie der Versicherungsvertreter und der Außendienst-Angestellte zum Außendienst des Versicherungsunternehmens. Er ist mit dem Versicherungsbetrieb nicht organisatorisch verbunden. Eine Tätigkeit als Versicherungsmakler und als Versicherungsvertreter schließen sich gegenseitig aus, weil der Makler als unabhängiger Vermittler die Interessen des Versicherungsnehmers wahrzunehmen hat und in der Auswahl der Versicherer frei ist. Zum Unterschied von den Außendienst-Mitarbeitern werden Kenntnisse des Versicherungsmaklers dem Versicherer daher nicht zugerechnet, und er hat auch nicht für dessen Erklärungen einzustehen. Abgrenzung

Für den Fall, dass sich ein Kunde von seinem bisherigen Versicherungsvertreter abwendet und einen Versicherungsmakler mit der Unterbringung seines Geschäftes beauftragt, haben die Verbände einen „Punktekatalog zur Vermeidung einer missbräuchlichen Ausgestaltung von Maklerverträgen“ aufgestellt, der auf diese Tatbestände anzuwenden ist.

Mitarbeiter des Außendienstes Angestellte und Vertreter	Versicherungsmakler
Ständiges Vertragsverhältnis mit dem Versicherungsunternehmen	Kein ständiges Betrauungsverhältnis zu dem Versicherungsunternehmen
Teil des Versicherungsbetriebes	Keine organisatorische Anbindung
Wahrnehmung der Interessen des Versicherungsunternehmens	Wahrnehmung der Interessen des Versicherungsnehmers

2.3.3.2 Haftung

Sachwalter

Aus den Aufgaben der Interessenwahrung sowie der Aufklärung und Beratung im Verhältnis zum Versicherungsnehmer ergibt sich für den Versicherungsmakler ein Bündel von Pflichten. Sie beziehen sich vor allem auf die Risikoanalyse und die angemessene Deckung des festgestellten Bedarfs, insbesondere auch auf die richtige Feststellung von Versicherungssummen, die Vermeidung von Unterversicherung und die Einhaltung der Obliegenheiten (z. B. Sicherheitsvorschriften) durch seine Kunden. Von der Rechtsprechung wird der Versicherungsmakler in dieser Hinsicht anderen Beratern, beispielsweise Rechtsanwälten und Steuerberatern, gleich gestellt. Ein Verstoß gegen diese Pflichten führt zu einer umfassenden Haftung des Versicherungsmaklers.

BGH VersR 85, 930

Der Versicherungsmakler hat als Vertrauter und Berater des Versicherungsnehmers individuellen, für das betreffende Objekt passenden Versicherungsschutz oft kurzfristig zu besorgen. Deshalb ist er anders als sonst der Handels- oder Zivilmakler dem ihm durch einen Geschäftsbesorgungsvertrag verbundenen Versicherungsnehmer gegenüber üblicherweise sogar zur Tätigkeit, meist zum Abschluss des gewünschten Versicherungsvertrags, verpflichtet. Dem entspricht, dass der Versicherungsmakler von sich aus das Risiko untersucht, das Objekt prüft und den Versicherungsnehmer als seinen Auftraggeber ständig, unverzüglich und ungefragt über die für ihn wichtigen Zwischen- und Endergebnisse seiner Bemühungen, das aufgegebene Risiko zu platzieren, unterrichten muss. Wegen dieser umfassenden Pflichten kann der Versicherungsmakler für den Bereich der Versicherungsverhältnisse des von ihm betreuten Versicherungsnehmers als dessen treuhänderischer Sachwalter bezeichnet und insoweit mit sonstigen Beratern verglichen werden.

Haftpflichtversicherung

Angesichts des strengen Haftungsrisikos und der hohen Schadenpotenziale ist für den Versicherungsmakler der Abschluss einer Vermögensschaden-Haftpflichtversicherung für ihn selbst und seine Mitarbeiter geboten. Die Berufsverbände machen den Nachweis einer ausreichenden Versicherung zur Voraussetzung für eine Aufnahme. Eine vertragliche Beschränkung der Haftung wird unter bestimmten Voraussetzungen als zulässig angesehen.

2.3.4 Vertriebsgesellschaften

Neben den Angestellten im Außendienst, den Versicherungsvertretern und den Versicherungsmaklern gibt es auch spezielle Vertriebsgesellschaften. Es kann sich um Tochterunternehmen eines Versicherers handeln, denen der Versicherungsvertrieb übertragen worden ist. Derartige Gesellschaften können aber auch auf Seiten des Versicherungsnehmers mit der Beschaffung von Versicherungsschutz als firmenverbundene Versicherungsvermittler betraut sein. Sie erfüllen alle Merkmale eines Versicherungsmaklers, sind nicht nur wirtschaftlich, sondern auch rechtlich mit den versicherten Unternehmen verbunden und verfügen über ein besonderes Insiderwissen, das sich in speziellen Kenntnissen über die Betriebe der Konzerngesellschaften und ihre Wirtschaftszweige sowie die für sie bestehenden Deckungsprobleme und Marktangebote ausprägt. Formen

Die Vertriebsgesellschaften können aber auch von Dritten getragen und somit weder dem Versicherer noch dem Versicherungsnehmer zuzurechnen sein. In der Regel sind sie aber auf bestimmte Versicherungsgruppen ausgerichtet. Zum Teil bestehen auch kapitalmäßige Verbindungen.

Die Vertriebsgesellschaften sind überwiegend im Privatkundengeschäft tätig. Im Allgemeinen ist ihr Sortiment auf einige wenige Versicherungszweige beschränkt, vor allem die Personenversicherungen (Leben und Unfall). Darüber hinaus werden häufig auch weitere Finanzdienstleistungen, wie insbesondere Bausparen und Investmentfonds, angeboten. Kundenkreis

Von einem Strukturvertrieb spricht man dann, wenn die Vertriebsgesellschaft einen hierarchischen Aufbau aufweist und durch besondere Anreizsysteme gesteuert wird. Der Strukturvertrieb ist in mehrere Hierarchiestufen gegliedert. Auf der untersten Ebene hat die Versicherungsvermittlung (meist durch nebenberufliche Mitarbeiter) oberste Priorität. Bei guten Verkaufsergebnissen können die Vermittler in weitere Stufen aufsteigen. Neben die Versicherungsvermittlung tritt dann eine Organisationstätigkeit, wobei eine Beteiligung an den Abschlüssen der betreuten Mitarbeiter erfolgt. Je höher die einzelne Stufe im Strukturvertrieb ist, desto geringer stellt sich der Anteil der reinen Vermittlungstätigkeit und umso mehr gewinnt die Organisationstätigkeit an Bedeutung. Der Strukturvertrieb ist in erster Linie auf den Verkauf ausgerichtet; die langfristige Betreuung der Kunden steht demgegenüber im Hintergrund. Er beschränkt sich auf wenige Versicherungszweige und spricht überwiegend bestimmte Zielgruppen an. Strukturvertrieb

<table>
<tr><th colspan="3">Vertriebsgesellschaften</th></tr>
<tr><td>versicherereigene</td><td>versicherungsnehmer-
eigene</td><td>fremde</td></tr>
<tr><td colspan="3">Sonderform: Strukturvertrieb
– hierarchischer Aufbau
– Anreizsystem</td></tr>
</table>

2.3.5 Direktvertrieb

Ab-grenzung

Der Direktvertrieb unterscheidet sich von allen anderen Absatzverfahren für Versicherungsschutz dadurch, dass er unmittelbar von der Direktion des Versicherungsunternehmens aus ohne Einschaltung von Versicherungsvermittlern (Absatzorganen) erfolgt. Der Kontakt zwischen dem Kunden und dem Versicherungsunternehmen findet ausschließlich im Wege der Telekommunikation, also durch Brief, Telefon oder elektronische Medien (z. B. Internet), statt. Damit entfällt zugleich die persönliche Beratung des Kunden durch einen Vermittler. Andererseits kann der Versicherungsschutz wegen der fehlenden Provisionszahlung preisgünstiger angeboten werden.

Voraus-setzungen

Beim Direktvertrieb geht die Initiative vom Versicherungsinteressenten aus. Es handelt sich um Personen, die gewisse Grundkenntnisse im Bereich des Versicherungswesens haben, sich ihrer Versicherungsbedürfnisse bewusst sind, in der Lage sind, den Kontakt zu einem Versicherungsunternehmen aufzunehmen und entsprechende Formulare auszufüllen, sowie insbesondere Preisbewusstsein besitzen.

Vom Produkt her eignet sich diese Vertriebsform im Wesentlichen nur für Versicherungszweige, zu deren Abschluss eine Versicherungspflicht besteht (z. B. Kraftfahrzeug-Haftpflichtversicherung) oder die den Kunden als notwendig bekannt und besonders einfach zu handhaben sind. Komplizierte Vertragsformen scheiden in der Regel aus.

Direktvertrieb			
Kennzeichen			
Werbung des Versicherers - Anzeigen - Werbebriefe - Präsentation im Internet	Initiative des Kunden - Telekommunikation	Begrenztes Produktangebot - Pflichtversicherung - einfache und bekannte Formen	Bestimmter Kundenkreis

Zusammenfassung

Versicherungsvermittler			
Merkmal	Angestellte im Außendienst	Versicherungs-vertreter	Versicherungs-makler
Rechtsstellung	Handlungsgehilfe Arbeitnehmer	Handelsvertreter Selbstständiger Kaufmann	Handelsmakler Selbstständiger Kaufmann
Gesetzliche Grundlagen	§§ 59 – 83 HGB	§§ 84 – 92 c HGB §§ 43 – 48 VVG	§§ 93 – 104 HGB
Vertrags-verhältnis	Arbeitsvertrag	Agenturvertrag	Geschäftsbesor-gungsvertrag
Dauer	ständig	ständig	von Fall zu Fall
Tätigkeit	Vermittlung/ Abschluss	Vermittlung/ Abschluss	nur Vermittlung
Interessen-wahrung	Versicherungs-unternehmen	Versicherungs-unternehmen	Versicherungs-nehmer
Grundsätzlicher Vergütungsan-spruch gegen Versicherer	Gehalt	Provision	Courtage
Sonderform der Versicherungsvermittlung: Vertriebsgesellschaft			
Direktvertrieb: Zentraler unmittelbarer Absatz ohne Einschaltung von Versicherungsvermittlern			

Übungsaufgaben

1. Erläutern Sie die Merkmale der Kaufmannseigenschaft am Beispiel des Versicherungsvertreters Paul Meier.

2. Dem Mitarbeiter Willi Krause werden folgende Verträge angeboten:

   - als Außendienstangestellter mit 2 000,00 € Gehalt pro Monat und 5 ‰ Provision aus der vermittelten Beitragssumme oder
   - als selbstständiger Versicherungsvertreter mit 25 ‰ Provision aus der vermittelten Beitragssumme.

   a) Bei welcher Beitragssumme ist das Einkommen bei beiden Verträgen gleich?
   b) Weshalb ist es günstiger, bei hohen Abschlüssen als Vertreter zu arbeiten?
   c) Reichen diese Angaben aus, um eine Entscheidung treffen zu können? Begründen Sie Ihre Antwort.

3. Willi Krause will künftig als selbstständiger Versicherungsvertreter arbeiten. Er hat gehört, dass ihm später nach Beendigung des Vertragsverhältnisses ein Ausgleichsanspruch zusteht.

   a) Erläutern Sie ihm die Voraussetzungen für diesen Ausgleichsanspruch nach § 89 b Abs. 1 HGB.
   b) In welchen Fällen besteht dieser Anspruch nicht? Lesen Sie dazu § 89 b Abs. 3 HGB und führen Sie entsprechende Beispiele aus der Versicherungspraxis an.
   c) Weshalb steht dem nebenberuflichen Vertreter ein derartiger Anspruch nach § 92 b Abs. 1 HGB nicht zu?

4. Ein Bekannter von Ihnen hat ein schriftliches Angebot eines Direktversicherers über eine Kapitallebensversicherung mit einem sehr günstigen Beitrag vorliegen.

   a) Er bittet Sie, ihn über die Vor- und Nachteile des Direktvertriebs aufzuklären.
   b) Eignet sich der Direktvertrieb besonders gut für Kapitallebensversicherungen? Informieren Sie Ihren Bekannten.

5. In einer Versicherungszeitschrift lesen Sie folgende Nachricht:
„Der Wettbewerb der Versicherungsvermittler nimmt zu. So ist in den letzten Jahren ein verstärktes Eindringen von Versicherungsmaklern in Marktsegmente zu beobachten, die bisher weitgehend von Versicherungsvertretern bearbeitet wurden."

   a) Grenzen Sie den Versicherungsvertreter vom Versicherungsmakler ab.
   b) Nennen Sie vier Gründe für das verstärkte Eindringen der Makler in Marktsegmente der Vertreter.

6. Ein Makler wirbt bei seinen Kunden mit dem Argument, seine Tätigkeit sei für sie kostenlos.
Nehmen Sie zu dieser Behauptung Stellung.

7. Ein Freund von Ihnen will künftig für einen Strukturvertrieb arbeiten.

   a) Erläutern Sie ihm diesen Vertriebsweg.
   b) Zeigen Sie ihm die Chancen – aber auch die Risiken – dieses Vertriebsweges auf.

8. Ein Versicherungsunternehmen möchte ein Vertriebsnetz in der Bundesrepublik Deutschland aufbauen.
Erläutern Sie je zwei Vor- und Nachteile, die sich für das Unternehmen ergeben können, wenn es die Vermittler mit einer Abschlussvollmacht gemäß § 45 VVG ausstattet.

9. Sie sind Mitarbeiter/-in eines großen Versicherungskonzerns mit überwiegend selbstständigem Außendienst (Vertreter) und arbeiten in einer Projektgruppe mit, die die Auslagerung der Kraftfahrtversicherung bzw. das Neugeschäft in ein Tochterunternehmen (Direktvertrieb) vorbereiten soll.

   a) Nennen Sie sechs Gründe, die im vorliegenden Fall für den Direktvertrieb sprechen.
   b) Welche Probleme können durch die Einführung des Direktvertriebs auf den Konzern zukommen?
   Erläutern Sie fünf mögliche Probleme.
   c) Erläutern Sie zwei mögliche Lösungen für die von Ihnen genannten Probleme.

2.4 Marketing-Instrumente der Versicherungsunternehmen

Ein junger Mitarbeiter in einem Versicherungsunternehmen erkundigt sich danach, mit welchen Maßnahmen die Gesellschaft den Absatz des Versicherungsschutzes unterstützt und inwieweit dabei Überlegungen der Kunden hinsichtlich der Auswahl des Versicherungsunternehmens berücksichtigt werden.

Im Gespräch mit anderen Mitarbeitern kommt man zu dem Ergebnis, dass die folgenden Gesichtspunkte eine ganz wesentliche Rolle spielen:

- Der Preis für den Versicherungsschutz
- Die Berücksichtigung individueller Gegebenheiten bei der Gestaltung des Versicherungsschutzes
- Die Art und Weise, wie sich ein Versicherungsunternehmen am Markt darstellt
- Die gebotenen Serviceleistungen

Marketing

In der Versicherungspraxis werden die Begriffe Absatz und Vertrieb einerseits sowie Marketing auf der anderen Seite häufig gleich gesetzt. Die moderne Betriebswirtschaftslehre versteht unter Marketing jedoch ein alle betrieblichen Funktionen umfassendes Konzept. Marketing ist danach der Ausdruck einer Einstellung im Versicherungsunternehmen, nach der alle Entscheidungen und wirtschaftlichen Aktivitäten auf den Absatzmarkt hin orientiert werden. Marketing stellt daher eine marktorientierte Unternehmenspolitik dar, die jede Stelle im Versicherungsbetrieb zu prägen hat.

Das Marketing dient letztlich der Gestaltung, der Sicherung und dem Ausbau des Absatzmarktes der Versicherungsunternehmen.

Instrumente

Diejenigen Mittel und Strategien, die ein Versicherungsunternehmen auf den Märkten einsetzt, um den Absatz zu fördern, bezeichnet man als Marketing-Instrumente. Zu ihnen gehören die Gestaltung der Prämien und Versicherungsprodukte (Preis- und Produktpolitik) sowie der Kontakt zu den Kunden und die Pflege der geschäftlichen Beziehungen (Kommunikations- und Kundendienstpolitik).

Marketing-Mix

Die Versicherungspraxis strebt eine optimale, auf die Erreichung der Unternehmensziele ausgerichtete Kombination der Marketing-Instrumente an. Man bezeichnet diese intensitätsmäßige und zeitliche Abstimmung als Marketing-Mix. Den jeweiligen Einsatz der einzelnen Marketing-Instrumente nennt man Marketing-Strategie.

Marketing-Instrumente			
Preispolitik	Produktpolitik	Kommunikations-politik	Kundendienst-politik
Kombination: Marketing-Mix			

2.4.1 Preispolitik

Die Preispolitik der Versicherungsunternehmen hat die Gestaltung des Preises für den Versicherungsschutz, also der Prämie, zum Gegenstand. Die Prämienpolitik ist eng mit der Produktpolitik verknüpft. Beide zusammen werden häufig auch als Angebotspolitik bezeichnet. Prämien-politik

Ihre Hauptaufgabe hat die Prämienpolitik bei der Gewinnung neuer Kunden.

Für die meisten Versicherungsinteressenten ist die Prämienhöhe ein wichtiges Entscheidungskriterium bei der Auswahl des Versicherungsunternehmens. Der Versicherer kann die Preise für seine Produkte jedoch nicht beliebig festsetzen. Für die Prämienberechnung ist er zunächst an feste Kalkulationsdaten, wie die Schadenhäufigkeit in der Feuerversicherung oder die Sterblichkeit in der Lebensversicherung, gebunden. Gestaltungsmöglichkeiten bestehen jedoch hinsichtlich der Kostensituation, insbesondere des Vertriebsverfahrens, und des Schadenverlaufs der einzelnen Unternehmen. Ferner kann die individuelle Risikosituation des Versicherungsnehmers, beispielsweise das Vorhandensein von Schadenverhütungsmaßnahmen, berücksichtigt werden. Neu-geschäft

Bestandteil der Preispolitik sind auch die Höhe der Überschussbeteiligung und die Gewährung von Beitragsrückerstattungen in bestimmten Versicherungszweigen.

Wesentlich eingeschränkter sind die Möglichkeiten der Preispolitik für bestehende Versicherungsverhältnisse. Gute Risiken, an denen ein Versicherungsunternehmen interessiert ist, können gegenüber der Konkurrenz durch Prämiensenkungen gehalten werden. Prämienerhöhungen setzen entsprechende Anpassungsklauseln voraus, können aber mit Rücksicht auf das gesetzliche Kündigungsrecht des Versicherungsnehmers (§ 31 VVG) auch zum Verlust des Geschäftes führen. Bestands-geschäft

Preispolitik	
Neugeschäft	Bestandsgeschäft
Feste Kalkulationsdaten	Prämienermäßigung
Kostensituation des Versicherers (z. B. Vertriebsverfahren)	Prämienerhöhung
Schadenentwicklung des Versicherers	
Individuelle Risikosituation des Versicherungsnehmers	
Überschussbeteiligung und Beitragsrückerstattung	

2.4.2 Produktpolitik

Zusammensetzung

Als Produktpolitik bezeichnet man die Gestaltung der von den Versicherungsunternehmen angebotenen Produkte und ihre Zusammenfassung zu einem Sortiment. Zwischen der Prämienpolitik und der Produktpolitik besteht eine enge Beziehung.

Die Produktpolitik umfasst neben der eigentlichen Produktgestaltung auch die Konzeption von Serviceleistungen, den Produktnamen und die Zusammenfassung einzelner Produkte zu einem Versicherungs- und Vorsorgeprogramm.

Versicherungsprodukt

Versicherungsprodukte haben sich am Bedarf der jeweils anzusprechenden potenziellen Versicherungskunden zu orientieren. Sie müssen über das von dem Versicherungsunternehmen praktizierte Vertriebsverfahren abzusetzen sein.

Materielle Gestaltung

Die materielle Produktgestaltung bezieht sich auf den Inhalt des Versicherungsschutzes. Er ist in den Allgemeinen Versicherungsbedingungen festgelegt. Sie bestimmen Art und Umfang der versicherten Gefahren, versicherte Objekte und Schäden, versicherte Personen, Risikoausschlüsse, Mindest- und Höchstleistungsgrenzen, räumlichen und zeitlichen Geltungsbereich, Mindest- und Höchstlaufzeiten. Darauf aufbauend erfolgt die weitere Vertragsgestaltung durch Klauseln und sonstige Vereinbarungen.

Der Versicherungsschutz kann sich auf einzelne Gefahren beschränken, wie beispielsweise die Sturmversicherung, aber auch eine Vielzahl von Gefahren in einer Sparte zusammenfassen, wie zum Beispiel im Falle der Verbundenen Hausratversicherung. Im Privatkundengeschäft neigt man aus Vereinfachungsgründen zu Kombinationen oder Bündelungen, während im gewerblichen Geschäft die Deckung der einzelnen Gefahren nach wie vor dominiert.

Eine Frage der Produktgestaltung ist es auch, inwieweit ein Grundversicherungsschutz nach dem Baustein-Prinzip erweitert und ergänzt werden kann.

Beispiele:

- EC-Versicherung (Extended Coverage = erweiterte Deckung) zusätzlich zur Feuer- oder FBU-(Feuer-Betriebsunterbrechungs-)Versicherung für Industrie- und Handelsbetriebe gegen Schäden durch innere Unruhen, böswillige Beschädigung, Streik oder Aussperrung, Fahrzeuganprall, Sprinkler-Leckage, Leitungswasser, Sturm und Hagel.
- Einbeziehung bestimmter Elementarschäden im Rahmen erweiterter Elementarschadenversicherungen in die Feuer- und Betriebsunterbrechungsversicherung gewerblicher Risiken sowie die Verbundene Hausrat- und Wohngebäudeversicherung.
- Zusatzversicherungen zur Lebensversicherung.

Formale Gestaltung

Zur formalen Produktgestaltung gehören die Bezeichnung des Versicherungsproduktes sowie das rein äußerliche Erscheinungsbild des Versicherungsscheines und der sonstigen Vertragsunterlagen. Dem Produktnamen kommt insofern erhebliche Bedeutung zu, als er zur Abgrenzung von Angeboten der Konkurrenz dienen und zugleich die angesprochene Zielgruppe für das Produkt interessieren soll.

Beispiele:

- Familienversicherung
- Unfallversicherung für die moderne Frau
- Kinderschutzpolice.

Sortimentspolitik

Im Rahmen der Sortimentspolitik werden die verschiedenen Produkte zu einem Angebotsprogramm zusammengefasst.

Es kann sich um reine Versicherungsprogramme handeln, die mehrere Versicherungszweige umfassen, z. B. Programm für junge Leute, Versicherungspaket für Selbstständige.

Zu den Versicherungsprodukten kann aber auch ein Sortiment weiterer Finanzdienstleistungen hinzukommen, die den gesamten Vorsorge- und Vermögensanlage-Bedarf des Kunden abdecken sollen, wie Bausparen, Finanzierungs- und Kapitalanlage-Angebote.

Produktpolitik			
Produktgestaltungspolitik		Sortimentspolitik	
materiell: Inhalte und Umfang des Versicherungs-schutzes	formal: Produkt-name	Versicherungs-programm	Ausdehnung auf weitere Finanz-dienstleistungen

2.4.3 Kommunikationspolitik

Inhalt

Die Kommunikationspolitik der Versicherungsunternehmen ist darauf ausgerichtet, den potenziellen Kunden, Versicherten und Vermittlern bestimmte Informationen zukommen zu lassen. Sie soll ein positives Bild des jeweiligen Anbieters von Versicherungsschutz vermitteln. Damit reicht die Kommunikationspolitik über den engeren Bereich der Absatzpolitik hinaus und ist letztlich der Unternehmenspolitik im Allgemeinen zuzurechnen.

Als Marketing-Instrument umfasst die Kommunikationspolitik die Bereiche der Werbung, der Öffentlichkeitsarbeit und der Verkaufsförderung. In der Versicherungswirtschaft kommt der Kommunikationspolitik besondere Bedeutung zu, weil das abstrakte, unsichtbare Wirtschaftsgut Versicherungsschutz am Versicherungsmarkt attraktiv dargestellt werden muss. Bestandteil der Kommunikationspolitik ist auch die Information über Serviceleistungen, durch die in hohem Maße die Qualität des Anbieters bestimmt wird.

Kommunikationspolitik		
Werbung	Öffentlichkeitsarbeit	Verkaufsförderung

Werbung

Begriff

Unter Werbung versteht man alle Maßnahmen, welche die Menschen positiv im Hinblick auf ihre Einstellung zu bestimmten angebotenen Produkten beeinflussen sollen. Im Bereich der Versicherungswirtschaft handelt es sich um die Einschätzung versicherungswirtschaftlicher Themen und Versicherungsdienstleistungen. Die Werbung soll bestimmte Verhaltensweisen anregen und Meinungen vertriebsfördernd prägen. Im Mittelpunkt der Werbung steht naturgemäß die Förderung des Neugeschäftes. Jedoch gewinnt auch die Ausrichtung auf die Erhaltung des Kundenstammes im Sinne der Bestandspflege zunehmend an Bedeutung (Kaufbestätigungsfunktion).

Wie in anderen Wirtschaftszweigen sind auch in der Versicherungswirtschaft saisonale Schwerpunkte erkennbar:

- Hinweise auf Reiseversicherungen vor der Urlaubszeit
- Unterstützung von Aktionen im Rahmen der Verkaufsförderung
- Empfehlung des Abschlusses von Lebensversicherungen zur Nutzung steuerlicher Vorteile am Jahresende.

Im Gegensatz zur Öffentlichkeitsarbeit richtet sich die Werbung direkt an die jeweilige Zielgruppe, um zum Erwerb bzw. zur Fortführung bereits abgeschlossener Versicherungen anzureizen. Hinsichtlich der Maßnahmen, die eine Verbesserung des Ansehens (Image) der Unternehmen zum Gegenstand haben, ist die Grenze zwischen Werbung und Öffentlichkeitsarbeit fließend.

Durchführung

Durchgeführt wird die Werbung in erster Linie von den Versicherungsunternehmen. Die Aufgabe dieser Unternehmenswerbung besteht in erster Linie darin, den Bekanntheitsgrad der Gesellschaft zu erhöhen, ihre Produkte herauszustellen, auf Besonderheiten aufmerksam zu machen und dadurch vor allem die Tätigkeit des Außendienstes zu unterstützen. Im Falle des Direktvertriebs soll der Versicherungsinteressent durch die Werbemaßnahmen dazu veranlasst werden, unmittelbaren Kontakt mit dem Versicherer aufzunehmen. Geplant, durchgeführt und überwacht werden die Werbemaßnahmen entweder von einer betriebseigenen Werbeabteilung oder einer externen Werbe- oder Marketing-Agentur.

Auch Versicherungsvermittler, insbesondere Versicherungsvertreter und Versicherungsmakler, nutzen die Werbung als Marketing-Instrument. Dabei sollen die einzelnen Werbemaßnahmen auf den Vermittler aufmerksam machen. Sie sind in der Regel auf seinen regionalen Tätigkeitsbereich begrenzt.

Die Werbung der Versicherer-Verbände ist demgegenüber auf die Verbreitung des Versicherungsgedankens als solchen ausgerichtet. Man spricht von Gemeinschaftswerbung, die entweder die Notwendigkeit der Versicherung insgesamt oder einzelner Zweige, beispielsweise der Lebensversicherung, betont.

Werbemittel und -träger

Ihren Ausdruck findet die Werbung in den einzelnen Werbemitteln. Ihre Palette ist sehr umfangreich. Man unterscheidet Werbebriefe, Werbedrucksachen, Anzeigen, Werbespots in Rundfunk und Fernsehen, Leuchtwerbung, Großflächengrafik wie Plakate, Schaufenster, Bandenwerbung, Kundenzeitschriften und Werbegeschenke.

Als Werbeträger bezeichnet man die stofflichen Medien, durch welche die Werbemittel zu den jeweiligen Zielgruppen transportiert werden. In Betracht kommen beispielsweise Zeitschriften und Zeitungen, Hörfunk, Fernsehen und Kino, Messe- und Ausstellungsstände, Sportveranstaltungen, Internet.

Werbung		
Durchführung	Werbemittel	Werbeträger
Versicherungsunternehmen Vermittler Versicherer-Verbände	Anzeigen Werbedruckstücke Werbespots Plakate	Zeitungen und Zeitschriften Hörfunk und Fernsehen, Kino Messen, Ausstellungen und sonstige Veranstaltungen Internet

Öffentlichkeitsarbeit

Ziel

Die Öffentlichkeitsarbeit eines Versicherungsunternehmens, die häufig auch als Public Relations bezeichnet wird, hat die Pflege der Beziehungen zur Öffentlichkeit zum Gegenstand. Sie soll ein günstiges Bild (Image) vermitteln.

Zielgruppen

Im Gegensatz zur Werbung wendet sie sich nicht nur an Kunden. Sie ist vielmehr langfristig orientiert, richtet sich an Mittlergruppen, beispielsweise Journalisten, und enthält deshalb auch keine konkreten Kaufappelle. Einen wichtigen Bestandteil bildet daher die eigentliche Pressearbeit durch Veranstaltung von Pressekonferenzen und ständige Unterhaltung von Kontakten zu den einschlägigen Organen.

Bedeutung

Auf Grund der Besonderheiten des Versicherungswesens kommt der Öffentlichkeitsarbeit in der Versicherungswirtschaft eine hohe Bedeutung zu. Angestrebt wird die Erzeugung einer positiven Grundhaltung für versicherungswirtschaftliche Belange. Ebenso wie die Werbung kann sich die Öffentlichkeitsarbeit sowohl auf die einzelnen Versicherungsunternehmen als auch auf die gesamte Branche beziehen.

Verkaufsförderung

Mittel

Ein weiteres Marketing-Instrument ist die Verkaufsförderung. Sie umfasst alle Maßnahmen zur Steigerung des Absatzes. Im Mittelpunkt der Verkaufsförderung stehen die Unterstützung und Motivation der jeweiligen Vertriebsorganisation, die Steuerung des Versicherungsvertriebs und die damit verbundene marktorientierte Schulung der Vertriebsorgane.

Zu diesem Zweck stellen die Versicherungsunternehmen ihren Mitarbeitern insbesondere folgende Unterlagen zur Verfügung:

- Informationsmaterial über die Gesellschaft und ihre Produkte
- Verkaufshilfen, z. B. für das Werbegespräch, die Bedarfsanalyse usw.

- Adressenmaterial, beispielsweise über ablaufende Verträge, Kunden mit zu niedrigen Deckungen, potenzielle Neukunden aus Anzeigenkampagnen und ähnlichen Maßnahmen.

2.4.4 Kundendienstpolitik

Unter Kundendienst oder Service versteht man alle Leistungen eines Versicherungsunternehmens, die nicht Bestandteil des eigentlichen Versicherungsschutzes sind, sondern den Kunden zusätzlich gewährt werden.

Wegen der Abstraktheit und der verhältnismäßig komplizierten juristischen Regelung des Versicherungsschutzes in Allgemeinen Versicherungsbedingungen ist der Versicherungsnehmer in ganz besonderer Weise auf den Kundendienst der Versicherungsunternehmen angewiesen. Im Einzelnen kann man nur schwer abgrenzen, wie weit ein derartiger Service des Versicherers noch zum eigentlichen Versicherungsprodukt, das als solches auch eine Dienstleistung darstellt, gehört oder eine zusätzliche Leistung bietet. *Bedeutung*

Dem Kunden bringen diese Serviceleistungen einen Nutzen. Sie führen auf der anderen Seite aber auch dazu, dass der Versicherungsinteressent bei der Auswahl des Unternehmens seine Entscheidung nach dem gebotenen Kundendienst ausrichtet und sich dementsprechend dem Versicherer, aber auch dem einzelnen Vermittler verbunden fühlt.

Die Kundendienstleistungen können sowohl vom Versicherungsunternehmen selbst als auch von seinen Absatzorganen erbracht werden. Sie bestehen vor allem in der Beratung und Betreuung der Kunden. *Erbringung*

Zeitlich setzen sie bereits vor Abschluss des Vertrages mit der Bedarfsanalyse und der Empfehlung der für den Interessenten günstigsten Deckungs- bzw. Vertragsform ein. Während der Laufzeit des Vertragsverhältnisses kommen namentlich die laufende Überprüfung des Versicherungsschutzes, seine Anpassung an eingetretene Veränderungen sowie die Information über neue Versicherungsangebote in Betracht. Bei Eintritt des Versicherungsfalles sind vor allem die individuelle Hilfeleistung sowie die schnelle und unbürokratische Bearbeitung von entscheidender Bedeutung. Die gesamte Tätigkeit des Versicherungsunternehmens und der Versicherungsvermittler muss von dem Gedanken der Kundenorientierung getragen sein. Nur auf diese Weise können die Versicherungsnehmer auf Dauer als zufriedene Kunden gehalten werden.

Unter diesem Gesichtspunkt bezeichnet man alle Maßnahmen zur Verbesserung der Kundenbeziehungen als Customers Relationship Management (CRM). Insbesondere zählt dazu die ständige Erreichbarkeit des Unternehmens „rund um die Uhr" durch so genannte Call oder Kundenservice Center. *CRM*

Bei den Versicherungsunternehmen finden die einzelnen Marketing-Instrumente nicht in gleicher Weise Verwendung. Je nach den verfolgten Unternehmenszielen *Marketing-Mix* können sie unterschiedlich eingesetzt werden. Die Kombination der Marketing-Instrumente bezeichnet man als Marketing-Mix.

Beispiele:

Ein Versicherungsunternehmen, das sich an das breite Publikum mit Hilfe einer Vielzahl von Vermittlern wendet, benötigt ein weit gefächertes Produktangebot mit umfassenden Serviceleistungen. In der Kommunikationspolitik wird diese Ausrichtung ganz besonders angesprochen und der gebotene Service hervorgehoben werden. Die Prämien für den Versicherungsschutz müssen demgemäß etwas höher sein, was der Kunde als Gegenleistung für die gebotene Beratung und Betreuung in Kauf nimmt.

Ein Versicherungsunternehmen, das sich ausschließlich auf den Direktvertrieb beschränkt, grenzt sein Produktangebot auf einige wenige, leicht verständliche Sparten ein. Die Kommunikationspolitik ist darauf ausgerichtet, den Kunden dazu zu bewegen, sich an den Versicherer zu wenden. Kundendienstleistungen entfallen weitgehend; dafür können die Preise günstiger gestaltet werden.

Zusammenfassung

Marketing-Instrumente	
Formen	Ausgestaltung
Preispolitik	– Neugeschäft – Bestandsgeschäft
Produktpolitik	– umfassendes Angebot – Zielgruppen – bestimmte Sparten
Kommunikationspolitik	– Werbung – Öffentlichkeitsarbeit – Verkaufsförderung
Kundendienstpolitik	– umfassende zusätzliche Leistung – eingeschränktes Angebot aus Kostengründen – ständige Erreichbarkeit

2.5 Verbände in der Versicherungswirtschaft

> Ein Kunde, der einen Versicherungsvertrag abzuschließen beabsichtigt, möchte gern wissen, wodurch die fachliche Qualifikation und die persönliche Zuverlässigkeit seines Versicherungsvermittlers sichergestellt ist.
>
> Er erhält die Auskunft, dass in der Versicherungswirtschaft Verbände bestehen, denen neben anderen Gemeinschaftsaufgaben insbesondere auch die Funktion zukommt, die Eignung der Versicherungsvermittler zu gewährleisten.

Verbände sind Vereinigungen einzelner Personen und Unternehmen. Sie nehmen die Interessen ihrer Mitglieder wahr. Meistens handelt es sich um eingetragene Vereine, die aus diesem Grund in ihrem Namen den Zusatz „e.V." führen. Begriff

Im Bereich des Versicherungswesens kommt den Verbänden eine erhebliche Bedeutung zu, weil sie mit Rücksicht auf die besondere Struktur des Versicherungsgeschäftes wichtige Gemeinschaftsaufgaben zu erfüllen haben, denen das Einzelunternehmen nicht gerecht werden kann. Es ist zu unterscheiden zwischen Verbänden der Versicherer, Berufsvereinigungen und Interessenvertretungen der Versicherungsnehmer. Der Wettbewerb am Markt ist weitgehend durch Richtlinien der Verbände geregelt. Bedeutung

2.5.1 Verbände der Versicherer

Hauptorganisation ist der 1948 gegründete „Gesamtverband der Deutschen Versicherungswirtschaft e.V. (GDV)" mit dem Sitz in Berlin (Internet-Adresse: www.gdv.de). Als einziger Fachverband ist der Verband der privaten Krankenversicherung e.V. (PKV-Verband), Köln, tätig, dem der Gesetzgeber wichtige Aufgaben im System der sozialen Sicherung und Gesundheitsvorsorge zugewiesen hat (Internet-Adresse: www.pkv.de). Struktur

Neben der GDV-Zentrale in Berlin bestehen technische Abteilungen in Köln und München, das Rechenzentrum in Hamburg sowie ein Büro in Brüssel.

Dem Gesamtverband der Deutschen Versicherungswirtschaft e.V. (GDV) gehören außer dem Verband der privaten Krankenversicherung e.V. 447 Erst- und Rückversicherungsunternehmen an, davon 46 Zweigniederlassungen ausländischer Gesellschaften und 5 Versicherer mit Sitz im Ausland. Von den 396 deutschen Mitgliedsunternehmen sind 289 Aktiengesellschaften, 79 Versicherungsvereine auf Gegenseitigkeit, 26 Anstalten bzw. Körperschaften des öffentlichen Rechts, ein eingetragener Verein und der Verband der öffentlichen Versicherer. Die im GDV zusammengeschlossenen Erstversicherer erwirtschaften knapp 97 % des Bruttoprämienaufkommens der deutschen Versicherungswirtschaft. Mitglieder

Der GDV nimmt die gemeinsamen Interessen der deutschen Versicherungswirtschaft wahr. Er hält den Kontakt zur Aufsichtsbehörde, führt den Dialog mit Par- Aufgaben lamentariern, Regierung und Opposition. Insbesondere sucht und pflegt er das Gespräch mit den politischen Parteien und anderen gesellschaftlichen Gruppen, mit den Gremien der Europäischen Union sowie zahlreichen nationalen und internationalen Institutionen und Organisationen. Gleichzeitig ist der Verband kompetenter Ansprechpartner für alle die Versicherungswirtschaft betreffenden Fachfragen. Darüber hinaus ist er Dienstleister für seine Mitgliedsunternehmen.

Ferner nimmt der GDV Aufgaben wahr, denen ein Versicherungsunternehmen für sich allein nicht nachkommen kann. Dazu gehören die Führung von Statistiken zur Verbesserung der Kalkulationsgrundlagen, überbetriebliche Schadenverhütungsmaßnahmen im Bereich des Brandschutzes, der Einbruch-Sicherung und der Verkehrssicherheit sowie die Aufklärung über Inhalt und Umfang des Versicherungsschutzes. Aus diesem Grunde werben die Verbände für den Versicherungsgedanken als solchen und erstellen verbraucherfreundliche Versicherungsbedingungen.

Organe

Organe des Verbandes, der die Rechtsform eines eingetragenen Vereins hat, sind die Mitgliederversammlung, das Präsidium und der Präsidialausschuss. Der Geschäftsführung obliegt die Umsetzung der Verbandsziele.

Die Mitgliederversammlung besteht als Parlament des Verbandes aus den Vertretern der Mitgliedsunternehmen. Sie wählen die Mitglieder des Präsidiums, des Präsidialausschusses und der Hauptausschüsse. Es bestehen der Hauptausschuss Lebensversicherung und der Hauptausschuss Schadenversicherung. Ihnen sind jeweils Fachausschüsse für die spartenspezifischen Einzelprobleme zugeordnet. Daneben gibt es Zentralausschüsse, die sich der übergreifenden Fragestellungen annehmen, wie Betriebswirtschaft und Informationstechnologie, Steuern und Kapitalanlagen.

Das Präsidium ist der Vorstand des GDV. Ihm gehören bis zu zehn Wahlmitglieder und Mitglieder von Amts wegen an. Dabei handelt es sich um die Hauptausschussvorsitzenden, die Vorsitzenden des Arbeitgeberverbandes und des PKV-Verbandes sowie den Vorsitzenden der Hauptgeschäftsführung des GDV.

Der Präsidialausschuss stellt die Richtlinien für die gesamte Verbandsarbeit auf, fasst Beschlüsse über die der Mitgliederversammlung zu unterbreitenden Vorschläge, bildet Ausschüsse und überwacht die Rechnungsführung. Seine Mitglieder stammen aus den Versicherungsunternehmen, sodass die Praxisnähe seiner Beschlüsse gesichert ist.

Weitere Verbände

Der Arbeitgeberverband der Versicherungsunternehmen in Deutschland (agv), Sitz München, ist Tarifvertragspartner der Gewerkschaften und Informationsstelle für sozialpolitische Fragen (Internet-Adresse: www.agv-vers.de).

Der Deutsche Verein für Versicherungswissenschaft e.V., Sitz Berlin, dient der Verknüpfung von Theorie und Praxis.

Gemeinschaftseinrichtungen

Das Berufsbildungswerk der Deutschen Versicherungswirtschaft (BWV) e.V., Sitz München, ist vom GDV und agv getragen (Internet-Adresse: www.bwv-online.de). Es stellt zusammen mit seinen Verbindungsstellen die fachgerechte Aus- und Weiterbildung der in der Versicherungswirtschaft Tätigen durch zielgerichtete

Maßnahmen sicher. Wichtige Bildungsstufen sind: Versicherungskaufmann/-kauffrau, Geprüfter Versicherungsfachwirt/-fachwirtin, Versicherungsbetriebswirt/-betriebswirtin (DVA) sowie Versicherungsfachmann/-fachfrau (BWV) für den Außendienst.

Die Auskunftsstelle über den Versicherungs-/Bausparkassenaußendienst und Versicherungsmakler in Deutschland e.V. (AVAD), Sitz Hamburg, dient der Fernhaltung unlauterer Personen vom Versicherungs- und Bausparkassen-Außendienst und von der Tätigkeit als Versicherungsmakler. Sie unterhält hierzu einen datenrechtlich geprüften Auskunftsverkehr mit ihren Mitgliedsverbänden und deren Mitgliedsunternehmen.

International

Die Europäische Versicherungsvereinigung (Comité Européen des Assurances = CEA), Sitz Paris, bezweckt den Erfahrungsaustausch zwischen den nationalen Versicherungsverbänden sowie die Durchführung gemeinsamer Untersuchungen über Grundsatzfragen.

Gesamtverband der Deutschen Versicherungswirtschaft e.V. (GDV)

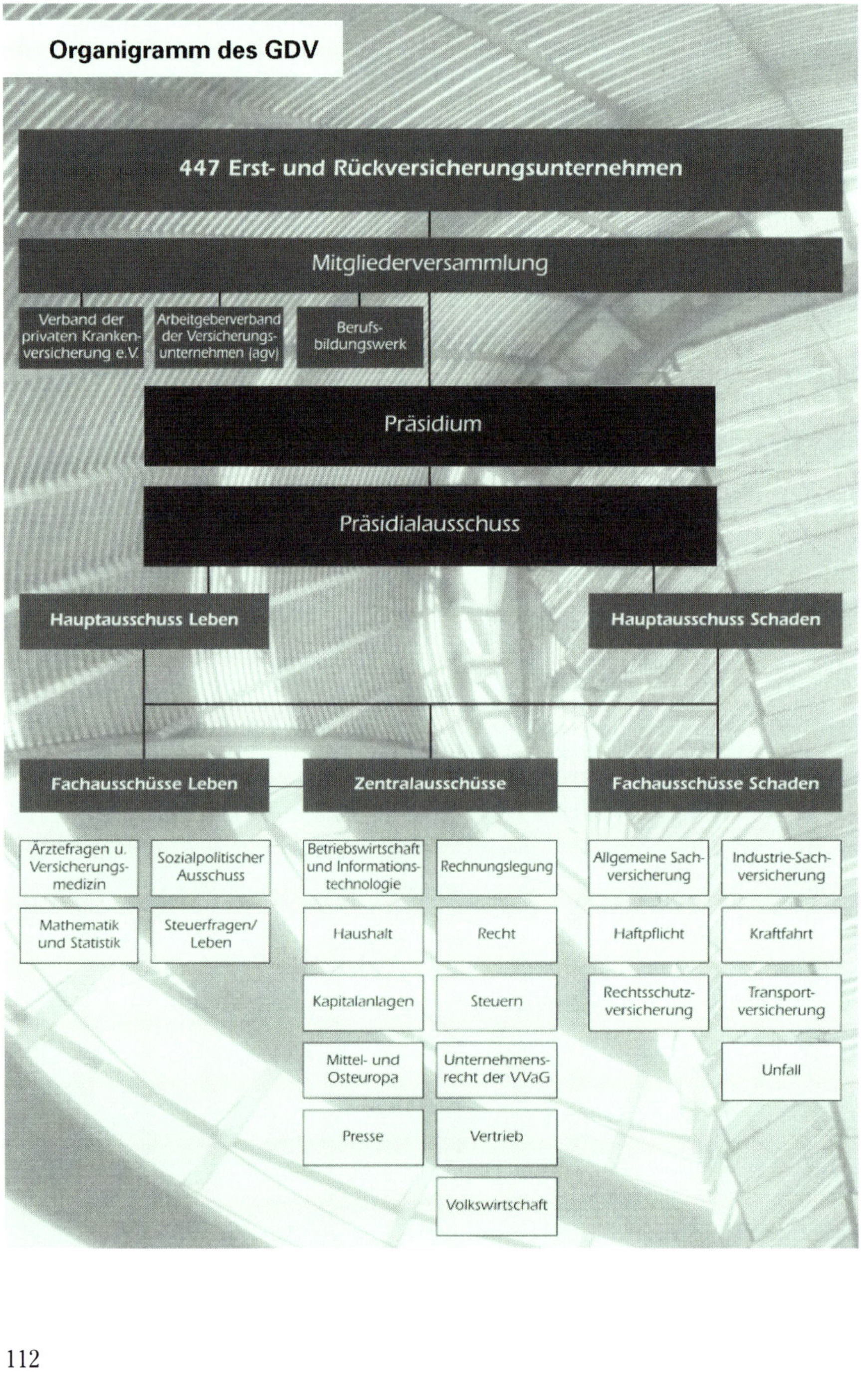

2.5.2 Berufsvereinigungen

Berufsvereinigungen sind unabhängige Verbände, deren Mitglieder demselben Berufsstand angehören. Ihre Aufgabe besteht in der Vertretung der gemeinsamen Interessen. Darüber hinaus haben sie im Bereich der Versicherungswirtschaft aber auch eine wichtige Funktion im Hinblick auf die Aus- und Weiterbildung sowie die berufliche Qualifizierung ihrer Mitglieder und deren Mitarbeiter. Ein Berufsverband in diesem Sinne ist auch das Berufsbildungswerk der Deutschen Versicherungswirtschaft (BWV) e.V.

Aufgaben

Im Übrigen ist zu unterscheiden zwischen Berufsvereinigungen der Arbeitnehmer, der Versicherungsvermittler und sonstiger Mitarbeiter des Außendienstes.

Berufsvereinigungen der Arbeitnehmer sind die Gewerkschaften. Zuständig für die Arbeitnehmer des Innen- und Außendienstes der Versicherungswirtschaft ist die Vereinte Dienstleistungsgewerkschaft (ver.di), mit dem Sitz in Berlin, die 2001 aus dem Zusammenschluss von fünf Einzelgewerkschaften hervorgegangen ist (Internet-Adresse: www.verdi-net.de).

Arbeitnehmer

Sie ist der Tarifvertragspartner der Versicherungswirtschaft, betreibt tarif- und gewerkschaftliche Betriebspolitik, betreut Betriebsräte und unterhält Bildungseinrichtungen. Die Gewerkschaft stellt Vertreter in den Beiräten der Bundesanstalt für Finanzdienstleistungsaufsicht, des Berufsbildungswerks der Deutschen Versicherungswirtschaft (BWV) e.V. sowie in den versicherungsbezogenen Prüfungsausschüssen und Selbstverwaltungsorganen.

Zur Wahrung der Interessen der Arbeitnehmer bestehen in den Unternehmen Betriebsräte nach Maßgabe des Betriebsverfassungsgesetzes. Arbeitgeber und Betriebsräte sollen vertrauensvoll zusammenarbeiten. Bei öffentlich-rechtlichen Versicherungsunternehmen obliegt diese Funktion den Personalvertretungen. Ein Drittel der Aufsichtsratsmitglieder von Aktiengesellschaften und Versicherungsvereinen auf Gegenseitigkeit wird von der Belegschaft gewählt.

Versicherungs-Aktiengesellschaften mit mehr als 2 000 Beschäftigten unterliegen der Mitbestimmung nach dem Mitbestimmungsgesetz vom 04. 05. 1976. Ihre Aufsichtsräte sind je zur Hälfte aus Vertretern der Anteilseigner und der Arbeitnehmer zusammengesetzt (paritätische Besetzung). Außerdem ist im Vorstand ein Arbeitsdirektor für Personalangelegenheiten zu bestellen.

Der Bundesverband Deutscher Versicherungskaufleute e.V. (BVK), Bonn, vertritt die beruflichen, wirtschaftlichen, rechtlichen und sozialen Interessen des Berufsstandes der selbstständigen Versicherungsvermittler (Internet-Adresse: www.bvk.de).

Versicherungsvermittler

Entsprechende Aufgaben obliegen dem Bundesverband der Assekuranzführungskräfte e.V. (VGA), Köln, für die selbstständigen und angestellten Geschäftsstellenleiter der Versicherungsunternehmen (Internet-Adresse: www.vga-koeln.de).

Mit Wirkung vom 01. 01. 2002 haben sich der Bundesverband Deutscher Versicherungsmakler e.V. (BDVM), Hamburg, und der Versicherungs-Makler-Verband

(VMV) e.V., München, zum Verband Deutscher Versicherungsmakler e.V. (VDVM) mit dem Sitz in Hamburg zusammengeschlossen (Internet-Adresse: www.vdvm.de). Es bestehen strenge objektive und subjektive Aufnahmevoraussetzungen.

Absolventen

Für Absolventen der wichtigsten Weiterbildungsstufen dienen der Verein Deutscher Versicherungs-Fachwirte VDVF e.V., Köln (Internet-Adresse: www.vdvf.de), und die Vereinigung der Versicherungs-Betriebswirte e.V. (VVB), Köln (Internet-Adresse: www.vvb-koeln.de), dem fachlichen Erfahrungs- und Gedankenaustausch.

2.5.3 Interessenvertretungen der Versicherungsnehmer

DVS

Als älteste Einrichtung auf diesem Gebiet vertritt der DVS Deutscher Versicherungs-Schutzverband e.V., Sitz Bonn, die Interessen der versicherten Wirtschaftsunternehmen, aber auch einzelner Versicherungsnehmer, vor allem hinsichtlich der Gestaltung der Versicherungsbedingungen und des Versicherungsvertrages, der Festsetzung der Beiträge und der Feststellung der Schäden (Internet-Adresse: www.dvs-schutzverband.de).

BDI

Die Belange der Industrie auf dem Versicherungssektor nimmt der Versicherungsausschuss des Bundesverbandes der Deutschen Industrie e.V. (BDI) wahr (Internet-Adresse: www.bdi-online.de).

BdV

Der Bund der Versicherten e.V. (BdV), Sitz Hamburg, verfolgt den Zweck, die Interessen der Versicherten wahrzunehmen, insbesondere durch allgemeine Informationen und Beratung seiner Mitglieder zum Wissen um „Versicherung" beizutragen sowie durch seine Aktivitäten und Maßnahmen die Übereinstimmung des Versicherungswesens mit der Rechts- und Wirtschaftsordnung zu überprüfen (Internet-Adresse: www.bundderversicherten.de). Im Sinne des Verbraucherschutzes veranstaltet er Fachtagungen, gibt eine wissenschaftliche Schriftenreihe heraus und führt Musterprozesse.

Verbraucherschutz im Allgemeinen

Darüber hinaus beschäftigen sich auch allgemeine Institutionen des Verbraucherschutzes mit den Problemen des Versicherungswesens im Interesse der Kunden. Zu nennen sind in diesem Zusammenhang insbesondere die Arbeitsgemeinschaft der Verbraucherverbände (AgV), die regionalen Verbraucherzentralen und die Stiftung Warentest mit dem Sitz in Berlin, die das Ergebnis ihrer Untersuchungen über Versicherungsdienstleistungen vor allem in der seit 1990 erscheinenden Zeitschrift „FINANZtest" veröffentlicht (Internet-Adresse: www.stiftung-warentest.de).

2.5.4 Wettbewerb

Die Verbände der Versicherungswirtschaft fördern den Leistungswettbewerb am Versicherungsmarkt. Sie wollen einen unlauteren Wettbewerb und Missstände verhindern. Zu diesem Zweck haben sie Wettbewerbsrichtlinien geschaffen, die auf dem geltenden Wettbewerbsrecht und den Anordnungen der Aufsichtsbehörden beruhen. Sie gelten für die Versicherungsunternehmen sowie ihre Außendienst-Mitarbeiter.

Versicherungsmarkt

Allgemeine Grundsätze

Der Wettbewerb darf nur sachlich mit ehrlichen und anständigen Mitteln geführt werden. Da die Versicherungswirtschaft auf Vertrauen angewiesen ist, muss alles vermieden werden, was geeignet sein könnte, dieses Vertrauen zu stören. Die Versicherungsunternehmen und ihre Mitarbeiter haben deshalb darauf zu achten, dass die guten kaufmännischen Sitten und damit das Ansehen der gesamten Versicherungswirtschaft und des einzelnen Berufsangehörigen gewahrt bleiben. Unwahre oder abschätzige Äußerungen über andere Versicherungsunternehmen oder Vertreter haben zu unterbleiben.

Wettbewerbsrichtlinien

Vertreter-Verträge

Von Versicherungsvertretern wird die erforderliche Zuverlässigkeit und Vertrauenswürdigkeit gefordert. Deshalb gelten besondere Regelungen für die Anwerbung von Vertretern und die Voraussetzungen für ihre Einstellung. Mit Versicherungsmaklern sowie Angehörigen der rechts- und steuerberatenden Berufe dürfen keine Agenturverträge abgeschlossen werden. Die Vertreter sind zu verpflichten, die Wettbewerbsrichtlinien in ihrer jeweiligen Fassung zu beachten.

Belästigung

Eine aufdringliche Werbung, durch die Kunden belästigt werden, ist untersagt. Unter diesem Gesichtspunkt wird die Verwendung von Werbekolonnen als unerwünscht angesehen. Kolonnenwerbung ist überhaupt unzulässig, wenn dabei fachlich nicht genügend vorgebildete oder auf ihre Zuverlässigkeit nicht ausreichend überprüfte Werber verwendet werden. Insbesondere ist es nicht gestattet, zu Werbezwecken Passanten anzusprechen, und unerwünscht, Flugblätter auf Straßen und Plätzen zu verteilen. Die Rechtsprechung verbietet es auch, mit Personen, zu denen bisher keine geschäftlichen Beziehungen bestanden haben, unaufgefordert telefonisch Vertreterbesuche zu vereinbaren. Entsprechendes gilt für die Telefaxwerbung.

Irreführung

Das Publikum darf nicht durch unrichtige Angaben getäuscht werden. Eine solche Täuschung kann aber auch in der Werbung mit Selbstverständlichkeiten liegen. Daher ist es unzulässig, wenn ein Versicherungsunternehmen damit wirbt, dass es der Versicherungsaufsicht unterliegt. Versicherungsvertreter sollen nicht mit besonderen Hinweisen auf die mit der Ausübung ihres Berufs naturgemäß verbundene Beratung oder deren Unentgeltlichkeit werben, weil sie dadurch die irrige Vorstellung erwecken können, sie leisteten etwas, was von anderen Vertretern nicht ohne weiteres zu erwarten sei. Aus diesem Grunde ist es Versicherungsvermittlern auch verboten, sich als Versicherungsberater zu bezeichnen.

Sondervergütungen

Aufsichtsbehördlich ist den Versicherungsunternehmen und ihren Vermittlern die Gewährung von Sondervergütungen verboten. Sondervergütung in diesem Sinne ist jede unmittelbare oder mittelbare Zuwendung neben den Leistungen auf Grund des Versicherungsvertrages, insbesondere jede Provisionsabgabe. Gruppenversicherungsverträge und Haustarife für die Mitarbeiter der Versicherungsunternehmen zu günstigeren Prämiensätzen (Ausnahme: Kraftfahrzeug-Haftpflichtversicherung) sind unter bestimmten Voraussetzungen gestattet.

Einzelne Versicherungszweige

Sonderregelungen bestehen für die einzelnen Versicherungszweige. So ist es in der Lebens- und Krankenversicherung verboten, Versicherungen auszuspannen, weil der Versicherungsnehmer dadurch einen Nachteil erleidet. Unter Ausspannung versteht man den Tatbestand, dass der Versicherungsnehmer veranlasst wird, einen bereits bestehenden Versicherungsvertrag vorzeitig zu lösen. In den Sparten der Sachversicherung soll eine Werbung von Nachversicherungen zu anderweitig bestehenden Stammverträgen unterbleiben, wenn die Nachversicherungssumme umgerechnet unter 5 000,00 € liegt. Die Erhöhung der Deckungssumme zu anderweitig bestehenden Haftpflichtversicherungen soll stets unterbleiben.

Zusammenfassung

<table>
<tr><th colspan="5">Verbandswesen</th></tr>
<tr><td>Problemkreis</td><td>Versiche rungsunter-nehmen</td><td>Außen-dienst/ Vermittler</td><td>Arbeit-nehmer</td><td>Versiche-rungsnehmer</td></tr>
<tr><td>Versiche-rungsfach-fragen</td><td>GDV
PKV-Verband</td><td>BVK
VGA
VDVM</td><td></td><td>DVS
BDI
BdV</td></tr>
<tr><td rowspan="2">Personal-fragen</td><td>agv
(GDV)</td><td>BVK
VGA</td><td>ver.di</td><td rowspan="2"></td></tr>
<tr><td colspan="3">AVAD</td></tr>
<tr><td>Berufsbildung</td><td colspan="4">BWV</td></tr>
<tr><td>Absolventen</td><td colspan="4">VDVF/VVB</td></tr>
<tr><td>Wettbewerb</td><td colspan="4">Wettbewerbsrichtlinien der Versicherungswirtschaft (auf der Grundlage des Wettbewerbsrechts und aufsichtsbehördlicher Grundsätze)</td></tr>
</table>

Übungsaufgaben

1. Viele Versicherungsunternehmen kooperieren mit Banken und Bausparkassen. Sie bieten neben den Versicherungsprodukten auch Bankprodukte und Bausparen an.
   Welche Vorteile – aber auch welche Probleme – sehen Sie in diesem „Finanzdienstleistungssortiment"?

2. Viele Versicherungsunternehmen werben mit einem Versicherungssortiment für junge Leute, das die Hausrat-, Haftpflicht-, Unfall- und Verkehrsrechtsschutzversicherung umfasst.

   a) Welches Ziel verfolgen die Versicherungsunternehmen damit?
   b) Welche Vorteile können mit diesem Sortiment für junge Leute verbunden sein?

3. Für die Versicherungswerbung ergeben sich – im Vergleich zur Konsumgüterwerbung – besondere Probleme.
   Worin könnten diese Probleme liegen?

4. Die Versicherungsverbände führen eine Gemeinschaftswerbung durch.

   a) Welche Ziele verfolgen sie damit?
   b) Welche Vor- und Nachteile könnten mit dieser Gemeinschaftswerbung für das einzelne Versicherungsunternehmen verbunden sein?

5. Erläutern Sie die Kriterien der Preispolitik am Beispiel Ihrer Wahl.

6. Welche Bedeutung kommt dem Verbandswesen in der Versicherungswirtschaft zu?

7. Für wen gelten die Wettbewerbsrichtlinien der Versicherungswirtschaft?

8. Aus welchen Gründen wurden die Wettbewerbsrichtlinien erarbeitet?

9. Welche Pflichten hat jemand nach den Wettbewerbsrichtlinien der Versicherungswirtschaft zu beachten, der sich um eine hauptberufliche Versicherungsvertretung bewirbt?

10. Informieren Sie sich unter der Internetadresse http.//www.bwv-online.de über die nach der Ausbildung anschließende Weiterbildung zum „Geprüften Versicherungsfachwirt/Geprüfte Versicherungsfachwirtin".

2.6 Versicherungsaufsicht

Herr Willi Neu beabsichtigt, seine Altersversorgung durch den Abschluss einer Lebensversicherung sicherzustellen. Er erkundigt sich, ob ein privates Versicherungsunternehmen ihm wirklich Sicherheit für das Alter gewährleisten könne.

Darüber hinaus möchte er wissen, welche Unterschiede gegebenenfalls zwischen deutschen und ausländischen Gesellschaften bestehen.

Ferner interessiert es ihn, inwieweit er sich im Falle von Beschwerden über einen Versicherer an eine staatliche Stelle wenden kann.

Rechtsgrundlagen

Die Versicherungsunternehmen unterliegen mit Rücksicht auf die volkswirtschaftliche Bedeutung des Versicherungswesens und die Belange der Versicherten einer staatlichen Aufsicht.

Die staatliche Versicherungsaufsicht wurde 1901 in Deutschland eingeführt. Geltende Rechtsgrundlagen sind:

Gesetz über die Beaufsichtigung der Versicherungsunternehmen (Versicherungsaufsichtsgesetz – VAG) vom 06. 06. 1931 in der Fassung der Bekanntmachung vom 17. 12. 1992, vor allem geändert durch das Dritte Durchführungsgesetz/EWG zum VAG vom 21. 07. 1994 und zahlreiche weitere Gesetze.

Gesetz über die Bundesanstalt für Finanzdienstleistungsaufsicht (Finanzdienstleistungsaufsichtsgesetz – FinDAG) vom 22. 04. 2002.

Amtliche Begründung

Die Notwendigkeit der Einführung einer staatlichen Versicherungsaufsicht ist in der amtlichen Begründung zum VAG von 1901 so deutlich formuliert worden, dass man dies heute kaum besser ausdrücken kann:

„Dem Entwurf liegt die Auffassung zu Grunde, dass das öffentliche Interesse an einer gedeihlichen und soliden Entwicklung des Versicherungswesens in besonders hohem Grade beteiligt ist und dem Staate die Pflicht besonderer Fürsorge auf diesem Gebiete auferlegt. Maßgebend hierfür ist insbesondere einerseits die Rücksicht auf die große wirtschaftliche, soziale und ethische Bedeutung des Versicherungswesens, andererseits auch die Gefahr schwerster Schädigung des Volkswohls, die von einem Missbrauch des Versicherungswesens droht und umso näher liegt, als auf diesem Gebiete des Wirtschafts- und Verkehrslebens selbst der sorgsame und verständige Bürger ohne Hilfe von anderer Seite zu eigener zuverlässiger Beurteilung der Anstalten, denen er sich anvertrauen muss, regelmäßig nicht im Stande ist.

Dazu kommt, dass der Versicherungsbetrieb mehr als irgendein anderer Wirtschaftszweig auf das Vertrauen der Bevölkerung angewiesen ist. Bei langfristigen Versicherungen, namentlich bei der Lebensversicherung, vertraut der Versicherungsnehmer für seine Lebenszeit oder für Jahrzehnte seine oft nur unter den empfindlichsten Entbehrungen erzielten Ersparnisse der Anstalt in der Zuversicht an, dass redlich dem Versicherungszweck entsprechend geschaltet wird. Der Staat hat ein lebhaftes Interesse daran, dieses Interesse zu schützen, und das gleiche Interesse haben die Versicherungsunternehmen selbst wegen ihres eigenen Ansehens und Gedeihens sowie wegen der weiteren Entwicklung der Versicherung überhaupt."

2.6.1 Grundlagen

Recht-fertigung

Nach diesen Gesetzesmotiven ist die staatliche Aufsicht über Versicherungsunternehmen in doppelter Hinsicht gerechtfertigt.

Gründe für die Versicherungsaufsicht	
Volkswirtschaftliches Interesse	Belange der Versicherten
Der Staat ist an der „gedeihlichen und soliden Entwicklung" des Versicherungswesens interessiert, weil die Versicherungswirtschaft als Kapitalsammelbecken und Risikoträger bedeutende gesamtwirtschaftliche Aufgaben zu erfüllen hat.	Der Versicherungsnehmer ist schutzbedürftig (Verbraucherschutz), weil er dem Versicherungsunternehmen Geldbeträge für den Eintritt eines künftigen Bedarfs anvertraut und nicht in der Lage ist, ihre finanzielle Leistungsfähigkeit im Hinblick auf die dauernde Erfüllbarkeit der Versicherungsverträge zu beurteilen.

Systeme

Zur Durchführung der Versicherungsaufsicht gibt es verschiedene Aufsichtssysteme von unterschiedlicher Intensität. Nach deutschem Recht besteht nach wie vor grundsätzlich das System der materiellen Staatsaufsicht, obwohl dies nicht unbestritten ist.

Aufsichtssysteme	
Arten	Umfang
Publizitätssystem	Pflicht zur Veröffentlichung bestimmter Geschäftsunterlagen, insbesondere des Jahresabschlusses
System der Normativbestimmungen	Einhaltung bestimmter gesetzlicher Anforderungen, insbesondere hinsichtlich des Gründungsvorganges, der Kapitalausstattung oder des Inhalts der Satzung
Konzessionssystem	Unterwerfung der Versicherungsunternehmen unter eine ausdrückliche Konzession (Zulassung) oder Erlaubnis durch die Aufsichtsbehörde
Materielle Staatsaufsicht	Veröffentlichung bestimmter Geschäftsunterlagen, Einhaltung gesetzlicher Erfordernisse, staatliche Genehmigung sowie laufende Beaufsichtigung des Geschäftsbetriebes der Versicherungsunternehmen

Materielle Staatsaufsicht

Im Rahmen der materiellen Staatsaufsicht überwacht die Aufsichtsbehörde den gesamten Geschäftsbetrieb eines Versicherungsunternehmens in rechtlicher, wirtschaftlicher und finanzieller Hinsicht vom Beginn bis zum Ende seiner Tätigkeit. Sie erteilt die Erlaubnis, kontrolliert die Einhaltung der Gesetze und Geschäftspläne, überprüft anhand der Rechnungslegung die Lage der Versicherungsgesellschaft, führt örtliche Prüfungen durch und greift bei Missständen ein. Daher ist die Versicherungsaufsicht sowohl Rechts- als auch Finanzaufsicht.

Arten der Aufsicht – Gegenstand –	
Rechtsaufsicht	Finanzaufsicht
ordnungsgemäße Durchführung des Geschäftsbetriebes einschließlich der Einhaltung der aufsichtsrechtlichen, der das Versicherungsverhältnis betreffenden und aller sonstigen die Versicherten betreffenden Vorschriften sowie der rechtlichen Grundlagen des Geschäftsplans (§ 81 Abs. 1 Satz 4 VAG)	dauernde Erfüllbarkeit der Verpflichtungen aus den Versicherungen, insbesondere die Bildung ausreichender versicherungstechnischer Rückstellungen und die Anlegung in geeigneten Vermögenswerten, die Einhaltung der kaufmännischen Grundsätze einschließlich einer ordnungsgemäßen Verwaltung, Buchhaltung und angemessener interner Kontrollverfahren und die Solvabilität der Unternehmen (§ 81 Abs. 1 Satz 5 VAG)

Deregulierung

Im Zuge der Umsetzung der Versicherungsrichtlinien der Europäischen Union in deutsches Recht ist die bisherige Genehmigungsbedürftigkeit der Allgemeinen Versicherungsbedingungen sowie der Tarife, vor allem in der Lebens- und Krankenversicherung, weggefallen. An ihre Stelle sind die neu geschaffenen Institutionen des Verantwortlichen Aktuars und unabhängigen Treuhänders getreten. Sie sind von den Lebens- und Krankenversicherungsunternehmen zu bestellen, haben bestimmte Anforderungen zu erfüllen und ihnen übertragene gesetzliche Aufgaben wahrzunehmen.

	Verantwortlicher Aktuar	Unabhängiger Treuhänder
persönliche Voraussetzungen	– Zuverlässigkeit – Fachliche Eignung (ausreichende Kenntnisse in der Versicherungsmathematik und dreijährige Berufserfahrung)	– Zuverlässigkeit – Fachliche Eignung (ausreichende Kenntnisse auf dem Gebiet der Prämienkalkulation)
Funktionen	– Sicherstellung – Kontrolle – Bestätigung der Richtigkeit der Prämienkalkulation	Zustimmung zur Änderung der – Prämie – Überschussbeteiligung – AVB
Rechtsstellung	Eigenständige Stellung, die auch von einem Angehörigen des Versicherungsunternehmens wahrgenommen werden kann	Unabhängigkeit, die Anstellungs- oder Dienstverträge mit dem Versicherungsunternehmen oder einem verbundenen Unternehmen ausschließt
Rechtsgrundlagen	§§ 11 a, 12 Abs. 2 und 3 VAG	§§ 11 b, 12 b VAG, 178 g VVG

2.6.2 Beaufsichtigte Unternehmen

Die Beaufsichtigung nach dem Versicherungsaufsichtsgesetz (VAG) erstreckt sich auf Versicherungsunternehmen und Pensionsfonds.

2.6.2.1 Versicherungsunternehmen

Der Versicherungsaufsicht unterliegen Unternehmen, die den Betrieb von Versicherungsgeschäften zum Gegenstand haben und nicht Träger der Sozialversicherung sind (Versicherungsunternehmen). Wesentlich für das Vorliegen einer Versicherung im aufsichtsrechtlichen Sinne ist die Tatsache, dass ein Rechtsanspruch auf Leistungen eingeräumt wird. Aus diesem Grund sind Unterstützungsvereine ohne einen solchen Anspruch nicht aufsichtspflichtig. § 1 Abs. 1 VAG

Rückversicherung

Versicherungs-Aktiengesellschaften, die ausschließlich die Rückversicherung betreiben (professionelle Rückversicherungsunternehmen), unterliegen nur einer auf bestimmte Gebiete beschränkten Aufsicht. Diese teilweise Freistellung beruht auf der Internationalität ihres Geschäftes und der Tatsache, dass sich in diesem Bereich Versicherer als Vertragspartner gegenüberstehen, die keines Schutzes bedürfen. Ausländische Rückversicherer sind in Deutschland überhaupt aufsichtsfrei. § 1 a VAG

Ausländische Erstversicherungsunternehmen

Die Beaufsichtigung ausländischer Erstversicherungsunternehmen in Deutschland unterscheidet sich danach, ob sie ihren Sitz außerhalb oder innerhalb eines Mitgliedstaates der Europäischen Union (EU) haben. Die Staaten außerhalb der Europäischen Union bezeichnet man als Drittländer. Die EU-Mitgliedstaaten bilden den europäischen Binnenmarkt, in dessen Rahmen die grenzüberschreitende Tätigkeit der Versicherungsunternehmen nunmehr weitgehend freigestellt ist.

Drittländer

Versicherungsunternehmen mit Sitz außerhalb eines EU-Staates (Drittland) bedürfen zum Betrieb der Erstversicherung in Deutschland der Erlaubnis, über deren Erteilung der Bundesminister der Finanzen unter Mitwirkung des Bundesaufsichtsamtes für das Versicherungswesen entscheidet (§§ 105 bis 110 VAG). Der Marktzugang ist im Hinblick auf den Nachweis der Kapitalausstattung und die Stellung von Kautionen erschwert. Die Unternehmen haben eine Niederlassung zu errichten und dort alle Geschäftsunterlagen zur Verfügung zu halten. Über die Geschäftstätigkeit der Niederlassung ist ein gesonderter Jahresabschluss zu erstellen. Die ausländische Gesellschaft wird für den Bereich ihrer Niederlassung durch einen in der Bundesrepublik Deutschland wohnenden und in das Handelsregister einzutragenden Hauptbevollmächtigten gerichtlich und außergerichtlich vertreten (§ 106 VAG).

Europäische Union

Versicherungsunternehmen mit Sitz in einem EU-Mitgliedstaat haben die Wahl zwischen dem Betrieb der Erstversicherung durch eine Niederlassung oder im Dienstleistungsverkehr. Dienstleistungsverkehr bedeutet, dass ein Versicherer von seinem Sitz oder einer Niederlassung in einem EU-Mitgliedstaat aus im Wege der Direktversicherung Risiken deckt, die in einem anderen Mitgliedstaat belegen sind, ohne von einer Niederlassung Gebrauch zu machen. Voraussetzung für die Aufnahme der Geschäftstätigkeit sind bestimmte Angaben und Bestätigungen der Aufsichtsbehörde des Herkunftsmitgliedstaates (§ 110 a VAG).

Beaufsichtigung

Die in der Bundesrepublik Deutschland tätigen Versicherungsunternehmen mit Sitz in einem EU-Mitgliedstaat unterliegen der Finanzaufsicht durch die Aufsichtsbehörde ihres Herkunftsmitgliedstaates (so genanntes Sitzlandprinzip gemäß § 110 a Abs. 3 VAG), im Übrigen der deutschen Versicherungsaufsicht. Unter die deutsche Versicherungsaufsicht fallen überhaupt nicht der Betrieb der Rückversicherung, der Transportversicherung sowie der Mitversicherung von Großrisiken durch ausländische Versicherungsunternehmen mit Sitz in einem EU-Mitgliedstaat (§ 111 VAG).

<table>
<tr><th colspan="3">Ausländische Erstversicherungsunternehmen</th></tr>
<tr><td rowspan="2">Versicherungsunternehmen mit Sitz außerhalb eines EU-Mitgliedstaates
Stets Erfordernis einer Niederlassung
Bestellung eines Hauptbevollmächtigten
Erlaubniserteilung durch Bundesminister der Finanzen</td><td colspan="2">Versicherungsunternehmen mit Sitz in einem EU-Mitgliedstaat
Wahlrecht
zwischen Betrieb der Versicherungsgeschäfte durch</td></tr>
<tr><td>Niederlassung</td><td>Freier Dienstleistungsverkehr vom Sitzland oder einer Niederlassung in einem EU-Mitgliedstaat aus</td></tr>
</table>

Aufsichtstatbestände		
Beaufsichtigung	Beschränkte Beaufsichtigung	Aufsichtsfreiheit
Inländische Versicherungsunternehmen Niederlassungen ausländischer Erstversicherer aus Nicht-EU-Mitgliedstaaten	Inländische Rückversicherungs-Aktiengesellschaften Niederlassungen und Dienstleistungsverkehr von Erstversicherern aus EU-Mitgliedstaaten (Finanzaufsicht: Herkunfts-Mitgliedstaat)	Ausländische Rückversicherer Transport- und Mitversicherung von Großrisiken im Sinne von Art. 10 Abs. 1 EGVVG durch EU-Versicherer

Großrisiken (Art. 10 Abs. 1 EGVVG)	
Transportversicherungen Kredit- und Kautionsversicherungen ohne Rücksicht auf die Größe des Versicherungsnehmers	Sachversicherungen Haftpflichtversicherungen wenn der Versicherungsnehmer mindestens zwei der folgenden Merkmale überschreitet: – 6,2 Mio. ECU Bilanzsumme – 12,8 Mio. ECU Nettoumsatzerlöse – im Durchschnitt des Wirtschaftsjahres 250 Arbeitnehmer (1 ECU = ca. 1,00 €)

2.6.2.2 Pensionsfonds

Pensionsfonds sind durch das Gesetz zur Reform der gesetzlichen Rentenversicherung und zur Förderung eines kapitalgedeckten Altersvorsorgevermögens (Altersvermögensgesetz – AVmG) vom 26. 06. 2001 eingeführt worden.

§§ 1 Abs. 1, 112 VAG

Es handelt sich um rechtsfähige Altersversorgungseinrichtungen, die ihre Leistungen zu Gunsten von Arbeitnehmern als lebenslange Altersrenten erbringen. Sie bedürfen zum Geschäftsbetrieb der Erlaubnis der Aufsichtsbehörde. Zulässig ist nur die Rechtsform der Aktiengesellschaft und des Pensionsfondsvereins auf Gegenseitigkeit. Auf sie finden zum Teil die für Lebensversicherungsunternehmen geltenden Vorschriften Anwendung. Nähere Einzelheiten, insbesondere hinsichtlich der Vermögensanlage, sind durch Rechtsverordnungen des Bundesministeriums der Finanzen geregelt worden.

Begriff

2.6.3 Träger der Aufsicht

Träger der Aufsicht sind Aufsichtsbehörden auf Bundesebene und auf Landesebene. Rechtsgrundlage für ihre Tätigkeit ist in beiden Fällen das Versicherungsaufsichtsgesetz (VAG).

Aufsichtsbehörden

Bundesaufsicht

Die praktisch wichtigste Aufsichtsbehörde ist die

BAFin

Bundesanstalt für Finanzdienstleistungsaufsicht (BAFin).

Sie wurde durch Zusammenlegung des Bundesaufsichtsamtes für das Kreditwesen, des Bundesaufsichtsamtes für das Versicherungswesen und des Bundesaufsichtsamtes für den Wertpapierhandel als bundesunmittelbare, rechtsfähige Anstalt des öffentlichen Rechts mit Wirkung vom 01. 05. 2002 errichtet. Die Anstalt hat ihren Sitz in Bonn und Frankfurt am Main und untersteht der Rechts- und Fachaufsicht des Bundesministeriums der Finanzen. Gegen Entscheidungen der Bundesanstalt steht dem Betroffenen nach erfolglosem Widerspruch die Möglichkeit der Klage zu, für die Frankfurt am Main als Sitz der Anstalt gilt.

Aufgaben

Die Bundesanstalt nimmt insbesondere die ihr nach dem Versicherungsaufsichtsgesetz (VAG) sowie nach anderen Bestimmungen übertragenen Aufgaben wahr.

Sie entscheidet auch über die Zertifizierung von Altersvorsorgeverträgen (Riester-Renten) nach dem Altersvorsorge-Zertifizierungsgesetz (AltZertG). Dabei handelt es sich um die Feststellung, dass ihre Vertragsbedingungen den gesetzlichen, insbesondere steuerrechtlichen Anforderungen entsprechen. Eine Prüfung, ob ein Altersvorsorgevertrag wirtschaftlich tragfähig, die Zusage des Anbieters erfüllbar und die Vertragsbedingungen zivilrechtlich wirksam sind, findet nicht statt. Die Zertifizierung erfolgt auf Antrag des Anbieters, wobei Spitzenverbände als Bevollmächtigte ihrer Mitgliedsunternehmen tätig werden können. Sie wird im Bundesanzeiger bekannt gemacht.

Organisation

Organe der Bundesanstalt sind der Präsident und der Verwaltungsrat. Der Präsident leitet die Anstalt und vertritt sie. Der Verwaltungsrat überwacht die Geschäftsführung und unterstützt sie bei der Erfüllung ihrer Aufgaben; ihm gehören auch Vertreter der Versicherungsunternehmen an. Es wird auch ein Fachbeirat zur Beratung gebildet, in dem auch die Versicherungswirtschaft angemessen vertreten sein soll. Die Bereiche der Finanzsektoren Banken, Versicherungen und Wertpapierhandel werden von dem jeweils zuständigen Ersten Direktor geleitet.

<table>
<tr><th colspan="3">Bundesanstalt für Finanzdienstleistungsaufsicht</th></tr>
<tr><td colspan="3">Präsident</td></tr>
<tr><td colspan="3">Bereiche der Finanzsektoren
– jeweils von einem Ersten Direktor geleitet –</td></tr>
<tr><td>Banken</td><td>Versicherungen</td><td>Wertpapierhandel</td></tr>
</table>

Gebühren

Die BAFin erhebt für Amtshandlungen im Rahmen der ihr zugewiesenen Aufgaben Gebühren nach Maßgabe einer Gebührenordnung. Beispielsweise beträgt die Grundgebühr für die Erteilung der Ersterlaubnis zum Geschäftsbetrieb einer Sparte der Lebensversicherung 15 000,00 €.

Landesaufsicht

Träger

Träger der Landesaufsicht sind die Landesaufsichtsbehörden. In der Regel sind dies die Wirtschafts- oder Finanzministerien. Teilweise wird die Aufsicht über kleinere Versicherungsvereine auch auf die Regierungen delegiert.

Zuständigkeit

Bund/ Länder

Es wird zwischen einer ursprünglichen und einer abgeleiteten Zuständigkeit unterschieden. Die BAFin ist ursprünglich zuständig für die Aufsicht über die privaten Versicherungsunternehmen und die öffentlich-rechtlichen Anstalten, deren Tätigkeitsbereich über die Grenzen eines Bundeslandes hinausreicht. Die ursprüngliche Zuständigkeit der Länder erstreckt sich auf die öffentlich-rechtlichen Anstalten, deren Tätigkeitsbereich sich auf ein Bundesland beschränkt. Mit Ausnahme der privaten Versicherungsunternehmen größerer wirtschaftlicher Bedeutung, für deren Beaufsichtigung die BAFin immer zuständig ist, können Übertragungen der Aufsicht vorgenommen werden (abgeleitete Zuständigkeit).

Zuständige Aufsichtsbehörde			
Art der Versicherungsunternehmen		Ursprüngliche Zuständigkeit	Abgeleitete Zuständigkeit
Private Versicherungsunternehmen	größerer wirtschaftlicher Bedeutung	BAFin	–
	geringerer wirtschaftlicher Bedeutung	BAFin	Land
Öffentlich-rechtliche Versicherungsunternehmen	Anstalten mit Tätigkeit über ein Bundesland hinaus	BAFin	Land
	Anstalten mit Tätigkeit nur in einem Bundesland	Land	BAFin

2.6.4 Befugnisse der Aufsichtsbehörde

Durchführung

Die Versicherungsaufsicht gliedert sich in die beiden Bereiche der Erlaubnis zur Geschäftsaufnahme (Zulassungsverfahren) und die laufende Beaufsichtigung des Geschäftsbetriebes.

Erteilung der Erlaubnis

§§ 5 – 14 a VAG

Voraussetzung für den Betrieb eines Versicherungsunternehmens ist die Erteilung der Erlaubnis durch die Aufsichtsbehörde. Sie darf nur versagt werden, wenn

- den vorgesehenen Unternehmensleitern die persönliche oder fachliche Eignung fehlt (§ 7 a Abs. 1 VAG)
- die Inhaber einer bedeutenden Beteiligung am Versicherungsunternehmen nicht den im Interesse einer soliden und umsichtigen Führung zu stellenden Ansprüchen genügen, insbesondere nicht zuverlässig sind (§ 7 a Abs. 2 VAG)
- die Belange der Versicherten nicht ausreichend gewahrt oder die Verpflichtungen aus den Versicherungsverträgen nicht genügend als dauernd erfüllbar dargetan sind (§ 5 VAG).

Geschäftsplan

Gegenstand der Prüfung durch die Aufsichtsbehörde ist insbesondere der vorzulegende Geschäftsplan. Er besteht aus den Unterlagen, die über die rechtlichen, versicherungstechnischen und finanziellen Grundlagen des Versicherungsunternehmens Auskunft geben.

Geschäftsplan		
Rechtlicher Teil	Versicherungstechnischer Teil	Finanzieller Teil
Satzung Unternehmensverträge Verträge über Funktionsausgliederungen (z. B. des Vertriebs, der Bestandsverwaltung, der Leistungsbearbeitung, des Rechnungswesens oder der Vermögensanlage)	Angaben darüber, welche Versicherungssparten betrieben und welche Risiken einer Sparte gedeckt werden sollen, unter Mitteilung der Bezeichnung und des Gegenstandes des Versicherungsschutzes	Nachweis der erforderlichen Kapitalausstattung (Gezeichnetes Kapital: Grundkapital, Gründungsstock) zur Gewährleistung der dauernden Erfüllbarkeit der Versicherungsverträge

Genehmigung

Der Geschäftsplan und jede künftige Änderung bedürfen der Genehmigung durch die Aufsichtsbehörde. Allgemeine Versicherungsbedingungen und Tarife sind nicht mehr gesetzlicher Bestandteil des Geschäftsplanes. Daher unterliegen sie auch nicht mehr der aufsichtsbehördlichen Genehmigung.

Außer der Einreichung des Geschäftsplanes bestehen sowohl im Rahmen des Erlaubnisverfahrens als auch während des laufenden Geschäftsbetriebes zahlreiche Vorlage- und Anzeigepflichten der Versicherer für einzelne Tatbestände und Sachverhalte gegenüber der Aufsichtsbehörde. Zu ihnen gehören insbesondere: §§ 5 Abs. 5, 13 d VAG

- die Allgemeinen Versicherungsbedingungen für die Krankenversicherung und für Pflichtversicherungen (z. B. Kraftfahrzeug-Haftpflichtversicherung)
- Angaben über die beabsichtigte Rückversicherung
- Angaben, die für die Beurteilung der Zuverlässigkeit und fachlichen Eignung der Geschäftsleiter wesentlich sind
- Anzeige des Erwerbs einer bedeutenden Beteiligung
- unverzüglich nach Erteilung der Erlaubnis zum Betrieb der Lebensversicherung Mitteilung der Grundsätze für die Berechnung der Prämien und Deckungsrückstellungen einschließlich der verwendeten Rechnungsgrundlagen und mathematischen Formeln unter deren Beifügung.

Die Erlaubnis wird für jede Versicherungssparte gesondert erteilt. Sie erstreckt sich auf alle Mitgliedstaaten der Europäischen Union (so genannter Europapass gemäß § 6 Abs. 1 Satz 2 VAG). Das Versicherungsunternehmen kann seine Tätigkeit außerhalb der Bundesrepublik Deutschland über Niederlassungen oder im Dienstleistungsverkehr von seinem Sitz ausüben, hat dies aber jeweils der deutschen Aufsichtsbehörde anzuzeigen, die für die Finanzaufsicht auch des außerdeutschen Geschäftsbetriebes zuständig ist (§ 13 a VAG). Wirkung § 6 VAG

Laufende Aufsicht

Im Anschluss an die Erteilung der Erlaubnis hat die Aufsichtsbehörde den laufenden Geschäftsbetrieb des Versicherungsunternehmens ständig zu kontrollieren. Zu diesem Zweck hat sie die Einhaltung der gesetzlichen Vorschriften und des Geschäftsplanes (Rechtsaufsicht) sowie die Rechnungslegung und Vermögensanlage (Finanzaufsicht) zu überwachen. Jede Geschäftsplanänderung, Umwandlungen und Bestandsübertragungen bedürfen der Genehmigung durch die Aufsichtsbehörde. § 81 Abs. 1 VAG

Im Einzelnen ist die Aufsichtsbehörde befugt, § 83 VAG

- Auskünfte über alle Geschäftsangelegenheiten zu verlangen
- Vorlage oder Übersendung aller Geschäftsunterlagen zu fordern
- auch ohne besonderen Anlass in den Geschäftsräumen der Unternehmen Prüfungen des Geschäftsbetriebes vorzunehmen

- zu Sitzungen des Aufsichtsrats und Tagungen der Hauptversammlung oder der obersten Vertretung Vertreter zu entsenden, denen auf Verlangen das Wort zu erteilen ist.

Eingriffstatbestände

Die Aufsichtsbehörde ist insbesondere verpflichtet, Anordnungen zu treffen, die geeignet sind,

- den Geschäftsbetrieb in Einklang zu halten mit den gesetzlichen Vorschriften und dem Geschäftsplan

- Missstände zu beseitigen, die die Belange der Versicherten gefährden oder den Geschäftsbetrieb mit den guten Sitten in Widerspruch bringen.

§§ 81 a, 81 b VAG

§ 87 VAG

Wenn die Belange der Versicherten es erfordern, kann die Aufsichtsbehörde auch den Geschäftsplan mit Wirkung für bestehende Versicherungsverhältnisse ändern. Entspricht die Kapitalausstattung eines Versicherungsunternehmens nicht mehr den gesetzlichen Anforderungen, verlangt das Amt einen Plan zur Wiederherstellung gesunder Finanzverhältnisse (Solvabilitätsplan) bzw. zur kurzfristigen Beschaffung von Eigenmitteln (Finanzierungsplan). Die Aufsichtsbehörde kann den Geschäftsbetrieb untersagen, wenn das Unternehmen die Voraussetzungen für die Erteilung der Erlaubnis nicht mehr erfüllt, in schwer wiegender Weise Verpflichtungen verletzt oder so erhebliche Missstände vorliegen, dass eine Fortsetzung des Geschäftsbetriebes die Belange der Versicherten gefährdet.

Beschwerden

Die Aufsichtsbehörde prüft Eingaben und Beschwerden der Versicherungsnehmer. Im Rahmen dieser Prüfung kann sie keine privatrechtlichen Streitigkeiten entscheiden, sondern nur Feststellungen darüber treffen, ob in dem beanstandeten Verhalten des Versicherers ein zum Eingreifen zwingender Missstand zu sehen ist.

Den betroffenen Versicherungsunternehmen wird Gelegenheit zur Stellungnahme gegeben. Hält die Aufsichtsbehörde die Eingabe für begründet, so wird dem Versicherer nahe gelegt, dem Verlangen des Versicherten stattzugeben. Zahlenmäßig beziehen sich die meisten Beschwerden auf die Lebens- und Kraftfahrtversicherung, gefolgt von der Kranken- und Unfallversicherung. Hauptursache ist die Schadenbearbeitung.

Die Geschäftsberichte des früheren Bundesaufsichtsamtes für das Versicherungswesen enthalten Aufstellungen über die Zahl der Eingaben und ihre Behandlung sowie eine unternehmensindividuelle Beschwerdestatistik. Im Verhältnis zur Zahl der Policen, Risiken oder Schadenfälle handelt es sich um relativ wenige Fälle. Sie können jedoch dazu dienen, Unklarheiten und Missverständnisse allgemein zu beseitigen. Insgesamt ist die Zahl der eingereichten Beschwerden rückläufig und der Anteil der berechtigten Beschwerden praktisch konstant geblieben.

Wenig berechtigte Beschwerden
Beschwerden über Versicherungsunternehmen

Jahr	insgesamt	davon begründet	
		Anzahl	in v. H.
1980	15 184	2 515	16,6
1990	17 943	1 621	9,0
1991	24 690	3 256	13,2
- West	19 036	1 509	7,9
- Ost	5 654	1 747	30,9
1992	38 585	4 180	10,8
- West	26 292	1 699	6,5
- Ost	12 293	2 481	20,2
1993	30 839	2 425	7,9
1994	26 966	2 002	7,4
1995	26 424	2 195	8,3
1996	26 838	2 725	10,2
1997	26 518	2 030	7,7
1998	24 104	2 050	8,5
1999	20 834	1 658	8,0
2000	17 443	1 417	8,1

Quelle: Bundesaufsichtsamt für das Versicherungswesen (BAV).

Zusammenfassung

Beaufsichtigte Versicherungsunternehmen		
Deutsche Erstversicherungsunternehmen	Ausländische Erstversicherungsunternehmen (mit Einschränkungen: insbesondere Finanzaufsicht über EU-Versicherer nach dem Sitzlandprinzip)	Deutsche Rückversicherungsunternehmen

Träger der Aufsicht

- Bundesanstalt (BAFin)
- Landesaufsichtsbehörden

Durchführung der Aufsicht		
Erteilung der Erlaubnis	Laufende Aufsicht	Eingriffstatbestände
– Geschäftsplan – Eignung der Unternehmensleiter – Zuverlässigkeit der Inhaber bedeutender Beteiligungen	– Überwachung der Einhaltung von Gesetzen und Geschäftsplan (Rechtsaufsicht) – Kontrolle von Rechnungslegung und Kapitalanlagen (Finanzaufsicht) – Genehmigung von Geschäftsplanänderungen – Prüfung von Beschwerden	– Einhaltung des Geschäftsbetriebes im Einklang mit Gesetz und Geschäftsplan – Beseitigung von Missständen – Entziehung der Erlaubnis

Zusätzliche Aufgaben der Bundesanstalt (BAFin)	
Beaufsichtigung der Pensionsfonds	Zertifizierung der Altersvorsorgeverträge

Übungsaufgaben

1. Geben Sie zwei Gründe an für die Notwendigkeit der staatlichen Versicherungsaufsicht.

2. Die Versicherer unterliegen einer staatlichen Versicherungsaufsicht. Wer sind die Träger der Versicherungsaufsicht?

3. Welche Versicherungsunternehmen unterliegen einer eingeschränkten Versicherungsaufsicht? Was sind die Gründe hierfür?

4. Inwiefern kann ein einzelner Versicherungsnehmer zu einem bestimmten Streitfall mit einem Versicherer eine Hilfe durch die BAFin erhalten?

5. Für die Erlaubnis zum Geschäftsbetrieb eines Versicherungsunternehmens müssen der BAFin umfassende Unterlagen eingereicht werden. Welches sind die wichtigsten Bestandteile eines Geschäftsplanes?

6. Unter insbesondere welchen Voraussetzungen muss die BAFin die Zulassung zum Geschäftsbetrieb versagen?

7. In welcher Rechtsform müssen Versicherungsunternehmen betrieben werden, damit sie überhaupt – allein aus diesem Grund – zum Geschäftsbetrieb zugelassen werden können? Begründen Sie ebenfalls Ihre Antwort.

8. Warum setzt die BAFin die Rechnungslegung als Mittel zur Überwachung von Versicherungsunternehmen ein?

9. Grundsätzlich brauchen die Versicherer der BAFin ihre Allgemeinen Versicherungsbedingungen nicht vorzulegen. Welches sind die Ausnahmen von diesem Grundsatz?

10. Was bedeutet „Deregulierung" in Verbindung mit dem EU-Versicherungsmarkt?

11. Was sind – im Rahmen der Finanzaufsicht der BAFin – die Kalkulationsgrundlagen der Lebensversicherung und der substitutiven Krankenversicherung?

12. Besonders eingehende Vorschriften befassen sich mit der Deckungsrücklage bei der Lebensversicherung. Geben Sie eine Begründung für diese Regelung an.

13. Nach der Erlaubniserteilung für den Geschäftsbetrieb werden die Versicherungsunternehmen auch weiterhin von der Aufsichtsbehörde kontrolliert (laufende Aufsicht). Beschreiben Sie, worin diese Aufsicht besteht und wie sie durchgesetzt wird.

3. Rechtsgrundlagen des Versicherungsvertrages

3.1 Rechtsquellen

Ein Kunde bittet den Generalagenten Heinrich Meier um Auskunft, auf welchen gesetzlichen Grundlagen der Versicherungsvertrag beruht. Er fragt ferner, weshalb es darüber hinaus noch der Zugrundelegung Allgemeiner Versicherungsbedingungen bedarf.

Als er auf seine Frage erfährt, dass die Allgemeinen Versicherungsbedingungen von Seiten der Versicherer formuliert werden, möchte er sich darüber informieren, auf welche Weise sichergestellt ist, dass er vor Benachteiligungen geschützt wird.

Die Verträge, die von den Versicherungsunternehmen mit ihren Kunden abgeschlossen werden, heißen Versicherungsverträge. Ihre Vertragspartner werden Versicherer und Versicherungsnehmer genannt.

Was ist der Versicherungsvertrag?

Der Versicherer hat den in Gesetzen und Bedingungen näher umschriebenen Versicherungsschutz zu erbringen. Er besteht nicht nur in der Versicherungsleistung bei Eintritt des Versicherungsfalles, sondern ganz allgemein in der Übernahme des Risikos eines wirtschaftlichen Verlustes des Versicherungsnehmers. Man bezeichnet die Leistung des Versicherers im Rechtssinne deshalb als Gefahrtragung. Als Gegenleistung hat der Versicherungsnehmer die vereinbarte Prämie zu zahlen.

Versicherungsvertrag	
Vertragspartner	
Versicherer	Versicherungsnehmer
Versicherungsschutz = Gefahrtragung	Zahlung von Prämie oder Beitrag
Rechtsgrundlagen	
Gesetze	Allgemeine Versicherungsbedingungen

Wo ist der Versicherungsvertrag geregelt?

Im Gegensatz zu den meisten anderen Vertragsverhältnissen ist der Versicherungsvertrag nicht im Bürgerlichen Gesetzbuch (BGB) geregelt. Er hat seine Rechtsgrundlage vielmehr in einem speziellen Gesetz, dem Versicherungsvertragsgesetz (VVG), gefunden. Dieses Gesetz geht ausdrücklich davon aus, dass den Versicherungsverträgen die für die einzelnen Sparten unterschiedlichen Allgemeinen Versicherungsbedingungen zu Grunde liegen.

3.1.1 Bürgerliches Gesetzbuch (BGB)

Anwendung

Das Bürgerliche Gesetzbuch (BGB) gilt für alle privatrechtlichen Verträge und damit grundsätzlich auch für den Versicherungsvertrag. Vor allem regeln die Vorschriften des BGB das Zustandekommen des Versicherungsvertrages, insbesondere die Geschäftsfähigkeit des Antragstellers. Jedoch findet das BGB als generelles Recht dann keine Anwendung, wenn spezielle Vorschriften des Versicherungsvertragsgesetzes (VVG) eingreifen.

Beispiel:

Der Verzug und seine Folgen sind allgemein in den §§ 286 bis 288, 323 BGB geregelt. Für den Prämienzahlungsverzug des Versicherungsnehmers haben jedoch die speziellen Vorschriften der §§ 38, 39 VVG den Vorrang.

Darüber hinaus enthält das BGB auch einige versicherungsrechtliche Tatbestände.

BGB und Versicherungsvertrag	
Allgemeine Regelungen	Versicherungsrechtliche Tatbestände
Geschäftsfähigkeit: §§ 104 bis 115 Willenserklärung: §§ 116 bis 144 Vertrag: §§ 145 bis 157 Vertretung, Vollmacht: §§ 164 bis 181 Allgemeine Geschäftsbedingungen: §§ 305 bis 310	Vertrag zu Gunsten Dritter (Lebensversicherung): §§ 330 bis 332 Reisepreissicherung: § 651 k Versicherungspflicht des Nießbrauchers: §§ 1045, 1046 Schutz des Hypothekengläubigers bei der Gebäudeversicherung: §§ 1127 bis 1130

3.1.2 Handelsgesetzbuch (HGB)

Geltung

Das Handelsgesetzbuch enthält diejenigen Vorschriften, die für Kaufleute gelten (Handelsrecht). Kaufleute betreiben ein Handelsgewerbe (§ 1 HGB).

Versicherer

Versicherungsunternehmen in der Rechtsform der AG oder des großen VVaG besitzen die Kaufmannseigenschaft. Für sie gelten deshalb die Vorschriften des HGB. Der Versicherungsvertrag ist ein beiderseitiges Handelsgeschäft, wenn auch der Versicherungsnehmer Kaufmann ist. Das Handelsgesetzbuch enthält auch die gesetzlichen Grundlagen für die Rechnungslegung der Versicherungsunternehmen (§§ 330, 341 bis 341 o HGB).

Vermittler

Auch die selbstständigen Versicherungsvermittler (Versicherungsvertreter und Versicherungsmakler) sind Kaufleute. Ihre Rechtsstellung wird im HGB geregelt.

3.1.3 Versicherungsvertragsgesetz (VVG)

Hauptgesetz

Wichtigste Rechtsgrundlage ist das Gesetz über den Versicherungsvertrag vom 30. 05. 1908 mit späteren Änderungen, insbesondere durch das Dritte Durchführungsgesetz/EWG zum VAG vom 21. 07. 1994. Es geht als Spezialgesetz den allgemeinen Rechtsvorschriften vor und ergänzt sie.

Aufbau

Vom Aufbau her gliedert sich das Versicherungsvertragsgesetz in vier Teile. Auf einen allgemeinen Teil, der für sämtliche Versicherungszweige gilt, bauen die Vorschriften über die Schadenversicherung auf, die zunächst wiederum einen allgemeinen Abschnitt enthalten. Ihnen stehen die Regelungen für die einzelnen Personenversicherungszweige gegenüber.

<table>
<tr><th colspan="2">Versicherungsvertragsgesetz (VVG)</th></tr>
<tr><td>Einzelne Schadenversicherungszweige
(Feuer, Hagel, Tier, Transport, Haftpflicht, Rechtsschutz)
§§ 81 bis 158 o</td><td rowspan="2">Personenversicherung
(Lebens-, Kranken- und Unfallversicherung)
§§ 159 bis 185</td></tr>
<tr><td>Vorschriften für die gesamte Schadenversicherung
§§ 49 bis 80</td></tr>
<tr><td colspan="2">Vorschriften für sämtliche Versicherungszweige
§§ 1 bis 48</td></tr>
</table>

Geltungsbereich

§ 186 VVG

Das VVG gilt für sämtliche Zweige der Versicherung, auch wenn es sie nicht speziell regelt, wie beispielsweise die Reise-Rücktrittskosten-Versicherung. Es findet jedoch keine Anwendung auf die Seeversicherung und die Rückversicherung. Die Seeversicherung beruht auf den Allgemeinen Deutschen Seeversicherungsbedingungen (ADS). Die Rückversicherung bedarf keiner gesetzlichen Regelung, weil sie durch individuelle Verträge zwischen Versicherungsunternehmen geregelt wird.

Pflichtversicherung

Neben dem VVG ist das Gesetz über die Pflichtversicherung für Kraftfahrzeughalter (PflVG) vom 05. 04. 1965 mit späteren Änderungen, insbesondere durch das Gesetz vom 21. 07. 1994, für die Kraftfahrzeug-Haftpflichtversicherung von Bedeutung. Nach diesem Gesetz ist jeder Kraftfahrzeughalter zum Abschluss einer Haftpflichtversicherung verpflichtet. Alle zum Betrieb der Kraftfahrtversicherung zugelassenen Versicherungsunternehmen haben die Haftpflichtversicherung nach Maßgabe der gesetzlichen Vorschriften zu gewähren. Der Antrag gilt als angenommen, wenn der Versicherer ihn nicht innerhalb einer Frist von zwei Wochen vom Eingang des Antrags an dem Antragsteller gegenüber schriftlich ablehnt oder wegen einer nachweisbaren höheren Gefahr ein vom allgemeinen Unternehmenstarif abweichendes schriftliches Angebot unterbreitet (Annahmefiktion). Er darf nur aus bestimmten Gründen abgelehnt werden. Der geschädigte Dritte kann seinen Anspruch auf Ersatz des Schadens in Abweichung von den Regelungen des VVG auch unmittelbar gegen den Versicherer geltend machen.

Schutz des Versicherungsnehmers

Vertragsfreiheit

Wie für alle Verträge gilt auch für den Versicherungsvertrag der Grundsatz der Vertragsfreiheit. Er bezieht sich sowohl auf den Abschluss als auch auf die inhaltliche Gestaltung des Versicherungsvertrages.

Abdingbare Vorschriften

Unter diesem Gesichtspunkt können die Vertragspartner grundsätzlich auch durch Vereinbarung von den gesetzlichen Bestimmungen des VVG abweichen. Diejenigen Bestimmungen, von denen abgewichen werden kann, heißen abdingbare Normen. Sie sind im VVG nicht besonders gekennzeichnet.

Einschränkung

Die Vertragsfreiheit kann in doppelter Weise eingeschränkt werden. So ist der Kraftfahrzeughalter beispielsweise im Interesse des Verkehrsopfers zum Abschluss einer Kraftfahrzeug-Haftpflichtversicherung verpflichtet. Zum Schutz der Versicherungsnehmer bestehen aber auch gesetzliche Schranken für die Gestaltung der Versicherungsverträge. Sie dürfen nicht jeden beliebigen Inhalt haben. Es gibt Vorschriften im VVG, von denen nicht abgewichen werden darf oder von denen nicht zum Nachteil des Versicherungsnehmers abgewichen werden darf. Danach unterscheidet man innerhalb des VVG zwingende und halbzwingende Vorschriften.

Zwingende Vorschriften

Zwingende Vorschriften dürfen weder zu Gunsten noch zu Ungunsten des Versicherungsnehmers geändert werden. Eine solche Bestimmung liegt vor, wenn das Gesetz zum Ausdruck bringt, dass eine von der gesetzlichen Regelung abweichende Vereinbarung unwirksam ist, wie beispielsweise die Nichtigkeit einer betrügerischen Über- oder Doppelversicherung (§§ 51 Abs. 3, 59 Abs. 3 VVG).

Halbzwingende Vorschriften

Halbzwingende Vorschriften können nicht zum Nachteil des Versicherungsnehmers geändert werden. Eine solche Vorschrift liegt vor, wenn das Gesetz zum Ausdruck bringt, dass der Versicherer sich auf eine von der gesetzlichen Regelung abweichende Vereinbarung nicht berufen kann, wie dies beispielsweise in den §§ 15 a, 34 a, 42 VVG der Fall ist. Der Versicherungsnehmer braucht infolgedessen eine von der betreffenden Bestimmung abweichende Vereinbarung nicht gegen sich gelten zu lassen. Halbzwingende Vorschriften finden jedoch auf die Versicherung von Großrisiken im Sinne von Art. 10 Abs. 1 EGVVG keine Anwendung (§ 187 VVG), weil derartige Verträge regelmäßig von erfahrenen und geschäftsgewandten Personen abgeschlossen werden.

Überblick

Einschränkung der Vertragsfreiheit im VVG		
	Halbzwingende Vorschriften	Zwingende Vorschriften
Wirkung	Abweichungen zum Nachteil des Versicherungsnehmers sind nicht gestattet	Abweichungen sind weder zum Vorteil noch zum Nachteil des Versicherungsnehmers gestattet
Gesetzliche Regelung	– Zusammenfassung für mehrere Vorschriften: §§ 15 a, 34 a, 42 VVG – Individuelle Regelung: §§ 47 Satz 2, 72 Satz 1, 92 Abs. 2 VVG	Kennzeichnung als – nichtig: §§ 8 Abs. 1, 51 Abs. 3, 59 Abs. 3 VVG – unwirksam: § 6 Abs. 4 VVG – kann nicht: §§ 48 Abs. 2, 159 Abs. 1 VVG
Rechtsfolge	– Der Versicherungsvertrag insgesamt ist wirksam. – Die abweichende Vereinbarung ist jedoch unwirksam und wird durch die entsprechende Vorschrift des VVG ersetzt.	– Es kann sein, dass der gesamte Vertrag nichtig ist: §§ 51 Abs. 3, 59 Abs. 3 VVG – Es kann auch sein, dass der Versicherungsvertrag insgesamt wirksam bleibt und nur die betreffende Vereinbarung nichtig ist: §§ 6 Abs. 4, 11 Abs. 4 VVG

3.1.4 Versicherungsaufsichtsgesetz (VAG)

Das VAG verfolgt der Sache nach ebenso wie das VVG den Zweck, den Versicherungsnehmer zu schützen. Strukturell unterscheidet sich das VAG vom VVG dadurch, dass seine Bestimmungen in erster Linie das Verhältnis der Aufsichtsbehörde zu den Versicherungsunternehmen regeln und damit öffentlich-rechtlicher Natur sind, während das VVG die privatrechtliche Grundlage für die Rechtsbeziehungen der Partner des Versicherungsvertrages bildet.

Inhalt

Das VAG enthält zahlreiche Vorschriften, die sich entweder mittelbar oder unmittelbar auf den Inhalt der Versicherungsverträge auswirken. Ihre Zahl ist mit dem Wegfall der Genehmigungsbedürftigkeit der Allgemeinen Versicherungsbedingungen und der Tarife in bestimmten Versicherungszweigen größer geworden, weil einzelne Sachverhalte aufsichtsrechtlich geregelt werden mussten. Im Einzelnen sind die folgenden Tatbestände für den Versicherungsvertrag von Bedeutung.

Versicherungsaufsichtsgesetz (VAG)	
Versicherungsvertragsrechtliche Regelungen	
Alle Sparten	Einzelne Sparten (Leben und Kranken)
– Mindestinhalt Allgemeine Versicherungsbedingungen (§ 10 VAG) – Informationspflicht des Versicherers (§ 10 a Abs. 1 VAG) – Inhalt des Versicherungsantrages (§ 10 a Abs. 3 VAG) – Bestandsübertragung (§ 14 VAG) – Änderung oder Aufhebung des Geschäftsplans (§ 81 a Satz 2 VAG) – Verbot der Berücksichtigung der Staatsangehörigkeit oder der Zugehörigkeit zu einer ethnischen Gruppe bei der Prämienfestsetzung (§ 81 e VAG) – Zahlungsverbot (§ 89 Abs. 1 Satz 2 VAG)	– Prämienkalkulation in der Lebensversicherung (§ 11 Abs. 1 VAG) – Gleichbehandlung der Versicherten in der Lebensversicherung (§ 11 Abs. 2 VAG) – Änderung bestehender Versicherungsverhältnisse in Leben (§ 11 b VAG) – Prämienänderung in der Krankenversicherung (§ 12 b VAG) – Missstand in der Lebensversicherung (§ 81 c VAG) – Missstand in der Krankenversicherung (§ 81 d VAG) – Aufsichtsbehördliche Möglichkeit der Herabsetzung der Versicherungsleistungen in der Lebensversicherung (§ 89 Abs. 2 VAG)

3.1.5 Allgemeine Versicherungsbedingungen (AVB)

Allen Versicherungsverträgen liegen Allgemeine Versicherungsbedingungen (AVB) zu Grunde. Die Versicherungswirtschaft kennt keine individuell ausgestalteten Verträge und bedient sich zur Umschreibung ihrer Leistungen der AVB. Es ist nicht möglich, bei der Vielzahl der Versicherungen jeden Vertrag einzeln auszuhandeln und zu formulieren. Die Allgemeinen Versicherungsbedingungen dienen deshalb auch der Vereinfachung des Vertragsschlusses und damit der Rationalisierung. Bedeutung

Allgemeine Versicherungsbedingungen sind ein Unterfall der auch in anderen Wirtschaftszweigen gebräuchlichen Allgemeinen Geschäftsbedingungen. Es handelt sich um die für eine Vielzahl von Versicherungsverträgen vorformulierten Vertragsbedingungen, die eine Vertragspartei (Verwender = Versicherungsunternehmer) der anderen (Versicherungsnehmer) bei Abschluss des Vertrages stellt (§ 305 Abs. 1 Satz 1 BGB). AVB werden den Versicherungsverträgen ohne Rücksicht auf individuelle Verschiedenheiten des einzelnen Wagnisses zu Grunde gelegt. Sie regeln die Rechte und Pflichten der Vertragspartner sowie den Umfang des Versicherungsschutzes in den einzelnen Versicherungszweigen. Begriff

Beispiele:

- Allgemeine Hausratversicherungsbedingungen (VHB 2000)
- Allgemeine Wohngebäude-Versicherungsbedingungen (VGB 2001)
- Allgemeine Versicherungsbedingungen für die Haftpflichtversicherung (AHB)
- Allgemeine Bedingungen für die Kraftfahrtversicherung (AKB)
- Allgemeine Versicherungsbedingungen für die Krankheitskosten- und Krankenhaustagegeldversicherung
- Allgemeine Unfallversicherungs-Bedingungen (AUB 2000)
- Allgemeine Bedingungen für die kapitalbildende Lebensversicherung
- Allgemeine Bedingungen für die Rechtsschutzversicherung (ARB 2000)

Als Rechtsgrundlage der Vertragsbeziehungen müssen AVB unmissverständlich formuliert sein. Im Interesse ihrer Kunden sind die Versicherungsunternehmen dazu übergegangen, so genannte verbraucherfreundliche Bedingungen abzufassen. Sie dienen durch einen übersichtlicheren Aufbau und lebensnahe Sprache dem Ziel, eine größere Allgemeinverständlichkeit zu erreichen. Verbraucherfreundliche Bedingungen

Gegenüberstellung	
Konventionelle Bedingungen	Verbraucherfreundliche Bedingungen
Musterbedingungen für die Großlebensversicherung	Allgemeine Bedingungen für die kapitalbildende Lebensversicherung Sehr geehrter Kunde! Als Versicherungsnehmer sind Sie unser Vertragspartner; für unser Vertragsverhältnis gelten die nachfolgenden Bedingungen.
§ 1	§ 1
Beginn des Versicherungsschutzes Der Versicherungsschutz beginnt mit der Zahlung des Einlösungsbeitrags (erster Beitrag oder Einmalbeitrag) nebst Gebühren und etwaigen öffentlichen Abgaben, jedoch nicht vor Abschluss des Versicherungsvertrages und nicht vor dem im Versicherungsschein angegebenen Beginn der Versicherung.	Wann beginnt Ihr Versicherungsschutz? Versicherungsschutz beginnt, wenn Sie den ersten oder einmaligen Beitrag (Einlösungsbeitrag) gezahlt und wir die Annahme Ihres Antrages schriftlich oder durch Aushändigung des Versicherungsscheines bestätigt haben. Vor dem im Versicherungsschein angegebenen Beginn der Versicherung besteht jedoch noch kein Versicherungsschutz.

Funktion

Produktbeschreibung

Aufgabe der Allgemeinen Versicherungsbedingungen ist es, den Umfang der Leistungspflicht des Versicherers und damit des Versicherungsschutzes zweifelsfrei festzulegen. Da der Versicherungsschutz das von den Versicherern angebotene Produkt darstellt, enthalten die Allgemeinen Versicherungsbedingungen somit eine Produktbeschreibung.

§ 10 VAG

Der Mindestinhalt Allgemeiner Versicherungsbedingungen ist gesetzlich festgelegt. Die Regelung gilt allerdings nicht für die Rückversicherung und die Versicherung von Großrisiken im Sinne von Art. 10 Abs. 1 EGVVG.

Mindestinhalt Allgemeiner Versicherungsbedingungen gemäß § 10 VAG
● Ereignisse, bei deren Eintritt der Versicherer zu einer Leistung verpflichtet ist
● Fälle, in denen aus besonderen Gründen die Leistungspflicht des Versicherers ausgeschlossen oder aufgehoben sein soll
● Art, Umfang und Fälligkeit der Leistungen des Versicherers
● Fälligkeit der Prämie und die Rechtsfolgen eines Verzuges
● Vertragliche Gestaltungsrechte des Versicherungsnehmers und des Versicherers sowie die Obliegenheiten und Anzeigepflichten vor und nach Eintritt des Versicherungsfalls
● Verlust des Anspruchs aus dem Versicherungsvertrag, wenn Fristen versäumt werden
● Grundsätze und Maßstäbe, wonach die Versicherten an den Überschüssen teilhaben.

Speziell geregelt ist der Umfang des erforderlichen Versicherungsschutzes in der Kraftfahrzeug-Haftpflichtversicherung durch die Kraftfahrzeug-Pflichtversicherungsverordnung (KfzPflVV) vom 29. 07. 1994. Kraftfahrzeug-Haftpflichtversicherung

Für zahlreiche Versicherungssparten treten die Allgemeinen Versicherungsbedingungen an die Stelle der fehlenden gesetzlichen Regelung. Sie sind grundsätzlich so auszulegen, wie sie ein durchschnittlicher Versicherungsnehmer bei verständiger Würdigung, aufmerksamer Durchsicht und Berücksichtigung des erkennbaren Sinnzusammenhangs verstehen muss. Lässt sich ihr Inhalt nicht eindeutig feststellen, so gehen Zweifel bei der Auslegung zu Lasten des Versicherers (§ 305 c Abs. 2 BGB). Auslegung

Geltung

Allgemeine Versicherungsbedingungen gelten für den einzelnen Versicherungsvertrag nur dann, wenn sie Vertragsbestandteil geworden sind: § 305 Abs. 2 BGB

- Regelmäßig wird in den Antragsformularen auf die einschlägigen AVB ausdrücklich hingewiesen.
- Soweit es sich bei dem Versicherungsnehmer um eine natürliche Person handelt, also insbesondere im so genannten Privatkundengeschäft, gehören die Allgemeinen Versicherungsbedingungen zu der Verbraucherinformation, die der Versicherer aufsichtsrechtlich zu erteilen hat (§ 10 a Abs. 1 VAG in Verbindung mit Abschnitt I Nr. 1 b der Anlage Teil D).

Einteilung der AVB

Arten

Allgemeine Versicherungsbedingungen beziehen sich jeweils auf einen gesamten Versicherungszweig. Daneben gibt es Besondere Versicherungsbedingungen, Sonder- oder Zusatzbedingungen und Klauseln.

Besondere Versicherungsbedingungen

Aufgabe der Besonderen Versicherungsbedingungen, Sonder- oder Zusatzbedingungen ist es, innerhalb eines Versicherungszweiges spezielle Regelungen für einzelne Risikogruppen zu treffen.

Beispiele:

- Rechtsgrundlage der Haftpflichtversicherung sind stets die AHB. Für die Besonderheiten einzelner Berufsgruppen und Eigenschaften wurden beispielsweise geschaffen:
  - Besondere Bedingungen und Risikobeschreibungen für die Privathaftpflichtversicherung (BBR)
  - Besondere Bedingungen für die Vermögensschaden-Haftpflichtversicherung von Rechtsanwälten und Anwaltsnotaren
- Für die Feuerversicherung gelten stets die AFB. Hinzu kommen nach dem jeweils versicherten Objekt:
  - Zusatzbedingungen für landwirtschaftliche Versicherungen

Klauseln

Klauseln sind vorformulierte Bedingungen, die vor allem bei gewerblichen Versicherungen, aber auch in anderen Sparten von Fall zu Fall zugestanden werden. Sie dienen häufig der Erweiterung des Versicherungsschutzes und erfordern deshalb einen Prämienzuschlag.

Beispiele:

Klausel 7116: Aquarien/Wasserbetten in der Hausrat-Versicherung

Abweichend von § 7 Nr. 1 VHB 2000 gilt als Leitungswasser auch Wasser, das aus Aquarien/Wasserbetten bestimmungswidrig ausgetreten ist.

Klausel 7712: Kein Abzug wegen Unterversicherung

Der Versicherer nimmt abweichend von §§ 18 Nr. 4 und 5 VHB 2000, 56 VVG keinen Abzug wegen Unterversicherung vor.

Inhaltliche Kontrolle

Aufsichtsrecht

Einer aufsichtsbehördlichen Genehmigung bedürfen Allgemeine Versicherungsbedingungen nicht mehr. Ausnahmeregelungen bestehen lediglich für Pensions- und Sterbekassen. Für die Krankenversicherung und Pflichtversicherungen sind sie jedoch der Aufsichtsbehörde einzureichen.

Als Allgemeine Geschäftsbedingungen der Versicherer unterliegen die Allgemeinen Versicherungsbedingungen einer inhaltlichen Kontrolle durch die Gerichte nach Maßgabe der einschlägigen gesetzlichen Vorschriften. AVB dürfen den Versicherungsnehmer nicht entgegen den Geboten von Treu und Glauben unangemessen benachteiligen. Eine unangemessene Benachteiligung liegt vor, wenn AVB-Bestimmungen § 307 BGB

- mit wesentlichen Grundgedanken der gesetzlichen Regelung, von der abgewichen wird, nicht zu vereinbaren sind, oder
- wesentliche Rechte und Pflichten, die sich aus der Natur des Vertrages ergeben, so einschränken, dass die Erreichung des Vertragszwecks gefährdet ist.

Ziel der Inhaltskontrolle ist es, die Allgemeinen Versicherungsbedingungen am jeweils geregelten gesetzlichen Grundtypus zu messen und eine Aushöhlung des Versicherungsschutzes zu vermeiden. Eine Überprüfung der Allgemeinen Versicherungsbedingungen an diesem Maßstab gewinnt in der Rechtsprechung zunehmende Bedeutung.

BGH VersR 82, 482

Beispiel:

Bei einem Einbruch waren fünf Orientteppiche gestohlen worden. Der Versicherer verlangte die Durchführung des Sachverständigenverfahrens, wobei beide Parteien einen Sachverständigen benennen mussten. Nach den dem Vertrag zu Grunde liegenden Bedingungen hatte jede Partei die Kosten ihres Sachverständigen zu tragen. Diese Regelung wurde als eine gegen Treu und Glauben verstoßende Benachteiligung des Versicherungsnehmers angesehen. Die Abweichung von der Kostentragungspflicht nach § 66 Abs. 2 VVG sei unzulässig, da sie die Schadenermittlungskosten des VN mit einem weiteren Risiko belaste, indem sie einen „verhüllten Selbstbehalt“ in unbestimmter Höhe einführe, der schließlich sogar die Höhe der Versicherungsleistung übersteigen könne. Außerdem prüften die Sachverständigen nicht nur die Schadenhöhe, sondern stellten im Interesse des Versicherers fest, ob eine Unterversicherung vorliegt. Verlangt der Versicherungsnehmer das Verfahren, findet Kostenteilung statt.

Transparenzgebot

Insbesondere hat der Versicherer die Rechte und Pflichten der Versicherungsnehmer eindeutig und für einen Durchschnittskunden verständlich darzustellen, damit dieser sich hinreichend über die rechtliche Tragweite der Vertragsbedingungen klar werden kann (Transparenzgebot). Infolgedessen kann sich eine unangemessene Benachteiligung auch daraus ergeben, „dass die Bestimmung nicht klar und verständlich ist“ (§ 307 Abs. 1 Satz 2 BGB). Eine bloße Wiedergabe gesetzlicher Bestimmungen in AVB ist nach § 307 Abs. 3 Satz 1 BGB zulässig, sofern nicht eine Erläuterung geboten und möglich ist.

BGH VersR 2001, 839 und 841

Beispiele:

- Der BGH beanstandet es zu dem Komplex Überschussermittlung und -beteiligung bei der kapitalbildenden Lebensversicherung nicht, wenn der Versicherer die ihm vom Gesetz eingeräumten Bilanzierungsspielräume nutzt. Es genügt, wenn in den AVB auf diese Gesetze hingewiesen wird. Die komplizierten Regelungen brauchten nicht erläutert zu werden, weil sie so komplex seien, dass sie einem durchschnittlichen Versicherungsnehmer nicht weiter erklärt werden könnten.
- Demgegenüber sieht der BGH aber bei den Regelungen über die Rückkaufswerte, die Kündigung und die Beitragsfreistellung ein Bedürfnis des Versicherungsnehmers nach darüber hinaus gehender Unterrichtung. Es brauchen nicht die mathematischen Methoden für die Berechnung der Rückkaufswerte angegeben zu werden. Ihr Ergebnis kann in einer Tabelle dargestellt werden. Sie muss aber die wirtschaftlichen Nachteile, die dem VN bei einer vorzeitigen Vertragsbeendigung erwachsen, hinreichend deutlich machen. Außerdem muss auf diese Tabelle in den AVB ausdrücklich hingewiesen und in ihnen müssen auch selbst bereits die wirtschaftlichen Nachteile dargestellt werden.

Zusammenfassung

Verhältnis der Rechtsquellen		
Rechtsgrundlagen	**Rechtsnatur**	
Individuelle Vereinbarungen	Vertragsvereinbarung	↑
Klauseln Besondere, Sonder- oder Zusatzbedingungen Allgemeinen Versicherungsbedingungen	Versicherungsbedingungen	
Spezialgesetze: VVG, VAG, PflVG, KfzPflVV Allgemeine Gesetze: BGB, HGB	Gesetze	
Die Rangordnung der Rechtsquellen bestimmt sich von unten nach oben: Spezielle Bestimmungen haben den Vorrang vor allgemeinen Regelungen.		

Übungsaufgaben

1. Beschreiben Sie die Gegenleistung, die der Versicherungsnehmer vom Versicherer für die Zahlung der Prämie erhält.

2. Welche Bedeutung haben die Vorschriften des BGB für die Regelung des Versicherungsvertrages?

3. Inwiefern haben das VAG und das VVG die gleiche Aufgabenstellung? Wodurch unterscheiden sie sich in ihrer Zielsetzung?

4. Erklären Sie die Begriffe zwingende, halbzwingende und abdingbare Vorschriften anhand von selbstgewählten Beispielen.

5. Aus welchem Grund ist die Rückversicherung nicht im VVG geregelt worden?

6. Unter welchen Voraussetzungen gelten AVB für den einzelnen Versicherungsvertrag?

7. Wie werden die Allgemeinen Versicherungsbedingungen (AVB) ausgelegt?

8. Nach § 10 VAG müssen die Allgemeinen Versicherungsbedingungen vollständige Angaben zu bestimmten Teilbereichen enthalten.

   a) Welches sind die Teilbereiche, die primär die Leistungspflicht des VR betreffen?
   b) Welches sind die Teilbereiche, die nicht primär die Leistungspflicht des VR betreffen?

9. Die Rechtsgrundlagen für das Versicherungswesen lassen sich in gesetzliche und vertragliche einteilen.
   Welches sind die wichtigsten gesetzlichen, und welches sind die vertraglichen Rechtsgrundlagen?

10. Welche speziell für die Versicherungswirtschaft geltenden Vorschriften können die allgemeine Vertragsfreiheit einschränken?

3.2 Zustandekommen des Versicherungsvertrages

3.2.1 Beteiligte Personen

Ein Konzertveranstalter nimmt die Garderobe seiner Besucher in Verwahrung. Er schließt eine Garderobenversicherung ab, um für den Fall des Verlustes einzelner Kleidungsstücke geschützt zu sein.

Ein Ehemann schließt eine Lebensversicherung ab. Die Versicherungssumme soll im Falle seines vorzeitigen Todes der Ehefrau, bei Ablauf ihm selbst zustehen.

Für die zehnjährige Tochter schließt der Vater eine Heiratsversicherung ab.

Der Versicherungsvertrag kommt zwischen dem Versicherer und dem Versicherungsnehmer zu Stande. Außer den Vertragspartnern können auch weitere Personen am Versicherungsvertrag beteiligt sein.

Der Konzertveranstalter, der Ehemann und der Vater sind jeweils Versicherungsnehmer. Die Besucher sind versicherte Personen. Der Ehefrau steht das Bezugsrecht für den Fall des Todes zu. Ehemann und Vater sind zugleich auch versicherte Personen, die Tochter im Falle der Heiratsversicherung ist mitversicherte Person.

3.2.1.1 Vertragspartner

§ 1 VVG

Die Partner des Versicherungsvertrages heißen Versicherer und Versicherungsnehmer.

Versicherer

Versicherer ist derjenige, der nach dem Eintritt des Versicherungsfalles bei der Schadenversicherung den entstandenen Vermögensschaden zu ersetzen und bei der Summenversicherung den vereinbarten Betrag an Kapital oder Rente zu zahlen oder die sonst vereinbarte Leistung zu bewirken hat. Er gewährt also den gesetzlich und bedingungsgemäß umschriebenen Versicherungsschutz.

Versicherungsnehmer

Der Versicherungsnehmer ist der Vertragspartner des Versicherers und damit Träger aller Rechte und Pflichten aus dem Vertrag. Insbesondere hat er die vereinbarte Prämie zu entrichten.

3.2.1.2 Versicherte Person

Der Begriff der versicherten Person wird sowohl in der Schaden- als auch in der Summenversicherung verwendet.

In der Schadenversicherung ist Versicherter derjenige, dessen Risiko durch den Versicherungsvertrag gedeckt wird. In der Regel sind Versicherungsnehmer und Versicherter dieselbe Person.

Schadenversicherung

Beispiele:

- Die Eheleute schließen eine Verbundene Hausratversicherung für ihre Wohnungseinrichtung ab.
- Der Eigentümer eines Mehrfamilienhauses geht eine Verbundene Wohngebäudeversicherung ein.
- Der Juwelier schließt eine Einbruchdiebstahl- und Raubversicherung für sein Geschäft ab.

Es kommt aber auch vor, dass Versicherungsnehmer und Versicherter nicht dieselbe Person sind. In diesem Fall liegt eine Versicherung für fremde Rechnung vor. Der Versicherungsnehmer hat den Versicherungsvertrag im eigenen Namen für den Versicherten abgeschlossen. Es handelt sich infolgedessen um einen Vertrag zu Gunsten Dritter. Vertragspartner des Versicherers ist ausschließlich der Versicherungsnehmer, der die Prämie zu entrichten hat und den Versicherungsschein erhält. Bei Eintritt des Versicherungsfalles erleidet der Versicherte den Schaden. Deshalb stehen ihm die Rechte aus dem Versicherungsvertrag zu. Er kann sie jedoch nur dann geltend machen, wenn er im Besitz des Versicherungsscheins ist oder der Versicherungsnehmer zustimmt (§ 75 VVG).

§§ 74 Abs. 1 VVG, 328 BGB

Beispiele:

- Der Konzertveranstalter schließt eine Garderobenversicherung für die ihm zur Aufbewahrung übergebenen Kleidungsstücke ab.
- Ein Lagerhalter schließt eine Versicherung zu Gunsten der Einlagerer ab (Kundenversicherung).

Auch in der Lebens- und Unfallversicherung schließt der Versicherungsnehmer den Vertrag grundsätzlich auf seine eigene Person ab. Wird die Versicherung auf das Leben eines anderen genommen, so bezeichnet man diesen als versicherte Person. Versicherte Person ist in der Lebensversicherung daher derjenige, auf dessen Leben der Versicherungsvertrag abgeschlossen wird (vgl. auch Abschn. 3.4.1.2 in Versicherungslehre 2, Teil 1).

Summenversicherung

Die versicherte Person geht, wenn sie nicht mit dem Versicherungsnehmer identisch ist, keine Verpflichtung zur Prämienzahlung ein, erwirbt aber auch keine Rechte aus dem Versicherungsvertrag.

§§ 159 Abs. 2 und 3, 179 Abs. 3 VVG

Wird der Versicherungsvertrag auf das Leben einer anderen Person abgeschlossen (Lebensfremdversicherung), bedarf eine derartige Versicherung der schriftlichen Einwilligung der versicherten Person. Für Versicherungen, die Eltern auf das Leben ihrer minderjährigen Kinder abschließen, gelten Sonderregelungen.

Einwilligung der versicherten Person		
Voraussetzungen	● Versicherungsnehmer und versicherte Person sind nicht identisch	
	● Versicherungssumme übersteigt Betrag der gewöhnlichen Beerdigungskosten (in Leben)	
Erteilung der Einwilligung	● Geschäftsfähigkeit der versicherten Person: diese selbst (§ 159 Abs. 2 VVG)	
	● Fehlende Geschäftsfähigkeit	
		Gesetzlicher Vertreter nicht mit VN identisch: gesetzlicher Vertreter (§ 159 Abs. 2 VVG)
		Vater oder Mutter sind Versicherungsnehmer: Ergänzungspfleger (§ 1909 BGB), soweit die Versicherungsleistung bei Tod vor Vollendung des 7. Lebensjahres fällig wird (§ 159 Abs. 3 VVG)

Mitversicherte Person

Der Begriff der mitversicherten Person wird in der Versicherungspraxis unterschiedlich gebraucht.

Häufig sind mitversicherte Personen in den Versicherungsschutz einbezogen. Sie können dann ihre Ansprüche entweder selbstständig geltend machen, wie der berechtigte Fahrer in der Kraftfahrzeug-Haftpflichtversicherung (§ 10 Abs. 2 und 4 AKB), oder kein eigenes Forderungsrecht gegen den Versicherer erwerben, wie beispielsweise die mitversicherten Familienangehörigen in der Krankenversicherung.

Mitversicherte Person ist auch das Kind im Rahmen der Heiratsversicherung. Seine Einwilligung ist nicht erforderlich, weil keine Leistungen bei seinem Tod vor Vollendung des 7. Lebensjahres fällig werden.

3.2.1.3 Bezugsberechtigter

Vgl. auch Abschn. 3.8.1.1 in Versicherungslehre 2, Teil 1.

Bezugsberechtigter ist derjenige, dem der Versicherungsnehmer das Recht eingeräumt hat, im Versicherungsfall von dem Lebensversicherer die Auszahlung der Versicherungssumme zu verlangen. Begriff

Es handelt sich um einen Vertrag zu Gunsten Dritter. Die Festlegung des Bezugsrechts erfolgt meist zusammen mit der Unterzeichnung des Versicherungsantrages. Man unterscheidet das widerrufliche und das unwiderrufliche Bezugsrecht.

Bezugsberechtigung		
Ansprüche auf die Versicherungsleistung		
Arten	widerruflich	unwiderruflich
Erwerb	bei Eintritt des Versicherungsfalls	sofort

Das widerrufliche Bezugsrecht bildet den Normalfall. Der Bezugsberechtigte erwirbt das Recht auf die Versicherungsleistung erst mit dem Eintritt des Versicherungsfalles. Bis zu diesem Zeitpunkt ist ein Widerruf bzw. eine Änderung des Bezugsrechts durch den Versicherungsnehmer jederzeit möglich. Der Versicherungsnehmer bleibt Träger aller Rechte und Pflichten aus dem Vertrag, kann also trotz Einräumung des Bezugsrechts Ansprüche aus der Versicherung verpfänden oder die Rechte aus dem Vertrag abtreten. Widerruflich

Einsetzung, Widerruf und Änderung der Bezugsberechtigung sind einseitige empfangsbedürftige Willenserklärungen, die nach § 166 Abs. 1 VVG einer Zustimmung des Versicherers nicht bedürfen.

Bei einer unwiderruflichen Bezugsberechtigung wird das Recht auf die Versicherungsleistung sofort erworben. Nach dem Zugang der entsprechenden Erklärung bei dem Versicherer kann das Bezugsrecht nur noch mit Zustimmung der bezugsberechtigten Person aufgehoben werden. Unwiderruflich

Der Versicherungsnehmer bleibt jedoch auch bei einer unwiderruflichen Bezugsberechtigung Vertragspartner des Versicherers und hat alle Pflichten aus dem Versicherungsvertrag zu erfüllen.

3.2.1.4 Beitragszahler

Vgl. auch Abschn. 3.7.3.2 in Versicherungslehre 2, Teil 1.

Bedeutung

Es kommt vor, dass es eine dritte Person übernimmt, die Beiträge an Stelle des nach dem Vertrag verpflichteten Versicherungsnehmers zu entrichten. Sie ist dann der Beitragszahler. Im Falle des Lastschriftverfahrens handelt es sich um diejenige Person, von deren Konto die Beiträge abgebucht werden.

Beispiel:

Der Großvater möchte für das Enkelkind die Kosten der Ausbildung sicherstellen. Wegen der günstigeren Beitragsgestaltung schließt der Vater die Lebensversicherung als Versicherungsnehmer ab. Beitragszahler ist der Großvater. Der Versicherungsnehmer trägt jedoch das Risiko, dass er im Falle des Todes des Beitragszahlers die Beiträge vertragsgemäß zu entrichten hat.

Beteiligte Personen am Versicherungsvertrag		
Vertragspartner	Versicherer	Versicherungsnehmer (VN)
Versicherter	Schadenversicherung	Summenversicherung
	Person, deren Risiko versichert ist	Person, auf deren Leben die Versicherung abgeschlossen wird
		Erfordernis der Einwilligung
Bezugsberechtigter	Person, der die Versicherungsleistung zusteht	
	widerruflich	unwiderruflich
Beitragszahler	Person, die anstelle des Versicherungsnehmers die Beiträge entrichtet (Kontoinhaber)	

3.2.2 Versicherungsantrag

Herr Anton Müller beabsichtigt den Abschluss einer Unfallversicherung. Nach eingehender Beratung durch den Vermittler legt ihm dieser den auf der Grundlage eines gemeinsamen Gespräches ausgefüllten Antrag zur Unterschrift vor.

Vor der Unterzeichnung erkundigt sich Herr Müller, ob er zusätzlich noch weitere Unterlagen zur Aufklärung über den Versicherungsschutz erhält, inwieweit er gebunden ist und welche Möglichkeiten für ihn bestehen, wenn er nach sorgfältiger Überlegung und Prüfung doch von dem Versicherungsabschluss Abstand nehmen möchte.

Der Versicherungsvertrag kommt wie jeder andere Vertrag nach den Vorschriften des BGB durch zwei sich entsprechende Willenserklärungen zu Stande. Sie werden als Antrag und Annahme bezeichnet.

Vertragsschluss: §§ 145 ff. BGB

Begriff des Antrags

Der Versicherungsantrag ist eine einseitige empfangsbedürftige Willenserklärung, die auf den Abschluss eines Versicherungsvertrages gerichtet ist und so bestimmt sein muss, dass sie durch ein einfaches „ja" angenommen werden kann.

Was ist ein Antrag?

In der Versicherungswirtschaft wird der Antrag regelmäßig vom Kunden gestellt. Die Initiative geht jedoch meistens von einem Versicherungsvermittler aus, der über die Notwendigkeit und den Umfang des Versicherungsschutzes berät. Im Falle des so genannten Direktvertriebes wendet sich der Interessent auf Grund von Prospekten oder Zeitungsanzeigen bzw. über das Internet an das Versicherungsunternehmen.

Der Antrag ist erst in dem Zeitpunkt gestellt, zu dem sich der Antragsteller rechtlich binden und verpflichten will. Bis dahin dauern die Vertragsverhandlungen, die entweder ohne Ergebnis oder mit der Stellung des Antrags enden. Auf Grund der inzwischen eingeführten Widerrufs-, Rücktritts- und Widerspruchsrechte besteht eine nur noch sehr lose rechtliche Bindung an den Versicherungsantrag.

Verpflichtung

Der Versicherungsantrag wird durch Ausfüllung und Unterzeichnung eines vom Versicherer vorbereiteten Formulars gestellt.

Vordruck

Versicherungspflicht

Grundsätzlich ist es jedermann freigestellt, ob er einen Antrag auf Abschluss eines Versicherungsvertrages stellen will. Auch der Versicherer kann frei gewählt werden.

Zum Schutz des geschädigten Dritten sind gesetzliche Versicherungspflichten zum Abschluss einer Haftpflichtversicherung angeordnet für Kraftfahrzeughalter, Luftverkehrsunternehmen, Jäger, Notare, Rechtsanwälte, Wirtschafts- und Buchprüfer, Steuerberater, das Bewachungs- und Güterkraftverkehrsgewerbe sowie nach dem Atom-, Arzneimittel-, Umwelthaftungs- und Gentechnikgesetz.

Gesetzlich

Eine Versicherungspflicht kann auch auf einer vertraglichen Vereinbarung beruhen. So verpflichtet sich der Verkäufer in Übersee-Kaufverträgen häufig, die Ware auf seine Kosten zu verladen und zu versichern. Die entsprechende Klausel im Kaufvertrag lautet „cif" (cost, insurance, freight = Kosten, Versicherung, Fracht). Auch in Kreditverträgen ist oft eine derartige Verpflichtung enthalten, indem die Banken bei der Gewährung eines Darlehens den Nachweis der entsprechenden Versicherungen, etwa einer Fahrzeugversicherung bei der Finanzierung eines Kraftfahrzeuges oder einer Feuerversicherung bei der Beleihung eines Gebäudes, verlangen.

Vertraglich

3.2.2.1 Inhalt

Bedeutung

Der Versicherungsantrag ist gesetzlich an keine Form gebunden. In der Praxis wird der Antrag dadurch gestellt, dass der Antragsteller einen Vordruck ausfüllt und unterschreibt.

Aufgaben des Antrags			
Voraussetzung für den Bearbeitungsvorgang im Betrieb	Grundlage für den Inhalt des Versicherungsvertrages	Angaben für die Risikoprüfung	Erklärungen des Antragstellers, die aus Rechtsgründen benötigt werden

Aufbau

Die Antragsformulare sind für die verschiedenen Versicherungssparten unterschiedlich gestaltet. Antragsvordrucke dürfen nach § 10 a Abs. 3 Satz 1 VAG nur so viele Anträge auf Abschluss rechtlich selbstständiger Versicherungsverträge enthalten, dass die Übersichtlichkeit, Lesbarkeit und Verständlichkeit nicht beeinträchtigt werden. Diese Regelung ist insbesondere für gebündelte Versicherungen (z. B. so genannte Familienversicherungen) von Bedeutung. Der Antragsteller ist schriftlich und unter besonderer Hervorhebung auf die rechtliche Selbstständigkeit der beantragten Verträge einschließlich der für sie vorgesehenen Versicherungsbedingungen sowie auf die jeweils geltenden Antragsbindungsfristen und Vertragslaufzeiten hinzuweisen (§ 10 a Abs. 3 Satz 2 VAG).

Juristisch besteht das ausgefüllte und unterschriebene Antragsformular stets aus drei verschiedenen Teilen.

Aufbau des Versicherungsantrages
1. Eigentlicher, auf den Abschluss des Vertrages gerichteter Antrag mit Angabe der Versicherungssumme, des gewünschten Tarifes und des Versicherungsbeginns
2. Beantwortung von Fragen über das Risiko in Erfüllung der vorvertraglichen Anzeigepflicht
3. Abgabe von Ermächtigungserklärungen und Kenntnisnahme von Belehrungen

Südstern Versicherungen

Antrag Hausrat-Versicherung – VHB 2000 – (Auszug)

FD	Agt.-Nr.	Versicherungsschein-Nr.	☐ Neuantrag ☐ Veränderungsantrag	Tagesablage

☐ Herr ☐ Frau	Name, Vorname des Antragstellers	Titel

Straße, Hausnummer	PLZ	Wohnort und ggf. Ortsteil

Versicherungsbeginn 12 Uhr Tag/Monat/Jahr	Versicherungsablauf 12 Uhr Tag/Monat/Jahr	Die Verträge verlängern sich stillschweigend nach Ablauf der vereinbarten Dauer jeweils von Jahr zu Jahr, wenn nicht spätestens 3 Monate vor Ablauf der anderen Partei eine schriftliche Kündigung zugegangen ist

Zahlungsweise ☐ 1/1 jährlich ☐ ½ jährlich ☐ ¼ jährlich ☐ 1/12 jährlich

Wohnfläche	Unterversicherungsverzicht bei mindestens 650 EUR je qm
☐ **qm**	**Versicherungssumme** ☐ EUR

Tarifzone	
☐ H I ☐ H II ☐ H III ☐ H IV ☐ H V ☐ H VI	**Grundbeitragssatz** ☐ **‰**

Wertsachenanteil erhöht
☐ auf 25 % der Vers. Su. ☐ auf 30 % der Vers. Su. ☐ auf ☐ % der Vers. Su.

Einschluß Fahrraddiebstahl und Diebstahl von Krankenfahrstühlen
☐ bis 1 % der Vers. Su. ☐ bis 2 % der Vers. Su. ☐ bis ☐ % der Vers. Su.
☐ Einschluß von **Überspannungsschäden durch Blitz** bis 5 % der Vers. Su.
☐ Einschluß von Schäden durch **Wasser aus Aquarien/Wasserbetten**
☐ Gefahrerhöhung durch **vorübergehendes Unbewohntsein** über die Dauer von 60 Tagen hinaus
☐ **Sonstiges/Einschlüsse/Ausschlüsse:**

Beitragssatz zusammen ☐ **‰**

Gesamtprämie gemäß Zahlungsweise einschließlich Versicherungsteuer ☐ EUR

Allgemeine Angaben/Risikobeschreibung

Vers. – Grund-stück	☐ wie Anschrift	Straße, Hausnummer	PLZ	Ort und ggf. Ortsteil	
Wohnungs/ Haustyp	☐ ständig bewohnte Wohnung/Einfamilienhaus	☐ Zweit-/Ferienwohnung in einem ständig bewohnten Gebäude ☐ Zweit-/Ferienwohnung in einem nicht ständig bewohnten Gebäude	☐ innerhalb geschloss. Wohngebiet ☐ außerhalb geschloss. Wohngebiet	Vers. Räuml. im ☐ UG ☐ EG ☐ ...... OG	
Sonstiges	☐ Räume in Nebengebäuden sind vorhanden				
Sicherungen	**Alle Außen-/Wohnungsabschlußtüren mit** ☐ Zylinderschloß – bündig mit Sicherheitsbeschlag, oder: **Kellerfenster/-schächte gesichert durch** ☐ Gitter ☐ Kellerrostverankerung ☐ Stahlblechboden mit Schloß ☐ keine vorhanden				
Vorver-sicherung/ Vorschäden	Bestehen/bestanden gleichartige Verträge für vorgenannte Risiken des Antragstellers ☐ ja ☐ nein Kündigung durch Vorversicherer ☐ ja ☐ nein wenn ja, wann:	bei/von Versicherer	VS-Nr.		
	Vorschäden zu den beantragten Versicherungen in den letzten 10 Jahren ☐ ja ☐ nein	Art	Tag	Höhe EUR	

Datum Unterschrift Vermittler Unterschrift Antragsteller

Eigentlicher Antrag

Willenserklärung

Wesentlicher Bestandteil eines jeden Versicherungsantrages ist die Willenserklärung des Antragstellers, die sich auf den Abschluss der Versicherung richtet. Sie kommt in der Verwendung des Wortes „Antrag" zum Ausdruck. Das Formular bezeichnet den genauen Versicherungszweig (z. B. Hausratversicherung, Haftpflichtversicherung, Lebensversicherung), gegebenenfalls auch die Tarif-Art und den Einschluss bestimmter Risiken und Tätigkeiten.

Vertragspartner

Der Antrag hat die Vertragspartner genau zu bezeichnen. Der Versicherer ergibt sich unmittelbar aus dem Antragsvordruck. Der Antragsteller hat als der künftige Versicherungsnehmer Name und Anschrift zu nennen.

Versicherungssumme

Sowohl bei der Summen- als auch bei der Schadenversicherung ist die gewünschte Versicherungssumme zu beziffern. Es kann sich um eine einheitliche Versicherungssumme handeln (z. B. Lebensversicherung), aber auch um unterschiedliche Summen für verschiedene Leistungsarten (z. B. in der Unfallversicherung 100 000,00 € als Todesfallleistung und 200 000,00 € als Invaliditätsleistung). Die Angabe der Versicherungssummen ist erforderlich für die Prämienberechnung und die Leistungsbegrenzung des Versicherers bei Eintritt des Versicherungsfalles.

Beginn und Dauer

Der Antrag hat Beginn und Laufzeit der Versicherung, bei einer Schadenversicherung beispielsweise 5 Jahre (vgl. § 8 Abs. 3 VVG), im Falle einer Lebensversicherung das Endalter (Ablauf), anzugeben.

Beitrag

Der Antrag enthält auch die Höhe des Beitrags sowie die Zahlungsweise (jährlich, halbjährlich, vierteljährlich, monatlich, Einmalbeitrag). Fehlt ausnahmsweise die Angabe der Beitragshöhe, so ist der Prämientarif des Versicherers maßgebend.

Unterschrift

Wichtigster Teil des eigentlichen Antrages ist die Unterschrift des Antragstellers, mit der er seine Willenserklärung auf Abschluss des Versicherungsvertrages abgibt. Erst die Unterschrift begründet seine Bindung. Zu der Unterschrift des Antragstellers kommen die Unterschrift des Vermittlers sowie gegebenenfalls die Unterschrift der Eltern als gesetzliche Vertreter, falls der Antragsteller noch minderjährig ist, und in der Lebensversicherung die Unterzeichnung durch die zu versichernde Person, sofern sie nicht mit dem Antragsteller und späteren Versicherungsnehmer identisch ist.

AVB

Der Antrag nimmt stets auf die dem Vertrag zu Grunde liegenden Allgemeinen Versicherungsbedingungen der betreffenden Sparte ausdrücklich Bezug. Damit werden sie Vertragsbestandteil.

Angaben über das Risiko

Vorvertragliche Anzeigepflicht

Der Antragsteller hat ferner alle wesentlichen Umstände, die für den Abschluss der Versicherung entscheidend sind, anzuzeigen. Da diese Auskünfte noch vor dem Zustandekommen des Versicherungsvertrages erteilt werden, spricht man von einer vorvertraglichen Anzeigepflicht.

Erfüllt wird diese vorvertragliche Anzeigepflicht durch die richtige und vollständige Beantwortung der im Antragsformular gestellten Fragen. Der Versicherer benötigt diese Angaben zur Beurteilung des Risikos. Im Gegensatz zum eigentlichen Antrag auf Abschluss der Versicherung handelt es sich nicht um die Abgabe einer Willenserklärung, sondern um die Erteilung von Auskünften und damit um Wissenserklärungen. Die im Antrag gestellten Fragen unterscheiden sich nach den einzelnen Versicherungszweigen. §§ 16 ff. VVG

Beispiele:

- Feuerversicherung: Es wird gefragt nach Bauart und Bedachung des zu versichernden Gebäudes, nach seiner Lage und Nutzung.
- Lebensversicherung: Es wird gefragt nach Alter und Gesundheitszustand der zu versichernden Person, nach ihrer Körpergröße und dem Körpergewicht, nach derzeitigen oder früheren Krankheiten und Beschwerden. Gegebenenfalls sind der behandelnde und der Hausarzt zu benennen.
- Betriebs-Haftpflichtversicherung: Es wird gefragt nach der Art des zu versichernden Betriebes, nach der Lohn- und Gehaltssumme bzw. nach der Zahl der im Betrieb beschäftigten Personen.

Ermächtigungserklärungen und Kenntnisnahme von Belehrungen

Neben dem eigentlichen Antrag und den Auskünften zur Erfüllung der vorvertraglichen Anzeigepflicht hat der Antragsteller zusätzliche Willenserklärungen als Grundlage für eine ordnungsgemäße Bearbeitung durch das Versicherungsunternehmen abzugeben. Willenserklärungen

Der Antragsteller willigt ein, dass der Versicherer die sich aus den Antragsunterlagen und der Vertragsdurchführung ergebenden Daten an Rückversicherer, andere Versicherer, den Gesamtverband der Deutschen Versicherungswirtschaft e.V. und die Unternehmen der gleichen Versicherungsgruppe weiterleitet. Gesundheitsdaten dürfen nur an Personen- und Rückversicherer weitergegeben werden, an Vertreter, soweit es zur Vertragsgestaltung erforderlich ist. Erläuterungen enthält ein Merkblatt zur Datenverarbeitung. Einwilligungsklausel nach dem BDSG

In den Zweigen der Personenversicherung (Lebens-, Kranken-, Unfallversicherung) ermächtigt eine Schweigepflichtentbindungserklärung Ärzte, Zahnärzte, Angehörige anderer Heilberufe und Krankenhäuser, dem Versicherer die erforderlichen Auskünfte zu erteilen. Diese Entbindung von der ärztlichen Schweigepflicht reicht über den Tod hinaus. Der Versicherer kann deshalb auch Feststellungen über die Todesursache einholen. Schweigepflichtentbindungserklärung

Zum Schutz der Versicherten ist ein Verstoß gegen die Geheimhaltung von Tatsachen des persönlichen Lebensbereichs durch Angehörige eines Unternehmens der privaten Kranken-, Unfall- oder Lebensversicherung unter Strafe gestellt. § 203 Abs. 1 Nr. 6 StGB

Einzugsermächtigung

Die meisten Versicherungsanträge sehen auch eine Einzugsermächtigung für den Versicherer zum Abruf der Beiträge von dem Konto des Versicherungsnehmers vor. Dieses Verfahren gestaltet die Prämienzahlung reibungslos und kostengünstig für beide Vertragspartner.

Belehrungen

Den Versicherer treffen Belehrungspflichten über das Recht zum Widerruf des Versicherungsantrages (§ 8 Abs. 4 Satz 3 VVG) sowie zum Rücktritt vom Vertrag in der Lebensversicherung (§ 8 Abs. 5 Satz 3 VVG), deren Erfüllung er sich vom Versicherungsnehmer schriftlich zu bestätigen lassen hat. Daher werden die entsprechenden Belehrungen regelmäßig in den vom Antragsteller zu unterschreibenden Vordruck aufgenommen.

3.2.2.2 Voraussetzungen

Geschäftsfähigkeit § 2 BGB

Ein wirksamer Versicherungsantrag setzt die Geschäftsfähigkeit des Erklärenden voraus. Darunter versteht man die Fähigkeit, Willenserklärungen selbstständig abgeben zu können. Sie tritt erst mit der Vollendung des 18. Lebensjahres ein. Nur Personen über 18 Jahre können deshalb ohne Einschränkung Versicherungsverträge abschließen.

Minderjährigkeit §§ 107, 110, 1629 BGB

Minderjährige zwischen dem 7. und 18. Lebensjahr sind beschränkt geschäftsfähig. Sie können solche Willenserklärungen wirksam abgeben, die ihnen lediglich einen rechtlichen Vorteil bringen. Dazu gehört der Versicherungsvertrag nicht, weil er den Versicherungsnehmer verpflichtet, Prämien zu zahlen. Daher bedarf der beschränkt Geschäftsfähige zum Abschluss eines Versicherungsvertrages der Zustimmung seiner Eltern in ihrer Eigenschaft als gesetzliche Vertreter. Geht die Zustimmung dem Antrag voraus, heißt sie Einwilligung. Folgt sie ihm nach, wird sie Genehmigung genannt. Häufig ist auf den Antragsvordrucken die Unterschrift der gesetzlichen Vertreter ausdrücklich vorgesehen. Wirksam ist auch ein Versicherungsvertrag, für den der Minderjährige die Prämien mit seinem Taschengeld bezahlt. Der Fall dürfte in der Praxis jedoch selten vorkommen (z. B. kurzfristige Reiseversicherung).

§§ 1643 Abs. 1, 1822 Nr. 5, 1829 Abs. 3 BGB

Versicherungsverträge, durch die der Minderjährige zu wiederkehrenden Leistungen verpflichtet wird, die länger als ein Jahr nach dem Eintritt der Volljährigkeit dauern sollen, bedürfen zu ihrer Wirksamkeit der Genehmigung des Familiengerichts. Daher reicht für den Abschluss einer Lebensversicherung durch den Minderjährigen die Zustimmung der Eltern nicht aus. Der ohne familiengerichtliche Genehmigung geschlossene Vertrag ist schwebend unwirksam. Er kann von dem Minderjährigen genehmigt werden, sobald er volljährig geworden ist. Die Genehmigung nach Vollendung des 18. Lebensjahres setzt jedoch die Kenntnis von der schwebenden Unwirksamkeit des Vertrages voraus. Nach entsprechender Belehrung und Unterrichtung durch den Versicherer stellt die danach erfolgende Weiterzahlung der Prämien eine wirksame Genehmigung durch den inzwischen volljährig Gewordenen dar (= konkludente Willenserklärung).

Versicherungsverträge Minderjähriger		
Voraussetzungen für die Wirksamkeit		
Einwilligung der Eltern als gesetzliche Vertreter (§§ 107, 1629 BGB)	Bewirkung der Beiträge mit Mitteln, die ihnen zu diesem Zweck oder zu freier Verfügung überlassen worden sind (Taschengeld: § 110 BGB)	Familiengerichtliche Genehmigung für Verträge, die länger als ein Jahr nach der Vollendung des 18. Lebensjahres fortdauern sollen (§§ 1643 Abs. 1, 1822 Nr. 5 BGB)

Wird ein schwebend unwirksamer Lebensversicherungsvertrag von dem volljährig Gewordenen nicht genehmigt, kann er die gezahlten Beiträge nach § 812 Abs. 1 BGB zurückverlangen. Trotz der schwebenden Unwirksamkeit des Vertrages bestand aber Versicherungsschutz, weil der Versicherer von der Genehmigungsbedürftigkeit wusste und eine Berufung darauf einen Verstoß gegen Treu und Glauben (§ 242 BGB) bedeuten würde.

Ehegatten sind berechtigt, Geschäfte zur angemessenen Deckung des Lebensbedarfs der Familie auch mit Wirkung für den anderen Partner zu besorgen. Darunter fällt aber grundsätzlich nicht der Abschluss von Versicherungsverträgen, weil die Vorsorge durch Privatversicherung im Allgemeinen zur Finanzplanung beider Ehegatten gehört. Ausnahmsweise könnte eine kurzfristige Reiseversicherung unter diese Regelung fallen.

Ehegatten
§ 1357
BGB

3.2.2.3 Verbraucherinformation

Die Versicherer sind aufsichtsrechtlich verpflichtet, den Antragsteller, wenn er eine natürliche Person ist, in einer Verbraucherinformation über die für das Versicherungsverhältnis maßgeblichen Tatsachen und Rechte vor Abschluss des Vertrages zu unterrichten. Zur Erfüllung dieser Pflicht bedienen sie sich häufig der Mitarbeiter des Außendienstes.

§ 10 a VAG

Entbehrlich ist diese Information nur gegenüber juristischen Personen des privaten und öffentlichen Rechtes, also insbesondere bei Aktiengesellschaften und Gesellschaften mit beschränkter Haftung (GmbH) als Versicherungsnehmer.

Besonderheiten bestehen für die vorläufige Deckungszusage.

Die Information hat schriftlich zu erfolgen. Sie muss eindeutig formuliert, übersichtlich gegliedert und verständlich in deutscher Sprache oder der Muttersprache des Versicherungsnehmers abgefasst sein.

Gestaltung

Der Inhalt dieser Verbraucherinformation gliedert sich in Angaben für alle Versicherungssparten sowie zusätzlich für die Lebens- und Krankenversicherung (Anlage Teil D zum VAG).

Inhalt

Umfang der Informationspflichten des Versicherers		
Alle Versicherungssparten	**Lebensversicherung**	**Krankenversicherung**
1. Name, Anschrift, Rechtsform und Sitz des Versicherers und der etwaigen Niederlassung	1. Angaben über die für die Überschussermittlung und Überschussbeteiligung geltenden Berechnungsgrundsätze und Maßstäbe	1. Angaben über die Auswirkung steigender Krankheitskosten auf die zukünftige Beitragsentwicklung
2. Allgemeine Versicherungsbedingungen einschließlich der Tarifbestimmungen sowie Angabe des auf den Vertrag anwendbaren Rechts	2. Rückkaufswerte	2. Hinweise auf Möglichkeiten zur Beitragsbegrenzung im Alter
3. Angaben über Art, Umfang und Fälligkeit der Leistung des Versicherers (sofern sie sich nicht aus den Allgemeinen Versicherungsbedingungen ergeben)	3. Mindestversicherungsbetrag für eine Umwandlung in eine prämienfreie Versicherung und Leistungen aus prämienfreier Versicherung	3. Hinweis darauf, dass eine Versicherung in der gesetzlichen Krankenversicherung in fortgeschrittenem Alter in der Regel ausgeschlossen ist
4. Laufzeit des Versicherungsverhältnisses	4. Angaben über das Ausmaß, in dem die Leistungen nach Nummer 2 und 3 garantiert sind	
5. Prämienhöhe unter Angabe der für einzelne selbstständige Versicherungsverhältnisse geltenden Prämien, Prämienzahlungsweise, Nebengebühren und -kosten sowie insgesamt zu zahlender Betrag	5. Angabe über den der Versicherung zu Grunde liegenden Fonds bei der fondsgebundenen Lebensversicherung und die Art der darin enthaltenen Vermögenswerte	
6. Bindefrist für den Antragsteller	6. Allgemeine Angaben über die für diese Versicherungsart geltende Steuerregelung	
7. Belehrung über das Recht zum Widerruf oder zum Rücktritt		
8. Anschrift der zuständigen Aufsichtsbehörde, an die sich der Versicherungsnehmer bei Beschwerden über den Versicherer wenden kann		

Für Großrisiken im Sinne von Art. 10 Abs. 1 EGVVG genügt die Angabe des anwendbaren Rechts und der Aufsichtsbehörde. Großrisiken

Nach dem Zeitpunkt der Erfüllung der vorvertraglichen Informationspflichten durch den Versicherer unterscheidet man das Antrags- und das Policenmodell. Zeitpunkt

Erfüllung der Verbraucherinformation durch den Versicherer		
	Antragsmodell	Policenmodell
Zeitpunkt	bei Antragstellung	mit Übersendung des Versicherungsscheins
Rechtliche Möglichkeiten des Antragstellers (Versicherungsnehmers)	Nichtlebensversicherung: Widerrufsrecht Lebensversicherung: Rücktrittsrecht	Widerspruchsrecht

Während der Laufzeit des Vertrages erstreckt sich die Verbraucherinformation im Wesentlichen auf Änderungen und die jährliche Mitteilung über den Stand der Überschussbeteiligung in der Lebensversicherung, bei Prämienerhöhungen in der Krankenversicherung auf Hinweise auf einen möglichen Tarifwechsel. Laufzeit des Vertrages

3.2.2.4 Widerrufs-, Rücktritts- und Widerspruchsrecht

Der Antragsteller soll spätestens bei Vertragsabschluss alle erforderlichen Informationen vom Versicherer erhalten haben. Auf deren Grundlage hat er die Möglichkeit, den vorgesehenen Versicherungsvertrag noch einmal sorgfältig zu überdenken und zu prüfen, weil er das Versicherungsverhältnis in voller Überzeugung eingehen soll. Infolgedessen besteht ein enger Zusammenhang zwischen der Verbraucherinformation und den rechtlichen Möglichkeiten des Antragstellers bzw. Versicherungsnehmers, sich vom Antrag oder bereits zu Stande gekommenen Vertrag wieder zu lösen. Überblick

Die gesetzlich eingeräumten Rechtsbehelfe unterscheiden sich danach, ob der Versicherer seine Informationspflichten bereits bei der Antragstellung erfüllt hat oder dies erst mit der Übersendung des Versicherungsscheines tut.

Antragsmodell

Sind dem Antragsteller die erforderlichen Unterlagen zur Verbraucherinformation bereits bei der Antragstellung ausgehändigt worden, so steht ihm in den Zweigen der Nichtlebensversicherung ein Widerrufsrecht, in der Lebensversicherung ein Rücktrittsrecht zu.

Widerruf: § 8 Abs. 4 VVG

In allen Zweigen mit Ausnahme der Lebensversicherung wird dem Antragsteller ein gesetzliches Widerrufsrecht für den auf Abschluss einer Versicherung mit einer längeren Laufzeit als einem Jahr gerichteten Antrag eingeräumt. Der Widerruf muss innerhalb einer Frist von 14 Tagen nach Unterzeichnung des Versicherungsantrages schriftlich erfolgen. Über das Widerrufsrecht ist der Versicherungsnehmer (z. B. im Antragsvordruck) schriftlich zu belehren. Er hat die Belehrung durch Unterschrift zu bestätigen. Unterbleibt die Belehrung, so erlischt das Widerrufsrecht einen Monat nach Zahlung der ersten Prämie.

Ausschluss

Das Widerrufsrecht besteht nicht für alle Versicherungsanträge. Es wird nicht eingeräumt, wenn der Versicherungsnehmer nicht schutzwürdig erscheint oder der Versicherer bereits Versicherungsschutz ab Antragstellung gewährt.

<table>
<tr><th colspan="6">Widerrufsrecht des Antragstellers
– §§ 8 Abs. 4 und 6 VVG –</th></tr>
<tr><td colspan="6">Voraussetzungen</td></tr>
<tr><td colspan="3">Zweige</td><td colspan="3">Nichtlebensversicherung</td></tr>
<tr><td colspan="3">Gegenstand</td><td colspan="3">Antrag</td></tr>
<tr><td colspan="3">Verbraucherinformation</td><td colspan="3">erfüllt bei Antragstellung</td></tr>
<tr><td colspan="3">Frist</td><td colspan="3">14 Tage nach Belehrung</td></tr>
<tr><td colspan="3">Erlöschen</td><td colspan="3">1 Monat nach Zahlung der Erstprämie</td></tr>
<tr><td colspan="6">Ausschluss des Widerrufsrechts</td></tr>
<tr><td colspan="2">Kurzfristige Verträge mit Laufzeiten bis zu einem Jahr, auch im Falle eines Versicherungsvertrages mit Verlängerungsklausel (z. B. Kraftfahrtversicherung)</td><td colspan="2">Versicherung für die bereits ausgeübte gewerbliche oder selbstständige berufliche Tätigkeit des VN</td><td colspan="2">Gewährung sofortigen Versicherungsschutzes durch den Versicherer auf Wunsch des Versicherungsnehmers (z. B. vorläufige Deckungszusage)</td></tr>
</table>

Rücktritt § 8 Abs. 5 und 6 VVG

Bei der Lebensversicherung kann der Versicherungsnehmer innerhalb einer Frist von 14 Tagen nach Abschluss des Versicherungsvertrages vom Vertrag zurücktreten. Zum Unterschied vom Widerrufsrecht bezieht sich der Rücktritt nicht auf den Antrag, sondern auf den bereits zu Stande gekommenen Vertrag. Das Rücktrittsrecht ist in seinen Voraussetzungen dem Widerrufsrecht nachgebildet. Insbesondere erfordert es die Erfüllung der Informationspflichten bereits bei Antragstellung, sonst greift das Widerspruchsrecht ein.

Rücktrittsrecht des Versicherungsnehmers – §§ 8 Abs. 5 und 6 VVG –	
Voraussetzungen	
Zweige	Lebensversicherung
Gegenstand	Zustandegekommener Versicherungsvertrag
Verbraucherinformation	erfüllt bei Antragstellung
Frist	14 Tage nach Belehrung
Erlöschen	1 Monat nach Zahlung der Erstprämie
Ausschluss des Rücktrittsrechts	
Betriebliche Pensionskassen	

Policenmodell

Vgl. auch Abschn. 3.4.2.2 in Versicherungslehre 2, Teil 1.

Der Versicherer hat auch die Möglichkeit, dem Versicherungsnehmer die zur Verbraucherinformation erforderlichen Unterlagen erst mit dem Versicherungsschein zu übersenden. In diesem Fall finden das Widerrufs- und das Rücktrittsrecht keine Anwendung. §§ 5 a, 8 Abs. 6 VVG

Dem Versicherungsnehmer steht vielmehr ein Widerspruchsrecht zu, wenn der Versicherer seine gesetzlichen Informationspflichten erst mit Übersendung des Versicherungsscheines erfüllt und der Versicherungsnehmer die Verbraucherinformation erst zu diesem Zeitpunkt erhält. Widerspricht der Versicherungsnehmer nicht, so gilt der Vertrag auf der Grundlage des Versicherungsscheins, der Versicherungsbedingungen und der weiteren für den Vertragsinhalt maßgeblichen Verbraucherinformation als abgeschlossen.

Für das Widerspruchsrecht besteht eine Frist von 14 Tagen. Sie beginnt mit Aushändigung des Versicherungsscheines, vollständiger Überlassung der erforderlichen Unterlagen sowie schriftlicher und drucktechnisch deutlich hervorgehobener Belehrung über das Widerspruchsrecht. Der Nachweis über den Zugang der Unterlagen obliegt dem Versicherer. Das Widerspruchsrecht erlischt ein Jahr nach Zahlung der Erstprämie.

Für den Widerspruch ist Textform vorgesehen. Der Versicherungsnehmer hat ihn daher nach § 126 b BGB in einer Urkunde oder auf andere zur dauerhaften Wiedergabe von Schriftzeichen geeignete Weise zu erklären, sodass eine mündliche Erklärung nicht ausreicht, jedoch Telefax und E-Mail genügen. Form

Widerspruchsrecht des Versicherungsnehmers – § 5 a VVG –	
Voraussetzungen	
Zweige	alle Sparten
Gegenstand	Zustandegekommener Versicherungsvertrag
Verbraucherinformation	Übersendung der vollständigen Unterlagen mit dem Versicherungsschein
Frist	14 Tage nach Aushändigung des Versicherungsscheins, Übersendung der vollständigen Unterlagen und deutlicher Belehrung
Erlöschen	1 Jahr nach Zahlung der Erstprämie

Beispiele:

- Ein Ehepaar stellt den Antrag auf Abschluss einer Verbundenen Hausratversicherung nach VHB 2000 und erhält bei Antragstellung die gesamte gesetzlich vorgeschriebene Verbraucherinformation. Es hat das Recht, den Versicherungsantrag innerhalb von 14 Tagen nach Unterzeichnung schriftlich zu widerrufen. Zur Fristwahrung genügt die Absendung des Widerrufsschreibens.
- Ein Familienvater stellt den Antrag auf Abschluss einer Lebensversicherung. Die zur Verbraucherinformation erforderlichen Unterlagen hat er bei Antragstellung noch nicht vollständig erhalten. Damit entfällt das Rücktrittsrecht, und es steht ihm nach Erhalt des Versicherungsscheines das Recht zum Widerspruch innerhalb von 14 Tagen zu. Diese Frist beginnt jedoch nur zu laufen, wenn er mit dem Versicherungsschein sämtliche gesetzlich vorgeschriebenen Unterlagen erhalten hat und über das Widerspruchsrecht deutlich schriftlich belehrt worden ist. Sofern dies unterblieben ist, kann er noch innerhalb eines Jahres nach Zahlung der Erstprämie dem Versicherungsvertrag widersprechen.
- Ein Industriebetrieb in der Rechtsform einer Gesellschaft mit beschränkter Haftung (GmbH) stellt den Antrag auf Abschluss einer Feuerversicherung. Da es sich bei dem Antragsteller nicht um eine natürliche Person handelt, besteht keine Verpflichtung des Versicherers zur Verbraucherinformation. Die GmbH hat auch kein Widerrufsrecht, weil die Versicherung für ihre bereits ausgeübte gewerbliche Tätigkeit bestimmt ist. Wegen der fehlenden Informationspflicht des Versicherers kommt auch kein Widerspruchsrecht nach Zugang des Versicherungsscheines in Betracht.

3.2.2.5 Bindung an den Antrag

Die allgemeine BGB-Regelung, wonach der Antragsteller mit dem Zugang des Antrags beim Versicherer oder dem Vertreter an seinen Antrag gebunden ist, gilt für den Bereich des Versicherungsvertragsrechts nur insoweit, als nicht Spezialvorschriften eingreifen. Daraus folgt, dass die Bindungswirkung dann eintritt, wenn dem Antragsteller keine Verbraucherinformation zu erteilen ist oder ihm das gesetzliche Widerrufsrecht für den Antrag nicht zusteht. Somit ist der Antragsteller in folgenden Fällen gebunden:

§§ 145, 130 Abs. 1 BGB

- Antragsteller ist eine juristische Person
- kurzfristige Schadenversicherung mit einer Laufzeit bis zu einem Jahr
- Schadenversicherung für die bereits ausgeübte gewerbliche oder selbstständige berufliche Tätigkeit des Versicherungsnehmers
- Gewährung sofortigen Versicherungsschutzes in der Nichtlebensversicherung auf Wunsch des Versicherungsnehmers.

Der Zeitraum der Bindung wird durch Antragsbindefristen festgelegt, die, soweit dem Versicherungsnehmer gegenüber eine Informationspflicht besteht, zur gesetzlichen Verbraucherinformation gehören (Abschnitt I Nr. 1 f der Anlage Teil D zum VAG). Die einzige gesetzliche Regelung besteht für die Feuerversicherung in § 81 VVG mit zwei Wochen. Im Übrigen legt der Versicherer die Bindefrist im Antrag fest.

Bindefrist

Bindefristen		
Versicherungszweig	Dauer der Frist	Rechtsgrundlage
Feuerversicherung	2 Wochen	§ 81 VVG (einzige gesetzliche Regelung einer Bindefrist)
Übrige Sachsparten	2 Wochen	Antrag bzw. Verbraucherinformation
HUKR-Zweige	1 Monat	Antrag; Ausnahme für Kraftfahrzeug-Haftpflichtversicherung (Antrag gilt als angenommen, wenn er nicht innerhalb von zwei Wochen abgelehnt wird: § 5 Abs. 3 PflVG)
Krankenversicherung	6 Wochen	Antrag bzw. Verbraucherinformation

Widerrufsrecht für den Antrag

Soweit dem Antragsteller das Widerrufsrecht gemäß § 8 Abs. 4 VVG zusteht, ist er während des Laufes der zweiwöchigen Widerrufsfrist an seinen Antrag nicht gebunden, da er ihn jederzeit durch einseitige empfangsbedürftige Willenserklä-

Keine Bindung

rung widerrufen kann. Somit tritt auf Grund der versicherungsvertragsrechtlichen Spezialregelung keine Bindung an den Antrag ein. Auch der Versicherer ist während dieses Zeitraums an keine Fristen gebunden, weil es ihm nicht zugemutet werden kann, Bearbeitungskosten vor einer Bindung des Antragstellers aufzuwenden.

Anschließende Bindefrist

Eine vom Versicherer gesetzte Bindefrist würde erst nach Ablauf der gesetzlichen Widerrufsfrist eingreifen. Dies gilt auch für die gesetzliche Bindefrist in der Feuerversicherung gemäß § 81 VVG. Sie wird für den Versicherer aber zugleich auch zur Annahmefrist.

Rücktritts- und Widerspruchsrecht

Rücktrittsrecht

Da in der Lebensversicherung gemäß § 8 Abs. 5 VVG das Rücktrittsrecht vom Vertrag besteht, entfällt jede Bindungswirkung für den Antragsteller. Wenn er sogar noch von dem bereits zu Stande gekommenen Vertrag zurücktreten kann, ist er an seinen Antrag erst recht nicht gebunden.

Widerspruchsrecht

Bei dem Policenmodell ist der Kunde ebenfalls nicht an seinen Antrag gebunden, weil er bei der Abgabe des Antrags noch nicht ausreichend unterrichtet war (§ 5 a VVG). Der Antrag hat infolgedessen bis zum Ablauf der Widerspruchsfrist keine Bindungswirkung.

Es kann auch keine Bindefrist im Antrag oder der Verbraucherinformation vorgesehen werden, da sie das Widerspruchsrecht des Antragstellers einschränken würde. Eine solche Bindefrist würde weder das Rücktritts- noch das Widerspruchsrecht des Versicherungsnehmers berühren, aber den Versicherer als Annahmefrist binden.

<table>
<tr><th colspan="2">Bindung an den Antrag</th></tr>
<tr><th>Gesetzliche Bindung nach BGB</th><th>Keine Bindung auf Grund versicherungsvertragsrechtlicher Spezialregelungen</th></tr>
<tr><td>Fehlendes Widerrufsrecht für den Antrag
– Kurzfristige Verträge
– Berufliche und gewerbliche Versicherungen
– Vorläufige Deckungszusage</td><td>Antragsmodell
Nichtlebensversicherung: während der Widerrufsfrist
Lebensversicherung: wegen des Rücktrittsrechts vom Vertrag</td></tr>
<tr><td>Kein Erfordernis der Verbraucherinformation:
Juristische Personen</td><td rowspan="2">Policenmodell
Alle Sparten: wegen des Widerspruchsrechts</td></tr>
<tr><td>Ablauf der zweiwöchigen Widerrufsfrist</td></tr>
</table>

3.2.2.6 Elektronischer Geschäftsverkehr

Unter elektronischem Geschäftsverkehr (electronic commerce oder E-Commerce) versteht man die Abwicklung von Geschäften unter Nutzung des Internet. Für Versicherungsverträge kommt sie nur unter ganz bestimmten Voraussetzungen in Betracht. Begriff

Ein Versicherungsvertrag kann im Wege des Direktvertriebs unter Zuhilfenahme des Internet auf folgende Weise zu Stande kommen: Abwicklung

- Ein Interessent nimmt elektronischen Kontakt mit einem Versicherer auf.
- Der Versicherer übermittelt dem Interessenten elektronisch ein Antragsformular.
- Der Interessent (Antragsteller) druckt es aus, füllt es aus und versendet es per Post an den Versicherer.
- Der Versicherer übermittelt ebenfalls per Post den Versicherungsschein und die Verbraucherinformation (einschließlich AVB).
- Dem Interessenten (Versicherungsnehmer) steht das Widerspruchsrecht nach § 5 a VVG zu, das er innerhalb von 14 Tagen elektronisch ausüben kann.

Ein Vertragsschluss „online" ist rechtlich nicht zulässig. Die Verbraucherinformation hat nach § 10 a Abs. 2 Satz 1 VAG schriftlich, also in Papierform, zu erfolgen. Daher reicht es nicht aus, wenn der Versicherer dem Kunden die bloße Möglichkeit verschafft, sie am Bildschirm einzusehen und auszudrucken. Vielmehr hat das Versicherungsunternehmen seine Unterrichtung zu gewährleisten. Es kann den Versicherungsnehmer auch nicht elektronisch formgerecht über sein Widerspruchsrecht belehren. Dies muss nach § 5 a Abs. 2 Satz 1 VVG „schriftlich, in drucktechnisch deutlicher Form" geschehen. VerBAV 99, 219; GB BAV 2000 Teil A, 16

3.2.3 Annahme

Der Versicherungsvertrag kommt dadurch zu Stande, dass der Versicherer den Antrag annimmt. Die Annahme ist eine einseitige empfangsbedürftige Willenserklärung, die mit dem Zugang beim Antragsteller wirksam wird. § 151 BGB

Der Entscheidung des Versichcrers über die Annahme des Antrages geht eine Prüfung voraus. Grundlage für die Risikobeurteilung sind die Annahmerichtlinien der einzelnen Gesellschaften. Bestimmte Risiken werden nicht oder nur gegen Prämienzuschläge in Deckung genommen. Entscheidung

Ergebnis der Prüfung		
Annahme des Antrages ohne Einschränkungen	Annahme des Antrages mit Einschränkungen, z. B. Übernahme des Risikos zu einer erhöhten Prämie	Ablehnung des Antrages

Annahme-Erklärung

Die Entscheidung des Versicherers ist dem Antragsteller mitzuteilen. In der Regel erfolgt die Annahme des Antrags. Sie wird entweder ausdrücklich in einem gesonderten Annahmeschreiben oder konkludent (= schlüssig) durch Übersendung des Versicherungsscheines mit der Rechnung über die erste Prämie erklärt. Mit dem Zugang der Annahmebestätigung oder der Urkunde beim Antragsteller ist der Vertrag formell zu Stande gekommen.

§ 150 Abs. 2 BGB

Eine Annahme unter Erweiterungen, Einschränkungen oder sonstigen Änderungen gilt als Ablehnung, verbunden mit einem neuen Antrag des Versicherers. Besteht seine Entscheidung in der Annahme des Antrages mit der Einschränkung, dass wegen des höheren Risikos ein Prämienzuschlag zu entrichten ist, steht es dem Antragsteller frei, ob er diesen Antrag annehmen will oder nicht. Jedenfalls ist er an seinen Antrag nicht mehr gebunden.

Annahmefrist

Die Annahme kann nur wirksam innerhalb der Annahmefrist erfolgen, die grundsätzlich der Bindefrist des Antragstellers entspricht. Sie beträgt nach der gesetzlichen Regelung des § 81 Abs. 1 Satz 1 VVG in der Feuerversicherung zwei Wochen. In der Kraftfahrzeug-Haftpflichtversicherung gilt der Antrag grundsätzlich als angenommen, wenn der Versicherer ihn nicht innerhalb einer Frist von zwei Wochen bei Vorliegen bestimmter Gründe ablehnt (§ 5 Abs. 3 PflVG). Im Übrigen gehören Angaben über die Annahmefrist zu der vom Versicherer zu erteilenden Verbraucherinformation. Üblich sind für die Sachsparten zwei Wochen, für die HUK-Zweige ein Monat und für die Personenversicherung sechs Wochen. Zu beachten ist jedoch in diesem Zusammenhang, dass der Antragsteller auf Grund der versicherungsvertragsrechtlichen Sonderregelungen häufig an seinen Antrag nicht gebunden ist.

Ein modifizierter Annahmezwang für den Versicherer besteht in der Kraftfahrzeug-Haftpflichtversicherung gemäß § 5 Abs. 4 PflVG.

3.2.3.1 Vorläufige Deckungszusage

Begriff

Eine vorläufige Deckungszusage wird erteilt, wenn der Kunde nach Antragstellung, aber vor Abschluss der Prüfungen des Versicherers und vor der Annahme des Antrages Versicherungsschutz wünscht. Sie schafft somit provisorisch einen Versicherungsvertrag und Versicherungsschutz vor endgültiger Risikoprüfung und vor völliger Einigung (z. B. über die Prämienhöhe). Es handelt sich nicht um einen Vorvertrag; denn die Parteien sind nicht zum Abschluss eines Hauptvertrages verpflichtet. Die vorläufige Deckung ist meist von vornherein zeitlich befristet oder enthält eine kurzfristige Kündigungsmöglichkeit.

Die vorläufige Deckungszusage ist ein selbstständiger Versicherungsvertrag vor der vollständigen Einigung der Vertragspartner über den endgültigen Versicherungsschutz. Sie begründet somit ein von dem späteren Versicherungsvertrag unabhängiges Rechtsverhältnis zwischen den Vertragsschließenden. Verwirklicht sich das versicherte Risiko während der Laufzeit der vorläufigen Deckung, so ist der Versicherer leistungspflichtig. Rechtsnatur

Die vorläufige Deckungszusage nimmt regelmäßig auf den Antrag, der auf Abschluss des endgültigen Versicherungsvertrages gerichtet ist, Bezug und versichert vorübergehend das dort umschriebene Risiko. Allerdings kann das vorläufige Risiko auch anders umschrieben sein. Auch die Prämien können anders berechnet werden. Die Zusage ist nicht an die vorgesehene Gestaltung des späteren Vertrages gebunden. Inhalt

Das Widerrufsrecht des Antragstellers ist ausgeschlossen, wenn und soweit der Versicherer auf Wunsch des Versicherungsnehmers sofortigen Deckungsschutz gewährt hat. Im Falle der Gewährung sofortigen Versicherungsschutzes auf besonderen Antrag des Versicherungsnehmers kann auch der Verzicht auf Überlassung der Versicherungsbedingungen und der Verbraucherinformation bei Vertragsschluss vereinbart werden. Die Unterlagen sind dem Versicherungsnehmer auf Anforderung, spätestens mit dem Versicherungsschein zu überlassen. Das Widerspruchsrecht des Versicherungsnehmers entfällt in diesem Fall. Für die Deckung gelten die einschlägigen AVB, sofern auf sie in der Zusage hingewiesen wurde. §§ 5 a Abs. 3, 8 Abs. 4 Satz 5 VVG

Als Beendigungsgründe für die vorläufige Deckungszusage kommen in Betracht: Ende

- Ablauf der in der Deckungszusage vorgesehenen Zeit

- Ablehnung des Abschlusses eines endgültigen Versicherungsvertrages durch den Versicherer oder den Versicherungsnehmer

- Zustandekommen des endgültigen Versicherungsvertrages

- Scheitern der Vertragsverhandlungen.

Bei dem Abschluss des endgültigen Vertrages wird die Zeit der vorläufigen Deckung meistens abrechnungstechnisch einbezogen. Kommt der endgültige Vertrag nicht zu Stande, erfolgt die Prämienabrechnung in der Regel nach Kurztarif. Abrechnung

Vorläufige Deckungszusagen kommen mit Ausnahme der Krankenversicherung in fast allen Versicherungszweigen vor. Erhebliche Bedeutung haben sie insbesonders im Zusammenhang mit der Versicherung großer Industrierisiken, die längere Besprechungen und Prüfungen durch den Versicherer erfordern. Bedeutung

Aber auch im Bereich der Lebensversicherung kann vorläufiger Versicherungsschutz bis zu einer Versicherungssumme von 100 000,00 € gewährt werden. Voraussetzung für eine Leistung des Versicherers ist allerdings, dass die Todesursache erst nach Antragstellung entstanden oder erkennbar geworden ist. Durch diese Regelung wird eine ausreichende Versorgung der Hinterbliebenen bis zum endgültigen Zustandekommen des Versicherungsvertrages erreicht, ohne dass der Versicherer mit offensichtlich schon vorhandenen Risiken belastet wird.

Besonders verbreitet ist die vorläufige Deckungszusage in der Kraftfahrzeug-Haftpflichtversicherung. Die Aushändigung der Versicherungsbestätigung zur behördlichen Zulassung des Fahrzeugs gilt als Zusage einer vorläufigen Deckung, die mit der Einlösung des Versicherungsscheines endet (§ 1 Nr. 2 AKB). Sie tritt rückwirkend außer Kraft, wenn der Antrag unverändert angenommen, der Versicherungsschein aber nicht innerhalb von zwei Wochen nach Ablauf der 14-tägigen Widerspruchsfrist gemäß § 5 a VVG eingelöst wird und der Versicherungsnehmer die Verspätung zu vertreten hat.

3.2.3.2 Versicherungsschein

§ 3 VVG

Über den abgeschlossenen Versicherungsvertrag hat der Versicherer eine Urkunde auszustellen, die Versicherungsschein oder Police genannt wird. Der Versicherungsschein hat die im Versicherungsvertrag getroffenen Vereinbarungen wiederzugeben. Er beurkundet entweder den endgültigen Abschluss des Vertrages oder stellt die Annahme des Antrags dar. Kommt die Police abhanden oder wird sie vernichtet, kann der Versicherungsnehmer die Ausstellung einer Ersatzurkunde auf seine Kosten verlangen.

Inhalt

Sparten

Inhaltlich unterscheiden sich die Versicherungsscheine danach, um welchen Versicherungszweig es sich im Einzelfall handelt. Stets enthält der Versicherungsschein die Bezeichnung des Versicherungsnehmers, den Umfang des Versicherungsschutzes, die Prämienhöhe sowie die faksimilierte Unterschrift des Versicherers.

Inhalt des Versicherungsscheins			
Versicherungsschein-Nr. ...			
Bezeichnung des VN – Name – Anschrift	Umfang des Versicherungsschutzes – Sparte – Tarif – Versicherungsobjekt – Versicherter in der Personenversicherung – Versicherungssumme – Laufzeit	Prämie – Betrag – Fälligkeit	Unterschrift des Versicherers – Faksimile – Datum
Sonstige Hinweise und Belehrungen			

Rechtsnatur

Bedeutung

Der Versicherungsschein ist stets Beweisurkunde für den Abschluss und den Inhalt des Versicherungsvertrages. Darüber hinaus ist er Schuldschein. In der Lebensversicherung sind die Versicherungsscheine meistens Ausweispapiere, in der Transportversicherung ausnahmsweise auch Wertpapiere.

Funktionen des Versicherungsscheins			
Beweisurkunde	Schuldschein	Ausweispapier	Wertpapier
Beurkundung des Vertragsinhalts Der Versicherungsschein begründet die widerlegbare Vermutung der Richtigkeit und Vollständigkeit der vom Versicherer abgegebenen Erklärungen. Es wird vermutet, dass der Versicherungsvertrag wie beurkundet zu Stande gekommen ist und keine weiteren als die beurkundeten Abreden getroffen worden sind.	– Einfacher Schuldschein: Der Versicherer kann Vorlage und Rückgabe des Versicherungsscheins verlangen (§ 371 Satz 1 BGB) – Qualifizierter Schuldschein: Der Versicherer muss bei entsprechender Vereinbarung die Vorlage und Rückgabe des Versicherungsscheins verlangen (§ 4 Abs. 2 Satz 1 VVG). Eine solche Regelung dient dem Schutz des Gläubigers bei einer Abtretung der Versicherungsforderung.	Auf Grund der Inhaberklausel (§§ 4 Abs. 1 VVG, 12 ALB) sind Lebensversicherungspolicen Legitimations- oder hinkende Inhaberpapiere. Bei fehlender Bezugsberechtigung kann der Versicherer an den Inhaber des Versicherungsscheins zahlen. Er hat jedoch das Recht, den Nachweis der Berechtigung zu verlangen, z. B. durch Vorlage eines Erbscheins (§ 808 Abs. 1 BGB).	Transportversicherungspolicen können als Order- oder Inhaberpapiere ausgestellt werden. Mit Übergabe der Police und Übertragungsvermerk auf der Rückseite (Indossament) gehen dann die Versicherungsansprüche auf den Erwerber über.

Arten

Blockpolice

Eine Sonderform des Versicherungsscheins stellt die Blockpolice dar, die beim so genannten einfachen Geschäft verwendet wird. Ihr Name erklärt sich daher, dass mehrere solcher Policen zu einem Block abreißbar zusammengefasst sind. Sie werden vom Außendienst ausgestellt und dem Versicherungsnehmer ausgehändigt. Dadurch ist der Versicherungsvertrag abgeschlossen, ohne dass eine Antragsprüfung im Versicherungsbetrieb stattfindet.

Versicherungsbestätigung

In der Kraftfahrzeug-Haftpflichtversicherung wird die Versicherungsbestätigung neben dem Versicherungsschein zur Vorlage bei der Zulassungsstelle, bei der sie verbleibt, ausgestellt.

Versicherungsnachweis

Bei Kollektivversicherungsverträgen gibt es neben der Police regelmäßig Versicherungsausweise, die beispielsweise bei einer Belegschaftsversicherung den Arbeitnehmer über seine Rechtsstellung unterrichten.

Billigungsklausel

§ 5 VVG

Eine Abweichung der Annahmeerklärung vom Antrag gilt nach der BGB-Regelung (§ 150 Abs. 2 BGB) als Ablehnung, verbunden mit einem neuen Antrag. Diese Regelung wird dem Massengeschäftscharakter der Versicherung nicht gerecht. Im Rahmen der Antragsprüfung kann sich nämlich ergeben, dass eine Annahme auf der Grundlage des Antrags und damit die Ausfertigung des entsprechenden Versicherungsscheines nicht ohne weiteres möglich ist. Beispielsweise können im Antrag die Prämie zu niedrig ermittelt oder ein Selbstbehaltsbetrag nicht richtig angesetzt sein. Rückfragen und die Einholung der Zustimmung des Versicherungsnehmers wären umständlich sowie zeit- und kostenaufwändig. Meistens wird der Antragsteller mit den erforderlichen Änderungen gegenüber dem Antrag einverstanden sein. Daher gilt die Abweichung als genehmigt, wenn der Versicherungsnehmer nicht innerhalb eines Monats nach Empfang des Versicherungsscheins in Textform gemäß § 126 b BGB widerspricht. Voraussetzung ist jedoch eine ordnungsgemäße Belehrung.

Ordnungsgemäße Belehrung

Der Inhalt des Versicherungsscheines gilt nur dann als genehmigt, wenn der Versicherer den Versicherungsnehmer ausdrücklich auf diese Rechtsfolge hingewiesen hat. In der Praxis ist der folgende Vermerk auf den Versicherungsscheinen üblich:

> An den rot kenntlich gemachten Stellen weicht der Versicherungsschein von dem Antrag ab. Wenn innerhalb eines Monats nach Empfang des Versicherungsscheins nicht in Textform widersprochen wird, gelten die Abweichungen als akzeptiert.

Die Regelung, dass der vom Antrag abweichende Versicherungsschein Vertragsinhalt wird, wenn der Versicherungsnehmer nicht innerhalb eines Monats widerspricht, bezeichnet man als Billigungsklausel. Der Versicherungsnehmer kann entscheiden, ob er widersprechen will oder nicht. Widerspricht er rechtzeitig, so ist kein Vertrag zu Stande gekommen. Unterlässt er den rechtzeitigen Widerspruch, so kommt der Versicherungsvertrag auf der Grundlage des Versicherungsscheins zu Stande. Dieses Ziel wird durch die gesetzliche Regelung angestrebt.

Fehlende Belehrung

Hat der Versicherer den Versicherungsnehmer nicht ordnungsgemäß belehrt, so ist der Versicherungsvertrag auf der Grundlage des Antrages zu Stande gekommen und der Versicherungsschein zu berichtigen.

<table>
<tr><th colspan="3">Abweichung des Versicherungsscheins vom Antrag</th></tr>
<tr><td colspan="2">Versicherungsschein enthält Hinweis und Belehrung (§ 5 Abs. 2 VVG)</td><td>Versicherungsschein enthält keine ordnungsgemäße Belehrung (§ 5 Abs. 3 VVG)</td></tr>
<tr><td>Widerspruch des Antragstellers:

Vertrag kommt nicht zu Stande</td><td>Kein Widerspruch des Antragstellers:

Vertrag auf der Grundlage des Inhalts des Versicherungsscheins</td><td>Vertrag auf der Grundlage des Inhalts des Antrags</td></tr>
</table>

Zusammenfassung

<table>
<tr><th colspan="4">Zustandekommen des Versicherungsvertrages</th></tr>
<tr><th colspan="2">Antragsteller</th><th colspan="2">Versicherer</th></tr>
<tr><td colspan="2">Antrag
– Geschäftsfähigkeit
– Verbraucherinformation
– Rechtliche Möglichkeiten: Widerruf, Rücktritt, Widerspruch
– Bindungswirkung auf Grund der versicherungsvertragsrechtlichen Spezialregelungen stark eingeschränkt</td><td colspan="2">Annahme
– Ausdrücklich: Übersendung eines Annahmeschreibens
– Konkludent: Übersendung des Versicherungsscheins
– Annahmefiktion: Kraftfahrzeug-Haftpflichtversicherung</td></tr>
<tr><td colspan="4">Übereinstimmung von Antrag und Annahme
– Ausnahme: Billigungsklausel gemäß § 5 VVG
– Möglichkeit der vorläufigen Deckungszusage</td></tr>
<tr><td colspan="4">Beurkundung des Vertragsinhalts durch Versicherungsschein</td></tr>
<tr><td>Beweisurkunde</td><td>Schuldschein</td><td>Ausweispapier</td><td>Wertpapier</td></tr>
</table>

Übungsaufgaben

1. Der Versicherungsantrag wird gegliedert in den eigentlichen „Antrag“, die „Fragen zum versicherten Risiko“ und die „Ermächtigungserklärungen“. Erläutern Sie diese Bestandteile des Antrages und geben Sie je ein Beispiel an.

2. Versicherungsanträge können eventuell widerrufen werden. Erläutern Sie die im VVG beschriebenen Regeln.

3. Verschiedene Personen können an einem Versicherungsvertrag beteiligt sein. Erklären Sie die Rolle für vier denkbare Beteiligte.

4. Erläutern Sie die Versicherung für fremde Rechnung durch Beispiele aus dem Bereich der Gebäude- und Haftpflichtversicherung.

5. Am 13. 01. hat der Versicherungsvermittler Paul Meier bei Familie Hübner Anträge zu folgenden Versicherungen aufgenommen:

   - eine Privathaftpflichtversicherung; wegen der Laufzeit von 5 Jahren wurde ein Nachlass von 10 % gewährt,
   - eine gebündelte Geschäftsversicherung für den mittelständischen Betrieb von Herrn Hübner sowie
   - eine Reise-Rücktrittskosten-Versicherung für die Urlaubsreise vom 04. 10. – 20. 10.
     Familie Hübner widerruft mit Schreiben vom 20. 01. – Eingang am 23. 01. – alle Anträge.

   Prüfen Sie, ob der Widerruf in diesen Fällen wirksam ist. Begründen Sie Ihre Antwort.

6. Beschreiben Sie zwei Merkmale der Datenschutzklausel eines Versicherungsantrages (Sparte nach Wahl).

7. Die 17-jährige Karin Polte beantragt eine Unfallversicherung – Versicherungsdauer 1 Jahr, aber mit Verlängerungsklausel. Erklären Sie die Voraussetzungen für das rechtswirksame Zustandekommen des Vertrages in Bezug auf die Willenserklärung von Karin Polte.

8. Der VR nimmt einen Antrag unter Ausschluss eines Teilrisikos an und sendet den Versicherungsschein an den Versicherungsnehmer. Erläutern Sie,

   a) was der VR hinsichtlich des Ausschlusses zu beachten hat
   b) welche Folgerungen sich für den Versicherungsnehmer ergeben können.

9. Der VN stellt am 15. 04. einen Antrag auf Privat-Haftpflichtversicherung. Die Police erhält er am 23. 05., die Prämie bezahlt er am 28. 05.

   a) Wann ist der PH-Vertrag zu Stande gekommen?
   b) Wie wäre die Frage für eine Kfz-Haftpflichtversicherung zu beantworten?
   c) Infolge des Überschreitens der Bindefrist erhält der VN nicht rechtzeitig Versicherungsschutz. Welche Rechtsfolgen können sich daraus für den Versicherer ergeben?

10. Erläutern Sie

   a) Rechtsnatur und
   b) Zweck

   der vorläufigen Deckung.

11. Herr Fritz Schlau, Fuchsstraße 70, 67321 Neustadt, hat bei der Südstern Versicherung AG ab 01. 09. eine Hausratversicherung abgeschlossen. Der Versicherungsschein geht dem Versicherungsnehmer am 10. 09. zu. Der Beitrag wird auf Grund einer Einzugsermächtigung eingezogen. Am 15. 11. erhält die Südstern Versicherung AG einen Brief des VN, in dem er sich in mehr als schroffer Form über die Art und Weise beschwert, wie entgegen den gesetzlichen Bestimmungen des § 150 Abs. 2 BGB er von der Gesellschaft aufs Kreuz gelegt worden sei. Der Versicherungsschein sei mit einer höheren Prämie als im Antrag vereinbart ausgestellt worden. Er erklärt deshalb seinen Rücktritt vom Vertrag und fordert die erhobene Prämie zurück.

   a) Erklären Sie ausführlich, unter welchen Voraussetzungen das VVG eine vom BGB abweichende Verhaltensweise des Versicherers zulässt!
   b) Schreiben Sie unter heutigem Datum an den VN und klären Sie ihn entsprechend auf!

12. Herr Meyer unterzeichnet am 10. 11. einen Antrag auf Abschluss einer Privat-Haftpflichtversicherung. Fünf Tage später erfährt er per Zufall, dass ein anderer Versicherer den gleichen Versicherungsschutz wesentlich günstiger anbietet. Nun will Herr Meyer wissen, ob er seinen Antrag für ungültig erklären kann oder bis zum Ablauf einer gewissen Frist bzw. Zusendung der Police daran gebunden ist.

   a) Erläutern Sie die rechtliche Situation des Herrn Meyer.
   b) Was würde sich an der Situation ändern, wenn es sich um eine kapitalbildende Lebensversicherung gehandelt hätte?
   c) Was würde sich an der Situation ändern, wenn es sich um eine Auslandsreise-Krankenversicherung anlässlich einer vierwöchigen USA-Reise gehandelt hätte.

13. In einen Antrag auf Abschluss einer Unfallversicherung hatte der VN eine zu versichernde Invaliditätsleistung eingetragen, die über der höchstzulässigen Summe lt. unseren Annahmerichtlinien lag. Wir haben deshalb in der Police eine niedrigere Summe eingetragen, diese Abänderung durch Fettdruck kenntlich gemacht sowie auf die Abänderung und die möglichen Rechtsfolgen hingewiesen. Der VN hatte auf diese Abänderung nicht reagiert. Zwei Jahre später ereignete sich ein Unfall mit Invaliditätsfolgen für den VN. Dieser verlangt jetzt eine höhere Invaliditätssumme, als ihm nach der Police zusteht, mit der Begründung, dass er die Abweichung damals nicht genehmigt hätte.

    a) Beurteilen Sie den Sachverhalt nach dem BGB!
    b) Beurteilen Sie den Sachverhalt nach dem hier zu Grunde zu legenden VVG!

14. Ein Versicherungsvermittler führt am 21. 06. mit einem Interessenten ein Gespräch über eine Hausratversicherung. Am 25. 06. findet ein 2. Gespräch statt; der Interessent ist aber nicht bereit, den Antrag sofort zu unterschreiben. Erst am 18. 07. übersendet er den unterschriebenen Antrag an den Vermittler. Im Antrag ist der 01. 08. als Beginn eingesetzt. Der Vermittler leitet den Antrag an die Direktion weiter, wo er am 20. 07. eingeht. Am 03. 08. übersendet die Direktion den Versicherungsschein an den Vermittler, der ihn am 05. 08. persönlich dem Kunden übergibt und sofort die erste Prämie kassiert. Der Vermittler überweist am 07. 08. die Prämie an die Direktion. In der Police ist antragsgemäß der 01. 08. als Beginn eingesetzt. (Es gilt die erweiterte Einlösungsklausel!)
    Haftet der VR für einen Versicherungsfall am 04. 08.? (Begründung)

15. Frau Marliese Natt stellt am 12. 10. einen Antrag auf eine Schadenversicherung zum 01. 11. Die Bindefrist beträgt 2 Wochen; es gilt die erweiterte Einlösungsklausel. Den Versicherungsschein erhält sie am 20. 11. und bezahlt die Prämie am 21. 11.

    a) Erläutern Sie die Unterschiede zwischen Schadenversicherung und Summenversicherung!
    b) Der Antragsteller ist für eine bestimmte Frist (je nach Sparte 2 – 6 Wochen) an seinen Antrag gebunden. Nennen Sie den Grund für die Bindung und ihre zeitliche Beschränkung!
    c) Zu welchem Zeitpunkt ist in diesem Fall ein Versicherungsvertrag zu Stande gekommen, und wer ist hier Antragsteller bzw. Annehmender? (Begründung!)
    d) Prüfen und begründen Sie, ob Versicherungsschutz für einen Schaden besteht, der am 10. 11. eingetreten ist!

16. Ein Versicherungsvertrag kommt wie jeder privatrechtliche Vertrag durch Antrag und Annahme zu Stande.

a) Der Antrag erfolgt durch den zukünftigen VN auf einem vom VU vorgedruckten Formular. Der ausgefüllte und unterschriebene Antragsvordruck besteht juristisch aus drei Teilen:
Willenserklärung, Wissenserklärung und Schlusserklärung.
Erläutern Sie diese drei Begriffe!
b) Seit einiger Zeit steht dem Antragsteller ein gesetzliches Widerrufsrecht zu. Innerhalb welcher Frist und in welcher Form muss der Widerruf erklärt werden?
c) In welchen Fällen ist das Widerrufsrecht für Versicherungsanträge ausgeschlossen?
d) Der Antragsteller hat eine Versicherung ohne Ausschlüsse beantragt. Er enthält vom Versicherer fristgerecht einen Versicherungsschein, der allerdings einen Risikoausschluss enthält.
Erläutern Sie die Rechtslage!

3.3 Versicherungsbeginn

> Ein Architekt hat sein Büro am 1. März eröffnet. Er beantragt am 10. April eine Berufs-Haftpflichtversicherung, die rückwirkend ab 1. März beginnen soll. Er erhält den Versicherungsschein am 20. April und überweist zwei Tage später die erste Prämie.
>
> Herr Friedrich Müller beabsichtigt im Januar den Abschluss einer Lebensversicherung. Da er am 20. Dezember Geburtstag hatte, stellt er die Frage, ob es möglich und unter Umständen sogar günstiger sei, den Vertrag ab 1. Dezember des vergangenen Jahres oder zu einem früheren Zeitpunkt abzuschließen.

Es sind drei Arten des Versicherungsbeginns zu unterscheiden: formeller, materieller und technischer Versicherungsbeginn.

3.3.1 Formeller Versicherungsbeginn

Der formelle Versicherungsbeginn ist der Zeitpunkt des Vertragsabschlusses, also des Zustandekommens des Versicherungsvertrages im Rechtssinne. Die Bezeichnung „formell" bezieht sich darauf, dass der Vertrag juristisch mit dem Zugang der Annahme des Versicherers beim Versicherungsnehmer zu Stande kommt. Vertragsabschluss

> **Beispiele:**
>
> - Der Versicherungsvertreter händigt den Versicherungsschein aus.
> - Der Versicherungsnehmer erhält mit der Post ein Schreiben, in dem der Versicherer die Annahme des Antrags erklärt.

3.3.2 Materieller Versicherungsbeginn

Materieller Versicherungsbeginn ist der vertraglich vereinbarte Zeitpunkt, von dem ab der Versicherungsschutz wirksam ist, also die Leistungspflicht (Gefahrtragung) des Versicherers anfängt. Es können somit gedeckte Versicherungsfälle eintreten. Die Bezeichnung „materiell" stellt daher auf die tatsächliche Haftungsübernahme durch den Versicherer ab. Haftungsbeginn

Bei einer Versicherung auf Zeit ist der Mittag des Tages, an dem der Vertrag geschlossen wird, als materieller Versicherungsbeginn anzusehen. Häufig sehen auch vertragliche Vereinbarungen diesen Zeitpunkt vor, weil der Eintritt von Versicherungsfällen am hellen Tag zeitlich leichter nachprüfbar ist: § 7 VVG

Versicherungsschutz wird gewährt für die Zeit vom 15. 05. 2002 bis 15. 05. 2003, jeweils mittags 12 Uhr.

§ 1 Abs. 2 KfzPflVV

In der Kraftfahrt- und Rechtsschutzversicherung beginnt der Vertrag demgegenüber um 0 Uhr und endet um 24 Uhr. Dadurch ist sichergestellt, dass keine zeitlichen Lücken im Versicherungsschutz entstehen.

Einlösungsklausel

§ 38 Abs. 2 VVG

Voraussetzung für den Beginn des Versicherungsschutzes ist darüber hinaus grundsätzlich die Zahlung der ersten Prämie durch den Versicherungsnehmer. Diesen Grundsatz, dass ohne Entrichtung der Erstprämie keine Leistungspflicht des Versicherers besteht, bezeichnet man als Einlösungsprinzip, weil der Versicherungsnehmer durch die Prämienzahlung den Versicherungsschein einlöst.

Strenge Einlösungsklausel

Diese einfache oder strenge Einlösungsklausel gilt nach der gesetzlichen Regelung, sofern die AVB keine abweichenden Bestimmungen treffen. Ausdrücklich ist sie enthalten in § 1 Nr. 1 AKB für die Kraftfahrtversicherung und in § 3 Abs. 1 ALB für die kapitalbildende Lebensversicherung. Der Versicherungsschutz beginnt erst mit Zahlung des Einlösungsbetrages, sofern nicht vorläufige Deckung oder vorläufiger Versicherungsschutz zugesagt wurde.

Erweiterte Einlösungsklausel

Die erweiterte Einlösungsklausel weicht von der gesetzlichen strengen Einlösungsklausel zu Gunsten des Versicherungsnehmers ab. Sie muss jedoch ausdrücklich in den Bedingungen vereinbart sein.

Danach beginnt der Versicherungsschutz bei unverzüglicher Einlösung des Versicherungsscheines zu dem in ihm festgesetzten Zeitpunkt. Als unverzüglich oder ohne Verzug wird in Anlehnung an § 1 Nr. 4 AKB eine Zahlung innerhalb eines Zeitraumes von 14 Tagen angesehen.

Beispiel:

Verbundene Hausratversicherung (§ 15 Nr. 3 VHB 2000):

„Die Haftung des Versicherers beginnt mit dem vereinbarten Zeitpunkt und zwar auch dann, wenn zur Prämienzahlung erst später aufgefordert, die Prämie aber ohne Verzug gezahlt wird. Ist dem Versicherungsnehmer bei Antragstellung bekannt, dass ein Versicherungsfall bereits eingetreten ist, so entfällt dafür die Haftung.“

Der Versicherungsschutz beginnt somit vor dem Zeitpunkt der Zahlung der ersten Prämie.

Einlösungsklauseln		
Arten	Strenge oder einfache Einlösungsklausel	Erweiterte Einlösungsklausel
Rechtsgrundlage	Gesetzliche Regelung gemäß § 38 Abs. 2 VVG	Ausdrückliche Regelung in den AVB
Inhalt	Der Versicherungsschutz beginnt mit Zahlung der ersten Prämie, aber nicht vor dem vertraglich vereinbarten Zeitpunkt.	Der Versicherungsschutz beginnt mit dem im Versicherungsschein festgesetzten Zeitpunkt, wenn die erste Prämie unverzüglich nach Aufforderung durch den Versicherer gezahlt wird.

Wartezeit

In der privaten Krankenversicherung beginnt der Versicherungsschutz darüber hinaus häufig erst nach Ablauf von Wartezeiten. Es wird zwischen einer allgemeinen Wartezeit und besonderen Wartezeiten für bestimmte Krankheiten und Leistungen unterschieden. Wartezeiten können jedoch auf Grund spezieller Vereinbarungen entfallen. Neuerdings verzichten manche Versicherer auch generell auf die Einhaltung von Wartezeiten.

§ 178 c VVG

3.3.3 Technischer Versicherungsbeginn

Technischer Versicherungsbeginn ist der Beginn des prämienbelasteten Zeitraums, also des Zeitabschnitts, von dem ab die Prämie berechnet wird. Der Begriff „technisch" bezeichnet den Beginn des Zeitraums, für den Prämie zu zahlen ist. Der versicherungstechnische Beginn ergibt sich regelmäßig aus dem Versicherungsschein: Beginn der Versicherung 01. 05. 2002, mittags 12 Uhr.

Prämienbelasteter Zeitraum

Der prämienbelastete Zeitraum gliedert sich in Versicherungsperioden. Jede Versicherungsperiode beträgt ein Jahr, sofern die Prämie nicht nach kürzeren Zeitabschnitten bemessen ist.

Versicherungsperiode § 9 VVG

Rückdatierung

Rückdatierung liegt vor, wenn der technische, nicht aber auch der materielle Versicherungsbeginn vor den formellen Versicherungsbeginn gelegt wird. Der prämienbelastete Zeitraum beginnt dabei vor dem juristischen Vertragsabschluss, der Versicherungsschutz aber erst mit dem materiellen Versicherungsbeginn.

Vorverlegung

Rückdatierungen spielen eine Rolle in der Lebensversicherung, wenn der Antragsteller ein früheres Eintrittsalter wählt, um einen niedrigeren Prämiensatz oder Steuervorteile für einen vorangehenden Zeitraum zu erhalten, in der Krankenversicherung zur Abkürzung von Wartezeiten oder in der Kraftfahrzeug-Haftpflichtversicherung zur besseren Einstufung in Schadenfreiheits-Klassen.

Beispiel:

Beginn laut Versicherungsschein: 01. 01. = technischer Beginn.

Aushändigung des unterzeichneten Antrags: 15. 03.

Zugang des Versicherungsscheins: 17. 04. = formeller Beginn.

Zahlung der ersten Prämie: 20. 04. = materieller Beginn.

Rückwärtsversicherung

§ 2 VVG

Rückwärtsversicherung liegt vor, wenn sowohl der technische als auch der materielle Versicherungsbeginn vor den formellen Versicherungsbeginn gelegt werden. Der Versicherungsschutz soll also bereits vor dem Vertragsabschluss beginnen. Grundsätzlich besteht eine Rückwärtsversicherung, wenn als Zeitpunkt des Versicherungsbeginns ein Datum vor dem Vertragsschluss genannt ist, sofern nicht ausnahmsweise eine bloße Rückdatierung gewollt ist. So kann das Risiko eines fahrlässigen Verstoßes durch eine Berufs-Haftpflichtversicherung rückwirkend übernommen werden.

Beispiel:

Ein Architekt schließt nach Aufnahme seiner Tätigkeit eine Berufs-Haftpflichtversicherung ab.

Beginn laut Versicherungsschein: 01. 04. = technischer und materieller Beginn.

Stellung des Antrags: 15. 05.

Zugang des Versicherungsscheines: 05. 06. = formeller Beginn.

Zahlung der ersten Prämie: 10. 06.

Versicherungsfall

Der Versicherungsfall kann bei Abschluss des Vertrages bereits eingetreten sein. Infolgedessen ist die Rückwärtsversicherung nur wirksam, wenn beide Parteien über den Eintritt des Versicherungsfalles im ungewissen sind. Hat der Versicherungsnehmer Kenntnis vom Eintritt des Versicherungsfalles, wird der Versicherer von der Leistung frei, kann aber die Prämie verlangen.

Zusammenfassung

<table>
<tr><th colspan="6">Arten des Versicherungsbeginns</th></tr>
<tr><th colspan="2">Formeller Beginn</th><th colspan="2">Materieller Beginn</th><th colspan="2">Technischer Beginn</th></tr>
<tr><td colspan="2">Abschluss des Versicherungsvertrages
Zugang des Versicherungsscheins</td><td colspan="2">Beginn der Leistungspflicht des Versicherers
Unterscheidung nach
– strenger Einlösungsklausel
– erweiterter Einlösungsklausel</td><td colspan="2">Beginn des prämienbelasteten Zeitraums
Zeitpunkt, der im Versicherungsschein festgesetzt ist</td></tr>
<tr><th colspan="6">Vorverlegter Beginn</th></tr>
<tr><th colspan="3">Rückdatierung</th><th colspan="3">Rückwärtsversicherung</th></tr>
<tr><td colspan="3">technischer vor dem formellen Beginn
Eintritt des Versicherungsfalles nicht möglich</td><td colspan="3">technischer und materieller vor dem formellen Beginn
Eintritt des Versicherungsfalles möglich</td></tr>
</table>

Übungsaufgaben

1. Einem Versicherungsvertrag liegt bedingungsgemäß die erweiterte Einlösungsklausel zu Grunde. Die Antragstellung erfolgt am 04. 03., als Versicherungsbeginn ist der 15. 03. vorgesehen. Am 19. 03. geht dem VN der Versicherungsschein zu, den dieser am 07. 04. einlöst. Wann liegt

   a) der formelle Beginn
   b) der technische Beginn
   c) der materielle Beginn?

2. Der VN schloss zum 01. 06. eine Versicherung ab. Ihre Gesellschaft legte am 12. 06. durch einen Vertreter die Police zur Einlösung vor. Eine Deckungszusage ist nicht erteilt worden. Der VN zahlte die fällige Prämie am 25. 06. und meldete einen Schadenfall vom 19. 06. Ermitteln Sie die Versicherungsbeginne dieser Versicherung, wenn es sich

   a) um eine Lebensversicherung
   b) um eine Krankenversicherung handelt.

3. Der VN stellt am 03. 03. (Antragsdatum) den Antrag auf Abschluss einer Hausratversicherung. Der Antrag wurde angenommen, indem dem VN am 19. 03. der Versicherungsschein mit dem Beginndatum 01. 04. ausgehändigt wurde. Der VN zahlt am 25. 03. die Einlösungsprämie zu seiner Hausratversicherung.
   Ermitteln Sie die Versicherungsbeginne und zudem insbesondere, ab wann die Widerrufsfrist beginnt und endet!

4. Ein Versicherungsinteressent stellt am 25. 02. einen Antrag auf Abschluss eines Versicherungsvertrages. Als Beginn der Versicherung gibt er den 01. 03. im Antrag an. Am 06. 03. erhält er vom VR den Versicherungsschein; die Prämie bezahlt er am 07. 03., da am 02. 03. bereits ein Versicherungsfall eingetreten war.
   Ordnen Sie die drei Versicherungsbeginne den richtigen Daten zu und erläutern Sie, ob der VR leisten muss

   a) bei Einlösungsklausel nach VVG
   b) bei erweiterter Einlösungsklausel, z. B. nach VHB!

   Hinweis: Die Frist zur Annahme des Versicherungsantrages war noch nicht abgelaufen.

5. Herr Michel hat am 25. 10. bei der Südstern Versicherung AG einen Antrag auf Abschluss einer Unfallversicherung gestellt. Diese Versicherung soll am 01. 11. beginnen. Am 01. 11. verunglückt Herr Michel tödlich. Am gleichen Tag wurde der Antrag auf Abschluss der Unfallversicherung von dem VR angenommen. Alleinerbin von Herrn Michel war dessen Mutter. Ihr ging nach dem Tode des Sohnes der Versicherungsschein zu. Die Mutter bezahlt die Erstprämie am 12. 11. und verlangt von dem VU die Auszahlung der Versicherungssumme mit der Begründung, im Versicherungsschein sei der 01. 11. als Beginn angegeben.

   a) Bestimmen und erläutern Sie für den obigen Fall die drei Versicherungsbeginne!
   b) In einigen Versicherungszweigen gibt es die Rückwärtsversicherung und die Rückdatierung. Erläutern Sie die Unterschiede, indem Sie die zeitliche Folge der Versicherungsbeginne nennen.
   c) Nennen Sie zwei Beispiele und Gründe für eine Rückdatierung!
   d) Stellen Sie fest, ob im gegebenen Fall Versicherungsschutz besteht (Begründung)! Es gilt gemäß AUB die erweiterte Einlösungsklausel.

3.4 Prämienzahlungspflicht

Ein Familienvater beabsichtigt den Abschluss einer Lebensversicherung. Vorher möchte er sich jedoch Klarheit über die Modalitäten der Prämienzahlung verschaffen.

Er bittet zunächst um Auskunft, ob mit einem Lebensversicherungsvertrag stets ausschließlich laufende Prämienzahlung verbunden ist. Da ihm aus einer Erbschaft ein größerer Geldbetrag zur Verfügung steht, überlegt er, diesen in eine Lebensversicherung „einzuzahlen".

Für den Fall der Vereinbarung laufender Prämienzahlung erkundigt er sich danach, welche Zahlungsmöglichkeiten bestehen und welches das für ihn einfachste Verfahren ist.

Darüber hinaus möchte er wissen, welche Rechtsfolgen es für ihn hat, wenn er die erste oder eine spätere Prämie nicht rechtzeitig zahlt. In diesem Zusammenhang interessiert auch die Frage, auf welche Weise der Versicherer seinen Prämienanspruch gerichtlich durchsetzen kann.

§ 1 Abs. 2 VVG

Der Versicherungsvertrag verpflichtet den Versicherungsnehmer, die vereinbarte Prämie zu entrichten.

Begriff

Die Prämie ist das Entgelt des Versicherungsnehmers für die Gefahrtragung des Versicherers. Es handelt sich also um den Preis für den Versicherungsschutz. Den Prämien sind die von den Versicherungsvereinen auf Gegenseitigkeit erhobenen Beiträge ausdrücklich gleich gestellt. In der Praxis wird zunehmend das Wort „Beitrag" an Stelle des Begriffes Prämie verwendet. Deshalb spricht man beispielsweise von Beitragsrechnungen. Auch die Rechnungslegungsvorschriften gebrauchen die Bezeichnung Beiträge.

Höhe

Die Beitragshöhe richtet sich nach der Vereinbarung und ergibt sich regelmäßig aus dem Versicherungsschein. Fehlt es an einer derartigen Vereinbarung, ist der jeweilige Prämientarif des Versicherers maßgebend.

§§ 11, 11 a, 12 VAG

In der Lebensversicherung müssen die Prämien aufsichtsrechtlich unter Zugrundelegung angemessener versicherungsmathematischer Annahmen kalkuliert werden und so hoch sein, dass das Versicherungsunternehmen allen seinen Verpflichtungen nachkommen und insbesondere für die einzelnen Verträge ausreichende Deckungsrückstellungen bilden kann. Bei gleichen Voraussetzungen dürfen Prämien und Leistungen nur nach gleichen Grundsätzen bemessen werden. Auch für die substitutive Krankenversicherung, welche die gesetzliche Krankenversicherung ganz oder teilweise ersetzt, sind die Prämien auf versicherungsmathematischer Grundlage zu berechnen. Ein Verantwortlicher Aktuar hat die Einhaltung der gesetzlichen Vorschriften bei der Prämienberechnung in der Lebens- und Krankenversicherung sicherzustellen.

Zusammensetzung der Prämie in der Lebensversicherung		
Nettoprämie	mathematisch errechneter Betrag für die Erbringung der Versicherungsleistung	
	Bestandteile:	
	Risikoanteil Betrag zur Erbringung der vorzeitigen Todesfalleistungen	Sparanteil Betrag zur Ansammlung der Versicherungssumme bei Ablauf
+ Kostenanteil	Betrag zur Deckung der	– Abschlusskosten – laufenden Betriebskosten
+ Zuschläge	Sicherheitszuschlag	
= Bruttoprämie	vom Versicherungsnehmer zu entrichtender Betrag (Tarifprämie)	

Prämienanpassung durch AVB

In zahlreichen Versicherungszweigen der Schadenversicherung ist es erforderlich, die Prämien der wirtschaftlichen Entwicklung, insbesondere Preissteigerungen, anzupassen. Die AVB enthalten deshalb häufig so genannte Prämienanpassungsklauseln. So kann der Versicherer ermächtigt sein, die Prämie für die Zukunft um einen gewissen Prozentsatz anzuheben, nachdem ein neutraler Dritter (unabhängiger Treuhänder) festgestellt hat, dass sich die Eckdaten des betreffenden Versicherungszweiges um mindestens jenen Prozentsatz erhöht haben. Es gibt aber auch Klauseln, die eine Anpassung der Versicherungssummen an einen bestimmten Index und eine entsprechende Neuberechnung der Prämie vorsehen. Der Versicherungsnehmer kann die Anpassung durch schriftliche Erklärung aufheben.

Beispiele:

- Allgemeine Haftpflichtversicherung: § 8 III AHB
- Verbundene Hausratversicherung: § 16 Nr. 1 VHB 2000

§§ 172, 178 g VVG

In den Sparten der Personenversicherung ist die Möglichkeit einer Prämienanpassung gesetzlich geregelt. Sie besteht bei Lebensversicherungen für ein Risiko, bei dem der Eintritt der Verpflichtung des Versicherers ungewiss ist, also nicht für normale Lebensversicherungen, sondern z. B. für Pflegerenten- und Berufsunfähigkeitsversicherungen, und für Krankenversicherungen. Der Versicherer ist bei einer nicht nur als vorübergehend anzusehenden Veränderung des Leistungs- bzw. Schadenbedarfs gegenüber den technischen Berechnungsgrundlagen berechtigt, die Prämie entsprechend neu festzusetzen, sofern ein unabhängiger

Treuhänder die Berechnungsgrundlagen überprüft und der Anpassung zugestimmt hat.

§ 31 VVG

Für den Fall einer Prämienerhöhung wird dem Versicherungsnehmer ein außerordentliches gesetzliches Kündigungsrecht eingeräumt. Hinsichtlich seiner Voraussetzungen wird auf den Zeitpunkt des Zustandekommens des Versicherungsvertrages abgestellt. Es findet Anwendung

- für laufende Lebens-, Kranken- und Kraftfahrzeug-Haftpflichtversicherungen sowie die nach dem 29. Juli 1994 abgeschlossenen Versicherungsverhältnisse in jedem Fall einer Prämienerhöhung innerhalb eines Monats nach Eingang der Mitteilung des Versicherers mit sofortiger Wirkung, jedoch frühestens zum Zeitpunkt des Wirksamwerdens der Erhöhung,

- für alle übrigen nach dem 1. Januar 1991 abgeschlossenen Versicherungsverhältnisse in dem Fall, dass die Prämie pro Jahr um mehr als 5 vom Hundert des zuletzt gezahlten Beitrages oder um mehr als 25 vom Hundert des Erstbeitrages steigt, bis und zum Zeitpunkt des Inkrafttretens der Änderung.

3.4.1 Arten der Prämie

Übersicht
§ 35 VVG

Von der Zahlungsweise her werden verschiedene Arten der Prämie unterschieden.

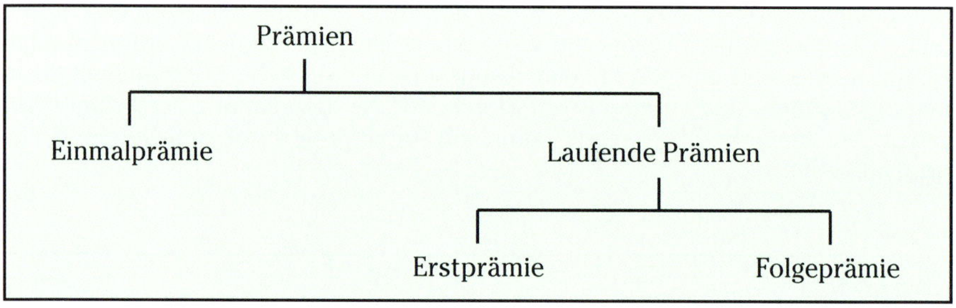

Einmalprämie

Eine Einmalprämie liegt vor, wenn der Versicherungsnehmer eine einmalige Zahlung bei Vertragsschluss zu leisten hat und darüber hinaus keine weiteren Prämien anfallen. Einmalprämien spielen eine Rolle in der Lebensversicherung, häufig durch Einzahlung eines größeren Betrages für eine Renten- oder Kapitalversicherung. Sie kommen aber auch bei kurzfristigen Verträgen vor (z. B. Reisegepäckversicherung).

Laufende Prämien
§ 9 VVG

Regelmäßig ist die technische Versicherungsdauer in Versicherungsperioden eingeteilt. Für sie sind laufende Prämien zu entrichten. Laufende Prämien gliedern sich in Erst- und Folgeprämien.

Laufende Prämien		
	Erstprämie	Folgeprämie
Begriff	Erste vertragsgemäß für den Versicherungsschutz zu entrichtende Prämie. Ihre Zahlung begründet nach dem Einlösungsprinzip den materiellen Versicherungsbeginn und damit die Leistungspflicht des Versicherers. Insoweit steht sie der Einmalprämie gleich.	Der Erstprämie zeitlich folgende Prämie = jeder Beitrag, der nicht Erst- oder Einmalprämie ist. Sie ist für die einzelnen Versicherungsperioden zu entrichten (Jahresprämien). Ihre Fälligkeit ergibt sich aus der vertraglichen Vereinbarung und damit dem Inhalt des Versicherungsvertrages.
Beispiele	– Prämie für eine vorläufige Deckung – Erste Prämie eines Versicherungsvertrages – Prämie für einen Nachtrag	– Zweite Rate der ersten Jahresprämie bei Ratenzahlung – Erste Prämie nach Ablauf einer Ruheversicherung – Nachzahlung bei einer Stichtagsversicherung

Prämien sind grundsätzlich Jahresbeiträge. Bei unterjähriger Zahlungsweise werden deshalb Zuschläge zum Ausgleich der höheren Einzahlungskosten und des Zinsausfalles des Versicherers erhoben. Nur ausnahmsweise kommen echte Monatsbeiträge vor (z. B. Krankenversicherung). Unterjährige Zahlung

Nebengebühren

Nebengebühren werden vom Versicherungsnehmer nicht als Entgelt für den Versicherungsschutz, sondern für sonstige Leistungen des Versicherers erhoben. Sie müssen sich für den Versicherungsnehmer eindeutig aus einer Gebührenübersicht ergeben. Den Versicherungsvermittlern ist es untersagt, weitere Gebühren zu erheben. Abgrenzung

Unzulässig ist die Erhebung eines Entgeltes für die Ausfertigung des Versicherungsscheines bei Abschluss des Vertrages oder einer Vertragsverlängerung sowie den Versand der Prämienrechnung, weil es sich dabei um Leistungen handelt, die der Versicherer im Rahmen der ordnungsgemäßen Abwicklung des Versicherungsvertrages ohnehin zu erbringen hat. Zulässigkeit

Rechtlich werden Nebengebühren wie Prämien behandelt. Bei Nichtzahlung treten die gleichen Rechtsfolgen ein, wie wenn die Prämie nicht entrichtet wird. Behandlung

Versicherungsteuer

Öffentliche Abgabe

Die Prämienzahlungen der Versicherungsnehmer einschließlich der Nebengebühren (Versicherungsentgelt) unterliegen der Versicherungsteuer als einer öffentlichen Abgabe. Rechtsgrundlage ist das Versicherungsteuergesetz (VersStG). Es handelt sich um eine Verkehrsteuer, die an den Geldumsatz bei Versicherungsverhältnissen anknüpft. Gegenstand der Versicherungsteuer ist die Zahlung des Versicherungsentgelts, wenn der Versicherungsnehmer bei der jeweiligen Zahlung seinen Wohnsitz (Sitz) bzw. seinen gewöhnlichen Aufenthalt im Inland hat oder ein Gegenstand versichert ist, der zur Zeit der Begründung des Versicherungsverhältnisses im Inland war.

Versicherungsteuer	
Steuersatz	**Befreiung**
Allgemein: 16 % des Versicherungsentgelts Feuer- und FBU-Versicherung: 11 % Verbundene Wohngebäudeversicherung: 14,75 % Verbundene Hausratversicherung: 15 % Schiffskaskoversicherung: 2 % Unfallversicherung mit Prämienrückgewähr: 3,2 % Hagelversicherung: 0,2 vom Tausend der Versicherungssumme	Rückversicherung Lebensversicherung Krankenversicherung Pflegeversicherung Viehversicherung bis zu einer Versicherungssumme von 4 000,00 € Transportgüterversicherung im Ausland und grenzüberschreitenden Verkehr

Steuerschuldner

Geschuldet wird die Versicherungsteuer vom Versicherungsnehmer. Der Versicherer hat die Steuer jedoch zu erheben und an sein zuständiges Bezirksfinanzamt abzuführen. Insoweit haftet er für die Steuer. Die Versicherungsteuer wird gesondert neben der Prämie eingezogen. Sie gilt als Teil des Versicherungsentgeltes und wird deshalb im Verhältnis zum Versicherungsnehmer wie die Prämie behandelt. Daher treten bei Nichtzahlung der Versicherungsteuer die gleichen Rechtsfolgen ein, wie wenn eine Prämie nicht entrichtet wird.

Geldwäsche

Rechtsgrundlage

Nach dem Gesetz über das Aufspüren von Gewinnen aus schweren Straftaten (Geldwäschegesetz – GwG) vom 25. 10. 1993 (zuletzt geändert 1998) treffen die Versicherungsunternehmen im Zusammenhang mit der Beitragszahlung bestimmte Identifizierungs-, Aufzeichnungs- und Meldepflichten. Betroffen sind die Lebensversicherung und die Unfallversicherung mit Prämienrückgewähr ab einer festgelegten Beitragshöhe. Zu identifizieren ist der Versicherungsnehmer durch den Versicherer oder den Vermittler.

Von jedem Versicherungsunternehmen ist eine leitende Person als Geldwäschebeauftragter mit bestimmten gesetzlichen Funktionen zu bestellen. Die Überwachung der Durchführung des Gesetzes obliegt der Versicherungsaufsichtsbehörde. Kontrolle

Verhinderung der Geldwäsche		
Sparten	– Lebensversicherung – Unfallversicherung mit Prämienrückgewähr	
Überschreiten einer Beitragshöhe von	Jahresbeitrag: Monatsbeitrag: Einmalbeitrag oder Beitragsdepot:	1 000,00 € 83,30 € 2 500,00 €
Identifizierung	– Feststellen des Namens und des Geburtsdatums auf Grund eines Personalausweises oder Reisepasses, der Anschrift sowie von Art, Nummer und ausstellender Behörde des amtlichen Ausweises – erfüllt bei Erteilung einer Einzugsermächtigung vom Konto des VN	
Geldwäschebeauftragter	– Einhaltung der gesetzlichen Vorschriften – Verdachtsanzeigen – Entwicklung interner Grundsätze	

3.4.2 Fälligkeit

Fälligkeit ist der Zeitpunkt, zu dem der Gläubiger die Leistung verlangen kann und der Schuldner sie bewirken muss. Bei der Prämienzahlung hat man zwischen Erst- und Folgeprämie zu unterscheiden. Begriff

Sowohl die Einmalprämie als auch die Erstprämie sind sofort nach dem Abschluss des Versicherungsvertrages zu zahlen. Das Wort „sofort" stellt nicht auf ein Verschulden ab, sondern darauf, ob die Prämie unmittelbar nach Vertragsschluss entrichtet worden ist. Die Prämie muss auch dann sofort beglichen werden, wenn der Versicherungsschutz erst zu einem späteren Zeitpunkt beginnt. Für den Versicherungsnehmer besteht somit stets eine Vorauszahlungspflicht, sofern die Prämie nicht ausnahmsweise gestundet wurde. Erstprämie § 35 VVG

§§ 273 BGB, 35 VVG

Der Versicherungsnehmer ist zur Zahlung der Erstprämie jedoch nur gegen Aushändigung des Versicherungsscheins verpflichtet. Bis zu diesem Zeitpunkt hat er ein Zurückbehaltungsrecht an der Prämie.

Folgeprämie § 271 BGB

Über die Fälligkeit der Folgeprämien gibt es keine spezielle gesetzliche Regelung. Maßgebend ist daher in erster Linie die getroffene Vereinbarung und somit der Inhalt des Versicherungsscheines. Fehlt es an einer Absprache, ist die Folgeprämie jeweils sofort zu Beginn der neuen Versicherungsperiode zu entrichten.

Fälligkeit	
Erstprämie/Einmalprämie	Folgeprämie
Sofort nach Abschluss des Versicherungsvertrages Zurückbehaltungsrecht bis zur Aushändigung des Versicherungsscheins	Festlegung im Versicherungsschein Sofort zu Beginn der jeweiligen Versicherungsperiode

Beispiele:

- Hausrat (§ 15 Nr. 1 VHB 2000)

  Der Versicherungsnehmer hat die erste Prämie (Beitrag) bei Aushändigung des Versicherungsscheins oder im Fall des Vertragsschlusses gemäß §§ 5 oder 5 a VVG nach Ablauf der Widerspruchsfrist zu zahlen, Folgeprämien am Ersten des Monats, in dem ein neues Versicherungsjahr beginnt.

- Leben (§ 7 Abs. 3 ALB)

  Der erste oder einmalige Beitrag wird sofort nach Abschluss des Versicherungsvertrages (Ablauf der Widerspruchsfrist) fällig, jedoch nicht vor dem im Versicherungsschein vereinbarten Versicherungsbeginn. Alle weiteren Beiträge (Folgebeiträge) sind jeweils zum vereinbarten Fälligkeitstag an uns zu zahlen.

3.4.3 Erfüllung

Begriff

Erfüllung bedeutet die Bewirkung der geschuldeten Leistung.

§§ 36 VVG, 270 BGB

Leistungsort ist für den Versicherungsnehmer sein jeweiliger Wohnsitz bzw. der Ort seiner gewerblichen Niederlassung. Es handelt sich bei der Prämienschuld wie bei jeder Geldschuld um eine Schickschuld, weil der Versicherungsnehmer die Prämie dem Versicherer auf

- seine Kosten (Tragung der Porto- und Überweisungsgebühren) und

- seine Gefahr (Risiko des Verlustes des Prämienbetrages, nicht der Verzögerung) zu übermitteln hat. Mit der Absendung des Betrages ist daher die Leistungshandlung abgeschlossen, nicht jedoch die Erfüllungshandlung, die erst dann eintritt, wenn das Geld in den Verfügungsbereich des Versicherers gelangt ist.

Die Prämienschuld kann von der Schickschuld zur Holschuld werden, da es sich um abdingbare Vorschriften handelt. Sie wird zur Holschuld, wenn (Holschuld)

- die Prämie regelmäßig bei dem Versicherungsnehmer eingezogen worden ist, wie dies früher durch den Vertreter oder einen Inkassobeauftragten üblich war; in diesem Fall braucht sie dem Versicherer nur auf besonderes Verlangen in Textform übermittelt zu werden, (§ 37 VVG)

- das Prämieneinzugsermächtigungsverfahren vereinbart ist. (BGH VersR 85, 447)

Rechtzeitigkeit der Zahlung

Mit der Absendung des Geldbetrages hat der Versicherungsnehmer das zur Übermittlung Erforderliche getan und die Leistungshandlung abgeschlossen. Dieser Zeitpunkt ist entscheidend für die Rechtzeitigkeit der Zahlung. Es kommt dabei nicht auf die Erfüllung, sondern darauf an, dass der Prämienbetrag den Verfügungsbereich des Versicherungsnehmers verlassen hat. Auch bei der Schickschuld bleibt der Sitz bzw. Wohnsitz des Schuldners Leistungsort (§ 270 Abs. 4 BGB). (Leistungshandlung)

Dieser Zeitpunkt der Leistungshandlung oder Rechtzeitigkeit der Zahlung ist von Bedeutung für den materiellen Versicherungsbeginn sowie die Erhaltung des Versicherungsschutzes beim Prämienzahlungsverzug. (Bedeutung)

Beispiele:

- Die Leistungshandlung ist erfolgt mit Einreichung des Überweisungsauftrages oder Einzahlung des Geldes bei der Bank des Versicherungsnehmers.
- Bei einem Scheck besteht das Problem einer möglichen Sperre oder der fehlenden Kontodeckung. Hat der Versicherer jedoch den Prämienbetrag erhalten, ist allein der Zeitpunkt der Aushändigung des Schecks für die Leistungshandlung ausschlaggebend. (BGH VersR 65, 1141)
- Ist die Einziehung des Beitrags im Wege des Lastschriftverfahrens von einem Konto vereinbart, gilt die Zahlung als rechtzeitig, wenn der Beitrag zu dem im Versicherungsschein angegebenen Fälligkeitstag eingezogen werden kann und der Versicherungsnehmer einer berechtigten Einziehung nicht widerspricht.

Tilgung

Von der Rechtzeitigkeit der Prämienzahlung ist die Frage des Abschlusses der Erfüllungshandlung, die zur Tilgung der Prämienschuld führt, zu unterscheiden. (Erfüllungshandlung)

Erfüllt ist die Prämienschuld erst, sobald der Versicherer über den Betrag verfügen kann (also erst mit Gutschrift auf seinem Konto).

Erfüllung durch Dritte § 35 a VVG

Grundsätzlich kann jeder Dritte die Prämie für den Versicherungsnehmer zahlen (Beitragszahler). Der Versicherer muss die Prämie annehmen vom Versicherten bei der Versicherung für fremde Rechnung, vom Bezugsberechtigten und von einem Pfandgläubiger.

§§ 387 BGB, 35 b VVG

Der Versicherungsnehmer kann gegen Prämienforderungen mit anerkannten Entschädigungsansprüchen aufrechnen, nicht aber als Mitglied eines VVaG gegenüber Forderungen aus der Beitragspflicht (§ 26 VAG). Umgekehrt kann der Versicherer selbstverständlich von der Versicherungsleistung die fälligen Prämien abziehen.

Prämienzahlung		
Zahlungsart	Rechtzeitigkeit der Zahlung (Leistungshandlung)	Tilgung (Erfüllung)
Barzahlung	Übergabe des Geldes	Übergabe des Geldes
Bankzahlschein	Einzahlung bei der Bank	Gutschrift auf dem Konto des Versicherers
Überweisungsverkehr/ Dauerauftrag bei der Bank	Eingang des Überweisungsauftrages, falls Kontodeckung, spätestens mit Abbuchung vom Konto des Versicherungsnehmers	Gutschrift auf dem Konto des Versicherers
Lastschriftverfahren/ Einzugsermächtigung	Stets, falls Kontodeckung bei Prämienfälligkeit	Lastschrift auf Konto des Versicherungsnehmers (Holschuld)
Scheck	Absendung durch den Versicherungsnehmer, falls Kontodeckung und eingelöst	Gutschrift auf dem Konto des Versicherers

3.4.4 Prämienzahlungsverzug

Begriff § 286 Abs. 1 BGB

Verzug bedeutet allgemein Nichtleistung trotz

- Fälligkeit und
- Mahnung.

Wegen der besonderen Ausgestaltung des Versicherungsvertrages regelt das Versicherungsvertragsgesetz die Voraussetzungen und Rechtsfolgen des Prämienzahlungsverzuges abweichend von den Vorschriften des BGB.

Wesentlich ist die Unterscheidung zwischen der nicht rechtzeitigen Zahlung einer Erstprämie oder einer Folgeprämie. Unterschiede

In beiden Fällen kommen jeweils folgende Auswirkungen des Prämienzahlungsverzuges in Betracht:

- Geltendmachung des Prämienanspruchs durch den Versicherer

- Gefährdung des Versicherungsschutzes

- Einfluss auf den Fortbestand des Versicherungsvertrages.

3.4.4.1 Nichtzahlung der Erstprämie

Geltendmachung

Der Versicherer kann den Anspruch auf Prämie sowie Zinsen und Kosten gerichtlich geltend machen durch § 38 Abs. 1 Satz 2 VVG

- Erhebung der Klage

- Beantragung eines Mahnbescheids.

Er muss dies entgegen der allgemeinen Verjährungsregelung innerhalb von drei Monaten ab Fälligkeit tun, weil seine Untätigkeit sonst als Rücktritt vom Vertrag gilt.

Bei einem Lebensversicherungsvertrag ist die Einklagung der Erstprämie aufsichtsbehördlich nicht erwünscht, weil sich die mit einem langfristigen Sparvorgang verbundene Lebensversicherung auf den freien Willen des Versicherungsnehmers gründen und nicht mit einem Prozess beginnen soll. VerBAV 53, 158

Leistungsfreiheit

Der Versicherer ist von der Verpflichtung zur Leistung frei, wenn die Prämie bei Eintritt des Versicherungsfalles noch nicht gezahlt, die Leistungshandlung also nicht beendet war (Einlösungsprinzip). Ausnahmen gelten in den Fällen der erweiterten Einlösungsklausel, bei der aber auch Voraussetzung für den Beginn des Versicherungsschutzes ist, dass die Erstprämie unverzüglich nach Erhalt des Versicherungsscheines und Ablauf der Widerspruchsfrist entrichtet wird. § 38 Abs. 2 VVG

Rücktritt

§§ 38 Abs. 1, 40 Abs. 2 Satz 2 VVG

Der Versicherer ist auch berechtigt, vom Vertrag zurückzutreten. Der Rücktritt beendet das Versicherungsverhältnis. Dem Versicherer steht in diesem Fall eine angemessene Geschäftsgebühr zur Deckung seiner Kosten zu.

Arten

Je nachdem, ob der Rücktritt ausdrücklich erklärt wird oder nicht, sind zwei Arten des Rücktritts zu unterscheiden:

echt

- Der echte Rücktritt erfolgt durch ausdrückliche Willenserklärung des Versicherers gegenüber dem Versicherungsnehmer, die mit dem Zugang wirksam wird.

fiktiv

- Ein fiktiver Rücktritt liegt vor, wenn „der Anspruch auf die Prämie nicht innerhalb von drei Monaten vom Fälligkeitstage an gerichtlich geltend gemacht wird“ (§ 38 Abs. 1 Satz 2 VVG). Der Versicherer braucht den Rücktritt daher nicht ausdrücklich zu erklären. Eine dreimonatige Untätigkeit gilt als Rücktritt. Diese Regelung dient sowohl dem Interesse des Versicherungsnehmers als auch des Versicherers. Der Versicherungsnehmer kann davon ausgehen, dass der Prämienanspruch nach Ablauf von drei Monaten nicht mehr gegen ihn geltend gemacht werden kann, hat aber auch keinen Versicherungsschutz. Der Versicherer kann sich ohne zusätzlichen Verwaltungsaufwand von zahlungsunwilligen Kunden trennen.

<table>
<tr><td colspan="3">Nichtzahlung der Erstprämie durch den Versicherungsnehmer</td></tr>
<tr><td colspan="3">Prämienzahlungsverzug im Sinne von § 38 VVG</td></tr>
<tr><td colspan="3">Leistungsfreiheit des Versicherers: § 38 Abs. 2 VVG</td></tr>
<tr><td colspan="3">Alternative Möglichkeiten des Versicherers hinsichtlich des Prämienanspruches und des Fortbestandes des Vertrages</td></tr>
<tr><td>Gerichtliche Geltendmachung der Erstprämie innerhalb von drei Monaten: Klageerhebung, Beantragung eines Mahnbescheids</td><td>Ausdrückliche Erklärung des Rücktritts gegenüber dem Versicherungsnehmer (echter Rücktritt): § 38 Abs. 1 Satz 1 VVG</td><td>Untätigkeit des Versicherers innerhalb von drei Monaten (fiktiver Rücktritt): § 38 Abs. 1 Satz 2 VVG</td></tr>
<tr><td>Fortbestand des Versicherungsvertrages
Versicherungsschutz bei Zahlung der Erstprämie</td><td colspan="2">Beendigung des Versicherungsvertrages
Anspruch des Versicherers auf eine angemessene Geschäftsgebühr: § 40 Abs. 2 VVG</td></tr>
</table>

3.4.4.2 Nichtzahlung einer Folgeprämie

Im Falle der Nichtzahlung einer Folgeprämie hat der Versicherungsnehmer die Erstprämie bereits entrichtet und damit den Versicherungsschutz erworben. Er schuldet dem Versicherer selbstverständlich die Folgeprämie, soll aber den Versicherungsschutz nicht ohne weiteres verlieren. Eine Beendigung des Vertrages ist nur durch Kündigung möglich. § 39 VVG

Geltendmachung

Der Versicherer kann die nicht gezahlte Folgeprämie durch Klageerhebung oder Beantragung eines Mahnbescheides gerichtlich geltend machen. Dadurch wird er jedoch nicht von seiner Leistungspflicht bei Eintritt des Versicherungsfalles befreit. Manche AVB setzen für die Geltendmachung der Folgeprämie eine Ausschlussfrist fest. Prämienanspruch

> **Beispiel:**
>
> Hausratversicherung (§ 15 Nr. 1 Abs. 2 Satz 3 VHB 2000)
>
> Rückständige Folgeprämien dürfen nur innerhalb eines Jahres seit Ablauf der nach § 39 VVG für sie gesetzten Zahlungsfrist eingezogen werden.

Qualifizierte Mahnung

Leistungsfreiheit und damit der Verlust des Versicherungsschutzes tritt im Gegensatz zur Nichtzahlung einer Erstprämie nur dann ein, wenn der Versicherer den Versicherungsnehmer vergeblich qualifiziert gemahnt hat. An diese qualifizierte Mahnung werden strenge Anforderungen gestellt. Das Gesetz verlangt die schriftliche Bestimmung einer Zahlungsfrist mit Rechtsfolgenbelehrung. Leistungspflicht

Das qualifizierte Mahnschreiben muss dem Versicherungsnehmer zugehen. Bei Wohnungswechsel genügt die Absendung eines eingeschriebenen Briefes an die letzte dem Versicherer bekannte Wohnung des Versicherungsnehmers (§ 10 VVG). Den Versicherer trifft die Beweislast für den Zugang des Mahnschreibens. Eine Vermutung dafür, dass ein bei der Post aufgegebener Brief oder ein Einschreiben den Adressaten erreicht hat, besteht nicht. Beweisschwierigkeiten werden durch „Einschreiben mit Rückschein“ vermieden. Zugang BGHZ 24, 308

Musterbrief für Mahn- und Kündigungsschreiben in der Lebensversicherung

EINSCHREIBEN

Herrn
Hans Müller
Landwasserstraße 6

56479 Neustadt

Betrifft:

Versicherungsnummer (Bitte stets angeben)	zu zahlende Prämien von	bis einschl.	€	eingegangene Zahlung(en) vom	€	ausstehender Betrag €
2585 806-18	01. 01.	30. 06.	1 780,00	–	–	1 780,00

Sehr geehrter Versicherungsnehmer,

bei Ihrem Versicherungsvertrag besteht nach unseren Unterlagen ein Prämienrückstand. Wir sind gemäß § 39 des Versicherungsvertragsgesetzes verpflichtet, Sie auf den Rückstand hinzuweisen, Ihnen eine Nachfrist für die Zahlung zu setzen und die Rechtsfolgen des Verzugs darzulegen. Wir bitten daher um Ihr Verständnis, dass wir Sie höflich ersuchen müssen, den oben genannten Betrag innerhalb der gesetzlichen Nachfrist von zwei Wochen nach Eingang dieses Schreibens zu begleichen. Wenn Sie diese Frist nicht einhalten, so treten die auf der Rückseite dieses Briefes dargelegten Rechtsfolgen ein. Für diesen Fall kündigen wir außerdem bereits hiermit vorsorglich das Versicherungsverhältnis gemäß § 39 Absatz III des Versicherungsvertragsgesetzes mit der Maßgabe, dass die Kündigung mit Ablauf der Nachfrist wirksam wird.

Sie ersehen daraus, dass eine nicht rechtzeitige Zahlung Ihnen große Nachteile bringt, die Sie sicher nicht gern in Kauf nehmen wollen. Deshalb bitten wir Sie, in Ihrem eigenen Interesse die Angelegenheit möglichst bald zu ordnen, damit der Versicherungsschutz ununterbrochen erhalten bleibt. Ist Ihnen aus irgendwelchen Gründen die Zahlung nicht möglich, werden wir Ihnen auf eine kurze Nachricht hin gerne Vorschläge unterbreiten, die Ihnen die Fortsetzung Ihrer Versicherung ermöglichen sollen.

Sollte bei Eingang dieses Schreibens der gesamte Prämienrückstand bereits an uns gezahlt worden sein, so bitten wir, unsere vorstehenden Ausführungen als gegenstandslos zu betrachten.

Mit freundlichen Grüßen

Auf der Rückseite des Briefes ist aufgedruckt:

Rechtsfolgen
(gem. §§ 39, 174, 175, 176 des Versicherungsvertragsgesetzes)

I. Sollte der Prämienrückstand einschließlich Zinsen und Kosten nicht innerhalb einer Frist von 2 Wochen ab Zugang dieses Schreibens beglichen werden, so ergeben sich folgende Wirkungen:

1. Die Gesellschaft hat das Recht zur fristlosen Kündigung des Versicherungsvertrags. Macht sie von diesem Kündigungsrecht Gebrauch, so wandelt sich die Versicherung in eine prämienfreie Versicherung mit entsprechend herabgesetzter Versicherungssumme um, sofern die dafür vereinbarte Mindestversicherungssumme oder Mindestrente erreicht wird. Wird der entsprechende Mindestbetrag nicht erreicht, erstattet die Gesellschaft den auf die Versicherung entfallenden Rückkaufswert.

Sämtliche Ansprüche aus einer eingeschlossenen Unfallversicherung oder Invaliditäts- bzw. Berufsunfähigkeitsversicherung erlöschen mit der Kündigung der Hauptversicherung bzw. ermäßigen sich auf die prämienfreie Versicherungsleistung.

2. Tritt während des Zahlungsverzugs nach Ablauf dieser Nachfrist der Versicherungsfall ein, so besteht eine Leistungspflicht der Gesellschaft nur in dem Umfang, der sich bei einer Kündigung des Versicherungsvertrages gemäß Ziffer 1 ergeben hätte.

Die Verzugsfolgen können, solange der Vertrag von der Gesellschaft noch nicht gekündigt und der Versicherungsfall noch nicht eingetreten ist, jederzeit durch Zahlung des gesamten Prämienrückstands samt Zinsen und Kosten aufgehoben werden.

II. Die Wirkungen einer Kündigung des Versicherungsvertrags entfallen, wenn der Prämienrückstand samt Zinsen und Kosten innerhalb eines Monats nach der Kündigung beglichen wird, sofern bei der Zahlung des Gesamtbetrags der Versicherungsfall noch nicht eingetreten ist.

Auch nach Ablauf dieser Monatsfrist kann die Zahlung unter den genannten Voraussetzungen mit gleicher Wirkung nachgeholt werden, wenn sechs Monate seit Fälligkeit der ersten rückständigen Prämie noch nicht verstrichen sind. Ist auch diese Frist abgelaufen, so ist für die Wiederinkraftsetzung der Versicherung eine neue Gesundheitsprüfung erforderlich.

Qualifizierte Mahnung			
Anforderungen nach § 39 Abs. 1 VVG			
Prämienforderung	Zahlungsfrist	Rechtsfolgenbelehrung	Schriftform
Die Prämienschuld ist zu benennen (Versicherungszweig bzw. Vertrag) und genau zu beziffern (Betrag). Geringfügige Mehrforderungen machen die Mahnung unwirksam. Ferner enthält die Mahnung Zinsen und Kosten.	Die Zahlungsfrist darf nicht weniger als zwei Wochen, in der Gebäudeversicherung einen Monat (§ 91 VVG), betragen. Kürzere Fristen machen die Mahnung unwirksam. Mit der Fristsetzung ist die eigentliche Zahlungsaufforderung verbunden.	Es sind sämtliche Rechtsfolgen des fruchtlosen Ablaufs der gesetzten Zahlungsfrist anzugeben. Dazu gehören: – Leistungsfreiheit des Versicherers – Kündigungsrecht des Versicherers – Umwandlung einer Lebensversicherung in eine prämienfreie Versicherung (§ 175 VVG).	Die Mahnung muss schriftlich erfolgen. Jedoch genügt aus Rationalisierungsgründen die faksimilierte Unterschrift des Versicherers.

Leistungsfreiheit § 39 Abs. 2 VVG

Während der Laufzeit der Zahlungsfrist bleibt die Leistungspflicht des Versicherers und damit der Versicherungsschutz unberührt. Der Versicherer ist jedoch von der Verpflichtung zur Leistung frei, wenn der Versicherungsfall nach Fristablauf eintritt und der Versicherungsnehmer zu diesem Zeitpunkt mit der Zahlung der Prämie bzw. der Zinsen und Kosten im Verzug ist. Es kommt entscheidend darauf an, ob die Prämie vor Eintritt des Versicherungsfalles abgesandt worden war, die erforderliche Leistungshandlung des Versicherungsnehmers also vollendet ist.

BGH VersR 85, 982

Auch der Verzug mit einem Teilbetrag begründet die Leistungsfreiheit des Versicherers. Da die Rechtsprechung bei unrichtiger Bezifferung der Prämienforderung im Mahnschreiben des Versicherers sehr streng ist, werden entsprechende Maßstäbe auch an die Zahlungspflicht des Versicherungsnehmers angelegt. Geringfügige Rückstände werden nur ausnahmsweise als unbeachtlich angesehen. Ein Rest von 52,50 DM bei einer Prämienschuld von 1 052,50 DM erschien nicht mehr als geringfügig und löste die Leistungsfreiheit des Versicherers aus.

Folgeprämienverzug		
Rechtsfolgen der qualifizierten Mahnung für die Leistungspflicht des Versicherers		
Laufzeit der Zahlungsfrist:	Ablauf der Zahlungsfrist:	
Leistungspflicht des Versicherers	Zahlung der Folgeprämie vor Eintritt des Versicherungsfalles: Leistungspflicht des Versicherers	Zahlungsverzug bei Eintritt des Versicherungsfalles: Leistungsfreiheit des Versicherers (§ 39 Abs. 2 VVG)

Kündigungsrecht des Versicherers

§ 39 Abs. 3 VVG

Der Versicherer kann auch den Versicherungsvertrag wegen des Prämienzahlungsverzuges beenden. Während im Falle der Nichtzahlung einer Erstprämie hierfür der Rücktritt vorgesehen ist, kommt bei Folgeprämien nur eine für die Zukunft wirkende Kündigung in Betracht. Man unterscheidet die isolierte und die verbundene Kündigung.

isoliert

- Die isolierte Kündigung erfolgt nach fruchtlosem Ablauf der gesetzten Zahlungsfrist ohne Einhaltung einer Kündigungsfrist (fristlos).

verbunden

- Die verbundene Kündigung erfolgt bereits zusammen mit der qualifizierten Mahnung. Diese Möglichkeit erspart ein gesondertes Kündigungsschreiben und dient damit der Arbeitsvereinfachung für den Versicherer. Jedoch wird die verbundene Kündigung erst mit Fristablauf wirksam, wenn der Versicherungsnehmer zu diesem Zeitpunkt noch in Verzug ist. Der Versicherer hat also das Wahlrecht, den Versicherungsnehmer im Mahnschreiben über die Möglichkeit der isolierten Kündigung nach Fristablauf zu belehren oder die Kündigung bereits mit der Mahnung zu verbinden, hat dann aber den Versicherungsnehmer darauf hinzuweisen, dass sie erst mit Fristablauf wirksam wird.

§ 40 Abs. 2 Satz 1 VVG

Der Versicherungsschutz endet bei der isolierten Kündigung mit dem Zugang der Kündigungserklärung, bei der verbundenen Kündigung mit dem Fristablauf. Gleichzeitig erfolgt bei der Lebensversicherung die Umwandlung in eine prämienfreie Versicherung. Trotz der Kündigung behält der Versicherer jedoch den Prämienanspruch für die laufende Versicherungsperiode.

Reaktivierung des Vertrages

Die Wirkungen der Kündigung fallen fort, wenn der Versicherungsnehmer innerhalb eines Monats die Zahlung nachholt. Diese einmonatige Reaktivierungsfrist beginnt bei der isolierten Kündigung mit dem Zugang beim Versicherungsnehmer, bei der verbundenen Kündigung mit dem Ablauf der Zahlungsfrist. Eine Wiederbelebung des Versicherungsvertrages ist jedoch ausgeschlossen, sofern der Versicherungsfall bereits eingetreten ist.

<table>
<tr><th colspan="4">Folgeprämienverzug</th></tr>
<tr><th colspan="4">Auswirkungen auf den Versicherungsvertrag</th></tr>
<tr><th colspan="4">Kündigungsmöglichkeiten des Versicherers</th></tr>
<tr><td colspan="2">Qualifizierte Mahnung mit Kündigung verbunden (Verbundene Kündigung = § 39 Abs. 3 Satz 2 VVG)</td><td colspan="2">Qualifizierte Mahnung
Ohne Kündigung</td></tr>
<tr><td colspan="4">Nichtzahlung des Versicherungsnehmers innerhalb der Zahlungsfrist</td></tr>
<tr><td colspan="2">Verbundene Kündigung:
Wirksam</td><td colspan="2">Isolierte Kündigung:
Möglich (§ 39 Abs. 3 Satz 1 VVG)</td></tr>
<tr><td colspan="4">Reaktivierungsmöglichkeit durch den Versicherungsnehmer innerhalb eines Monats</td></tr>
<tr><td colspan="3">Zahlung des Versicherungsnehmers</td><td rowspan="2">Nichtzahlung des Versicherungsnehmers
Vertrag beendet</td></tr>
<tr><td>Versicherungsfall eingetreten:
Vertrag beendet</td><td colspan="2">Versicherungsfall nicht eingetreten:
Vertrag reaktiviert (§ 39 Abs. 3 Satz 3 VVG)</td></tr>
</table>

Prämienzahlungsverzug		
Unterschiede zwischen Erst- und Folgeprämie		
Einfluss auf:	Erstprämie (§ 38 VVG)	Folgeprämie (§ 39 VVG)
Prämienanspruch	Gerichtliche Geltendmachung innerhalb von drei Monaten	Gerichtliche Geltendmachung innerhalb der Verjährungs- bzw. Ausschlussfrist
Versicherungsschutz	Leistungsfreiheit (Versicherungsschutz beginnt mit Zahlung der Erstprämie = Einlösungsprinzip)	Leistungsfreiheit nach fruchtloser qualifizierter Mahnung Lebensversicherung: Umwandlung in prämienfreie Versicherung (§ 175 Abs. 2 VVG)
Vertragsverhältnis	Rücktritt – echt – fiktiv (rückwirkend)	Kündigung – isoliert – verbunden (für die Zukunft) Reaktivierung möglich Lebensversicherung: Umwandlung in prämienfreie Versicherung (§ 175 Abs. 1 VVG)

3.4.5 Gerichtliche Geltendmachung der Prämie

Wahlrecht

Der Versicherer kann den ihm zustehenden Prämienanspruch gerichtlich durchsetzen, falls der Versicherungsnehmer nicht zahlt. Er hat die Wahl zwischen der Geltendmachung durch Klageerhebung oder im Wege des gerichtlichen Mahnverfahrens. Für das Klageverfahren wird sich der Versicherer entscheiden, wenn der Prämienschuldner den Anspruch dem Grund oder der Höhe nach bestreitet und der Versicherer deshalb damit rechnen muss, dass er gegen einen Mahnbescheid Widerspruch einlegen wird. Demgegenüber kommt das gerichtliche Mahnverfahren vor allem in den Fällen in Betracht, in denen der Zahlungsverzug offensichtlich auf einer bloßen Säumigkeit oder Zahlungsunwilligkeit des Versicherungsnehmers beruht.

Mit der Durchführung des Verfahrens wird entweder eine gerichtliche Entscheidung (Urteil) oder ein Vollstreckungsbescheid angestrebt, aus denen die Zwangsvollstreckung gegen den Versicherungsnehmer als Schuldner möglich ist (vollstreckbare Titel).

<table>
<tr><th colspan="4">Prämienanspruch des Versicherers</th></tr>
<tr><th colspan="4">Gerichtliche Geltendmachung und Durchsetzung</th></tr>
<tr><td colspan="2">Klageverfahren</td><td colspan="2">Gerichtliches Mahnverfahren</td></tr>
<tr><td colspan="2">Klageerhebung</td><td colspan="2">Beantragung des Mahnbescheids</td></tr>
<tr><td colspan="2">Zuständigkeit</td><td colspan="2">Zuständigkeit</td></tr>
<tr><td>Sachlich</td><td>Örtlich</td><td>Sachlich</td><td>Örtlich</td></tr>
<tr><td>Amtsgericht
Landgericht ab 5 000,00 € (§ 23 Nr. 1 GVG)</td><td>Wohnsitz des Versicherungsnehmers (§§ 12, 13 ZPO)</td><td>Stets Amtsgericht (§ 689 Abs. 1 ZPO)</td><td>Sitz des Versicherers, wenn nicht eine Zentralisierung erfolgt ist (§ 689 Abs. 2 und 3 ZPO)</td></tr>
<tr><td colspan="2">Streitiges Verfahren</td><td colspan="2">Erlass des Mahnbescheids ohne Prüfung, ob dem Anspruchsteller der geltendgemachte Anspruch zusteht (§ 692 Abs. 1 Nr. 2 ZPO)</td></tr>
<tr><td colspan="2">Gerichtliche Entscheidung (Urteil)</td><td colspan="2">Vollstreckungsbescheid</td></tr>
<tr><td colspan="4">Zwangsvollstreckung</td></tr>
</table>

Beispiel:

Ein gewerblicher Versicherungsnehmer ist mit Prämien für geschäftliche Versicherungen in Höhe von insgesamt 7 800,00 € im Rückstand. Auf schriftliche Mahnungen des Versicherers hat er nicht reagiert. Der Versicherer kann den Prämienanspruch entweder durch Erhebung der Klage vor dem für den Versicherungsnehmer zuständigen Landgericht oder durch Beantragung eines Mahnbescheids beim Amtsgericht geltend machen. Legt der Versicherungsnehmer Widerspruch ein, findet das streitige Verfahren vor dem Landgericht statt, das durch Urteil endet. Im anderen Fall kann ein Vollstreckungsbescheid beantragt und daraus gegen den Versicherungsnehmer vollstreckt werden.

Gerichtliches Mahnverfahren

§§ 688 bis 703 d ZPO

Das gerichtliche Mahnverfahren ist ein abgekürztes zivilprozessrechtliches Verfahren, das dem Gläubiger zu einem vollstreckbaren Titel ohne mündliche Verhandlung vor Gericht verhelfen soll. Es ist schneller und kostengünstiger als das Klageverfahren. Die Interessen des Schuldners werden dadurch gewahrt, dass er gegen einen Mahnbescheid Widerspruch einlegen und das Mahnverfahren damit in ein ordentliches Klageverfahren mit Prüfung des geltend gemachten Anspruchs überleiten kann.

Mahnantrag §§ 689, 690 ZPO

Der Antrag auf Erlass eines Mahnbescheids wird stets auf einem Formular gestellt. Örtlich zuständig ist ohne Rücksicht auf die Höhe des geltend gemachten Anspruchs das Amtsgericht, in dessen Bezirk der Antragsteller (Versicherer) seinen allgemeinen Gerichtsstand, also seinen Sitz, hat. Die Landesregierungen können im Interesse einer schnelleren und rationelleren Erledigung die Zuständigkeit eines Amtsgerichts – auch über die Landesgrenzen hinaus – für die Durchführung des Mahnverfahrens vorsehen.

Inhaltlich muss der Mahnantrag enthalten:

- Bezeichnung der Parteien, ihrer gesetzlichen Vertreter und der Prozessbevollmächtigten
- Bezeichnung des Gerichts, bei dem der Antrag gestellt wird
- Bezeichnung des Anspruchs unter bestimmter Angabe der verlangten Leistung; Haupt- und Nebenforderungen sind gesondert und einzeln zu bezeichnen
- Erklärung, dass der Anspruch nicht von einer Gegenleistung abhängt oder dass die Gegenleistung erbracht ist
- Bezeichnung des Gerichts, das für ein streitiges Verfahren zuständig ist.

Der Antrag muss handschriftlich unterzeichnet sein.

Mahnbescheid § 692 ZPO

Der auf den Antrag ergehende und ebenfalls formularmäßig erstellte Mahnbescheid des Amtsgerichts enthält darüber hinaus:

- Hinweis, dass das Gericht nicht geprüft hat, ob dem Antragsteller der geltend gemachte Anspruch zusteht
- Aufforderung, innerhalb von zwei Wochen seit der Zustellung des Mahnbescheids entweder die behauptete Schuld nebst Zinsen und Kosten zu begleichen oder Widerspruch zu erheben
- Hinweis, dass ein dem Mahnbescheid entsprechender Vollstreckungsbescheid ergehen kann, aus dem der Antragsteller die Zwangsvollstreckung betreiben kann, falls der Schuldner nicht Widerspruch erhoben hat
- Hinweis auf eingeführte Vordrucke für den Widerspruch
- Für den Fall des Widerspruchs die Ankündigung, an welches Gericht die Sache abgegeben wird, mit dem Hinweis, dass ihm die Prüfung seiner Zuständigkeit vorbehalten bleibt.

Zustellung § 693 ZPO

Der Mahnbescheid wird dem Schuldner zugestellt, der Gläubiger von der Zustellung in Kenntnis gesetzt.

Nach Zustellung des Mahnbescheids kann sich der Schuldner zwischen drei Möglichkeiten entscheiden.

Zustellung des Mahnbescheids		
Entscheidungsmöglichkeiten des Schuldners		
Begleichung des geforderten Betrages nebst Zinsen und Kosten	Erhebung des Widerspruchs	Untätigkeit
Beendigung des Verfahrens	Frist: 2 Wochen (§ 692 Abs. 1 Nr. 3 ZPO) Begründung nicht erforderlich (gegebenenfalls Vordruck) Überleitung in das streitige Verfahren auf Antrag einer Partei, der bereits im Mahnantrag gestellt werden kann Abgabe der Akten an das zuständige Gericht (§ 696 Abs. 1 ZPO)	Möglichkeit der Beantragung eines Vollstreckungsbescheides durch den Gläubiger (Versicherer) nach Ablauf der Widerspruchsfrist (§ 699 ZPO) Wird der Vollstreckungsbescheid nicht innerhalb von 6 Monaten seit Zustellung des Mahnbescheids beantragt, fällt die Wirkung des Mahnbescheids weg (§ 701 ZPO)

Raum für Vermerke des Gerichts

Antrag auf Erlass eines Mahnbescheids

– Nur für Gerichte, die die Mahnverfahren maschinell bearbeiten. **Bitte Ausfüllhinweise beachten.** –

Datum des Antrags

DM **oder** EUR

Achtung: Die hier einzutragende Währungseinheit gilt für **alle in diesem Verfahren** geltend gemachten Beträge.

Antragsteller

Spalte 1

1 = Herr
2 = Frau

Vorname

Nachname

Straße, Hausnummer – **bitte kein Postfach!** –

Postleitzahl | Ort | Ausl. Kz.

Bei mehreren Antragstellern: Es wird versichert, daß der in Spalte 1 Bezeichnete bevollmächtigt ist, die weiteren zu vertreten.

Spalte 2 **Weiterer Antragsteller**

1 = Herr
2 = Frau

Vorname

Nachname

Straße, Hausnummer – **bitte kein Postfach!** –

Postleitzahl | Ort | Ausl. Kz.

Spalte 3 **Nur Firma, juristische Person u. dgl. als Antragsteller**

3 = **nur** Einzelfirma 4 = **nur** GmbH u. Co KG **sonst Rechtsform:**

Rechtsform, z. B. GmbH, AG, OHG, KG

Vollständige Bezeichnung

Fortsetzung von Zeile 9

Straße, Hausnummer – **bitte kein Postfach!** –

Postleitzahl | Ort | Ausl. Kz.

Gesetzlicher Vertreter

Nr. der Spalte, in der der Vertretene bezeichnet ist

Stellung (z. B. Geschäftsführer, Vater, Mutter, Vormund)

Vor- und Nachname

Straße, Hausnummer – **bitte kein Postfach!** –

Postleitzahl | Ort | Ausl. Kz.

Gesetzlicher Vertreter (auch weiterer)

Nr. der Spalte, in der der Vertretene bezeichnet ist

Stellung

Vor- und Nachname

Straße, Hausnummer – **bitte kein Postfach!** –

Postleitzahl | Ort | Ausl. Kz.

Antragsgegner

Antragsgegner sind Gesamtschuldner

Spalte 1

1 = Herr
2 = Frau

Vorname

Nachname

Straße, Hausnummer – **bitte kein Postfach!** –

Postleitzahl | Ort

Spalte 2 **Weiterer Antragsgegner**

1 = Herr
2 = Frau

Vorname

Nachname

Straße, Hausnummer – **bitte kein Postfach!** –

Postleitzahl | Ort

Spalte 3 **Nur Firma, juristische Person u. dgl. als Antragsgegner**

3 = **nur** Einzelfirma 4 = **nur** GmbH u. Co KG **sonst Rechtsform:**

Rechtsform, z. B. GmbH, AG, OHG, KG

Vollständige Bezeichnung

Fortsetzung von Zeile 24

Straße, Hausnummer – **bitte kein Postfach!** –

Postleitzahl | Ort

Gesetzlicher Vertreter

Nr. der Spalte, in der der Vertretene bezeichnet ist

Stellung (z. B. Geschäftsführer, Vater, Mutter, Vormund)

Vor- und Nachname

Straße, Hausnummer – **bitte kein Postfach!** –

Postleitzahl | Ort

Gesetzlicher Vertreter (auch weiterer)

Nr. der Spalte, in der der Vertretene bezeichnet ist

Stellung

Vor- und Nachname

Straße, Hausnummer – **bitte kein Postfach!** –

Postleitzahl | Ort

Bezeichnung des Anspruchs

* Die von Ihnen in Zeile 1 angegebene Währungseinheit gilt für sämtliche Beträge.

I. Hauptforderung – siehe Katalog in den Hinweisen –

Katalog-Nr.	Rechnung/Aufstellung/Vertrag oder ähnliche Bezeichnung	Nr. der Rechng./des Kontos u. dgl.	Datum bzw. Zeitraum vom	bis	Betrag*

Postleitzahl	Ort als Zusatz bei Katalog-Nr. 19, 20, 90	Ausl. Kz.	Vertragsart als Zusatz bei Katalog-Nr. 28
			-Vertrag

Sonstiger Anspruch – nur ausfüllen, wenn im Katalog nicht vorhanden – mit Vertrags-/Lieferdatum/Zeitraum vom ... bis ...

Fortsetzung von Zeile 36	vom	bis	Betrag*

Nur bei Abtretung oder Forderungsübergang:

Früherer Gläubiger – Vor- und Nachname, Firma (Kurzbezeichnung)

Datum

Seit diesem Datum ist die Forderung an den Antragsteller abgetreten/auf ihn übergegangen.

Postleitzahl | Ort | Ausl. Kz.

IIa. Laufende Zinsen

Zeilen-Nr. der Hauptforderung	Zinssatz %	oder % über Basiszinssatz	1 = jährl. 2 = mtl. 3 = tägl.	Betrag*, nur angeben, wenn **abweichend** vom Hauptforderungsbetrag	Ab Zustellung des Mahnbescheids, wenn kein Datum angegeben. **ab** oder **vom**	**bis**

IIb. Ausgerechnete Zinsen

Gemäß dem Antragsgegner mitgeteilter Berechnung für die Zeit

vom	bis	Betrag*

III. Auslagen des Antragstellers für dieses Verfahren

Vordruck/Porto Betrag*	Sonstige Auslagen Betrag*	Bezeichnung

IV. Andere Nebenforderungen

Mahnkosten Betrag*	Auskünfte Betrag*	Bankrücklastkosten Betrag*	Inkassokosten Betrag*	Sonstige Nebenforderung Betrag*	Bezeichnung

Ein streitiges Verfahren wäre durchzuführen vor dem

1 = Amtsgericht
2 = Landgericht
3 = Landgericht – KfH
6 = Amtsgericht – Familiengericht
8 = Sozialgericht

in Postleitzahl | Ort

Im Falle eines Widerspruchs beantrage ich die Durchführung des streitigen Verfahrens.

Prozessbevollmächtigter des Antragstellers

1 = Rechtsanwalt
2 = Rechtsanwälte
3 = Rechtsbeistand
4 = Herr, Frau
5 = Rechtsanwältin
6 = Rechtsanwältinnen

Betrag*

Ordnungsgemäße Bevollmächtigung versichere ich.

Bei Rechtsanwalt oder Rechtsbeistand:
Anstelle der Auslagenpauschale des § 26 BRAGO werden die nebenstehenden Auslagen verlangt, deren Richtigkeit versichert wird.

Der Antragsteller ist nicht zum Vorsteuerabzug berechtigt.

Vor- und Nachname

Straße, Hausnummer – **bitte kein Postfach!** –

Postleitzahl | Ort | Ausl. Kz.

Bankleitzahl | Konto-Nr. | bei der/dem

Von **Kreditgebern (auch Zessionar)** zusätzlich zu machende Angaben bei Anspruch aus Vertrag, für den das Verbraucherkreditgesetz gilt:

Zeilen-Nr. der Hauptforderung	Vertragsdatum	Effektiver Jahreszins	Zeilen-Nr. der Hauptforderung	Vertragsdatum	Effektiver Jahreszins	Zeilen-Nr. der Hauptforderung	Vertragsdatum	Effektiver Jahreszins

Geschäftszeichen des Antragstellers/Prozeßbevollmächtigten

An das
Amtsgericht Euskirchen
– Mahnabteilung –

Ich beantrage, einen Mahnbescheid zu erlassen und in diesen die Kosten des Verfahrens aufzunehmen.

Ich erkläre, daß der Anspruch von einer Gegenleistung

- abhängt, diese aber bereits erbracht ist.
- nicht abhängt.

Unterschrift des Antragstellers/Vertreters/Prozeßbevollmächtigten

Vollstreckungsbescheid §§ 699, 700 ZPO

Der Vollstreckungsbescheid wird vom Amtsgericht auf Antrag des Gläubigers erlassen, sofern der Schuldner keinen Widerspruch gegen den Mahnbescheid eingelegt hat. Er ist ein vollstreckbarer Titel. Dem Schuldner stehen gegen den Vollstreckungsbescheid wiederum drei Möglichkeiten offen.

Zustellung des Vollstreckungsbescheids		
Entscheidungsmöglichkeiten des Schuldners		
Begleichung des geforderten Betrages nebst Zinsen und Kosten Beendigung des Verfahrens	Einlegung des Einspruchs Frist: 2 Wochen (§§ 700, 338, 339 ZPO) Überleitung in das streitige Verfahren und Abgabe des Rechtsstreits von Amts wegen an das zuständige Gericht	Rechtskraft nach Ablauf der Einspruchsfrist

Zwangsvollstreckung

§§ 704 bis 945 ZPO

Zwangsvollstreckung ist die mit staatlichen Machtmitteln erzwungene Befriedigung eines privatrechtlichen Anspruchs. Voraussetzungen der Zwangsvollstreckung sind

- Vollstreckungstitel (rechtskräftiges oder für vorläufig vollstreckbar erklärtes Urteil, Vollstreckungsbescheid, Prozessvergleich)
- Vollstreckungsklausel (vollstreckbare Ausfertigung, die dem Gläubiger zum Zwecke der Zwangsvollstreckung erteilt wird)
- Zustellung des Titels an den Schuldner.

Die Zwangsvollstreckung richtet sich gegen das Vermögen des Schuldners. Ihre Durchführung unterscheidet sich infolgedessen danach, um welche Vermögensgegenstände es sich handelt. Daraus können sich auch unterschiedliche Zuständigkeiten der Vollstreckungsorgane ergeben.

Zwangsvollstreckung wegen einer Geldforderung			
Vermögensgegenstände			
Geld	Bewegliche Sachen	Forderungen und Rechte	Grundstücke
Wegnahme durch den Gerichtsvollzieher (§ 808 Abs. 2 ZPO) Auslieferung an den Gläubiger (§ 815 Abs. 1 ZPO)	Pfändung durch den Gerichtsvollzieher durch Pfandsiegelmarke (§ 808 Abs. 2 ZPO) Unpfändbarkeit von Sachen, die dem persönlichen Gebrauch oder dem Haushalt bzw. dem Beruf oder der Erwerbstätigkeit dienen (§ 811 ZPO) Austauschpfändung bei Luxusgegenständen (§ 811 a ZPO) Öffentliche Versteigerung durch den Gerichtsvollzieher (§ 814 ZPO)	Erlass eines Pfändungs- und Überweisungsbeschlusses durch das Amtsgericht am Sitz des Schuldners Verbot an den Drittschuldner, an den Schuldner zu zahlen, und Überweisung der Forderung an den Gläubiger zur Einziehung oder an Zahlungs Statt (§ 829 ZPO) Unpfändbarkeit gewisser Bezüge (§ 850 a ZPO) und Pfändungsfreigrenzen für Arbeitseinkommen nach Unterhaltsverpflichtungen (§§ 850 c ff. ZPO)	Eintragung einer Sicherungshypothek Zwangsverwaltung (Befriedigung des Gläubigers aus den Erträgnissen des Grundstücks) Zwangsversteigerung
Erfolgslosigkeit der Zwangsvollstreckung: Der Schuldner hat auf Antrag des Gläubigers ein Vermögensverzeichnis (amtlicher Vordruck) vorzulegen und dessen Richtigkeit und Vollständigkeit an Eides Statt zu versichern. Zur Abgabe der eidestattlichen Versicherung kann er durch Anordnung von Haft bis zu sechs Monaten gezwungen werden. Personen, welche die eidesstattliche Versicherung abgegeben haben, werden in ein Schuldnerverzeichnis eingetragen (§§ 807, 899 bis 915 ZPO).			

Zusammenfassung

<table>
<tr><th colspan="3">Prämienzahlungspflicht des Versicherungsnehmers</th></tr>
<tr><th>Inhalt</th><th colspan="2">Nichtzahlung</th></tr>
<tr><td>Rechtsnatur:
Echte Rechtspflicht</td><td>Prämienzahlungsverzug</td><td>Gerichtliche Geltendmachung</td></tr>
<tr><td>Arten:
Einmalprämie
Laufende Prämien (Erst- und Folgeprämie)</td><td>Unterscheidung zwischen Erst- und Folgeprämie</td><td>Unterscheidung zwischen Klage- und Mahnverfahren</td></tr>
<tr><td>Erfüllung: Zahlung</td><td rowspan="3">Wirkungen auf
– Prämienzahlungspflicht
– Leistungspflicht des Versicherers
– Vertragsschicksal</td><td>Mahnbescheid
– Möglichkeit des Widerspruchs innerhalb von zwei Wochen</td></tr>
<tr><td rowspan="2">Erzwingbarkeit:
einklagbar</td><td>Vollstreckungsbescheid
– Möglichkeit des Einspruchs innerhalb von zwei Wochen</td></tr>
<tr><td>Zwangsvollstreckung</td></tr>
</table>

Übungsaufgaben

1. Herr Friedrich Sommer hat eine Hausratversicherung abgeschlossen. Versicherungsperiode ist die Zeit vom 01. 04. – 01. 04. Er erhält den Versicherungsschein am 20. 03.
   Wann ist die erste Prämie fällig? Er hat die Prämie bis zum 18. 04. nicht gezahlt, und es ereignete sich ein Brand. Besteht Versicherungsschutz hierfür?

2. Frau Peitz beabsichtigt, die erste Prämie für eine Lebensversicherung durch

   - Überweisung
   - Übersendung eines Verrechnungsschecks
   - Erteilung einer Einzugsermächtigung

   zu zahlen. Wann beginnt in diesen Fällen der Versicherungsschutz, und wann ist die Prämienschuld erfüllt?

3. Familie Spitzler hat eine Hausratversicherung beantragt. Der Versicherungsvertreter Paul Meier überbringt ihr den Versicherungsschein mit der Prämienrechnung über die Erstprämie.
   Kann Frau Spitzler Herrn Paul Meier einen Barscheck mit befreiender Wirkung aushändigen? Begründen Sie Ihre Antwort.

4. Erläutern Sie den Begriff Beitragsanpassungsklausel. Nennen Sie zwei Auswirkungen, die sich aus der Anwendung dieser Klausel auf das Vertragsverhältnis ergeben können.

5. Geben Sie für die Versicherungsteuer an: die Rechtsgrundlage, die Steuerart, den Gegenstand sowie den Steuerschuldner.

6. Ein VN wohnt in Köln. Der VR hat ein Konto bei der Stadtsparkasse München. Der VN zahlt bei seiner Bank in Köln ein.
   Ab wann gilt gezahlt, und ab wann ist die Prämienschuld getilgt? Erklären Sie den Sachverhalt am Beispiel!

7. Herr Mencke hat eine Unfallversicherung beantragt. Als er am 03. 09. den Versicherungsschein erhält, kann er, inzwischen arbeitslos geworden, den Einlösebetrag nicht zahlen. Er teilt dies dem Versicherer mit. Am 15. 12. erhält er eine dringende Aufforderung, die Prämie zu zahlen.
   Klären Sie die Rechtslage.

8. Die einzige Rechtspflicht des VN ist die Prämienzahlungspflicht. Herr Weber, der bei uns für seine Schlosserei eine Feuerversicherung abgeschlossen hat, verweigert die Einlösung des Versicherungsscheines mit der Be-

gründung, dass er nach nochmaligem Nachdenken die Notwendigkeit einer solchen Versicherung nicht mehr einsehe.

a) Erläutern Sie die Rechtsfolgen, die sich für Herrn Weber ergeben können!
b) Wären die Folgen die gleichen, wenn es sich statt um eine Feuerversicherung für den Betrieb um eine Lebensversicherung für Herrn Weber handeln würde? Begründen Sie Ihre Antwort.

9. Der Vertrag mit Herrn Weber besteht schon einige Jahre. Nun verweigert er die Zahlung der Folgeprämie mit derselben Begründung, weshalb er von uns gemäß § 39 VVG gemahnt wird.

a) Erklären Sie, was unter einer qualifizierten Mahnung nach § 39 VVG zu verstehen ist!
b) Erklären Sie, unter welchen Voraussetzungen eine „Reaktivierung" des Vertrages möglich ist!

10. Zu einem Vertrag wird die Mahnung nach § 39 VVG am 02. 12. abgeschickt und am folgenden Tag dem VN zugestellt. Da der VN auf Grund dieser Mahnung nicht zahlt, kündigt der VR den Vertrag gemäß § 39 VVG am 28. 12. Der VN zahlt die aufgeforderten Rückstände vollständig am 05. 01.

a) Wann endet die Wiederinkraftsetzungsfrist für den geschilderten Fall? (Datum)
b) Besteht Versicherungsschutz für einen Versicherungsfall
   - am 18. 12.
   - am 24. 12.
   - am 02. 02.?

   Begründen Sie Ihre Antwort?
c) Welche Angaben muss eine qualifizierte Mahnung nach § 39 VVG enthalten?

11. Da der VN die am 04. 03. fällige Jahresfolgeprämie für eine Unfallversicherung am 06. 04. immer noch nicht bezahlt hat, übermittelt der Versicherer am 07. 04. ein Mahn- und Kündigungsschreiben nach § 39 VVG, das dem VN am 09. 04. zugeht.

a) Welche gesetzlichen Vorschriften müssen bei der Mahnung der Folgeprämie nach § 39 VVG beachtet werden, damit die Mahnung rechtswirksam wird?
b) Beschreiben Sie die Rechtsfolgen des Folgeprämienverzugs (Datumangabe!) hinsichtlich des
   - Bestandes des Vertrages,
   - Versicherungsschutzes,
   - Prämienschicksals!
c) Erläutern Sie die beiden Kündigungsmöglichkeiten, die § 39 VVG zulässt!
d) Der VN zahlt den Prämienrückstand am 25. 04. bei seiner Bank ein. Am 26. 04. tritt der Versicherungsfall ein. Besteht Versicherungsschutz? Begründen Sie Ihre Antwort.

3.5 Obliegenheiten

> Ein Handwerksmeister beantragt eine private Krankenversicherung. Er hat im Vorjahr einen Herzinfarkt erlitten, gibt diesen Umstand jedoch nicht im Antragsformular an. Nach Erhalt des Versicherungsscheines macht er sich Gedanken darüber, ob dieses Verschweigen Einfluss auf den Versicherungsschutz haben kann.
>
> Ein Juwelier hat eine Einbruch-Diebstahl-Versicherung abgeschlossen. Laut Versicherungsschein hat er eine Alarmanlage einzurichten, diese bei Geschäftsschluss einzuschalten und vierteljährlich warten zu lassen. Eines Abends stellt er fest, dass sich die Alarmanlage nicht scharf schalten lässt. Er meint, es werde schon nichts passieren, und beabsichtigt, sich am folgenden Tag mit dem Wartungsdienst in Verbindung zu setzen. Über Nacht werden bei einem Einbruch wertvolle Schmuckstücke entwendet.
>
> Die Wohnung einer älteren Dame steht in Flammen. Sie rettet sich und ihre Katze, denkt aber in der Aufregung nicht daran, die Feuerwehr zu rufen. Nachbarn übernehmen es, die Feuerwehr zu verständigen und einige Möbelstücke zu retten. Es erhebt sich die Frage, inwieweit die Versicherungsnehmerin Nachteile erleiden kann.

Gegenüberstellung

Neben der Prämienzahlungspflicht hat der Versicherungsnehmer die versicherungsrechtlichen Obliegenheiten zu erfüllen. Sie unterscheiden sich von der Prämienzahlungspflicht dadurch, dass sie nicht einklagbar sind. Der Versicherungsnehmer erfüllt sie im eigenen Interesse, um sich den Versicherungsschutz zu erhalten. Die Nichterfüllung der Obliegenheiten kann nämlich den Verlust des Anspruchs auf die Versicherungsleistung bei Eintritt des Versicherungsfalles oder ein Kündigungsrecht des Versicherers zur Folge haben.

Die Obliegenheiten beruhen auf der Eigenart des Versicherungsvertrages. Der Versicherer muss das zu übernehmende Risiko kennen und davon ausgehen können, dass es sich während der Laufzeit der Versicherung nicht verändert. Die Obliegenheiten verlangen daher von dem Versicherungsnehmer ein bestimmtes Verhalten.

Verhalten des Versicherungsnehmers	
Tun	Unterlassen
Erteilung von Auskünften auf Verlangen des Versicherers (§§ 16, 34 VVG)	Nichtvornahme einer Gefahrerhöhung (§ 23 Abs. 1 VVG)
Erstattung von Anzeigen (§§ 33, 10 VVG)	Nichtveränderung der Schadenstätte (§ 93 VVG)

Aus-
schlüsse

Die Risikoausschlüsse unterscheiden sich von den Obliegenheiten dadurch, dass sie nicht auf ein Verhalten des Versicherungsnehmers abstellen, sondern den Versicherungsschutz objektiv insofern eingrenzen, als für bestimmte Tatbestände keine Deckung geboten wird. Die Obliegenheitsverletzung führt zur Leistungsfreiheit des Versicherers, während bei einem Risikoausschluss überhaupt kein Versicherungsschutz besteht.

Beispiele:

§ 2 b AKB

Kraftfahrtversicherung	
Obliegenheiten	Ausschlüsse
Der Versicherer ist von der Verpflichtung zur Leistung frei – bei Verwendung des Fahrzeugs zu einem anderen als dem im Antrag angegebenen Zweck – bei Gebrauch durch einen unberechtigten Fahrer – bei Benutzung ohne die vorgeschriebene Fahrerlaubnis	Versicherungsschutz wird nicht gewährt – für Schäden, die durch Aufruhr, innere Unruhen, Kriegsereignisse, Verfügungen von hoher Hand und Erdbeben unmittelbar oder mittelbar verursacht werden – für Schäden durch Kernenergie

3.5.1 Begriff und Einteilung

BGH VersR 67, 27

Nach der herrschenden Voraussetzungstheorie sind Obliegenheiten „keine in irgendeiner Art erzwingbaren, bei Nichterfüllung in eine Schadenersatzpflicht übergehenden Verbindlichkeiten, sondern lediglich Voraussetzungen für die Erhaltung des Anspruchs aus dem Versicherungsvertrag". Der Versicherungsnehmer erfüllt die Obliegenheiten somit im eigenen Interesse, um sich den Versicherungsschutz zu erhalten.

Verantwortlichkeit für dritte Personen

Der Versicherungsnehmer bedient sich bei der Erfüllung der Obliegenheiten häufig dritter Personen. Da die Obliegenheiten keine echten Rechtspflichten sind, ist er für ihr Verhalten gegenüber dem Versicherer nicht nach den §§ 278, 831 BGB verantwortlich. Vielmehr hat die Rechtsprechung spezielle Grundsätze für diesen Bereich herausgearbeitet. Dabei wird zwischen der Zurechnung des Wissens anderer Personen und der Verletzung von Obliegenheiten durch Dritte unterschieden.

Der Versicherungsnehmer kann einen Dritten damit betrauen, bei der Erfüllung von Obliegenheiten Anzeigen abzugeben oder Auskünfte zu erteilen. Es handelt sich dabei um Wissenserklärungen, und der Dritte wird als Wissenserklärungsvertreter bezeichnet. Auf diesen Sachverhalt wird § 166 Abs. 1 BGB entsprechend angewendet. Hat der Vertreter die Erklärungen nicht abgegeben oder hat er falsche Auskünfte erteilt, wird dies dem Versicherungsnehmer zugerechnet. Wissenszurechnung § 166 BGB

Die Regelung über das Einstehen für den Vertreter wird auch auf den Fall der Wissensvertretung angewendet, obwohl es sich nicht um eine rechtsgeschäftliche Vertretung handelt. Der Wissensvertreter nimmt eine bestimmte tatsächliche Stellung ein, auf Grund derer er an Stelle des Versicherungsnehmers die Kenntnis von Tatsachen erlangt, die für das jeweilige Versicherungsverhältnis von Bedeutung sind. Diese Kenntnis des Wissensvertreters wird dem Versicherungsnehmer zugerechnet.

Beispiel:

Der Leiter eines Fuhrparks in einem Unternehmen ist Wissensvertreter hinsichtlich des Zustandes der versicherten Kraftfahrzeuge, auch wenn er keine rechtsgeschäftliche Vertretungsmacht besitzt. Diese Kenntnis ist sowohl für die Kraftfahrzeug-Haftpflichtversicherung als auch für die übrigen Zweige der Schadenversicherung von Bedeutung.

Soweit es sich um Obliegenheiten handelt, die nicht in der Erfüllung von Anzeige- und Auskunftspflichten bestehen, sondern ein Tun oder Unterlassen des Versicherungsnehmers erfordern, haftet er für das Verschulden seiner Repräsentanten. Ein solches Verhalten kann sich beispielsweise auf die Schadenabwendungs- oder -minderungspflicht sowie die Nichtvornahme einer Gefahrerhöhung, aber auch die schuldhafte Herbeiführung des Versicherungsfalles beziehen. Dem Versicherungsnehmer wird das Verschulden des Repräsentanten zugerechnet. Daher wird der Versicherer auch dann leistungsfrei, wenn nicht der Versicherungsnehmer, sondern der Repräsentant schuldhaft gehandelt hat. Um den Versicherungsschutz nicht auszuhöhlen, beschränkt die Rechtsprechung den Kreis der Repräsentanten auf Personen mit erhöhter Verantwortung. Repräsentant

Die Rechtsprechung hat die Haftung des Versicherungsnehmers für seinen Repräsentanten aus Billigkeitsgründen für die Fälle entwickelt, in denen die versicherten Sachen zu ihrer Erhaltung laufender Fürsorge bedürfen. Hier darf es dem Versicherungsnehmer nicht freistehen, die Lage des Versicherers wesentlich dadurch zu verschlechtern, dass er die versicherten Sachen aus der Hand gibt. Eine Haftung des Versicherungsnehmers für den Dritten ist jedoch nur insoweit geboten, als dem Dritten Handlungen und Unterlassungen überlassen werden, die zum eigentlichen Verantwortungsbereich des Versicherungsnehmers gehören. Der Dritte ist nur Repräsentant, wenn er im Hinblick auf das versicherte Risiko an die Stelle des Versicherungsnehmers tritt. BGH VersR 69, 696

BGH VersR 93, 828

> Repräsentant ist demnach derjenige, der im Bereich, zu dem das versicherte Risiko gehört, auf Grund eines Vertretungs- oder ähnlichen Verhältnisses an die Stelle des Versicherungsnehmers getreten und befugt ist, selbstständig in einem gewissen nicht ganz unbedeutenden Umfang für den Versicherungsnehmer zu handeln (Risikoverwaltung), oder der es übernommen hat, die Verwaltung des Versicherungsvertrages eigenverantwortlich auszuüben (Vertragsverwaltung).

> **Beispiele:**
>
> Repräsentanten sind
>
> - Prokurist
> - Betriebsleiter, Bauleiter, Montageleiter, Leiter einer Zweigniederlassung
> - Sicherheitsbeauftragter
> - Hausverwalter, Pächter, Mieter eines Einfamilienhauses, Gutsverwalter
> - Insolvenzverwalter
> - Besitzer einer unter Eigentumsvorbehalt gekauften Sache.
>
> Keine Repräsentanten sind
>
> - Fahrer eines Kraftfahrzeugs, sofern er den Wagen nicht völlig zur eigenverantwortlichen Benutzung erhalten hat (z. B. Handelsvertreter)
> - angestellter Kraftfahrzeugmechaniker, der die Fahrzeuge auf ihre Verkehrssicherheit zu überprüfen hat
> - Ingenieur, der ein Schiff technisch betreut
> - Ehegatten, Lebensgefährten und sonstige Familienangehörige ohne Zusatzstellung im gewerblichen Bereich.

Überblick

Einteilung

Obliegenheiten können auf gesetzlichen Vorschriften oder vertraglicher Vereinbarung (AVB) beruhen. Sie können bereits bei Antragstellung, während der Vertragsdauer sowie bei oder nach Eintritt des Versicherungsfalles zu erfüllen sein.

Arten der Obliegenheiten	
Rechtsgrundlagen	Zeitpunkt der Erfüllung
Gesetz: VVG Gesetzliche Obliegenheiten	Antragstellung: Vorvertragliche Anzeigepflicht
AVB und Klauseln: Vertragliche Obliegenheiten	Laufzeit des Vertrages: Anzeige- und Mitteilungspflichten über eingetretene Veränderungen
	Eintritt des Versicherungsfalles: Schadenabwendungs- und -minderungspflicht Anzeigepflicht Auskunfts- und Belegpflicht

3.5.2 Vorvertragliche Anzeigepflicht

Bedeutung

Die vorvertragliche Anzeigepflicht ist bei Antragstellung, also noch vor dem formellen Abschluss des Versicherungsvertrages, zu erfüllen. Der Versicherer benötigt bestimmte Angaben über das Risiko, damit er folgende Entscheidungen treffen kann:

- Annahme oder Ablehnung des Antrages
- Festsetzung der Prämienhöhe
- Zugrundelegung bestimmter AVB oder Klauseln.

Umfang § 16 VVG

Der Versicherungsnehmer hat dem Versicherer alle ihm bekannten Umstände, die für die Übernahme der Gefahr erheblich sind, anzuzeigen. Diese Anzeigepflicht wird regelmäßig durch Ausfüllen des Antragsformulars erfüllt, dessen Fragen der Antragsteller richtig und vollständig zu beantworten hat. Umstände, nach denen im Antrag ausdrücklich gefragt ist, gelten als erheblich. Die Anzeigepflicht erstreckt sich jedoch nur auf die dem Antragsteller bekannten Tatsachen. Er braucht somit keine Nachforschungen anzustellen und Auskünfte einzuholen.

Versicherte Personen

Die vorvertragliche Anzeigepflicht ist nicht nur vom Versicherungsnehmer, sondern auch vom Versicherten bei der Versicherung für fremde Rechnung (§ 79 Abs. 1 VVG) sowie von den versicherten Personen bei der Lebens-, Kranken- und Unfallversicherung (§§ 161, 178 a Abs. 3 Satz 2, 179 Abs. 4 VVG) zu erfüllen, weil sie häufig von gefahrerheblichen Umständen allein Kenntnis haben. Daher ist auch ihre Unterschrift im Antrag vorgesehen.

Verletzung

Verletzt der Antragsteller die vorvertragliche Anzeigepflicht, indem er gefahrerhebliche Umstände verschweigt oder unrichtig angibt, bestimmen sich die Rechtsfolgen danach, ob ihn ein Verschulden trifft oder nicht.

Kein Verschulden

Trifft den Versicherungsnehmer kein Verschulden, weil er beispielsweise über eine nicht angezeigte unheilbare Krankheit von Angehörigen und Ärzten nicht informiert worden war, besteht der Versicherungsvertrag grundsätzlich unverändert weiter.

§ 41 VVG

Jedoch kann der Versicherer, falls mit Rücksicht auf die höhere Gefahr eine höhere Prämie angemessen ist, vom Beginn der laufenden Versicherungsperiode an die nach dem Tarif maßgebende höhere Prämie verlangen. Wird die höhere Gefahr nach den für den Geschäftsbetrieb des Versicherers maßgebenden Grundsätzen auch gegen eine höhere Prämie nicht übernommen, kann der Versicherer das Versicherungsverhältnis unter Einhaltung einer Kündigungsfrist von einem Monat kündigen. Der Anspruch auf die höhere Prämie und das Kündigungsrecht erlöschen, wenn sie nicht innerhalb eines Monats von dem Zeitpunkt an geltend gemacht oder ausgeübt werden, in dem der Versicherer von der Verletzung der Anzeigepflicht oder von dem nicht angezeigten Umstand Kenntnis erlangt.

Schuldhafte Verletzung §§ 16 Abs. 2, 17 VVG

Hat der Versicherungsnehmer die vorvertragliche Anzeigepflicht schuldhaft verletzt, steht dem Versicherer ein Rücktrittsrecht vom Vertrag zu. Es ist innerhalb eines Monats seit Kenntnis von der Verletzung der Anzeigepflicht auszuüben. Der Rücktritt erfolgt durch einseitige empfangsbedürftige Willenserklärung gegenüber dem Versicherungsnehmer bzw. nach dessen Tod dem Bezugsberechtigten (§ 20 VVG).

§§ 20 Abs. 2 Satz 2, 40 VVG

Im Falle des Rücktritts haben die Vertragspartner die gegenseitigen Leistungen zurückzugewähren. Insbesondere steht dem Versicherungsnehmer bei einer Lebensversicherung der auf den Vertrag entfallende Rückkaufswert zu (§ 176 VVG). Dem Versicherer gebührt jedoch die Prämie bis zum Schluss der Versicherungsperiode, in der er von der Verletzung der Anzeigepflicht Kenntnis erlangt hat.

§ 21 VVG

Tritt der Versicherer zurück, nachdem der Versicherungsfall eingetreten ist, so bleibt seine Verpflichtung zur Leistung gleichwohl bestehen, wenn der Umstand, in Ansehung dessen die Anzeigepflicht verletzt ist, keinen Einfluss auf den Eintritt des Versicherungsfalles und auf den Umfang der Leistung des Versicherers gehabt hat. Diese gesetzliche Regelung stellt darauf ab, ob Kausalität, das heißt ein ursächlicher Zusammenhang zwischen dem nicht oder nicht richtig angezeigten Umstand und dem Eintritt des Versicherungsfalles gegeben ist. Fehlt es an einem derartigen Zusammenhang, hat der Versicherer zu leisten. Dagegen besteht Leistungsfreiheit, wenn der Versicherungsfall auf den infolge der Verletzung der Anzeigepflicht unbekannt gebliebenen Umstand zurückzuführen ist. Den Versicherungsnehmer trifft die Beweislast dafür, dass der Versicherungsfall nicht auf dem verschwiegenen oder nicht richtig angezeigten Umstand beruht.

In der Lebensversicherung ist das Rücktrittsrecht des Versicherers ausgeschlossen §§ 162, 163 VVG

- bei unrichtiger Altersangabe (die Versicherungsleistung vermindert sich jedoch gegebenenfalls entsprechend)
- nach Ablauf von zehn Jahren seit formellem Versicherungsbeginn; die AVB verkürzen diese Frist auf drei Jahre (§ 6 Abs. 3 ALB).

Arglistige Täuschung

Stets bleibt für den Versicherer im Falle einer Verletzung der vorvertraglichen Anzeigepflicht die Möglichkeit, den Versicherungsvertrag wegen arglistiger Täuschung anzufechten. Arglist setzt voraus, dass der Versicherungsnehmer auf die Entschließung des Versicherers Einfluss nehmen wollte und sich daher bewusst war, der Versicherer werde möglicherweise seinen Antrag nicht oder nur unter erschwerten Bedingungen annehmen, wenn er die Wahrheit sage. Hierfür trägt der Versicherer die Beweislast. §§ 22 VVG, 123 BGB

Durch wirksame Anfechtung wird der Versicherungsvertrag von Anfang an nichtig. Auf einen Kausalzusammenhang zwischen dem nicht oder unrichtig angezeigten Umstand und dem Eintritt des Versicherungsfalles kommt es nicht an. Infolgedessen ist das Anfechtungsrecht für den Versicherer dann von Bedeutung, wenn keine Kausalität besteht. Jedoch wird es ihm häufig nicht gelingen, den Nachweis der Arglist zu führen. § 142 BGB

Beispiele:

- Der Antragsteller ist an einem Bronchialkarzinom erkrankt. Im Antrag auf Abschluss einer Lebensversicherung verneint er die Frage nach Vorerkrankungen. Objektiv ist damit der Tatbestand einer Verletzung der vorvertraglichen Anzeigepflicht erfüllt. Hinsichtlich der Rechtsfolgen kommt es auf die subjektive Seite, also das Verschulden des Antragstellers, an. Es ist deshalb zu unterscheiden, ob er von der Vorerkrankung Kenntnis hatte oder nicht.

  Hat der Antragsteller von der Erkrankung nichts gewusst, weil sein Arzt ihn nicht unterrichtet hatte, bleibt der Lebensversicherungsvertrag bestehen. Bei Eintritt des Versicherungsfalles ist Leistungspflicht des Versicherers gegeben. Er kann eine höhere Prämie für das erhöhte Risiko verlangen. Wird das Risiko nach den für den Geschäftsbetrieb des Lebensversicherers maßgebenden Grundsätzen nicht versichert, kann er den Vertrag innerhalb eines Monats unter Einhaltung einer einmonatigen Kündigungsfrist kündigen.

  Wenn der Antragsteller von der Erkrankung wusste, weil der behandelnde Arzt ihn aufgeklärt hatte, trifft ihn ein Verschulden. Stirbt der Versicherte an dem Karzinom, ist der Versicherer leistungsfrei, da es die Ursache für den Eintritt des Versicherungsfalles war. Sind seit dem Abschluss des Lebensversicherungsvertrages mehr als drei Jahre verstrichen, kann der Versicherer nicht mehr vom Vertrag zurücktreten. Er behält jedoch grundsätzlich das Anfechtungsrecht wegen arglistiger Täuschung.

Fortsetzung nächste Seite

- Stirbt der Versicherungsnehmer nicht an dem verschwiegenen Karzinom, sondern kommt er bei einem Flugzeugabsturz ums Leben, bleibt die Leistungspflicht des Versicherers auch im Falle des Rücktritts bestehen. Der Versicherer kann jedoch den Vertrag wegen arglistiger Täuschung anfechten, wenn ihm der Nachweis gelingt, dass der Versicherungsnehmer sowohl Kenntnis von der Krankheit hatte als auch arglistig gehandelt hat. Durch wirksame Anfechtung wird der Versicherungsvertrag von Anfang an nichtig, und der Versicherer ist von seiner Leistungspflicht befreit. Der Bezugsberechtigte hat jedoch Anspruch auf den Rückkaufswert, der um die Prämie für die laufende Versicherungsperiode gekürzt werden kann.

<table>
<tr><th colspan="4">Verletzung der vorvertraglichen Anzeigepflicht</th></tr>
<tr><th colspan="4">Nichtanzeige (§ 16 VVG) oder unrichtige Anzeige (§ 17 VVG)
eines gefahrerheblichen Umstandes</th></tr>
<tr><td colspan="2">Kein Verschulden des Versicherungsnehmers</td><td colspan="2">Verschulden des Versicherungsnehmers</td></tr>
<tr><td colspan="2">Fortbestand des Versicherungsvertrages (Kein Rücktritt)</td><td colspan="2">Rücktritt innerhalb eines Monats (§ 20 VVG)
Lebensversicherung: Nur binnen drei Jahren</td></tr>
<tr><td>Versicherbarkeit der erhöhten Gefahr</td><td>Keine Versicherbarkeit der erhöhten Gefahr</td><td colspan="2" rowspan="2">Rückgewähr der empfangenen Leistungen
- Anspruch des Versicherers auf die Prämie für die laufende Versicherungsperiode (§ 40 VVG)
- Anspruch des Versicherungsnehmers in der Lebensversicherung auf den Rückkaufswert (§ 176 VVG)</td></tr>
<tr><td>Anspruch des Versicherers auf höhere Prämie innerhalb eines Monats (§ 41 Abs. 1 und 2 VVG)</td><td>Kündigungsrecht innerhalb eines Monats mit monatlicher Kündigungsfrist (§ 41 Abs. 2 und 3 VVG)</td></tr>
<tr><td colspan="2"></td><td>Kausalität

Leistungsfreiheit des Versicherers</td><td>Keine Kausalität

Leistungspflicht des Versicherers (§ 21 VVG), aber Möglichkeit der Anfechtung wegen arglistiger Täuschung mit der Folge der Leistungsfreiheit unabhängig von der Kausalität (§§ 22 VVG, 123 BGB)</td></tr>
</table>

3.5.3 Obliegenheiten nach Vertragsschluss

3.5.3.1 Allgemein

Nach Abschluss des Versicherungsvertrages hat der Versicherungsnehmer weitere Obliegenheiten zu erfüllen. Sie beziehen sich meistens auf Mitteilungen oder Anzeigen eingetretener Veränderungen. Überblick

Obliegenheiten während der Vertragsdauer	
Art der Obliegenheit	Gesetzliche Grundlage
Anzeigepflicht bei Wohnungswechsel	§ 10 VVG
Anzeigepflicht bei Gefahrerhöhung	§ 23 Abs. 2 VVG
Mitteilungspflicht bei Mehrfachversicherung	§§ 58, 90 VVG
Anzeigepflicht bei Veräußerung bzw. Besitzwechsel	§§ 71, 151 VVG

3.5.3.2 Gefahrerhöhung

Die Gewährung des Versicherungsschutzes durch den Versicherer beruht auf der Einschätzung des Risikos, wie es im Antrag und den Zusatzerklärungen beschrieben ist. Daher darf das übernommene Risiko nach Antragstellung ohne Einwilligung des Versicherers nicht erhöht werden. Eine ihm bekannt gewordene Gefahrerhöhung hat der Versicherungsnehmer dem Versicherer unverzüglich anzuzeigen. §§ 23, 29 a VVG

Begriff

Im Hinblick auf die Langfristigkeit der Versicherungsverträge muss der Versicherer stets mit gewissen Veränderungen der Risikolage rechnen. Infolgedessen stellt nicht jede für den Versicherer ungünstige Entwicklung eine Gefahrerhöhung im Sinne des Gesetzes dar. Vielmehr ist es nach der Rechtsprechung für den Begriff der Gefahrerhöhung wesentlich, „dass der bisherige Gefahrenzustand in einen neuen Zustand vertauscht wird, derart, dass nunmehr in ihm die Gefahr ‚stehen' zu bleiben oder zu ruhen geeignet ist, dass also die Gefahrenlage auf ein neues, höheres Niveau emporsteigt, auf dem sie sich ebenso wie auf dem bisherigen stabilisieren und die Grundlage eines neuen natürlichen Gefahrenverlaufs bilden kann". BGHZ 7, 311

Der Begriff der Gefahrerhöhung ist daher an bestimmte Merkmale geknüpft. Merkmale

Gefahrerhöhung		
Voraussetzungen		
Vergrößerung der Möglichkeit des Eintritts des Versicherungsfalles	Entstehung eines Zustands von gewisser Dauer	Erheblichkeit der Erhöhung der Gefahr (§ 29 VVG) Unerheblich sind Gefahren, die der Versicherer ohnehin zu den gleichen Bedingungen und Prämien versichert hätte oder die den Umständen nach als eingeschlossen anzusehen sind

Beispiele:

- Gefahrerhöhungen

BGH VersR 81, 425 — Stilllegung einer Diskothek ohne Vorkehrungen gegen den Zutritt Unbefugter (Feuerversicherung)

BGH VersR 75, 845 — Aufstellung eines Baugerüsts an einem Gebäude, in dessen oberen Stockwerken sich die Räume des versicherten Kürschnereibetriebes befinden (Einbruchdiebstahl-Versicherung)

BGHZ 23, 142 — Weiterbenutzung eines Lastkraftwagens, obwohl sich einige Tage vor dem Unfall Mängel an den Bremsen zeigten und der Wagen deshalb auf dem kürzesten Weg aus dem Verkehr hätte gezogen werden müssen. Die Gefahrerhöhung wurde insbesondere darin gesehen, dass das verkehrsunsichere Fahrzeug nicht lediglich für eine einmalige Fahrt, sondern im laufenden Fuhrbetrieb für eine Vielzahl von Fahrten weiterbenutzt wurde (Kraftfahrzeug-Haftpflichtversicherung)

- Keine Gefahrerhöhungen

BGHZ 7, 311 — Einmalige Trunkenheitsfahrt (Kraftfahrzeug-Haftpflichtversicherung)

BGHZ 42, 295 — Mehrwöchige Abwesenheit des Versicherungsnehmers (Leitungswasserversicherung)

§ 29 VVG — Älterwerden in der Lebens- und Krankenversicherung (§§ 164 Abs. 1, 178 a Abs. 2 Satz 2 VVG).

Arten — Hinsichtlich der Rechtsfolgen sind zwei Arten der Gefahrerhöhung zu unterscheiden.

Gefahrerhöhung	
Subjektiv	Objektiv
Vom Versicherungsnehmer gewollt oder veranlasst	Vom Versicherungsnehmer nicht gewollt oder veranlasst
Gefahrerhöhung, die der Versicherungsnehmer ohne Einwilligung des Versicherers selbst vornimmt oder deren Vornahme durch einen Dritten er gestattet §§ 23 – 26 VVG	Gefahrerhöhung, die unabhängig vom Willen des Versicherungsnehmers eintritt §§ 27 – 28 VVG

Subjektive Gefahrerhöhung

Rechtsfolgen der subjektiven Gefahrerhöhung können ein Kündigungsrecht des Versicherers und Leistungsfreiheit bei Eintritt des Versicherungsfalles sein. Rechtsfolgen

Die Kündigung kann vom Versicherer ohne Einhaltung einer Frist (fristlos) ausgesprochen werden, wenn der Versicherungsnehmer schuldhaft gehandelt hat. Beruht die Gefahrerhöhung dagegen nicht auf einem Verschulden des Versicherungsnehmers, wird die Kündigung des Versicherers erst nach Monatsfrist wirksam. Durch diese Regelung wird dem Versicherungsnehmer ein ausreichender Zeitraum gewährt, um sich anderweitigen Versicherungsschutz zu beschaffen. § 24 VVG

Das Kündigungsrecht des Versicherers erlischt,

- wenn er es nicht innerhalb eines Monats von dem Zeitpunkt an ausübt, zu dem er von der Erhöhung der Gefahr Kenntnis erlangt (Klarstellung)

- wenn der Zustand wiederhergestellt wird, der vor der Gefahrerhöhung bestanden hat (Rückgängigmachung der Gefahrerhöhung).

Leistungsfreiheit des Versicherers besteht, wenn der Versicherungsfall nach Vornahme oder Duldung der Gefahrerhöhung eingetreten ist. Die Leistungspflicht bleibt jedoch erhalten, wenn § 25 VVG

- der Versicherungsnehmer nicht schuldhaft gehandelt, insbesondere die Gefahrerhöhung unverzüglich angezeigt hat und der Versicherungsfall nicht später als einen Monat nach dem Zeitpunkt, zu dem die Anzeige dem Versicherer hätte zugehen müssen, eingetreten ist (Verschulden)

- zur Zeit des Eintritts des Versicherungsfalles die Frist für die Kündigung des Versicherers abgelaufen und eine Kündigung nicht erfolgt ist (Klarstellung)

- die Gefahrerhöhung keinen Einfluss auf den Eintritt des Versicherungsfalles und den Umfang der Leistung des Versicherers gehabt hat (Kausalität).

Beispiel:

Ein Versicherungsnehmer hat größere Mengen Treibstoff ungesichert in Kellerräumen eingelagert, weil eine Steuer- bzw. Preiserhöhung bevorsteht. Der Versicherer hat hiervon keine Kenntnis. Tritt der Versicherungsfall durch Explosion des eingelagerten Treibstoffes ein, ist der Versicherer leistungsfrei. Beruht der Versicherungsfall dagegen auf einem Blitzschlag, fehlt es an der Kausalität für den Eintritt des Versicherungsfalles. Der Versicherungsnehmer ist jedoch beweispflichtig dafür, dass sich das eingelagerte Öl nicht auf die Höhe des Schadens ausgewirkt hat.

Objektive Gefahrerhöhung

§ 27 Abs. 2 VVG

Auch eine objektive Gefahrerhöhung hat der Versicherungsnehmer unverzüglich anzuzeigen. Durch die Anzeige soll der Versicherer in die Lage versetzt werden, das zusätzliche Risiko zu prüfen und eine Entscheidung darüber zu treffen, ob er den Vertrag zu der bisherigen oder einer erhöhten Prämie weiterführen will. Weitere Rechtsfolgen können ein Kündigungsrecht und Leistungsfreiheit des Versicherers bei Eintritt des Versicherungsfalles sein.

§ 27 Abs. 1 VVG

Ein Kündigungsrecht kann der Versicherer nur unter Einhaltung einer Kündigungsfrist von einem Monat innerhalb eines Monats von dem Zeitpunkt an ausüben, zu dem er von der Gefahrerhöhung Kenntnis erlangt. Durch diese Regelung soll dem Versicherungsnehmer die Möglichkeit gegeben werden, sich anderweitigen Versicherungsschutz zu beschaffen. Das Kündigungsrecht erlischt wie im Falle der subjektiven Gefahrerhöhung, wenn der frühere Zustand wiederhergestellt wird.

§ 28 VVG

Leistungsfreiheit besteht bei Eintritt des Versicherungsfalles, wenn der Versicherungsnehmer seine Anzeigepflicht verletzt hat und der Versicherungsfall später als einen Monat nach dem Zeitpunkt eintritt, zu dem die Anzeige dem Versicherer hätte zugehen müssen. Leistungspflicht des Versicherers ist jedoch gegeben, wenn

- dem Versicherer die Gefahrerhöhung auf andere Weise bekannt war
- er nicht innerhalb eines Monats seit Kenntnis der Gefahrerhöhung gekündigt hat
- die Gefahrerhöhung keinen Einfluss auf den Eintritt des Versicherungsfalles und den Umfang der Leistung des Versicherers gehabt hat.

Beispiel:

Auf dem Nachbargrundstück des versicherten Möbellagers wird ein explosionsgefährdeter Betrieb errichtet. Der Versicherungsnehmer setzt seinen Feuerversicherer hiervon mit Schreiben vom 15. 05. in Kenntnis, das dem Versicherer am 18. 05. zugeht. Der Versicherer bleibt untätig. Eine Explosion in diesem Betrieb am 29. 06. führt dazu, dass auch das Möbellager vollständig abbrennt. Trotz der Ursächlichkeit der Explosion für den Eintritt des Versicherungsfalles besteht Versicherungsschutz, weil die Frist für die Kündigung des Versicherers abgelaufen und eine Kündigung nicht erfolgt ist (§ 28 Abs. 2 Satz 2 VVG).

<table>
<tr><th colspan="3">Rechtsfolgen der Gefahrerhöhung</th></tr>
<tr><th></th><th>Subjektive Gefahrerhöhung</th><th>Objektive Gefahrerhöhung</th></tr>
<tr><td>Anzeigepflicht des Versicherungsnehmers</td><td>Unverzüglich nach Kenntniserlangung (§ 23 Abs. 2 VVG)</td><td>Unverzüglich nach Kenntniserlangung (§ 27 Abs. 2 VVG)</td></tr>
<tr><td rowspan="2">Kündigungsrecht des Versicherers innerhalb eines Monats</td><td>– Bei Verschulden des Versicherungsnehmers: Ohne Einhaltung einer Frist (§ 24 Abs. 1 Satz 1 VVG)
– Kein Verschulden des Versicherungsnehmers: Mit Monatsfrist (§ 24 Abs. 1 Satz 2 VVG)</td><td>– Mit Monatsfrist (§ 27 Abs. 1 Satz 1 VVG)</td></tr>
<tr><td colspan="2">Erlöschen: Bei Wiederherstellung des früheren Zustands (§§ 24 Abs. 2, 27 Abs. 1 Satz 2 VVG)</td></tr>
<tr><td>Leistungsfreiheit des Versicherers</td><td>– Bei Verschulden des Versicherungsnehmers: Sofort (§ 25 Abs. 1 VVG)
– Kein Verschulden des Versicherungsnehmers: Bei fehlender Anzeige und Eintritt des Versicherungsfalles später als 1 Monat nach dem Zeitpunkt einer ordnungsgemäßen Anzeige (§ 25 Abs. 2 VVG)</td><td>– Bei fehlender Anzeige und Eintritt des Versicherungsfalles später als 1 Monat nach dem Zeitpunkt einer ordnungsgemäßen Anzeige (§ 28 Abs. 1 VVG)</td></tr>
<tr><td>Leistungspflicht des Versicherers</td><td>– Kein Verschulden des Versicherungsnehmers
– Unterbliebene Kündigung des Versicherers
– Fehlende Kausalität</td><td>– Anderweitige Kenntnis des Versicherers
– Unterbliebene Kündigung des Versicherers
– Fehlende Kausalität</td></tr>
</table>

3.5.4 Obliegenheiten im Versicherungsfall

Überblick

Besondere Bedeutung für die Erhaltung des Versicherungsschutzes kommt den Obliegenheiten zu, die der Versicherungsnehmer bei oder nach Eintritt des Versicherungsfalles zu erfüllen hat.

Obliegenheiten bei oder nach Eintritt des Versicherungsfalles	
Art der Obliegenheit	**Gesetzliche Grundlage**
Anzeigepflicht	§ 33 VVG
Auskunfts- und Belegpflicht	§ 34 VVG
Schadenabwendungs- und -minderungspflicht	§ 62 VVG

Anzeigefrist

Der Versicherungsnehmer hat dem Versicherer den Versicherungsfall unverzüglich anzuzeigen, sobald er von ihm Kenntnis erlangt. Unverzüglich heißt dabei nach der allgemeinen Regelung des § 121 Abs. 1 Satz 1 BGB „ohne schuldhaftes Zögern". In einigen Sparten bestehen feste Fristen für die Absendung der Anzeige.

Anzeigefristen		
Sparte	**Anzeigefrist**	**Rechtsgrundlage**
Feuerversicherung	3 Tage	§ 92 VVG
Hagelversicherung	4 Tage	§ 110 VVG
Haftpflichtversicherung	1 Woche	§ 153 VVG
Todesfallversicherung	3 Tage	§ 171 VVG
Unfallversicherung (Tod)	48 Stunden	Nr. 7.5 AUB 2000

Auskunfts- und Belegpflicht

Auf Verlangen hat der Versicherungsnehmer dem Versicherer jede zur Feststellung des Versicherungsfalles und des Umfanges der Leistungspflicht erforderliche Auskunft zu erteilen und ihm die nötigen Belege auszuhändigen. Erfüllt wird diese Auskunftspflicht regelmäßig durch Ausfüllen eines vom Versicherer übermittelten Vordruckes (Schadenanzeige). Belege sind Rechnungen bei der Krankenversicherung, Inventare bei der Feuerversicherung und Geschäftsbücher bei der Feuer-Betriebsunterbrechungs-Versicherung.

Bereits bei Eintritt des Versicherungsfalles ist der Versicherungsnehmer verpflichtet, nach Möglichkeit für die Abwendung und Minderung des Schadens zu sorgen. Infolgedessen hat er nicht erst Maßnahmen zu ergreifen, wenn ein Brand das versicherte Gebäude ergriffen hat, sondern bereits vor dem Übergreifen der Flammen vom Nachbargrundstück tätig zu werden. Im Falle einer Verletzung dieser so genannten Rettungspflicht ist der Versicherer von der Leistung frei, es sei denn, dass der Versicherungsnehmer weder vorsätzlich noch grob fahrlässig gehandelt hat. Selbst bei grober Fahrlässigkeit bleibt der Versicherer aber insoweit zur Leistung verpflichtet, als der Umfang des Schadens auch bei ordnungsmäßiger Erfüllung der Obliegenheit nicht geringer gewesen wäre.

Schadenabwendungs- und -minderungspflicht

Beispiel:

Der Versicherungsnehmer in der Hausratversicherung hat sich bei Ausbruch eines Brandes zu bemühen, die Flammen einzudämmen und zu löschen, die Feuerwehr zu rufen und gefährdete Möbelstücke in Sicherheit zu bringen. Im Hinblick auf die mit einem derartigen Ereignis verbundene Aufregung können dem Versicherungsnehmer jedoch Unachtsamkeiten nicht zur Last gelegt werden und auch den Versicherungsschutz nicht beeinträchtigen. Selbst bei grob fahrlässiger Untätigkeit des Versicherungsnehmers bleibt die Leistungspflicht bestehen, wenn von Anfang an nichts mehr zu retten gewesen wäre (Kausalität).

Verletzung der Schadenabwendungs- und -minderungspflicht		
Leichte Fahrlässigkeit	Grobe Fahrlässigkeit	Vorsatz
Leistungspflicht des Versicherers (§ 62 Abs. 2 Satz 1 VVG)	Leistungspflicht des Versicherers, wenn das Verhalten des Versicherungsnehmers für den Umfang des Schadens nicht kausal war (§ 62 Abs. 2 Satz 2 VVG)	Stets Leistungsfreiheit des Versicherers (§ 62 Abs. 2 Satz 1 VVG)

3.5.5 Folgen von Verletzungen

Für die meisten gesetzlichen Obliegenheiten (z. B. vorvertragliche Anzeigepflicht, Unterlassung der Anzeige von Gefahrerhöhungen, Schadenabwendungs- und -minderungspflicht) sind die Rechtsfolgen ihrer Verletzung eingehend im Gesetz geregelt. Darüber hinaus stellen die AVB der einzelnen Versicherungszweige vertragliche Obliegenheiten auf, die der Versicherungsnehmer ebenfalls einzuhalten hat, um den Versicherungsschutz nicht zu gefährden.

Allgemeine Voraussetzungen

Erfordernisse

Der Versicherungsnehmer soll den Versicherungsschutz im Falle einer Obliegenheitsverletzung nicht ohne weiteres verlieren. Deshalb müssen in unterschiedlicher Ausgestaltung bestimmte Erfordernisse gegeben sein:

- Der Versicherungsnehmer muss schuldhaft gehandelt haben (Verschuldenserfordernis).
- Es muss ein Zusammenhang zwischen der Obliegenheitsverletzung sowie dem Eintritt des Versicherungsfalles und dem Umfang des Schadens bestehen (Kausalitätserfordernis).
- Häufig muss der Versicherer das Versicherungsverhältnis gekündigt haben oder vom Vertrag zurückgetreten sein (Klarstellungserfordernis).

Allgemeine Erfordernisse		
Verschulden	Kausalität	Klarstellung
Vorwerfbares Verhalten	Ursächlicher Zusammenhang	Entscheidung des Versicherers über die Beendigung des Vertrages
Arten: Vorsatz = Wollen der Obliegenheitsverletzung im Bewusstsein des Vorhandenseins der Verhaltensnorm Fahrlässigkeit = Außerachtlassung der im Verkehr erforderlichen Sorgfalt (§ 276 Abs. 2 BGB) Grobe Fahrlässigkeit = Besonders schwere Außerachtlassung der im Verkehr erforderlichen Sorgfalt, bei der einfache, ganz naheliegende Überlegungen nicht angestellt werden	Kausalität zu dem Eintritt des Versicherungsfalles Kausalität zu dem (möglicherweise größeren) Umfang des Schadens	Der Versicherer soll nicht in die Lage versetzt werden, bei Kenntnis einer Obliegenheitsverletzung den Vertrag zunächst weiterzuführen und sich erst bei Eintritt des Versicherungsfalles auf die Leistungsfreiheit zu berufen. Daher ist die Klarstellung durch Kündigung oder Rücktritt vorgesehen

Vertragliche Obliegenheiten

Die Rechtsfolgen der Verletzung vertraglicher Obliegenheiten sind speziell in § 6 VVG geregelt. Nach dieser Bestimmung tritt Leistungsfreiheit des Versicherers nur dann ein, wenn den Versicherungsnehmer ein Verschulden trifft. Hinsichtlich des Verschuldensgrades wird danach unterschieden, ob die Obliegenheiten vor oder nach Eintritt des Versicherungsfalles zu erfüllen sind. Vor Eintritt des Versicherungsfalles kann bereits leichte Fahrlässigkeit die Leistungsfreiheit des Versicherers eintreten lassen. Nach Eintritt des Versicherungsfalles muss jedoch grobe Fahrlässigkeit vorliegen, weil der Versicherungsnehmer seinen Leistungsanspruch nur unter erschwerten Voraussetzungen verlieren soll, zumal der Eintritt eines Versicherungsfalles in der Regel eine erhebliche Verwirrung und Aufregung verursacht, die leichte Fahrlässigkeit verständlich machen.

§ 6 Abs. 1 VVG

Schuldhafte Obliegenheitsverletzungen ermächtigen den Versicherer zur fristlosen Kündigung des Vertrages innerhalb eines Monats. Er kann sich bei Eintritt des Versicherungsfalles auf die Leistungsfreiheit nur dann berufen, wenn er von dem Kündigungsrecht Gebrauch gemacht hat.

Vorbeugende Obliegenheiten § 6 Abs. 2 VVG

Vorbeugende Obliegenheiten sind von dem Versicherungsnehmer zum Zweck der Verminderung der Gefahr oder der Verhütung einer Gefahrerhöhung dem Versicherer gegenüber zu erfüllen. Bei schuldhafter Verletzung der Obliegenheit tritt Leistungsfreiheit nur dann ein, wenn der Verstoß Einfluss auf den Eintritt des Versicherungsfalles oder den Umfang der Leistung gehabt hat.

Beispiel:

Der Schaufensterinhalt eines Juweliergeschäftes ist nur unter der Voraussetzung versichert, dass die Scheibe durch eine regelmäßig gewartete Alarmanlage gesichert wird. Die Alarmanlage funktioniert nicht, obwohl der Versicherungsnehmer sie in den vorgeschriebenen Abständen warten lässt. Es besteht Versicherungsschutz im Falle eines Einbruchs.

Funktioniert die Alarmeinrichtung deshalb nicht, weil der Juwelier die regelmäßige Wartung unterlassen hat, kommt es für die Leistungspflicht des Versicherers auf das Bestehen der Kausalität an. Schlägt der Täter die Schaufensterscheibe ein und entwendet die Schmuckgegenstände, so ist Leistungsfreiheit gegeben. Dringen die Täter dagegen auf andere Weise in das Geschäft ein, beispielsweise durch die Decke, so war die Verletzung der Obliegenheit (Wartung der Alarmanlage) nicht ursächlich für den Eintritt des Versicherungsfalles, und es besteht Leistungspflicht des Versicherers.

<table>
<tr><th colspan="3">Vorbeugende Obliegenheiten des Versicherungsnehmers</th></tr>
<tr><th colspan="3">Verletzung durch den Versicherungsnehmer</th></tr>
<tr><td>Kein Verschulden des Versicherungsnehmers</td><td colspan="2">Verschulden des Versicherungsnehmers</td></tr>
<tr><td>Leistungspflicht des Versicherers
kein Kündigungsrecht</td><td colspan="2">Kündigungsrecht</td></tr>
<tr><td></td><td>Kausalität
Nach Eintritt und Umfang
Leistungsfreiheit des Versicherers</td><td>Keine Kausalität
Leistungspflicht des Versicherers</td></tr>
</table>

§ 6 Abs. 3 VVG

Bei der Verletzung vertraglicher Obliegenheiten, die nach Eintritt des Versicherungsfalles zu erfüllen sind, kommt es auf den Grad des Verschuldens des Versicherungsnehmers oder des zur Erfüllung der Obliegenheit Verpflichteten (Repräsentant) an. Bei einfacher Fahrlässigkeit bleibt der Versicherer stets zur Leistung verpflichtet. Eine grob fahrlässige Obliegenheitsverletzung führt nur dann zur Leistungsfreiheit, wenn der Verstoß für die Feststellung oder den Umfang des Versicherungsfalles erheblich war; es wird insoweit also auf die Kausalität abgestellt.

BGH VersR 70, 411

Nach der gesetzlichen Regelung führt die vorsätzliche Verletzung zur Leistungsfreiheit des Versicherers. Diese Härte schwächt die Rechtsprechung dadurch ab, dass der Versicherer den Versicherungsnehmer ausdrücklich darauf hinweisen muss, „dass er durch unwahre oder unvollständige Angaben seinen Anspruch auf Versicherungsschutz aufs Spiel setzt“. Daher enthalten die Schadenformulare der Versicherer folgenden deutlichen Hinweis:

Bei vorsätzlich unwahren oder unvollständigen Angaben: Verlust des Versicherungsschutzes!

BGH VersR 69, 651

Leistungspflicht des Versicherers besteht auch dann, wenn die vorsätzliche Obliegenheitsverletzung „ohne jede Relevanz für den Versicherer war“, beispielsweise im Falle der Fahrerflucht. In der Kraftfahrzeug-Haftpflichtversicherung tritt ohnehin bei Fahrerflucht keine vollständige Leistungsfreiheit ein. Wegen einer nach Eintritt des Versicherungsfalls vorsätzlich oder grob fahrlässig begangenen Obliegenheitsverletzung ist die Leistungsfreiheit des Versicherers dem Versicherungsnehmer gegenüber auf einen Betrag von höchstens 2 500,00 € beschränkt. Soweit eine grob fahrlässig begangene Obliegenheitsverletzung weder Einfluss auf die Feststellung des Versicherungsfalles noch auf die Feststellung oder den Umfang der dem Versicherer obliegenden Leistung gehabt hat, bleibt der Versicherer zur Leistung verpflichtet. Bei besonders schwerwiegender vorsätzlich begangener Verletzung der Aufklärungs- oder Schadenminderungspflichten ist die Leistungsfreiheit des Versicherers auf höchstens 5 000,00 € beschränkt (§ 6 KfzPflVV).

Verletzung vertraglicher Obliegenheiten nach Eintritt des Versicherungsfalles		
Einfache Fahrlässigkeit des Versicherungs-nehmers	Grobe Fahrlässigkeit des Versicherungs-nehmers	Vorsatz
Leistungspflicht des Versicherers	Leistungsfreiheit des Versicherers nur, wenn die Verletzung kausal für Feststellung und Umfang der Leistung war	Leistungsfreiheit des Versicherers, wenn Belehrungspflicht eingehalten und der Verstoß relevant für den Versicherer war

Zusammenfassung

Obliegenheiten	
Rechtsnatur	Voraussetzung für die Erhaltung des Versicherungsschutzes
Arten	Rechtsgrundlage: gesetzliche und vertragliche Obliegenheiten
	Zeitpunkt der Erfüllung: – vorvertragliche Anzeigepflicht – Laufzeit des Vertrages – bei oder nach Eintritt des Versicherungsfalles
Erfüllung	Einhaltung eines bestimmten Verhaltens (Tun oder Unterlassen)
Erzwingbarkeit	nicht einklagbar

Übungsaufgaben

1. Herr Wind beantragte vor zwei Jahren den Abschluss einer Gleitenden Neuwertversicherung – VS 1914 40 000,00 Mark, Prämiensatz 0,8 ‰, Versicherungsjahr 24. 05. – 24. 05. In der Zeit zwischen Antragstellung und Zugang der Police richtete der VN im Anbau ein Labor zur Erforschung der Feuergefährlichkeit von Kunststoffen ein, ohne dies (wider besseres Wissen!) dem VU angezeigt zu haben. Bei einem Neuwertschaden von 175 000,00 € wurde der VW 1914 mit 50 000,00 Mark ermittelt. Der VN bittet um Ersatz des Schadens.

   a) Verfassen Sie das Antwortschreiben an den VN unter der Annahme, dass
      (1) der Brand vom Gebäude ausging und auf das Labor übergriff (und umgekehrt)
      (2) der Brand vom Gebäude ausging, aber nicht das Labor berührte.
   b) Wie steht es – ob nun der Schaden entschädigt wird oder nicht! – um den Bestand des Vertrages und den Prämienanspruch des VU?

2. Ein VN stellt aus einer vor drei Monaten abgeschlossenen Versicherung einen Leistungsanspruch. Bei der Prüfung dieses Anspruchs wird festgestellt, dass der Versicherungsfall infolge eines

   - gefahrerheblichen bzw.
   - gefahrerhöhenden Umstandes

   eingetreten ist, den der VN bewusst nicht angezeigt hat.

   Welche Unterschiede bestehen?

3. Am 15. 06. zeigte der VN dem VR an, dass sich die Nachbarschaftsgefahr ab dem 01. 06. dramatisch erhöht hat. Welche Rechtsfolgen ergeben sich auf Grund dieser Tatsache nach dem VVG:

   a) auf Vertrag,
   b) auf Leistung
   c) auf Prämie?

4. Ein VN hatte aus Nachlässigkeit Gesundheitsfragen im Antrag unrichtig beantwortet. Nach einem Versicherungsfall erfuhr der VR von diesem Umstand.

   Fall A: Der Schaden stand im Kausalzusammenhang mit der unrichtigen Anzeige.
   Fall B: Der Schaden wies keine Kausalität mit der unrichtigen Anzeige auf.

   Stellen Sie die Rechtsfolgen der Obliegenheitsverletzung auf Vertrag, Leistung und Prämie zu Fall A und B anhand einer Tabelle dar!

5. Der VN brachte nach Ausbruch eines Brandschadens in seinem Gebäude lediglich seine persönlichen Sachen in Sicherheit. Alles andere, z. B. sonstige Werte, Möbel etc., verbrannte, obwohl das eine oder andere noch zu retten gewesen wäre. Es ist zu prüfen, ob und inwieweit Versicherungsschutz besteht.
   Schreiben Sie an den VN!

6. Ein Kaufmann hat am 05. 11. einen Antrag auf Abschluss einer Feuerversicherung gestellt. Am 12. 11. erhält der Antragsteller eine Erklärung der Versicherungsgesellschaft, dass sie seinen Antrag angenommen hat. Der Versicherungsschein geht dem Antragsteller am 27. 11. zu. Als Versicherungsbeginn ist auf der Police der 01. 12. eingetragen. Der VN zahlt seinen ersten Beitrag am 29. 11.

   a) Ab wann und bis wann hat der VN die vorvertragliche Anzeigepflicht zu erfüllen?
   b) Ab wann hat der VN seine Rechtspflicht zu erfüllen?
   c) Welche Rechtspflicht wurde vom VR erfüllt? (mit Datumangabe)
   d) Bestimmen Sie die verschiedenen Versicherungsbeginne!

7. Der Kunde Schmidt hat bei Antragstellung einen gefahrerheblichen Umstand nicht angezeigt, weil er ihm nicht bekannt war. Im vierten Jahr erfährt der VN von dem gefahrerheblichen Umstand und zeigt ihn seinem VR sofort an. Das höhere Risiko ist gegen Zuschlag bei seinem VR versicherbar. Beschreiben Sie die Auswirkungen auf

   a) Vertrag
   b) Leistung
   c) Prämie.

8. Durch einen technischen Defekt entstand in einer feuerversicherten Schreinerei ein Brand. Der Inhaber verließ mit seinen Gesellen sofort den Werkraum, vergaß aber, einen Löschversuch mit den bereitstehenden Feuerlöschern zu unternehmen (grobe Fahrlässigkeit). Wie sich durch ein technisches Gutachten später herausstellte, wäre aber ohnehin nichts mehr zu retten gewesen, weil die Flammen in den Sägespänen und gelagerten Hölzern hinreichend Nahrung fanden. Jetzt will der Schreinermeister wissen, ob sein Verhalten Konsequenzen für seinen Versicherungsschutz hat und der Wiederaufbau evtl. an fehlender Entschädigungszahlung scheitert.

   a) Sehen Sie im Verhalten des Schreiners eine Obliegenheitsverletzung? (Begründung!)
   b) Wann führt ein solches Verhalten nach VVG zum Verlust des Versicherungsschutzes, wann nicht?

9. Im Antrag für eine Lebensversicherung hat der Antragsteller die Gesundheitsfragen jeweils mit einem Strich in der Antwortspalte versehen. In der letzten Frage bemerkt er: „Wie bei den Vorfragen – unwichtig“.
Schreiben Sie dem Kunden und erläutern Sie, warum der Versicherer auf die Beantwortung der Fragen angewiesen ist. Machen Sie auch auf die Folgen einer wahrheitswidrigen Beantwortung der Fragen aufmerksam.

10. Zum 01. 01. haben sich durch die Mineralölsteuererhöhung die Treibstoffpreise kräftig erhöht. Um dem etwas zuvorzukommen, hat ein VN (Wohngebäudeversicherung) kurz vorher 300 Liter Superbenzin in einem Tank im Keller seines Einfamilienhauses ohne weitere Sicherung gelagert. Ende Januar kam es zu einer Explosion, durch die das Haus schwer beschädigt wurde

    a) anlässlich des Abfüllens in einen Ersatzkanister durch die dabei austretenden Benzindämpfe,
    b) durch eine undichte Gasleitung im Obergeschoss, wodurch der Dachstuhl ausbrannte,
    c) durch eine undichte Gasleitung im Obergeschoss; durch das eingelagerte Benzin brannte das ganze Haus aus.

    Nehmen Sie Stellung zum Versicherungsschutz in diesen drei Fällen!

11. Bei Eintritt des Versicherungsfalles hat der VN u. a. die Auskunfts- und Belegpflicht zu erfüllen.

    a) Bei der Regulierung eines Schadenversicherungsfalles gibt der VN bewusst wahrheitswidrig den Verlust von versicherten Sachen um einen Betrag von 25 000,00 € zu hoch an. Das Schadenanzeigeformular enthält den eingedruckten Satz, dass unrichtige Angaben zum Verlust des Versicherungsschutzes führen. Wie wirkt sich die Falschangabe auf die Regulierung aus? Erläutern Sie ausführlich die Rechtslage!
    b) Nennen Sie zwei weitere Obliegenheiten, die der VN nach dem Versicherungsfall zu erfüllen hat! Erläutern Sie den Inhalt dieser Obliegenheiten kurz!

12. Der VN Otto Stern hat in der zweiten Etage eines Bürohauses eine Teppichwarenhandlung. Die Räume sind gemietet. Am 02. 04. meldet er seinem ED-VR einen Schaden:
„Die Täter sind am Vorabend über ein Baugerüst, das der Hausmeister am 23. 03. aufstellen ließ, in die Geschäftsräume eingestiegen. Sie haben versicherte Teppiche im Werte von 60 000,00 € entwendet.“
Herr Stern hatte den Aufbau des Gerüstes seinem Versicherer am 25. 03. angezeigt. Der Versicherer lehnt die Ersatzpflicht mit Hinweis auf das Baugerüst ab.
Beurteilen Sie diese Entscheidung und begründen Sie Ihre Aussagen.

3.6 Rechtspflichten des Versicherers

> Vor Unterzeichnung des Antrages über den Abschluss einer Hausratversicherung stellt sich für den Versicherungsnehmer die Frage, ob er für seine Prämienzahlung auch dann eine Gegenleistung erhält, wenn der Versicherungsfall nicht eintritt. Er bittet den Versicherungsvertreter deshalb um Auskunft, worin die Leistung des Versicherers generell besteht und was man unter dem Begriff Versicherungsschutz zu verstehen habe.
>
> Das Ladengeschäft eines Lebensmitteleinzelhändlers ist mit dem gesamten Warenbestand abgebrannt. Er möchte wissen, nach welchen Kriterien sich die Höhe der Entschädigungsleistung des Versicherers richtet und welche Gesichtspunkte bei der Schadenregulierung zu berücksichtigen sind.

Der Versicherungsvertrag begründet sowohl für den Versicherungsnehmer als auch für den Versicherer Rechte und Pflichten.

3.6.1 Gegenstand

Nach dem Inhalt der Pflichten des Versicherers hat man zwischen einer Hauptpflicht und einer Reihe von Nebenpflichten zu unterscheiden.

Hauptpflicht

Versicherungsschutz

Die Gegenleistung für die Prämienzahlung ist der vom Versicherer gewährte Versicherungsschutz. Er besteht in der Übernahme des Risikos und somit in der Gefahrtragung. Sein Umfang richtet sich nach

- den gesetzlichen Vorschriften des VVG
- den einschlägigen AVB
- den getroffenen individuellen Vereinbarungen (z. B. über Versicherungssumme, Versicherungswert, Selbstbeteiligung).

Versicherungsleistung

Bei Eintritt des Versicherungsfalles konkretisiert sich der Versicherungsschutz in einer bestimmten Leistung des Versicherers. Versicherungsfall ist das Ereignis, für dessen Eintritt die Versicherung abgeschlossen wurde. Er bedeutet die Verwirklichung der versicherten Gefahr. Der Inhalt der Versicherungsleistung richtet sich danach, ob es sich um einen Zweig der Summen- oder der Schadenversicherung handelt.

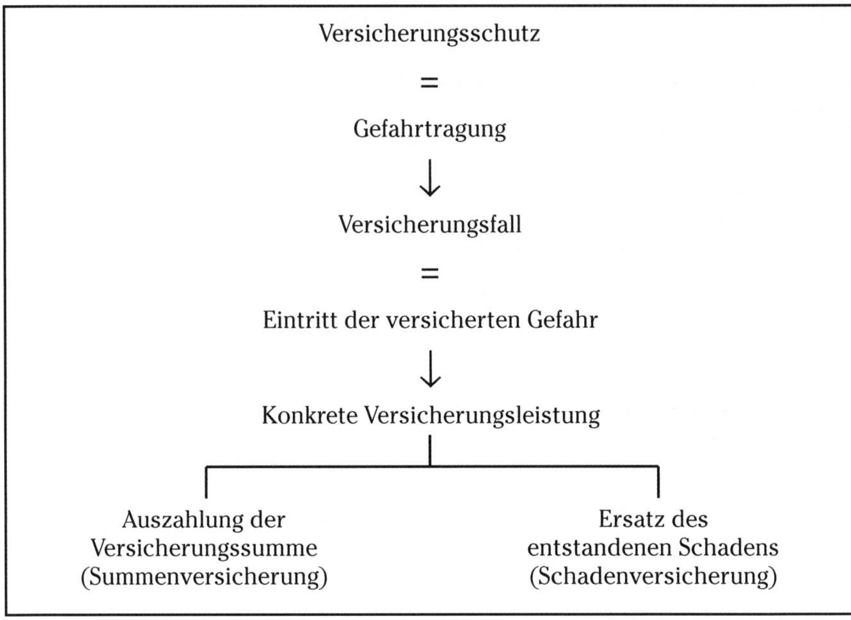

Nebenpflichten

Außer der Hauptpflicht zur Gefahrtragung treffen den Versicherer Nebenpflichten, die alle im Wesentlichen dem Schutz des Versicherungsnehmers dienen. Sie sind an verschiedenen Stellen gesetzlich geregelt und sollen notwendige Auskünfte verschaffen.

Nebenpflichten des Versicherers – außer der Gewährung des Versicherungsschutzes –	
Inhalt	Rechtsgrundlage
Aushändigung des Versicherungsscheines	§ 3 Abs. 1 VVG
Informationspflicht (Verbraucherinformation)	§§ 10 a VAG, 5 a VVG
Aufklärungs-, Hinweis- und Belehrungspflichten – Widerspruchsrecht bei Abweichung des Versicherungsscheins vom Antrag	§ 5 Abs. 2 VVG
– Widerspruchsrecht bei fehlender Verbraucherinformation	§ 5 a Abs. 1 VVG
– Widerrufsrecht für den Antrag	§ 8 Abs. 4 VVG
– Rücktrittsrecht bei der Lebensversicherung	§ 8 Abs. 5 VVG
– Ablehnung der Versicherungsleistung	§ 12 Abs. 3 Satz 2 VVG
– Prämienzahlungsverzug mit Folgeprämie	§ 39 Abs. 1 Satz 2 VVG

3.6.2 Leistung im Versicherungsfall

Der Eintritt des Versicherungsfalles löst bestimmte Leistungen des Versicherers aus. Ihr Inhalt und Umfang unterscheiden sich danach, ob es sich um einen Zweig der Summenversicherung oder der Schadenversicherung handelt.

Summenversicherung

Bei der Lebensversicherung und der Unfallversicherung sowie bei anderen Arten der Personenversicherung ist der Versicherer verpflichtet, nach dem Eintritt des Versicherungsfalles den vereinbarten Betrag an Kapital oder Rente zu zahlen oder die sonst vereinbarte Leistung zu bewirken. § 1 Abs. 1 Satz 2 VVG

In der Summenversicherung bezeichnet die Versicherungssumme somit die vom Versicherer nach Eintritt des Versicherungsfalles zu erbringende Leistung. Sie wird vom Versicherungsnehmer nach dem Prinzip der abstrakten Bedarfsdekkung festgelegt. Rechtlich ergibt sich ihre Höhe aus der Vereinbarung im Versicherungsvertrag. Die Versicherungssumme ist maßgebend für die Prämienberechnung und wird im Versicherungsschein dokumentiert. Versicherungssumme

Arten

Die Versicherungssumme kann in einer Kapital- oder in Rentenzahlungen bestehen. Kapital ist eine einmalige Leistung des Versicherers (Versicherungssumme in der Lebensversicherung, Todesfall- oder Invaliditätsleistung in der Unfallversicherung).

Renten sind wiederkehrende Leistungen des Versicherers (Beträge in der Renten-, Berufsunfähigkeits- und Pflegeversicherung sowie Tagegelder in der Kranken- und Unfallversicherung). Die Krankentagegeldversicherung ist jedoch keine reine Summenversicherung, sondern eine Verdienstausfallversicherung, sodass die Leistungshöhe durch den Nettoverdienst begrenzt wird.

Summenversicherung	
Auszahlung der Versicherungssumme = Vereinbarte Geldleistung	
Kapital = Einmalige Leistung des Versicherers	Rente = Wiederkehrende Leistungen des Versicherers

Schadenversicherung

§ 1 Abs. 1 Satz 1 VVG

Bei der Schadenversicherung ist der Versicherer verpflichtet, nach dem Eintritt des Versicherungsfalles dem Versicherungsnehmer den dadurch verursachten Vermögensschaden nach Maßgabe des Vertrages zu ersetzen. Infolgedessen wird nicht wie im Falle der Summenversicherung eine im vorhinein vereinbarte Geldsumme ausgezahlt, sondern nur der dem Versicherungsnehmer tatsächlich entstandene Schaden ersetzt.

Geldersatz § 49 VVG

Der Versicherer hat den Schadenersatz in Geld zu leisten, also einen Geldbetrag zum Ausgleich des entstandenen Schadens auszuzahlen. Diese Geldzahlung kann mit einer Auflage oder Zweckbestimmung verbunden sein. So kann der Versicherungsnehmer bei Vereinbarung der Wiederaufbauklausel in der Gebäude-Feuerversicherung die Zahlung erst verlangen, wenn die bestimmungsmäßige Verwendung des Geldes gesichert ist (§ 97 VVG).

Naturalersatz

An die Stelle von Geldersatz kann Naturalersatz treten, wenn dies im Versicherungsvertrag bzw. den AVB vorgesehen ist. Der Versicherer hat dann den Zustand vor Eintritt des Versicherungsfalles auf seine Kosten wiederherzustellen.

Beispiel:

Glasversicherung (§ 11 Abs. 1 AGlB 94)

Ersetzt werden, soweit nichts anderes vereinbart ist, zerstörte und beschädigte Sachen durch Liefern und Montieren von Sachen oder Sachteilen gleicher Art und Güte (Naturalersatz). Der Reparaturauftrag erfolgt durch den Versicherer, soweit nicht etwas anderes vereinbart ist.

Der Versicherer trägt die Kosten der Ermittlung und Feststellung des ihm zur Last fallenden Schadens, soweit ihre Aufwendung den Umständen nach geboten war. Nicht erstattet werden dagegen die Kosten, die dem Versicherungsnehmer durch die Zuziehung eines Sachverständigen entstehen. Manche AVB sehen jedoch die Möglichkeit eines förmlichen Sachverständigenverfahrens vor.

Schadenermittlungskosten
§ 66 VVG

Beispiel:

In der Hausratversicherung können Versicherungsnehmer und Versicherer nach Eintritt des Versicherungsfalles vereinbaren, dass die Höhe des Schadens durch Sachverständige festgestellt wird. Der Versicherungsnehmer kann ein Sachverständigenverfahren auch durch einseitige Erklärung gegenüber dem Versicherer verlangen. Jede Partei benennt schriftlich einen Sachverständigen. Beide Sachverständige benennen vor Beginn des Feststellungsverfahrens einen dritten Sachverständigen als Obmann. Die Sachverständigen übermitteln beiden Parteien gleichzeitig ihre Feststellungen. Weichen sie voneinander ab, übergibt der Versicherer sie unverzüglich dem Obmann, der über die streitig gebliebenen Punkte innerhalb der durch die Feststellungen der Sachverständigen gezogenen Grenzen entscheidet und seine Entscheidung beiden Parteien gleichzeitig übermittelt. Jede Partei trägt die Kosten ihres Sachverständigen. Die Kosten des Obmanns tragen beide Parteien zur Hälfte.

§§ 64 VVG, 23 VHB 2000

Die Versicherungsleistung in der Schadenversicherung soll nicht zu einer Bereicherung des Versicherungsnehmers führen und insbesondere nicht den Betrag übersteigen, für den er Prämie entrichtet hat. Daher ist die Entschädigungsleistung der Höhe nach durch bestimmte Faktoren begrenzt.

Begrenzung

Schadenversicherung
Ersatz des durch den Versicherungsfall verursachten Vermögensschadens
Begrenzungen
Höhe des tatsächlich entstandenen Schadens (Versicherungsschaden)
Versicherungswert
Vereinbarte Versicherungssumme

3.6.2.1 Versicherungsschaden

§ 55 VVG

Zunächst ist die Leistungspflicht des Versicherers begrenzt durch die Höhe des tatsächlich entstandenen Schadens. Der Versicherer ist, auch wenn die Versicherungssumme höher ist als der Versicherungswert zur Zeit des Eintritts des Versicherungsfalles, nicht verpflichtet, dem Versicherungsnehmer mehr als den Betrag des Schadens zu ersetzen. Dieser Grundsatz beruht auf der Tatsache, dass die Schadenversicherung im Gegensatz zur Summenversicherung auf die konkrete Bedarfsdeckung und damit den Ersatz des durch den Versicherungsfall verursachten Schadens ausgerichtet ist. Im Rahmen der Vertragsfreiheit kann auch eine andere Entschädigungsleistung, wie beispielsweise Ersatz des Neuwertes, vereinbart werden.

BGH VersR 98, 305

Weitere Begrenzungen

Vertragliche Leistungsbegrenzungen können dazu führen, dass die Leistungspflicht des Versicherers vom Umfang her im Einzelfall geringer ist als der Betrag des tatsächlich entstandenen Schadens. Eine derartige Aufgabe haben

- Selbstbeteiligungen, beispielsweise in der Fahrzeugversicherung,
- Entschädigungsgrenzen, die für bestimmte versicherte Gegenstände Begrenzungen der Versicherungsleistung unterhalb der Versicherungssumme vorsehen und entweder in einem Prozentsatz der Versicherungssumme und/oder einem festen Euro-Betrag ausgedrückt werden, wie sie beispielsweise in der Hausratversicherung für Wertsachen einschließlich Bargeld vorgesehen sind (§ 19 VHB 2000).

3.6.2.2 Versicherungswert

§ 51 VVG

Versicherungswert ist der Wert des versicherten Interesses zur Zeit des Eintritts des Versicherungsfalles. Gegenstand der Schadenversicherung ist somit nicht die Sache als solche, sondern die wirtschaftliche Beziehung des Versicherungsnehmers zu dem versicherten Objekt (z. B. als Eigentümer).

Bezieht sich die Versicherung auf eine Sache, gilt der Wert der Sache als Versicherungswert, soweit sich nicht aus den Umständen ein anderes ergibt. Ersatzwert ist daher der gemeine Wert oder Verkaufswert (Zeitwert) ohne Berücksichtigung eines persönlichen Liebhaberwertes (Affektionsinteresse). Statt des Zeitwertes ist häufig der Neuwert im Sinne des Wiederbeschaffungspreises von Sachen gleicher Art und Güte in neuwertigem Zustand versichert. Grundsätzlich wird entgangener Gewinn nicht versichert. Einige Sparten sind speziell darauf ausgerichtet, wie beispielsweise die Feuer-Betriebsunterbrechungs-Versicherung. § 52 VVG

Gegenstand der Sachversicherung sind nicht nur Einzelsachen, sondern auch ein Sachinbegriff (Sachgesamtheit). Darunter versteht man eine Mehrheit beweglicher Sachen, die wegen ihrer Zweckgebundenheit im Verkehr als Einheit betrachtet und regelmäßig mit einem einheitlichen Begriff bezeichnet werden (z. B. Warenlager, Betriebseinrichtung, Hausrat). Die Versicherung eines Sachinbegriffs umfasst jeweils die unter diese Bezeichnung fallenden Sachen. § 54 VVG

3.6.2.3 Versicherungssumme

Doppelte Bedeutung

In der Summenversicherung ist die Versicherungssumme der vom Versicherer nach Eintritt des Versicherungsfalles auszuzahlende Betrag.

In der Schadenversicherung ist die Versicherungssumme die Obergrenze der Ersatzleistung. Der Versicherer hat aber niemals mehr zu leisten als den Betrag des tatsächlich entstandenen Schadens, selbst dann nicht, wenn die Versicherungssumme höher ist. § 50 VVG

Anpassung § 16 VHB 2000

Es besteht die Möglichkeit, die Versicherungssumme an steigende Versicherungswerte anzupassen. So erhöht sich die Versicherungssumme in der Hausratversicherung mit dem Beginn eines jeden Jahres entsprechend dem Prozentsatz, um den sich der Preisindex für „Andere Verbrauchs- und Gebrauchsgüter ohne Nahrungsmittel und ohne normalerweise nicht in der Wohnung gelagerte Güter" aus dem Preisindex der Lebenshaltungskosten aller privaten Haushalte im vergangenen Kalenderjahr gegenüber dem davorliegenden Kalenderjahr verändert hat. Der Veränderungsprozentsatz wird auf eine ganze Zahl abgerundet. Maßgebend ist der vom Statistischen Bundesamt jeweils für den Monat September veröffentlichte Index. Der Versicherungsnehmer kann die Anpassung durch schriftliche Erklärung aufheben.

Stichtagsversicherung

Eine Versicherung von Vorräten mit fester Versicherungssumme würde Unternehmen mit schwankenden Beständen nur unzureichenden Versicherungsschutz bieten. Die Versicherungssumme wäre entweder von Zeit zu Zeit zu niedrig, oder der Versicherungsnehmer müsste, um dieses Risiko zu vermeiden, eine zeitweise zu hohe Versicherungssumme wählen und damit eine überhöhte Prämie entrichten. Dieses Problem wird durch die Stichtagsversicherung gelöst. Bei ihr wird der in Betracht kommende Höchstwert der Vorräte als Höchstversicherungssumme (vereinbarte Versicherungssumme) festgelegt. Für die Hälfte dieser Summe ist die entsprechende Prämie für das gesamte Versicherungsjahr vorauszuzahlen. Der Versicherungsnehmer hat den Wert, den die Vorräte an einem bestimmten Stichtag jeden Monats haben, dem Versicherer zu melden. Die endgültige Prämie wird zum Ende des Versicherungsjahres aus dem Durchschnitt der gemeldeten Stichtagssummen berechnet.

Vollversicherung

Versicherungssumme = Versicherungswert

Vollversicherung liegt vor, wenn die vereinbarte Versicherungssumme dem Versicherungswert entspricht. Nur unter dieser Voraussetzung besteht ausreichender Versicherungsschutz. Die Versicherungssumme bildet die Grundlage für die Prämienberechnung. Der Beitragssatz wird regelmäßig als Promille-Betrag der Versicherungssumme beziffert. Nach ihrer Höhe richtet sich somit der vom Versicherungsnehmer für den Versicherungsschutz zu zahlende Beitrag.

Versicherungssumme $\cong$ Versicherungswert

Überversicherung

§ 51 VVG

Überversicherung liegt vor, wenn die Versicherungssumme den Versicherungswert erheblich übersteigt.

Versicherungssumme > Versicherungswert

Jeder Vertragspartner kann die Beseitigung der Überversicherung durch Herabsetzung der Versicherungssumme unter verhältnismäßiger Minderung der Prämie mit sofortiger Wirkung verlangen, damit Vollversicherung besteht.

§ 55 VVG

Bei Eintritt des Versicherungsfalles wird der Schaden nur bis zur Höhe des Versicherungswertes ersetzt.

§ 51 Abs. 3 VVG

Hat der Versicherungsnehmer die Versicherungssumme zu hoch angegeben, um sich in betrügerischer Absicht zu bereichern, so ist der Versicherungsvertrag nichtig. Den Beweis für die betrügerische Absicht hat der Versicherer zu führen. Ihm gebührt die Prämie bis zum Schluss der Versicherungsperiode, in der er von der unredlichen Absicht des Versicherungsnehmers Kenntnis erlangt.

Unterversicherung

Vgl. auch Abschn. 1.9.4 in Versicherungslehre 2, Teil 1.

§ 56 VVG

Unterversicherung liegt vor, wenn die Versicherungssumme niedriger ist als der Versicherungswert zur Zeit des Eintritts des Versicherungsfalles.

Versicherungsumme < Versicherungswert

Ursachen der Unterversicherung sind in der Regel:

- Die Versicherungssumme entsprach von Anfang an nicht dem Versicherungswert, weil sie zu niedrig festgesetzt war.
- Der Versicherungswert hat sich während der Laufzeit des Vertrages durch die Anschaffung weiterer Gegenstände erhöht.
- Der Versicherungswert hat durch Preissteigerungen zugenommen.

Decken sich Versicherungswert und Versicherungssumme nicht, hat der Versicherungsnehmer für eine zu geringe Summe Prämie entrichtet. Die ihm zustehende Entschädigungsleistung verhält sich zum Schaden wie die Versicherungssumme zum Versicherungswert:

$$\frac{\text{Versicherungswert}}{\text{Versicherungssumme}} = \frac{\text{Schaden}}{\text{Entschädigungsleistung}}$$

Bei einem Totalverlust der versicherten Sachen ist nur die Versicherungssumme, bei teilweiser Vernichtung der Schaden nur im Verhältnis der Versicherungssumme zum Versicherungswert zu ersetzen. Für die Berechnung der Versicherungsleistung ergibt sich folgende Formel:

Formel

$$\text{Entschädigungsleistung} = \frac{\text{Versicherungssumme} \times \text{Schaden}}{\text{Versicherungswert}}$$

Beispiel:

Bei einer Geschäftsversicherung beträgt die Versicherungssumme 600 000,00 €, der Versicherungswert 850 000,00 €. Durch einen Einbruchdiebstahl werden Gegenstände im Werte von 50 000,00 € entwendet. Obwohl der Schaden die Versicherungssumme nicht übersteigt, ist die Versicherungsleistung zu kürzen. Sie errechnet sich wie folgt:

$$\text{Entschädigungsleistung} = \frac{600\,000{,}00\ € \times 50\,000{,}00\ €}{850\,000{,}00\ €} = 35\,294{,}12\ €$$

Vorsorgebetrag

In der Hausratversicherung erhöht sich die vereinbarte oder angepasste Versicherungssumme um einen Vorsorgebetrag von 10 Prozent (§ 16 Nr. 2 VHB 2000).

Erstrisikoversicherung

Unterversicherungsverzicht

Versicherung auf erstes Risiko liegt vor, wenn der Versicherer vereinbarungsgemäß in Abweichung von der abdingbaren Vorschrift des § 56 VVG den Schaden bis zur Höhe der Versicherungssumme ohne Rücksicht darauf vergütet, ob die Versicherungssumme dem Versicherungswert entspricht.

> **Beispiel:**
>
> Hausratversicherung: Klausel 7712
>
> „Der Versicherer nimmt abweichend von §§ 18 Nr. 4 und Nr. 5 VHB 2000, 56 VVG keinen Abzug wegen Unterversicherung vor."

Die Klausel wird auf Antrag des Versicherungsnehmers vereinbart und im Versicherungsschein dokumentiert. Der Versicherer weist im Antragsformular deutlich auf die Möglichkeit hin, den Unterversicherungsverzicht zu beantragen. Dabei wird herausgestellt, dass der Unterversicherungsverzicht nur möglich ist, wenn eine Versicherungssumme von mindestens 650,00 € je m^2 Wohnfläche beantragt wird. Daraus kann jedoch nicht gefolgert werden, dass der Unterversicherungsverzicht unter bestimmten Voraussetzungen auch ohne ausdrückliche Vereinbarung im Vertrag anzuwenden sei, wenn die geforderte Mindestversicherungssumme erreicht wird.

Bruchteilversicherung

Bruchteil des Versicherungswertes

Eine Bruchteilversicherung liegt vor, wenn nicht der gesamte Versicherungswert, sondern nur ein Bruchteil des Versicherungswertes versichert wird. Sie beruht auf der Überlegung, dass der Eintritt des Versicherungsfalles häufig nicht alle versicherten Gegenstände betrifft.

Die Bruchteilversicherung findet in der gewerblichen Einbruchdiebstahl-, Leitungswasser- und Sturmversicherung Anwendung. Der Versicherungsnehmer kann sich in der Bruchteilversicherung deshalb darauf beschränken, Einrichtungen und Waren nur zu einem Bruchteil des gesamten Wertes, etwa 25 %, zu versichern. Versichert wird ein Bruchteil des Vollwertes. Im Antrag und im Versicherungsschein sind die Vollwertsumme und die Versicherungssumme (Bruchteilsumme) anzugeben. Diese Bruchteilsumme bildet dann die Entschädigungsgrenze für die Versicherungsleistung.

Der Beitrag ist aus der Vollwertsumme zu berechnen. Es wird folgender Nachlass gewährt: Beitrag

Bei der Versicherung eines Bruchteils von

25 % des Vollwertes	10 % Nachlass
20 % des Vollwertes	12 % Nachlass
15 % des Vollwertes	15 % Nachlass
10 % des Vollwertes	17 % Nachlass
5 % des Vollwertes	20 % Nachlass

Beispiel:

Eine ED-Versicherung für ein Lager mit Orientteppichen (Vollwertsumme 2 200 000,00 € zu 4,8 ‰) wird mit einer Bruchteilsumme von 440 000,00 € (= 20 % Bruchteil) abgeschlossen.

Lösung:

Tarifbeitrag (2 200 000,00 € zu 4,8 ‰)	10 560,00 €
– 12 % Bruchteilrabatt	1 267,20 €
	9 292,80 €
+ 16 % Versicherungsteuer	1 486,85 €
Gesamtbetrag	10 779,65 €

Der Beitrag wird bei der Bruchteilversicherung aus der Vollwertsumme berechnet. Vom Tarifbeitrag wird der entsprechende Bruchteilrabatt abgezogen. Zuschläge und Nachlässe werden in der Regel vor dem Bruchteilrabatt berücksichtigt.

Versichert wird ein Bruchteil des Vollwertes. Entspricht die Vollwertsumme dem Versicherungswert zur Zeit des Eintritts des Versicherungsfalles, so wird der Schaden bis zur Höhe der vereinbarten Bruchteilsumme voll ersetzt. Ist die Vollwertsumme niedriger, so wird der Schaden nur im Verhältnis der Vollwertsumme zum Versicherungswert ersetzt. Versicherungsleistung

Beispiel:

Leitungswasserversicherung für Geschäftsinhalt:

Vollwertsumme	2 100 000,00 €
Versicherungswert	3 000 000,00 €
Bruchteilsumme (10 % des Vollwertes)	210 000,00 €

Fortsetzung nächste Seite

a) Der Schaden ist kleiner als die Bruchteilsumme: Schaden 150 000,00 €
b) Der Schaden ist größer als die Bruchteilsumme: Schaden 380 000,00 €

Wie hoch ist die Entschädigung?

Lösung:

a) $\text{Entschädigung} = \frac{150\,000 \cdot 2\,100\,000}{3\,000\,000} = \underline{\underline{105\,000{,}00\ €}}$

b) $\text{Entschädigung} = \frac{380\,000 \cdot 2\,100\,000}{3\,000\,000} = (266\,000{,}00\ €)$

Der Versicherer zahlt nur die Bruchteilsumme in Höhe von 210 000,00 € aus.

$$\text{Entschädigung} = \frac{\text{Schaden} \times \text{Vollwertsumme}}{\text{Versicherungswert}}$$

Die Entschädigung ist begrenzt durch die vereinbarte Bruchteilsumme.

3.6.2.4 Erfüllung

Die Leistung des Versicherers wird erbracht, nachdem der Versicherungsfall angezeigt, auf Verlangen Auskünfte erteilt und Belege beigebracht worden sind.

Herbeiführung des Versicherungsfalles

§ 61 VVG

Der Versicherer ist von der Verpflichtung zur Leistung frei, wenn der Versicherungsnehmer den Versicherungsfall vorsätzlich oder durch grobe Fahrlässigkeit herbeiführt.

Versicherungsbetrug

Das vorsätzliche Vortäuschen des Versicherungsfalles ist darüber hinaus als Betrug (§ 263 Abs. 1 StGB) strafbar. Ein besonders schwerer Fall liegt vor, wenn der Täter einen Versicherungsfall vortäuscht, nachdem er oder ein anderer zu diesem Zweck eine Sache von bedeutendem Wert in Brand gesetzt oder durch eine Brandlegung ganz oder teilweise zerstört oder ein Schiff zum Sinken oder Stranden gebracht hat (§ 263 Abs. 3 Nr. 5 StGB). Der Spezialtatbestand des Versicherungsmissbrauchs ist erfüllt, sofern jemand eine versicherte Sache beschädigt, zerstört, in ihrer Brauchbarkeit beeinträchtigt, beiseite schafft oder einem anderem überlässt, um sich oder einem Dritten Leistungen aus der Versicherung zu verschaffen (§ 265 StGB).

§§ 152, 169, 170, 178 l VVG

In der Haftpflichtversicherung sind nur Schäden durch Vorsatz ausgeschlossen. Der Haftpflichtversicherer hat deshalb auch für grob fahrlässig begangene Schädigungen durch den Versicherungsnehmer einzustehen. Bei der Lebens- und

Krankenversicherung führt ebenfalls nur vorsätzliches Handeln zur Leistungsfreiheit des Versicherers; in die Lebensversicherung ist jedoch nach einer Laufzeit von drei Jahren bedingungsgemäß Vorsatz (Selbsttötung) eingeschlossen.

Herbeiführung des Versicherungsfalles	
Vorsatz	Grobe Fahrlässigkeit
Direkter Vorsatz: Wissentliche und willentliche Herbeiführung des Versicherungsfalles	Verstoß gegen grundlegende Sorgfaltsanforderungen
Bedingter Vorsatz: Billigendes Inkaufnehmen des Versicherungsfalles	

Beispiele:

- Vorsatz

  Direkter Vorsatz: Der Versicherungsnehmer steckt das versicherte Gebäude in Brand.

  Bedingter Vorsatz: Der Versicherungsnehmer verwendet schadhafte elektrische Geräte, rechnet damit, einen Kurzschluss zu verursachen, sorgt aber nicht für eine Reparatur.

- Grobe Fahrlässigkeit:

  Vornahme von Schweißarbeiten bei unzureichenden Sicherheitsmaßnahmen.

Augenblicksversagen

Ausnahmsweise wird dem Versicherungsnehmer ein grober Pflichtenverstoß unter dem Gesichtspunkt des Augenblicksversagens nicht als grobe Fahrlässigkeit angelastet, wenn er auf einer im Einzelfall entschuldbaren Unaufmerksamkeit beruht.

Beispiele:

– Fahrzeugversicherung –

Der Fahrer verursacht den Verkehrsunfall durch Überfahren einer roten Ampel, weil

- ihm im Moment zuvor ein Insekt ins Auge geflogen ist
- die Ampel durch Baumbewuchs nicht einsehbar war.

Beweis

Versicherungsnehmer

Den Versicherungsnehmer trifft die Beweislast für den Eintritt des Versicherungsfalles während der Vertragsdauer sowie für den Umfang des entstandenen Schadens.

BGH VersR 89, 567

In der Einbruchdiebstahlversicherung ist es dem Versicherungsnehmer fast nie möglich, den in allen Einzelheiten lückenlosen Nachweis des Tatherganges zu erbringen. Er kann sich daher zunächst auf den Nachweis beschränken, dass hinreichende äußere Anzeichen für einen Einbruchdiebstahl vorliegen. Gelingt ihm dieser Nachweis, ist es nunmehr Sache des Versicherers, Umstände aufzuzeigen und, wenn sie bestritten sind, nachzuweisen, die den Schluss nahe legen, dass diese äußeren Anzeichen trügen und der Tatbestand eines Einbruchdiebstahls in Wirklichkeit nicht erfüllt ist, weil etwa der Versicherungsnehmer die versicherten Sachen selbst beiseitegeschafft hat oder mit ihrer Wegnahme durch einen anderen einverstanden war. Einen solchen Verdacht muss der Versicherer durch konkrete Tatsachen erhärten, aus denen sich die nahe liegende Möglichkeit einer vom Versicherungsnehmer begangenen Täuschung ergibt.

Versicherer

Beruft sich der Versicherer auf Tatsachen, die für ihn die Leistungsfreiheit begründen, so hat er diese zu beweisen, wie beispielsweise die vorsätzliche oder grob fahrlässige Herbeiführung des Versicherungsfalles.

Fälligkeit

§ 11 Abs. 1 VVG

Geldleistungen des Versicherers sind mit Beendigung der zur Feststellung des Versicherungsfalles und des Umfangs der Leistung des Versicherers nötigen Erhebungen fällig. Da die gesetzliche Regelung eine abdingbare Vorschrift ist, sehen AVB z. B. folgendes vor: Die Auszahlung der Entschädigung hat binnen zwei Wochen zu erfolgen, wenn die Leistungspflicht des Versicherers dem Grunde und der Höhe nach festgestellt ist (§§ 24 Nr. 1 VHB 2000, 27 Nr. 1 VGB 2001).

§§ 11 Abs. 2, 15 a VVG

Sind die Erhebungen bis zum Ablauf eines Monats seit der Anzeige des Versicherungsfalles nicht beendet, kann der Versicherungsnehmer in Anrechnung auf die Gesamtforderung Abschlagszahlungen in Höhe des Betrages verlangen, den der Versicherer nach Lage der Sache mindestens zu zahlen hat. Diese Regelung ist zu Gunsten des Versicherungsnehmers zwingend. Der Lauf der Frist ist jedoch gehemmt, solange die Beendigung der Erhebungen infolge eines Verschuldens des Versicherungsnehmers gehindert ist, beispielsweise im Falle einer arglistigen Täuschung bei der Schadenermittlung, die langwierige Ermittlungen des Versicherers erforderlich macht.

Verjährung und Klagefrist

Begriff § 214 BGB

Wie alle übrigen Ansprüche verjähren auch Ansprüche aus Versicherungsverträgen. Verjährung bedeutet, dass der Schuldner nach Ablauf einer bestimmten Frist die Erfüllung durch Erhebung der Verjährungseinrede verweigern darf. Der Anspruch als solcher erlischt jedoch nicht.

Für Ansprüche aus Versicherungsverträgen bestehen spezielle Verjährungsfristen, die von den allgemeinen Vorschriften des BGB abweichen. Sie gelten für alle Ansprüche aus dem Versicherungsverhältnis, also insbesondere für den Anspruch des Versicherungsnehmers auf die Versicherungsleistung und die Prämienforderung des Versicherers. Fristen § 12 VVG

Verjährung der Ansprüche aus dem Versicherungsvertrag		
Frist	Versicherungsvertrag allgemein: 2 Jahre	Lebensversicherung: 5 Jahre
Beginn	Schluss des Jahres, in dem die Leistung fällig geworden ist	
Gegenstand	Ansprüche des Versicherers: Prämienzahlung	Ansprüche des Versicherungsnehmers: Versicherungsleistung
Hemmung	Nichteinrechnung des Hemmungszeitraums in die Verjährungsfrist (§ 209 BGB) – Fehlen der schriftlichen Entscheidung des Versicherers (§ 12 Abs. 2 VVG) – Schweben von Verhandlungen über den Anspruch (§ 203 BGB) – Rechtsverfolgung seitens des Gläubigers durch Klageerhebung oder Beantragung eines Mahnbescheids (§ 204 BGB) – Stundung (§ 205 BGB) – Dauer des Beschwerdeverfahrens beim Ombudsmann	
Neubeginn der Verjährung	Anerkenntnis des Anspruchs durch den Schuldner gegenüber dem Gläubiger (§ 212 BGB)	

Der Versicherer ist von der Verpflichtung zur Leistung frei, wenn der Anspruch auf die Leistung nicht innerhalb von sechs Monaten gerichtlich geltend gemacht wird. Dazu reicht auch die Einklagung eines Teilbetrages aus. Diese Klagefrist ist eine gesetzliche Ausschlussfrist für den Anspruch auf die Versicherungsleistung. Sie beginnt aber erst zu laufen, nachdem der Versicherer dem Versicherungsnehmer gegenüber den erhobenen Anspruch unter Angabe der mit dem Ablauf der Frist verbundenen Rechtsfolge schriftlich abgelehnt hat. An diese Rechtsbelehrung knüpft die Rechtsprechung strenge Anforderungen: § 12 Abs. 3 VVG Ausschlussfrist

Es genügt nicht, dass der Versicherungsnehmer von dem Fristablauf in Kenntnis gesetzt wird. Vielmehr muss er ausdrücklich darauf hingewiesen werden, dass er seinen Versicherungsanspruch verliert, wenn er ihn nicht fristgemäß gerichtlich geltend macht. BGH VersR 57, 442

Beispiel:

Ablehnungsschreiben eines Versicherers: „Wenn Sie unseren Standpunkt nicht teilen, können Sie Ihren Anspruch innerhalb von sechs Monaten, nachdem Ihnen dieser Brief zugegangen ist, gerichtlich gegen uns geltend machen. Später haben Sie dazu keine Möglichkeit mehr. Bitte prüfen Sie aber vorher in Ihrem eigenen Interesse die Rechtslage genau. Wir versichern Ihnen, dass wir nach sorgfältiger Prüfung und Bearbeitung keine andere Entscheidung treffen konnten."

Leistungsfreiheit

Voraussetzungen für die Leistungsfreiheit des Versicherers sind daher:

- Erhebung des Anspruchs auf die Versicherungsleistung durch den Versicherungsnehmer
- Schriftliche Ablehnung des Anspruchs durch den Versicherer
- Belehrung des Versicherungsnehmers über die Rechtsfolge nach Ablauf der Sechsmonatsfrist
- Unterlassen der gerichtlichen Geltendmachung durch den Versicherungsnehmer (z. B. Klageerhebung, Beantragung eines Mahnbescheides).

Ombudsmann

Hat der Versicherungsnehmer gegen die Ablehnung des Anspruchs auf die Versicherungsleistung durch den Versicherer Beschwerde beim Ombudsmann eingelegt, verlängert sich die sechsmonatige Klagefrist nach § 12 Abs. 3 VVG um die Dauer des Verfahrens zuzüglich eines Monats.

Übergang von Ersatzansprüchen

§ 67 Abs. 1 VVG

Steht dem Versicherungsnehmer ein Anspruch auf Ersatz des Schadens gegen einen Dritten zu, so geht dieser Anspruch auf den Versicherer über, soweit er dem Versicherungsnehmer den Schaden ersetzt. Es handelt sich um einen Fall des gesetzlichen Forderungsübergangs, sodass es keiner Abtretung durch den Versicherungsnehmer bedarf. Der Versicherer wird kraft Gesetzes in die Lage versetzt, gegen den Dritten Regress zu nehmen.

Aufgabe der Regelung ist es:

- dem Versicherer einen Regressanspruch gegen den eigentlichen Schadenstifter zu verschaffen
- eine Bereicherung des Versicherungsnehmers zu verhindern
- den Schadenstifter nicht von der Haftung zu befreien.

Beispiel:

Für einen Personenkraftwagen besteht eine Fahrzeug-Vollversicherung mit einer Selbstbeteiligung von 1 000,00 €. Der Wagen wird durch das Verschulden eines Dritten vollständig zerstört. Der Versicherer ersetzt nach § 13 I Nr. 1 AKB den Wiederbeschaffungspreis für ein gleichwertiges gebrauchtes Fahrzeug in Höhe von 21 000,00 € abzüglich der Selbstbeteiligung von 1 000,00 €, also 20 000,00 €. Nur in dieser Höhe geht der dem Versicherungsnehmer gegen den Dritten zustehende Schadenersatzanspruch (§§ 823 Abs. 1, 249 BGB) auf den Versicherer über, in Höhe von 1 000,00 € verbleibt er dem Geschädigten.

Gesetzlicher Forderungsübergang

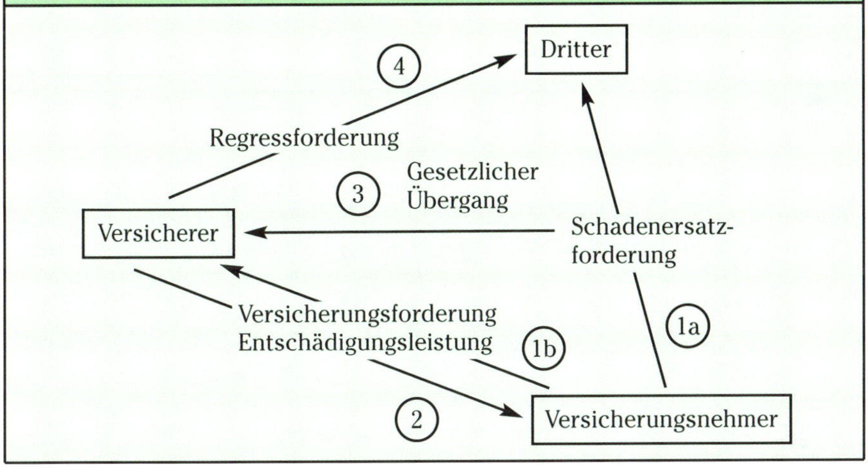

Die Schadenersatzforderung des Versicherungsnehmers gegen den Dritten geht nur dann auf den Versicherer über, wenn durch die Versicherungsleistung der Schaden ausgeglichen ist. Infolgedessen bleibt dem Versicherungsnehmer die Ersatzforderung gegen den Dritten erhalten, soweit der Schaden die Entschädigungsleistung des Versicherers übersteigt. Diese Regelung wird als Differenztheorie oder Quotenvorrecht des Versicherungsnehmers bezeichnet. Sie wird damit begründet, dass keine Veranlassung dazu besteht, dem Versicherer, der die Prämie als Entgelt für seine Leistung erhalten hat, einen weiteren Gegenwert zuzuführen, solange der Versicherungsnehmer keine volle Deckung für seinen Schaden erhalten hat.

Differenztheorie

Beispiel:

Durch einen Verkehrsunfall hat der Versicherungsnehmer an seinem Fahrzeug einen Schaden in Höhe von 10 000,00 € erlitten. Die Entschädigung aus der Fahrzeugversicherung beläuft sich bedingungsgemäß auf 7 500,00 €. Wegen Mitverschuldens (§ 254 BGB) steht dem Versicherungsnehmer gegen den Dritten nur ein Anspruch in Höhe von 5 000,00 € zu. Nach der Differenztheorie geht der Schadenersatzanspruch des Versicherungsnehmers gegen den Dritten nur in Höhe von 2 500,00 € auf den Versicherer über.

§ 67 Abs. 1 Satz 3 VVG

Der Versicherer wird insoweit von seiner Ersatzpflicht frei, als der Versicherungsnehmer seinen Anspruch gegen den Dritten aufgibt. Das gilt nur für den bereits bestehenden Anspruch gegenüber dem Dritten. Wird die Möglichkeit der Entstehung von Ersatzansprüchen von vornherein ausgeschlossen, ist der Versicherer nicht frei, sofern ein solcher Haftungsausschluss üblich ist.

Beispiele:

- Ein Dritter hat durch fahrlässiges Verhalten einen Brandschaden an versicherten Hausratgegenständen in Höhe von 7 000,00 € verursacht. Der Versicherungsnehmer verzichtet dem Dritten gegenüber auf Schadenersatz. Es besteht Leistungsfreiheit des Versicherers gegenüber dem Versicherungsnehmer, weil dieser seinen Schadenersatzanspruch gegen den Dritten aufgegeben hat.

BGH VersR 56, 725

- Ein gewerblicher Vermieter von Kraftfahrzeugen schließt in seinen Formularverträgen die Haftung des Mieters für leichte Fahrlässigkeit aus. Der Versicherer kann sich nicht darauf berufen, dass der Versicherungsnehmer zum Schaden des Versicherers ein Recht aufgegeben habe, weil derartige Abreden im Wirtschaftsleben durchaus üblich und sachgemäß sind. Der Ausschluss der Haftung des Mieters liegt bei der Versicherung gewerblich vermieteter Kraftfahrzeuge im Rahmen der normalen Versicherungsgefahr, deren besondere Höhe er bereits durch die Einforderung einer erheblich über dem gewöhnlichen Kaskobeitrag liegenden Prämie in Rechnung stellt.

§ 67 Abs. 2 VVG

Richtet sich der Ersatzanspruch des Versicherungsnehmers gegen einen mit ihm in häuslicher Gemeinschaft lebenden Familienangehörigen, so ist der Übergang ausgeschlossen. Der Anspruch geht jedoch über, wenn der Angehörige den Schaden vorsätzlich verursacht hat. Unter den Begriff der Familienangehörigen fallen Ehegatten und Personen, die miteinander verwandt oder verschwägert sind, aber auch in die Familie aufgenommene Stief- und Pflegekinder sowie Lebenspartner, nicht dagegen Verlobte und Partner einer nichtehelichen Lebensgemeinschaft, soweit sie nicht – etwa durch die gemeinsame Erziehung eines aus der Verbindung hervorgegangenen Kindes – auf Dauer angelegt ist. Zweck der Vorschrift ist es weniger, die Familienangehörigen zu schützen, als vielmehr, den Versicherungsschutz wirtschaftlich auf die gesamte Familie auszudehnen.

Beispiel:

Der im Hause des Versicherungsnehmers wohnende zwanzigjährige Sohn und ein Freund verursachen bei einer Party grob fahrlässig einen Brand, der das Gebäude des Versicherungsnehmers im Wert von 300 000,00 € total zerstört. Der Sohn und sein Freund haften dem Versicherungsnehmer als Gesamtschuldner (§ 840 BGB) aus unerlaubter Handlung (§ 823 Abs. 1 BGB). Sobald der Versicherer die Entschädigungsleistung erbracht hat, würde der Ersatzanspruch des Versicherungsnehmers gegen den Freund (nicht gegen den Sohn) auf den Versicherer übergehen. Dieser könnte den Freund als Gesamtschuldner in Höhe von 300 000,00 € in Anspruch nehmen, wobei der Freund von dem Sohn Ausgleich in Höhe von 150 000,00 € verlangen könnte (§ 426 BGB). Da auf diese Weise doch wieder der Haushalt des Versicherungsnehmers wirtschaftlich belastet würde, erwirbt der Versicherer gegen den Freund nur einen Schadenersatzanspruch in Höhe von 150 000,00 €.

Zusammenfassung

Versicherungsschutz

Bis zum Eintritt des Versicherungsfalles:	Nach Eintritt des Versicherungsfalles:	
Abstrakte Gefahrtragung	Konkretisierung in Versicherungsleistung	
	Summenversicherung Auszahlung der vereinbarten Versicherungssumme	Schadenversicherung Ersatz des Schadens

Begrenzung der Entschädigungsleistung in der Schadenversicherung

Höhe des Schadens (Bereicherungsverbot)	Versicherungswert (Überversicherung)	Versicherungssumme (Unterversicherung)

Herbeiführung des Versicherungsfalles

Versicherungsnehmer Ausschluss bei: – Vorsatz (Ausnahme: Lebensversicherung nach drei Jahren) – Grober Fahrlässigkeit (Ausnahme: Haftpflichtversicherung und Personenversicherungen)	Gesetzlicher Übergang des Schadenersatzanspruches des Versicherungsnehmers gegen den Dritten auf den Versicherer (Regress) Ausnahme: Familienangehörige, soweit sie nicht vorsätzlich gehandelt haben

Untergang des Anspruches auf die Versicherungsleistung bei Ablehnung durch den Versicherer

Voraussetzungen:

Erhebung des Anspruches durch den Versicherungsnehmer	Schriftliche Ablehnung des Anspruches durch den Versicherer	Belehrung des Versicherers über die Rechtsfolgen	Unterlassung der gerichtlichen Geltendmachung durch den Versicherungsnehmer innerhalb von sechs Monaten

Übungsaufgaben

1. In der Schadenversicherung ist die Entschädigung durch gesetzliche Bestimmungen oder vertragliche Vereinbarungen begrenzt.

   a) Erklären Sie in diesem Zusammenhang
      - Vollwertversicherung
      - Überversicherung
      - Unterversicherung.

   b) Häufig werden in der Schadenversicherung auch Selbstbeteiligungen vereinbart. Welchem Zweck dienen sie?

2. Grundsätzlich können Gebäude nach den Bedingungen zum Neuwert, Zeitwert oder zum gemeinen Wert versichert werden.

   a) Erklären Sie die drei Wertbegriffe.
   b) Worin unterscheidet sich der Wiederbeschaffungswert in der Hausratversicherung von dem in der Fahrzeugversicherung?

3. Erläutern Sie die „Versicherung auf erstes Risiko“ anhand eines Beispiels. Wie wirkt sich diese Versicherungsform gegenüber einer Vollwertversicherung auf die

   a) Höhe des Prämiensatzes und
   b) Entschädigungsleistung aus?

4. Was versteht man unter dem Begriff „Verjährung“, und wann verjähren Ansprüche aus Versicherungsverträgen?

5. Herr Winkel möchte nach einem Brand in seinem Betrieb wissen, ob der VR im Rahmen der Feuerversicherung leistungsfrei ist, wenn der Schaden

   a) von einem seiner Arbeiter
   b) von seinem Betriebsleiter
   c) von seinem Sohn, der dort gerade ein Praktikum absolviert

   verursacht worden ist.

   In allen drei Fällen wird grobe Fahrlässigkeit bzw. Vorsatz unterstellt. Prüfen Sie, ob eventuell der Versicherer nach § 67 VVG Regress nehmen kann.

6. Erklären Sie, weshalb der Versicherer auch dann dem Versicherungsnehmer gegenüber eine Leistung erbracht hat, wenn der Versicherungsfall nicht eintritt und konkrete Versicherungsleistungen auslöst.

7. Ein Gemälde im Wert von 150 000,00 € ist für 200 000,00 € versichert. Es wird bei einem Brand vollständig zerstört. Der Versicherungsnehmer verlangt die Auszahlung der Versicherungssumme.
   Welche Antwort ist ihm unter Hinweis auf die Vorschriften des VVG zu geben?

8. Die Versicherungssumme einer Hausratversicherung beträgt 60 000,00 €, der Versicherungswert 80 000,00 € und der bei einem Versicherungsfall eingetretene Schaden 50 000,00 €.
   Berechnen Sie die Versicherungsleistung (§§ 16, 18 VHB 2000). Wie ist ein etwaiger Abzug dem Versicherungsnehmer gegenüber zu begründen?

9. Der Versicherungsnehmer hat während seines Urlaubs ein kaskoversichertes Fahrzeug auf dem Hotel-Parkplatz abgestellt und nach der Hektik des Auspackens vergessen, es abzuschließen. Über Nacht wird es entwendet.
   Besteht Versicherungsschutz?

10. Für einen Personenkraftwagen besteht eine Fahrzeug-Vollversicherung. Es ist eine Selbstbeteiligung von 1 000,00 € vereinbart. Bei einem Verkehrsunfall entsteht durch Verschulden eines Dritten an dem versicherten Fahrzeug ein Schaden in Höhe von 7 500,00 €; der Versicherer leistet 6 500,00 €.
    Welche Ansprüche können Versicherungsnehmer und Versicherer gegen den Dritten geltend machen?

3.7 Beendigung des Versicherungsvertrages

Der Familienvater hat vor dreißig Jahren eine Lebensversicherung abgeschlossen, die am 30. 01., dem Ende des Monats, in dem er das 60. Lebensjahr vollendet, zur Auszahlung fällig werden soll. Er erkundigt sich, ob er den Vertrag kündigen oder sonstige Maßnahmen ergreifen müsse, um die Auszahlung der Versicherungssumme sicherzustellen.

Eine Reisegepäckversicherung ist für die Dauer einer längeren Urlaubsreise bis zum 30. 09. abgeschlossen. Nach Rückkehr an diesem Tage erkundigt sich der Versicherungsnehmer, ob er etwas zu veranlassen habe, um die Prämie nicht weiter zahlen zu müssen.

Ein Arzt ist plötzlich verstorben. Die Praxis wird nicht weitergeführt. Es besteht eine Berufs-Haftpflichtversicherung. Die Erben erkundigen sich, was aus diesem Vertrag wird.

Einem Kraftfahrzeughalter liegen Angebote von Konkurrenzunternehmen für Kraftfahrzeug-Haftpflichtversicherungen zu niedrigeren Prämien vor. Er fragt nach den Möglichkeiten, das Versicherungsunternehmen zu wechseln.

Der Inhaber eines Lebensmittelgeschäftes ist nach der Regulierung eines Brandschadens über das Verhalten des Versicherers verärgert. Er ist der Auffassung, dass ihm eine höhere Entschädigung zustehe, will diesen Anspruch aber nicht gerichtlich geltend machen, sondern sich von dem Vertrag trennen.

Grundsatz

Versicherungsverträge sind Dauerschuldverhältnisse, weil der Versicherungsschutz für einen längeren Zeitraum gewährt wird. Ihre Beendigung kann aus verschiedenen Gründen erfolgen.

Beendigungsgründe

- Ablauf
- Wagniswegfall
- Kündigung
- Tod
- sonstige Fälle

§ 311 Abs. 1 BGB
Freigabe

Unabhängig von der vereinbarten Vertragsdauer kann ein Versicherungsverhältnis durch Vereinbarung jederzeit im gegenseitigen Einvernehmen aufgehoben werden. Aus der Sicht des Versicherers spricht man in diesen Fällen von einer Freigabe der Versicherung.

3.7.1 Ablauf

Dauer

Versicherungsverträge werden grundsätzlich für einen bestimmten Zeitraum abgeschlossen. Man unterscheidet:

- Unterjährige Verträge mit einer Laufzeit von weniger als einem Jahr (z. B. Reisegepäckversicherung, Ausstellungsversicherung, Kraftfahrtversicherung nach Kurztarif)
- Ein- oder mehrjährige Verträge (z. B. Hausratversicherung, Kraftfahrtversicherung, Unfallversicherung)
- Verträge mit festem Ablauftermin (z. B. Lebensversicherung).

§ 8 Abs. 1 VVG

Für ein- und mehrjährige Verträge enthalten die meisten AVB eine so genannte Verlängerungsklausel. Danach verlängert sich der Vertrag stillschweigend von Jahr zu Jahr, wenn er nicht unter Einhaltung der bedingungsgemäß vorgesehenen Frist gekündigt wird. Nach der gesetzlichen Regelung darf sich die stillschweigende Verlängerung nur auf jeweils ein Jahr erstrecken. Dadurch soll einerseits dem Versicherungsnehmer der Versicherungsschutz erhalten werden, ohne dass er zu lange gebunden wird, andererseits aber auch dem Versicherer der Aufwand für den Neuabschluss des Vertrages erspart werden.

Beispiele:

- Hausratversicherung (§ 15 Nr. 4 Satz 1 VHB 2000)

  Versicherungsverträge von mindestens einjähriger Dauer verlängern sich von Jahr zu Jahr, wenn sie nicht spätestens drei Monate vor Ablauf durch eine Partei schriftlich gekündigt werden.

- Kraftfahrtversicherung (§ 4 a Nr. 1 AKB)

  Der Versicherungsvertrag kann für die Dauer eines Jahres oder für einen kürzeren Zeitraum abgeschlossen werden. Beträgt die vereinbarte Vertragsdauer ein Jahr, so verlängert sich der Vertrag jeweils um ein Jahr, wenn er nicht spätestens einen Monat vor Ablauf schriftlich gekündigt wird. Dies gilt auch, wenn die Vertragsdauer nur deshalb weniger als ein Jahr beträgt, weil als Beginn der nächsten Versicherungsperiode ein vom Vertragsbeginn abweichender Termin vereinbart worden ist. Bei anderen Verträgen mit einer Vertragsdauer von weniger als einem Jahr endet der Vertrag, ohne dass es einer Kündigung bedarf.

3.7.2 Wagniswegfall

Fällt das versicherte Interesse nach dem Beginn der Versicherung weg, endet das Versicherungsverhältnis. Dem Versicherer gebührt die Prämie, die er hätte erheben können, wenn die Versicherung nur bis zu dem Zeitpunkt beantragt worden wäre, zu dem der Versicherer von dem Wegfall des Interesses Kenntnis erlangt. Die Abrechnung erfolgt bei unterjährigen Verträgen nach Kurztarif oder sonst nach der tatsächlichen Laufzeit (pro rata temporis). § 68 Abs. 2 VVG

Beispiele:

- Der Betrieb der versicherten Kraftfahrzeug-Werkstatt wird eingestellt.
- Ein Hausrat wird aufgelöst.
- Das versicherte Gebäude wird durch Brand zerstört.

Fällt das versicherte Interesse weg, weil der Versicherungsfall eingetreten ist (z. B. das versicherte Kraftfahrzeug entwendet wurde), gebührt dem Versicherer die Prämie für die laufende Versicherungsperiode. § 68 Abs. 4 VVG

3.7.3 Kündigung

Die Kündigung ist eine einseitige empfangsbedürftige Willenserklärung, die darauf gerichtet ist, den Versicherungsvertrag für die Zukunft zu beenden. Wirksam wird die Kündigung mit dem Zugang bei dem Erklärungsgegner (§ 130 BGB). Dies ist der Fall, sobald die Kündigungserklärung derart in den Machtbereich des Empfängers gelangt ist, dass er unter normalen Umständen die Möglichkeit der Kenntnisnahme hat (Eingang in der Poststelle, Einwurf in den Briefkasten). Was versteht man unter einer Kündigung?

Nach BGB und VVG ist für die Kündigung keine Form einzuhalten. Die meisten AVB verlangen jedoch Schriftform. Eingeschriebener Brief kann wegen § 309 Nr. 13 BGB nicht mehr gefordert werden; jedoch ist der Kündigende für den Zugang des Kündigungsschreibens beim Erklärungsgegner beweispflichtig. Form

Beispiele:

- Hausratversicherung (§ 28 Nr. 1 VHB 2000)

  Anzeigen und Erklärungen bedürfen der Schriftform.

- Unfallversicherung (Nr. 17.1 AUB 2000)

  Alle für uns bestimmten Anzeigen und Erklärungen müssen Sie schriftlich abgeben. Sie sollen an unsere Hauptverwaltung oder an die im Versicherungsschein oder in dessen Nachträgen als zuständig bezeichnete Geschäftsstelle gerichtet werden.

Arten

Wesentlich ist die Unterscheidung zwischen ordentlicher Kündigung und außerordentlicher Kündigung.

Ordentliche Kündigung

Begriffe

Die ordentliche Kündigung erfolgt unter Einhaltung einer Kündigungsfrist zu einem bestimmten Kündigungstermin. Der Angabe eines Kündigungsgrundes bedarf es nicht.

- Kündigungstermin ist derjenige Zeitpunkt, zu dem die Kündigung wirksam werden, der Versicherungsvertrag somit beendet werden soll.
- Kündigungsfrist ist der Zeitraum, der zwischen dem Zugang der Kündigungserklärung bei dem Vertragspartner und dem Kündigungstermin liegen muss. Er ergibt sich jeweils aus den AVB.

§ 8 Abs. 2 VVG

Versicherungsverträge, die auf unbestimmte Zeit eingegangen sind, und Verträge, die auf Grund einer Verlängerungsklausel fortgesetzt werden, können von beiden Partnern zum Schluss der laufenden Versicherungsperiode gekündigt werden. Die in den AVB festgelegte Kündigungsfrist muss für beide Vertragspartner gleich lang sein; sie darf nicht weniger als einen, höchstens drei Monate betragen. Regelmäßig sehen die AVB eine Kündigungsfrist von drei Monaten vor. Für die Kraftfahrzeug-Haftpflichtversicherung beträgt die Kündigungsfrist nach § 5 Abs. 5 Satz 2 PflVG einen Monat. Kündigungstermin ist jeweils das Ende der Versicherungsperiode. Eine unwirksame Kündigung hat der Versicherer unverzüglich zurückzuweisen, sonst muss er sich so behandeln lassen, als sei wirksam gekündigt worden.

Beispiel:

Eine Hausratversicherung war für fünf Jahre bis zum 31. 12. 1999 abgeschlossen worden. Der Versicherungsnehmer hatte bisher nichts unternommen. Er wollte sich zum 31. 12. 2001 von dem Vertrag trennen. Der Vertrag hatte sich jeweils um ein Jahr verlängert. Nach § 15 Nr. 4 Satz 2 VHB 2000 konnte er die Hausratversicherung spätestens drei Monate vor Ablauf zum Jahresende schriftlich kündigen. Infolgedessen musste die Kündigungserklärung dem Versicherer spätestens am 30. 09. 2001 zugehen. Ginge die Kündigung erst am 03. 10. 2001 bei dem Versicherer ein, wäre sie unwirksam. Der Versicherer hätte sie unverzüglich zurückzuweisen, weil sie sonst als wirksam gilt (§ 28 Nr. 2 VHB 2000).

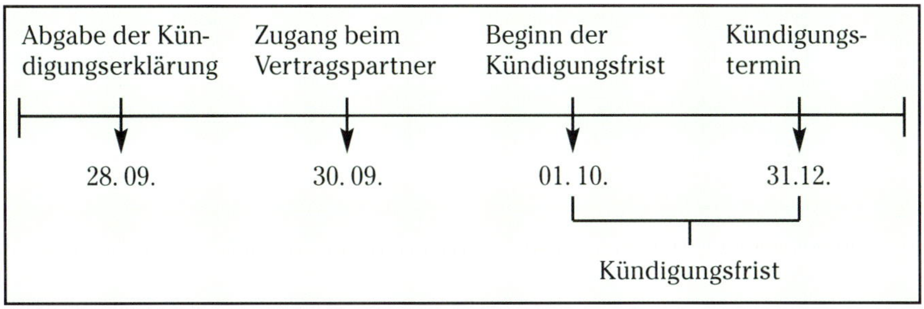

§ 8 Abs. 3 VVG

Bei mehrjährigen Verträgen ist grundsätzlich davon auszugehen, dass die Vertragspartner die vereinbarte Laufzeit einzuhalten haben. Unter bestimmten Voraussetzungen bestehen jedoch Kündigungsmöglichkeiten, die teilweise von der höchstrichterlichen Rechtsprechung entwickelt wurden, zum Teil auch auf konkreten gesetzlichen Vorschriften beruhen. Für den Versicherer ist das Kündigungsrecht in der Lebens- und Krankenversicherung generell ausgeschlossen. Bei den gesetzlichen Kündigungsmöglichkeiten der Versicherungsnehmer ist nach dem Inkrafttreten der jeweiligen Bestimmungen zu unterscheiden.

Mehrjährige Versicherungsverträge	
Kündigungsrechte der Versicherungsnehmer	
Abschluss des Vertrages	Kündigungsmöglichkeit
vor dem 31. 12. 1990	bei vorgedruckter 10-jähriger Laufzeit (wegen unangemessener Benachteiligung des Versicherungsnehmers gemäß dem früheren § 9 AGB-Gesetz)
nach dem 01. 01. 1991	bei längerer Laufzeit als drei Jahre zum Ende des dritten oder jedes darauf folgenden Jahres mit dreimonatiger Frist; Ausnahme: Einräumung eines Prämienrabattes entsprechend der Laufzeit, z. B. 10 % bei zehnjährigen Verträgen (§ 8 Abs. 3 VVG a. F.)
nach dem 24. 06. 1994	bei längerer Laufzeit als fünf Jahre zum Ende des fünften oder jedes darauf folgenden Jahres mit dreimonatiger Frist (§ 8 Abs. 3 VVG)

Außerordentliche Kündigung

Begriff

Die außerordentliche Kündigung erfolgt nicht erst zum Schluss der laufenden Versicherungsperiode, sondern bereits zu einem früheren Zeitpunkt. Sie setzt jedoch stets einen besonderen Anlass (Kündigungsgrund) voraus. Im VVG und den AVB sind zahlreiche derartige Fälle geregelt.

Außerordentliche Kündigung	
Wichtige Tatbestände	
Anlass	Rechtsgrundlage
Obliegenheitsverletzung	§ 6 Abs. 1 Satz 2 VVG
Insolvenz des Versicherungsnehmers	§ 14 VVG
Gefahrerhöhung	§§ 24, 27 Abs. 1 VVG
Prämienanpassung	§ 31 VVG
Folgeprämienverzug	§ 39 Abs. 3 VVG
Veräußerung der versicherten Sache	§ 70 VVG
Versicherungsfall (Schadenversicherung)	§§ 96, 113, 158 VVG, 4 b AKB, 26 VHB 2000, 20 VGB 2001

Berechtigter

Das Recht zur außerordentlichen Kündigung steht entweder dem Versicherer oder dem Versicherungsnehmer oder beiden Vertragspartnern zu, im Falle der Veräußerung der versicherten Sache auch dem Erwerber.

Schadenfall

In den Sparten der Schadenversicherung wird beiden Parteien nach eingetretenem Versicherungsfall ein Kündigungsrecht eingeräumt, weil bei der Schadenabwicklung Erfahrungen gemacht werden können, die eine Fortsetzung des Vertrages nicht wünschenswert erscheinen lassen. Das Kündigungsrecht erlischt in den meisten Fällen, wenn es nicht innerhalb eines Monats nach dem Abschluss der Verhandlungen über die Entschädigung ausgeübt wird. Die Kündigung wird einen Monat nach ihrem Zugang wirksam, sodass dem Versicherungsnehmer genügend Zeit für den Abschluss eines neuen Vertrages zur Verfügung steht. Der Versicherungsnehmer kann bestimmen, dass seine Kündigung sofort oder zu einem späteren Zeitpunkt wirksam wird, jedoch spätestens zum Schluss des laufenden Versicherungsjahres.

§ 31 VVG

Im Falle einer Prämienerhöhung auf Grund einer Anpassungsklausel kann der Versicherungsnehmer ohne Rücksicht auf den Umfang der Erhöhung den Vertrag innerhalb eines Monats nach Eingang der Mitteilung mit sofortiger Wirkung, frühestens jedoch zum Zeitpunkt des Wirksamwerdens der Erhöhung, kündigen. Diese Regelung findet auf die am 29. 07. 1994 bereits bestehenden Versicherungsverhältnisse (mit Ausnahme der Lebens-, Kranken- und Kraftfahrzeug-Haftpflichtversicherung) keine Anwendung. Infolgedessen besteht das uneingeschränkte Kündigungsrecht erst für die nach dem 30. 07. 1994 abgeschlossenen Versicherungsverträge. Für die vor diesem Zeitpunkt zu Stande gekommenen Versicherungsverträge besteht das Kündigungsrecht, sofern das Entgelt pro Jahr um mehr als 5 vom Hundert des zuletzt gezahlten Beitrags oder um mehr als 25 vom Hundert des Erstbeitrags steigt.

Vergleich der Kündigungsmöglichkeiten		
	Ordentliche Kündigung	Außerordentliche Kündigung
Voraussetzung	Kein Kündigungsgrund erforderlich	Anlass laut Gesetz oder AVB erforderlich
Wirkung	Unter Einhaltung einer Kündigungsfrist zum Kündigungstermin (Ablauf der Versicherungsperiode)	Sofortige Wirkung bzw. mit Monatsfrist oder nach Bestimmung des Versicherungsnehmers

3.7.4 Tod des Versicherungsnehmers

§ 1922 BGB

Der Tod des Versicherungsnehmers löst je nach Risiko und Versicherungszweig unterschiedliche Rechtsfolgen aus. Grundsätzlich geht ein bestehendes Versicherungsverhältnis mit dem Anspruch auf Versicherungsschutz und der Prämienzahlungspflicht auf die Erben über, ohne dass der Erbfall ein Recht zur außerordentlichen Kündigung des Vertrages begründet. Dies setzt jedoch voraus, dass das versicherte Risiko nach dem Tod bestehenbleibt, wie bei einer Sach- oder Betriebs-Haftpflichtversicherung. War das Risiko dagegen mit der Person des Versicherungsnehmers verknüpft (z. B. Kranken-, Unfall- oder Berufs-Haftpflichtversicherung), endet der Versicherungsvertrag. Für die Lebens- und Unfallversicherung bedeutet der Tod aber nicht nur den Wegfall des Risikos, sondern auch den Eintritt des Versicherungsfalles, der den Anspruch auf die Versicherungsleistung auslöst.

Tod des Versicherungsnehmers		
Rechtsfolgen		
Nach dem Tod des Versicherungsnehmers fortbestehendes, von ihm unabhängiges Risiko	Auf die Person des Versicherungsnehmers bezogenes Risiko	
Gesetzlicher Übergang des Versicherungsverhältnisses auf die Erben im Wege der Gesamtrechtsnachfolge Kein außerordentliches Kündigungsrecht	Wegfall des Risikos Beendigung des Versicherungsvertrages	Eintritt des Versicherungsfalles Auslösung der Versicherungsleistung zu Gunsten des Bezugsberechtigten

3.7.5 Sonstige Fälle

Neben Ablauf, Wagniswegfall, Kündigung oder Tod des Versicherungsnehmers kommen weitere Beendigungsgründe für den Versicherungsvertrag in Betracht, die im jeweiligen Zusammenhang bereits behandelt worden sind. Dazu gehören insbesondere die Nichtigkeit und der Rücktritt vom Vertrag.

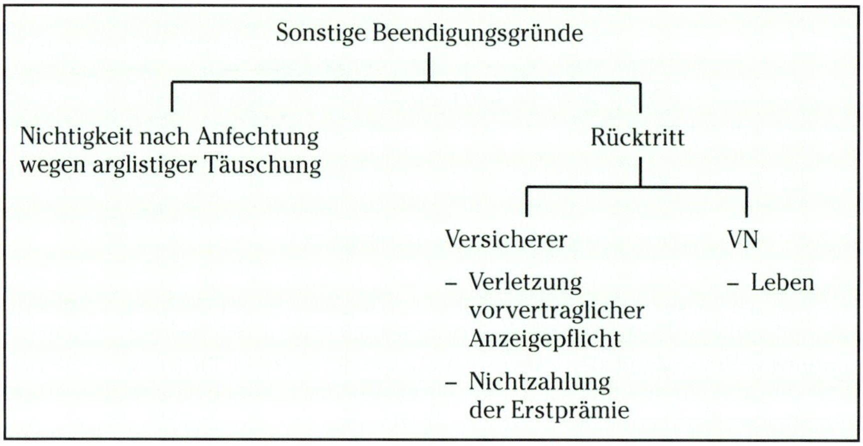

Nichtigkeit
§ 142 BGB

Nichtigkeit tritt ein, wenn der Versicherungsvertrag angefochten wird. Ein Anfechtungsgrund ist insbesondere arglistige Täuschung durch einen Vertragspartner (§ 123 BGB). Der Versicherer kann den Versicherungsvertrag anfechten, sofern er bei der Antragsaufnahme über die Risikoverhältnisse getäuscht worden ist (§ 22 VVG). Der Versicherungsnehmer kann den Vertrag wegen arglistiger Täuschung anfechten, falls er vom Versicherungsvertreter über bestimmte Umstände, beispielsweise die Empfehlung einer bestimmten Tarifform durch eine Berufsorganisation, getäuscht worden ist.

Rücktritt

Ein Versicherungsvertrag kann auch durch den Rücktritt eines Vertragspartners beendet werden. Dem Versicherer steht ein Rücktrittsrecht zu im Falle der Verletzung der vorvertraglichen Anzeigepflicht (§ 16 Abs. 2 VVG) oder der Nichtzahlung der Erstprämie (§ 38 Abs. 1 VVG). Dem Versicherungsnehmer steht in der Lebensversicherung grundsätzlich ein Recht zum Rücktritt innerhalb von 14 Tagen nach Abschluss des Vertrages zu (§ 8 Abs. 5 VVG).

Rechtsfolgen

Generell sind bei Nichtigkeit und Rücktritt die beiderseits erbrachten Leistungen zurückzugewähren (§§ 812 BGB, 20 Abs. 2 Satz 2 VVG). Für den Versicherungsvertrag gelten jedoch Sonderregelungen hinsichtlich der Prämie (§ 40 Abs. 1 VVG) und der Auszahlung des Rückkaufswertes in der Lebensversicherung (§ 176 Abs. 1 VVG).

Zusammenfassung

<table>
<tr><th colspan="3">Vertragsbeendigung</th></tr>
<tr><td>Beendigungsgrund</td><td colspan="2">Wirkungen</td></tr>
<tr><td>Aufhebungsvertrag</td><td colspan="2">Einvernehmliche Beendigung</td></tr>
<tr><td>Ablauf</td><td colspan="2">– Beendigung zum Ablauftermin
– Möglichkeit der Verlängerung (Verlängerungsklausel)</td></tr>
<tr><td>Wagniswegfall</td><td colspan="2">– Abrechnung (Kurztarif oder p. r. t.)
– Unteilbarkeit der Prämie bei Eintritt des Versicherungsfalles</td></tr>
<tr><td>Kündigung</td><td colspan="2">Ordentliche Kündigung:
Unter Einhaltung der vereinbarten Kündigungsfrist zum Kündigungstermin (Ablauf der Versicherungsperiode)
Außerordentliche Kündigung:
Bei bestimmten im VVG oder den AVB geregelten Anlässen mit kurzfristiger Wirkung</td></tr>
<tr><td>Tod</td><td colspan="2">Personenbezogene Risiken:
– Wegfall des Risikos
– Eintritt des Versicherungsfalles
Vom Versicherungsnehmer unabhängiges Risiko:
Übergang des Versicherungsverhältnisses auf die Erben</td></tr>
<tr><td>Weitere Gründe</td><td>Anfechtung
– Bei arglistiger Täuschung</td><td>Rücktritt
– Versicherer
– Versicherungsnehmer</td></tr>
</table>

Übungsaufgaben

1. Wodurch unterscheiden sich Rücktritt und Kündigung in ihren Voraussetzungen und Wirkungen?

2. In welcher Sparte ist das ordentliche Kündigungsrecht des Versicherers grundsätzlich ausgeschlossen?

3. Eine Kraftfahrtversicherung läuft jeweils für ein Jahr bis zum 31. 12. Der Versicherungsnehmer möchte den Versicherer wechseln. Er ist der Auffassung, dass der Vertrag endet, ohne dass er irgendwelche Erklärungen gegenüber dem Versicherer abgeben müsse.
   Ist diese Ansicht zutreffend?

4. Welche Fristen und Termine bestehen normalerweise für die ordentliche Kündigung von Versicherungsverträgen?

5. Der Versicherungsnehmer will nach Australien auswandern und löst seinen Hausrat auf.
   Was wird aus der bestehenden Hausratversicherung?

6. Der Versicherer zweifelt nach einem Brandschaden an der Redlichkeit des Versicherungsnehmers. Er kann jedoch nicht den Nachweis der Brandstiftung führen, fürchtet aber weitere Schadenfälle.
   Kann die Gesellschaft den Vertrag kündigen?

7. Der Eigentümer eines Geschäftsgebäudes ist verstorben. Gesetzliche Erben sind seine Witwe sowie zwei Töchter. Sie beabsichtigen, aus Anlass des Todesfalles die Gebäudeversicherung auf einen anderen Versicherer zu übertragen.
   Ist dies ohne weiteres möglich?

8. Nach einem Schadenfall sind VR und VN nach § 96 VVG berechtigt, den Versicherungsvertrag zu kündigen.

   a) Warum (jeweils ein Argument) hat der Gesetzgeber den Vertragspartnern dieses Recht zugestanden?
   b) Welche beiden Fristen hat der VR bei einer Kündigung aus diesem Grund zu beachten?
   c) Wem steht die Prämie für den Vertrag zu bei
      (1) Kündigung durch den VN
      (2) Kündigung durch den VR?

   Verdeutlichen Sie die Regelungen anhand eines selbstgewählten Zahlenbeispiels!

9. Herr Fischer verkaufte am 03. 10. seinen Bagger, für den bei Ihrer Gesellschaft eine Baugeräte-Versicherung bestand, zahlte jedoch irrtümlich noch die gesamte Jahresprämie, fällig am 24. 10. Der VN entdeckte dies am 15. 01. des folgenden Jahres und bat um Aufhebung des Vertrages sowie p. r. t.-Prämienabrechnung. Der VR bestätigte die Aufhebung des Vertrages, weigerte sich aber, die Prämie zu erstatten, da die Rechtsfolgen aus dem Verkauf erst ab Kenntnisnahme einträten; außerdem sei die Prämie gemäß §§ 69, 70 VVG verfallen. Der VN besteht gemäß § 68 VVG zumindest auf einem Teil der Prämie, während der VR die Anwendbarkeit des § 68 VVG hier verneint.
Antworten Sie Herrn Fischer in einem Brief.

4. Verbraucherschutz

Familie Müller ist seit vielen Jahren über den Generalagenten Fritz Schulze bei der Südstern Versicherungsgruppe versichert. Man ist sowohl mit der Betreuung durch den Vermittler als auch mit der Regulierung eingetretener Schäden sowie der Durchführung von Änderungen zu den Verträgen äußerst zufrieden.

Herr Müller stellt sich jedoch die Frage, was er tun könnte, wenn sich wider Erwarten einmal Probleme mit seiner Gesellschaft ergeben sollten, und wie seine Interessen rechtlich gegenüber dem Versicherungskonzern geschützt sind. Er wirft diese Frage in seinem Bekanntenkreis auf. In diesem Zusammenhang wird darüber gesprochen, dass es eine Vielzahl gesetzlicher Vorschriften zum Schutz der Versicherungsnehmer gibt und zahlreiche Organisationen und Verbände sowie eine Aufsichtsbehörde bestehen, an die man sich im Ernstfall wenden kann. Dabei kommt die Rede auch auf den Schutz der persönlichen Daten und die Tatsache, dass durch die Öffnung des Europäischen Binnenmarktes sich der Wettbewerb am Versicherungsmarkt zu Gunsten der Verbraucher ganz erheblich verstärkt und zu neuen preisgünstigen Angeboten geführt hat.

Ein Bekannter weist Herrn Müller darauf hin, dass es seit Herbst 2001 einen unabhängigen Versicherungsombudsmann gibt, an den sich die Kunden bei Problemen mit ihrem Versicherungsunternehmen wenden können, wobei ihnen zum Unterschied von Gerichtsverfahren keine Kosten entstehen.

4.1 Überblick

In der Versicherungswirtschaft kommt dem Schutz der Versicherungsnehmer traditionell ein hoher Stellenwert zu, weil sichergestellt sein muss, dass die vereinbarte Versicherungsleistung bei Eintritt des Versicherungsfalles auch tatsächlich erbracht wird. Inzwischen hat der Gedanke des Verbraucherschutzes in allen Wirtschaftszweigen ganz erhebliche Bedeutung.

Begriffe

Im weitesten Sinne versteht man unter Verbraucherschutz alle Maßnahmen, die darauf abzielen, den Belangen der Verbraucher gegenüber den Anbietern zu einer angemessenen Durchsetzung zu verhelfen. Für den Bereich der Versicherungswirtschaft bedeutet dies sowohl den konkreten Schutz der Versicherungsnehmer, Versicherten und Drittgeschädigten gegenüber den Versicherungsunternehmen im Einzelfall als auch die Forderung, dass die gesamte Branche in ihrer

Geschäftspolitik den Interessen der Verbraucher weitestgehend Rechnung zu tragen hat.

In einem engeren Sinne versteht man unter Verbraucherschutz die Gesamtheit der rechtlichen Vorschriften, die den Verbraucher vor Benachteiligungen im Wirtschaftsleben schützen und namentlich seine rechtliche Stellung stärken sollen. Auf die Versicherungswirtschaft bezogen sind dies die Regelungen, die sich vor allem auf den Abschluss der Versicherungsverträge und die Kontrolle ihres Inhalts beziehen.

Umfang

Wegen der Abstraktheit des Versicherungsschutzes und seiner Erklärungsbedürftigkeit setzten schon frühzeitig Bestrebungen des Verbraucherschutzes in rechtlicher und wirtschaftlicher Hinsicht ein. Die Versicherungsunternehmen selbst bemühen sich, ihren Kunden unter dem Gesichtspunkt der Kundenorientierung eine möglichst umfassende Beratung und Information zu bieten. Anfragen und Beschwerden bedürfen einer besonders sorgfältigen Bearbeitung.

Darüber hinaus gibt es eine Vielzahl gesetzlicher Regelungen, welche den Versicherungsnehmer bei der Deckung seines Vorsorgebedarfs schützen. Es bestehen private und öffentlich-rechtliche Verbraucherschutz-Einrichtungen sowie insbesondere die staatliche Aufsicht über Versicherungsunternehmen, die es mit vergleichbarer Intensität in anderen Wirtschaftszweigen nicht gibt. Der Wahrung der persönlichen Sphäre der Versicherungsnehmer dient der Datenschutz. Als ein besonders wichtiges Instrument des Verbraucherschutzes wird auch der Europäische Binnenmarkt für Versicherungen angesehen, weil er den Wettbewerb im Interesse der Versicherungsnehmer fördert.

Zwischen den von den Versicherungsunternehmen zu treffenden Maßnahmen und dem externen Verbraucherschutz steht der Ombudsmann als von der Versicherungswirtschaft getragene unabhängige private Schlichtungsstelle.

<table>
<tr><th colspan="2">Maßnahmen des Verbraucherschutzes im weitesten Sinne</th></tr>
<tr><th>seitens der Versicherungs-
unternehmen</th><th>außerhalb der Versicherungs-
unternehmen</th></tr>
<tr><td>Verbraucherfreundlichkeit</td><td>gesetzliche Regelungen</td></tr>
<tr><td>Information und Beratung</td><td>Organisationen und Behörden</td></tr>
<tr><td rowspan="2">Bearbeitung von Anfragen
und Beschwerden</td><td>rechtlicher Datenschutz</td></tr>
<tr><td>Europäischer Binnenmarkt</td></tr>
<tr><td colspan="2">Ombudsmann
von der Versicherungswirtschaft getragene
unabhängige private Schlichtungsstelle</td></tr>
</table>

4.2 Verbraucherfreundlichkeit

Die Geschäftspolitik der Versicherungsunternehmen ist auf die Bedürfnisse und Wünsche der Kunden ausgerichtet. Diese Feststellung gilt nicht nur für die Aktivitäten der Mitarbeiter des Außendienstes, sondern auch für die gesamte Tätigkeit des Innendienstes. Man bezeichnet diese Zielrichtung der Versicherungsbetriebe als Kundenorientierung. Der neuere angelsächsische Begriff Customers Relationship Management bringt zum Ausdruck, dass die Beziehungen zu den Kunden „gemanaged", das heißt systematisch organisiert und gestaltet werden müssen.

Sicht der Versicherer

Eine derartige kundenorientierte Unternehmenspolitik setzt voraus, dass die Versicherungsunternehmen wissen, welche Vorstellungen und Erwartungen ihre Kunden mit dem Abschluss der Versicherungsverträge verbinden. Nur bei dieser Kenntnis können sie sich wirklich verbraucherfreundlich verhalten. Ein solches Wissen kann sich aus Einzelgesprächen mit den Versicherten ergeben, vor allem aber aus Meinungsbefragungen größeren Umfangs. Derartige Umfragen lassen ganz bestimmte Prioritäten erkennen, an denen sich die Versicherungsunternehmen zu orientieren haben. Für sie ergeben sich daraus Maßstäbe, deren Einhaltung sie in dem immer stärker werdenden Wettbewerb bestehen lassen. Somit ist der wachsende Konkurrenzdruck ein wesentlicher Motor für die Verbraucherfreundlichkeit der Versicherungsunternehmen.

Sicht der Versicherungsnehmer

In allen Bevölkerungsschichten hat das Produkt Versicherungsschutz einen hohen und ständig zunehmenden Stellenwert. Diese Entwicklung beruht vor allen Dingen auch darauf, dass die Grenzen der staatlichen Sicherungsmöglichkeiten, die durch die Veränderung der Altersstruktur der Bevölkerung enger gezogen werden, eine Stärkung der eigenverantwortlichen Vorsorge erfordern. Die Bevölkerung ist sich dieser Finanzierungsprobleme durchaus bewusst. Dementsprechend wächst das Bedürfnis und die Bereitschaft, durch eigene Anstrengungen Vorsorge für die Zukunft zu treffen, wie sie beispielsweise auch durch die im Rahmen der Rentenreform 2001 eingeführte staatlich geförderte, private kapitalgedeckte Altersvorsorge (so genannte Riester-Rente) geboten wird.

Von der privaten Versicherungswirtschaft erwartet die Bevölkerung, dass sie in dieser Hinsicht ordnungsgemäß betreut wird, der Schriftverkehr mit den Versicherungsunternehmen auf die Anforderungen der Kunden eingeht und die Schadenregulierung den Erwartungen beim Abschluss der Versicherungsverträge entspricht.

Ansätze der Verbraucherfreundlichkeit		
Betreuung	Schriftwechsel	Schadenregulierung

4.2.1 Betreuung

Preis-Leistungs-Verhältnis

Die Betreuung der Kunden erfolgt in erster Linie durch die Mitarbeiter des Außendienstes der Versicherungsunternehmen. Meinungsumfragen haben ergeben, dass das Vertrauensverhältnis zwischen den Unternehmen und seinen Kunden sowie die gebotene Betreuung einen wesentlichen Bestandteil der Geschäftsbeziehungen ausmacht. Im Hinblick auf die Vielfalt der Versicherungsangebote und die wachsenden Orientierungsprobleme ist es für die Kunden immer schwieriger geworden, sich für den richtigen Versicherungsschutz zu entscheiden. Dabei ist der Versicherungsnehmer naturgemäß an einem möglichst günstigen Preis-Leistungs-Verhältnis interessiert. Jedoch tritt der Preis als Vergleichsmaßstab hinter den übrigen Gesichtspunkten immer mehr zurück.

Vertrauen

Mehr als die Hälfte der Bevölkerung äußerte sich im Rahmen einer Meinungsumfrage hinsichtlich ihrer Einstellung zur Versicherung wie folgt:

> „Zu einer Versicherungsgesellschaft muss man Vertrauen haben. Dazu gehört auch, dass sich die Versicherung wirklich um einen kümmert. Das ist mir wichtiger, als nur nach dem Preis zu schauen."

Infolgedessen tendieren die Kunden dazu, zusätzliche Versicherungen möglichst beim vertrauten Geschäftspartner abzuschließen. Die Versicherungskunden legen keinen Wert darauf, ständig den Versicherer zu wechseln. Sie möchten vielmehr bei ihrem vertrauten Versicherungsunternehmen bleiben und von ihm intensiv beraten und regelmäßig betreut werden.

Außendienst

Grundsätzlich wird auch die Beratung und Betreuung durch den Versicherungsaußendienst von der Mehrheit der Versicherten positiv beurteilt. Dabei besteht ein ganz erheblicher Unterschied zwischen dem so genannten Fernbild und dem Nahbild. Das Fernbild bezieht sich auf die Versicherungswirtschaft bzw. ihren Außendienst insgesamt, während das Nahbild der Beurteilung des Versicherungsunternehmens dient, bei dem man selbst versichert ist, oder des Versicherungsvermittlers, der einen selbst betreut. Man spricht auch vom Branchenimage oder vom Unternehmensimage.

Dabei stellt sich heraus, dass die Mehrheit der Versicherten den Kontakt mit dem eigenen Versicherungsvertreter als außerordentlich positiv bezeichnet und mit seiner Beratung und Betreuung zufrieden ist, wohingegen die übrigen Vermittler, mit denen man auch keine Erfahrungen hat, negativ beurteilt werden.

Einstellung der Kunden	
Fernbild	Nahbild
Verhältnis zur Versicherungswirtschaft und den Vermittlern insgesamt	Verhältnis zum eigenen Unternehmen bzw. Versicherungsvermittler
Distanzierte Beurteilung	Zufriedenheit und daher positive Beurteilung

Unmittelbarer Kontakt

Zunehmende Bedeutung erlangt auch die jederzeitige unmittelbare Erreichbarkeit des Versicherungsunternehmens für seine Kunden. Zu diesem Zweck haben die Gesellschaften schon frühzeitig einen telefonischen Kundendienst „rund um die Uhr" geschaffen. Diese Einrichtungen sind im Laufe der Zeit unter Ausnutzung aller technischen Möglichkeiten zu Kundenservice- oder Communication-Centren ausgebaut worden, die eine optimale Betreuung der Anrufer erreichen sollen. Gleichzeitig hat man das Ohr am Kunden und kann schnell und zügig zu Problemlösungen beitragen.

4.2.2 Schriftverkehr

Ein wichtiges Instrument zur Festigung der Beziehungen zwischen den Versicherungsunternehmen und ihren Kunden im Sinne der Verbraucherfreundlichkeit bildet der Schriftverkehr. Ihm kommt die gleiche Bedeutung zu wie der persönlichen Betreuung der Versicherungsnehmer durch den Außendienst. Für die Briefe der Versicherungsunternehmen an ihre Kunden gilt daher in ganz besonderem Maße das Erfordernis der Kundenorientierung.

Diese Notwendigkeit der Verbraucherfreundlichkeit des Schriftverkehrs zwischen den Versicherungsunternehmen und ihren Kunden kann durch zwei Merkmale erreicht werden:

- Die Schreiben müssen individuell gehalten sein, damit sich der Kunde persönlich angesprochen fühlt. Es darf nicht der Eindruck eines Formular- oder Standardbriefes vermittelt werden. Vielmehr muss das jeweilige Schreiben auf die unmittelbare Situation des Kunden eingehen, sodass er das Gefühl hat, dass man sich um eine persönliche Ansprache bemüht.

- Inhaltlich müssen die Briefe für den Kunden absolut verständlich sein. Dies kann im Einzelfall erhebliche Schwierigkeiten bereiten, weil es sich bei dem Versicherungsgeschäft um eine rechtlich ausgerichtete Materie handelt und die Schreiben daher auch juristisch eindeutig sein müssen. Daher besteht die Notwendigkeit, juristische Eindeutigkeit und Verständlichkeit für die Bevölkerung in den Briefen miteinander zu verbinden.

4.2.3 Schadenregulierung

Neben dem Preis-Leistungs-Verhältnis und der Qualität der Betreuung kommt der Regulierungspraxis der Versicherungsunternehmen ganz erhebliche Bedeutung zu. An ihrem Verhalten bei Eintritt des Versicherungsfalles bilden sich die Kunden ihr Urteil über die Effizienz des Versicherungsschutzes und die Verbraucherfreundlichkeit ihrer Gesellschaft.

Schnelligkeit

In erster Linie erwarten die Kunden eine rasche und unbürokratische Schadenabwicklung. Versicherungsnehmer, die der Schadenregulierung ihrer Unternehmen ein negatives Zeugnis ausstellen, bemängeln vor allem das Regulierungstempo. Daher müssen die Gesellschaften die sachgerechte Prüfung der geltendgemachten Ansprüche auf der Grundlage von Gesetz und Bedingungen mit einer zügigen Bearbeitung in Einklang bringen.

Umfang

Aus der Sicht der Versicherungsnehmer überwiegt die Kritik an der Dauer der Schadenregulierung gegenüber dem Umfang der geschuldeten Versicherungsleistungen. Die Aufgabe der Schadenregulierung besteht darin, die dem Kunden vertragsgemäß zustehende Leistung zu erbringen.

4.3 Information und Beratung

Gegenüberstellung

Die Betreuung des Kunden im Rahmen des verbraucherfreundlichen Verhaltens der Versicherungsunternehmen und insbesondere ihrer Kundendienstpolitik konkretisiert sich auch in der Information und Beratung.

Die Information besteht in der Aufklärung über den Versicherungsschutz im Allgemeinen sowie die konkreten Versicherungsangebote zur Deckung der einzelnen Risiken und Lösung der Vorsorgeprobleme.

Demgegenüber ist die Beratung auf den individuellen Bedarf des einzelnen Kunden und die von ihm speziell benötigten Produkte und Problemlösungen ausgerichtet.

Die allgemeine Information wird in der Regel von den Versicherungsunternehmen und ihren Verbänden wahrgenommen, während die individuelle Kundenberatung überwiegend den Versicherungsvermittlern anvertraut ist.

Versicherungsunternehmen

Der allgemeinen Information der Verbraucher durch die Versicherungsunternehmen dienen vor allem Druckstücke aller Art, die über die bestehenden Versicherungsmöglichkeiten unterrichten und den durch sie gebotenen Schutz im Einzelnen erläutern. Ebenso wie für den Schriftverkehr muss auch für diese Publikationen das Erfordernis der Klarheit und Verständlichkeit im Vordergrund stehen. Der Kunde wünscht eine sachgerechte Aufklärung. Sie ist deshalb erforderlich, weil in weiten Kreisen der Bevölkerung immer noch große Unkenntnis über die Notwendigkeit des Versicherungsschutzes und den Inhalt der angebotenen Produkte besteht. Ein informativer Charakter kommt in diesem Zusammenhang auch den verschiedenen Formen der Versicherungswerbung zu.

In erheblichem Ausmaß tragen auch die Verbände der Versicherungswirtschaft, insbesondere der Gesamtverband der Deutschen Versicherungswirtschaft e.V. (GDV) in Berlin sowie der Verband der privaten Krankenversicherung e.V. in Köln, dem Informationsbedarf breiter Schichten der Bevölkerung über Fragen des Versicherungswesens Rechnung. Für die Zweige der Personenversicherung beruht das Interesse der Kunden an einer entsprechenden Aufklärung vor allem auch auf der Tatsache, dass die Sozialversicherungssysteme immer eingeschränktere Leistungen bieten und dadurch die Bereitschaft begründet wird, die Anstrengungen für eine eigenverantwortliche Vorsorge durch privaten Versicherungsschutz auszuweiten. Eine Vielzahl von Veröffentlichungen aller Art, namentlich auch leicht verständliche Schriften und Anzeigen in den Tageszeitungen, entsprechen dem gestiegenen Aufklärungsbedarf. Verbände

Zum Zweck der individuellen Beratung der Kunden in ihren speziellen Versicherungsangelegenheiten setzen die Versicherungsunternehmen Mitarbeiter des Versicherungsaußendienstes in den unterschiedlichsten Rechtsformen ein. Dieser ihnen übertragenen Aufgabe können die Vermittler nur dann gerecht werden, wenn sie persönlich zuverlässig sind und die erforderliche Sachkunde besitzen. Der Kontrolle der persönlichen Zuverlässigkeit dient die Auskunftsstelle über Versicherungs-/Bausparkassenaußendienst und Versicherungsmakler in Deutschland e.V. (AVAD), die dazu bestimmt ist, unlautere Personen von der Versicherungsvermittlung fernzuhalten. Zur Sicherstellung der beruflichen Qualifikation wurde vom Berufsbildungswerk der Deutschen Versicherungswirtschaft (BWV) e.V. die Prüfungsmöglichkeit zum Versicherungsfachmann/-fachfrau (BWV) mit der Verleihung eines entsprechenden Zertifikates geschaffen. Außendienst

Da die Versicherungsunternehmen die Mitarbeiter des Außendienstes ausdrücklich zur Beratung ihrer Kunden einsetzen, haben sie auch weitgehend für deren Verhalten einzustehen. Dabei ist zwischen der Entgegennahme und der Abgabe von Erklärungen, also zwischen passivem und aktivem Verhalten, zu unterscheiden.

Einstehen der Versicherer für das Verhalten der Mitarbeiter des Außendienstes	
Passiv	Aktiv
Entgegennahme von Erklärungen des Kunden bei der Antragstellung	Abgabe von Erklärungen über die Bedeutung von Antragsfragen, den Inhalt der AVB und den Umfang des Versicherungsschutzes
Die Mitarbeiter des Außendienstes gelten als „Auge und Ohr“ des Versicherers. Ihre Kenntnis steht daher derjenigen des Versicherers gleich.	Für unrichtige Auskünfte des Mitarbeiters hat der Versicherer einzustehen, sofern dem Versicherungsnehmer nicht grobes Verschulden zur Last fällt.

Verbraucherinformation
§ 10 a VAG

Aufsichtsrechtlich trifft die Versicherungsunternehmen eine umfassende Informationspflicht gegenüber ihren Kunden, die das Gesetz als Verbraucherinformation bezeichnet. Ihr Umfang ergibt sich im Einzelnen aus der Anlage Teil D zum VAG. Er ist gegliedert in Informationen für alle Versicherungszweige und zusätzliche Informationen für die Besonderheiten der Lebens- und Krankenversicherung.

Die Versicherungsunternehmen können diese Verbraucherinformation entweder bereits bei der Antragstellung oder im Zusammenhang mit der Übersendung des Versicherungsscheines erteilen. Danach unterscheidet man hinsichtlich der Erfüllung dieser Informationspflicht das Antragsmodell und das Policenmodell.

4.4 Beschwerden der Kunden beim Versicherer

Adressaten

Soweit die Kunden mit Entscheidungen ihres Versicherungsunternehmens nicht einverstanden sind, werden sie sich dagegen zur Wehr setzen. In erster Linie werden sie sich an diejenige Stelle wenden, die den Vorgang bearbeitet hat.

Von Beschwerden spricht man dann, wenn sich die Eingabe an eine übergeordnete Stelle der Gesellschaft wendet, beispielsweise den Vorstand oder den Aufsichtsrat. Sie soll dazu führen, dass der Vorgang aus übergeordneter Sicht geprüft und gegebenenfalls eine geänderte Entscheidung zu Gunsten der Kunden getroffen wird. Von diesen Beschwerden an das Versicherungsunternehmen sind die Eingaben an die Aufsichtsbehörde oder den Ombudsmann zu unterscheiden.

Bedeutung

Eine Analyse dieser Beschwerden bietet eine wichtige Informationsgrundlage für die Geschäftspolitik der Versicherungsunternehmen. Sie ermöglicht es, Ursachen und Quellen der Unzufriedenheit von Kunden aufzudecken und sie im Betrieb durch geeignete Maßnahmen zu beseitigen. Infolgedessen dient die Behandlung derartiger Beschwerden dazu, in Zukunft Unmut und Enttäuschung bei den Versicherungsnehmern und daraus resultierende Beschwerden zu vermeiden.

Beschwerde-Management

Der ordnungsgemäßen Bearbeitung von Beschwerden kommt daher in den Versicherungsbetrieben ganz erhebliches Gewicht zu. Es empfiehlt sich, die Beschwerden bei einer Stelle zu konzentrieren und dadurch ein professionelles Beschwerde-Management zu schaffen, das die aus der Bearbeitung der Beschwerden gewonnenen Erkenntnisse an den gesamten Betrieb weitergibt.

Am Anfang der Bearbeitung muss die genaue Überprüfung des Sachverhaltes und der getroffenen Entscheidungen stehen. Sofern sich ergibt, dass der Kunde Recht hat, ist die von der untergeordneten Stelle getroffene Entscheidung unverzüglich zu ändern und dies dem Kunden, verbunden mit einer entsprechenden Entschuldigung, mitzuteilen. Kann dem Anliegen des Kunden aus rechtlichen Gründen jedoch nicht stattgegeben werden, muss er in dem Antwortschreiben davon überzeugt werden, dass und aus welchen Überlegungen die getroffene Entscheidung richtig war. Derartige Antworten erfordern eine ganz besondere

Sensibilität, weil das Vertrauen des Kunden in das Versicherungsunternehmen erhalten werden soll.

Das Beschwerde-Management weist deshalb im Versicherungsbereich wesentlich größere Schwierigkeiten auf als bei Unternehmen, die Sachgüter produzieren, weil man dort den Kundenwünschen häufig durch einen bloßen Umtausch Rechnung tragen kann. In der Versicherungswirtschaft geht es jedoch darum, den Kunden weiterhin langfristig an seine Gesellschaft zu binden, also durch die Bearbeitung der Beschwerde Überzeugungsarbeit zu leisten und ihn zufriedenzustellen. Wesentliches Ziel des Beschwerde-Managements ist es somit, Kundenzufriedenheit und damit Kundenbindung zu erzielen, weil der Erhaltung der Kunden bei den langfristig ausgerichteten Versicherungsverträgen mindestens die gleiche Bedeutung zukommt wie der Gewinnung von Neukunden.

4.5 Ombudsmann

Begriff und Arten

Zur Schlichtung von Streitigkeiten zwischen Versicherern und Versicherungsnehmern als Verbrauchern im Sinne von § 13 BGB haben sowohl der Gesamtverband der Deutschen Versicherungswirtschaft e. V. als auch der Verband der privaten Krankenversicherung e. V. mit Wirkung vom 01. 10. 2001 die Stelle je eines unabhängigen Ombudsmannes mit dem Sitz in Berlin eingerichtet.

Das Wort Ombudsmann entstammt dem Schwedischen und bedeutet Treuhänder. Es bezeichnet eine Vertrauensperson, welche die Interessen des Einzelnen gegenüber der öffentlichen Hand, aber auch gegenüber einem Unternehmen wahrnimmt.

Statthaftigkeit

Der Ombudsmann der Versicherungswirtschaft behandelt Beschwerden, sofern der Beschwerdeführer den Anspruch erfolglos bei dem Versicherungsunternehmen geltend gemacht hat. Er ist unabhängig und an Weisungen nicht gebunden. Unstatthaft ist die Beschwerde insbesondere bei

- Rechtshängigkeit der Sache vor Gericht
- Anhängigkeit bei der Versicherungsaufsicht
- Erledigung durch außergerichtlichen Vergleich
- Abweisung des Antrags auf Prozesskostenhilfe wegen fehlender Erfolgsaussicht der Rechtsverfolgung.

Kosten

Das Verfahren ist für den Beschwerdeführer kostenfrei. Er kann sich auf seine Kosten, z. B. durch einen Rechtsanwalt, vertreten lassen.

4.5.1 Versicherungsombudsmann

Träger

Getragen wird die allgemeine Beschwerdestelle der Versicherungswirtschaft von dem Verein Versicherungsombudsmann e.V. Ihm gehören der Gesamtverband der Deutschen Versicherungswirtschaft e.V. und die Mehrzahl seiner Mitgliedsunternehmen an. Sie unterwerfen sich den Entscheidungen des Ombudsmannes im Rahmen der Verfahrensordnung.

Der Ombudsmann wird von der Mitgliederversammlung unter Mitwirkung des Beirates bestellt. Er muss die für seine Aufgabe erforderliche Befähigung, Fachkompetenz und Erfahrung haben und soll die Befähigung zum Richteramt besitzen und über besondere Erfahrungen in Versicherungssachen verfügen.

Versicherungsombudsmann e. V. Kronenstraße 13 10117 Berlin
Postanschrift: Postfach 08 06 32 10006 Berlin Call-Center: 0 18 04/22 44 24 Telefax: 0 18 04/22 44 25
Internet-Adresse: www.versicherungsombudsmann.de

Verfahren

Nach der Verfahrensordnung besteht das Verfahren aus der Vorprüfung und der Entscheidung des Ombudsmannes. Im Rahmen der Vorprüfung wird die Statthaftigkeit der Beschwerde festgestellt und dem Beschwerdegegner Gelegenheit zur Stellungnahme gegeben.

Unstatthafte Beschwerden weist der Ombudsmann zurück. Über Beschwerden bis zu einem Wert von 5 000,00 € entscheidet er mit bindender Wirkung für das Versicherungsunternehmen. Bei Beschwerden mit einem Wert von über 5 000,00 € bis zu 50 000,00 € spricht er eine Empfehlung aus; Beschwerden mit einem Wert über 50 000,00 € sind nicht statthaft. An Empfehlungen sind beide Parteien nicht gebunden. Sie dürften jedoch erhebliche Wirkung entfalten. Dem Beschwerdeführer steht immer der Weg zu den ordentlichen Gerichten offen.

Versicherungsombudsmann	
Träger	Verein Versicherungsombudsmann e.V.
Beschwerdegegenstand	Ansprüche aus Versicherungsverträgen oder der Anbahnung bzw. Vermittlung solcher Verträge bis zu 50 000,00 €, sofern sie vom Versicherer abgelehnt worden sind
Entscheidungen	● Abweisung unzulässiger Beschwerden ● Entscheidung bis zu 5 000,00 € ● Empfehlung zwischen 5 000,00 und 50 000,00 €
Bindungswirkung	nur für Versicherer bis 5 000,00 €

4.5.2 Ombudsmann der privaten Krankenversicherung

Träger

Wegen ihrer Sonderstellung im gegliederten Gesundheitssystem hat die private Krankenversicherung einen eigenen Ombudsmann geschaffen. Rechtsgrundlage ist das Statut für den Ombudsmann der privaten Krankenversicherung.

Er wird vom Vorstand des Verbandes der privaten Krankenversicherung e.V. auf Vorschlag der Verbandsgeschäftsführung berufen. Es soll sich um eine Persönlichkeit handeln, die über die für die Ausübung des Amtes erforderliche Befähigung und über Erfahrungen im Bereich der privaten Krankenversicherung und im Gesundheitswesen verfügt.

Ombudsmann der privaten Krankenversicherung Leipziger Straße 104 10117 Berlin
Internet-Adresse: www.pkv-ombudsmann.de

Verfahren

Der Ombudsmann hat die Aufgabe, im Fall von Beschwerden zwischen Versicherungsnehmern/Versicherten, Krankenversicherungsunternehmen und Leistungserbringern im Gesundheitswesen zu vermitteln und möglichst eine Versöhnung der Parteien herbeizuführen. Zum Unterschied vom Versicherungsombudsmann trifft er keine bindenden Entscheidungen, sondern hat eine Einigungs- und Schlichtungsfunktion. Beschwerdewertgrenzen bestehen nicht.

Ombudsmann der privaten Krankenversicherung	
Träger	Verband der privaten Krankenversicherung e.V.
Beschwerdegegenstand	private Krankenversicherung und die sich bei ihrer Durchführung ergebenden Fragen
Beschwerdewertgrenzen	keine
Ergebnis	● gütliche Einigung ● nicht bindende schriftliche Empfehlung
Bindungswirkung	für keine der Parteien

4.6 Rechtlicher Rahmen

Den Verbraucherschutz im engeren Sinne macht der von der Rechtsordnung gebotene Rahmen, also die Summe derjenigen Vorschriften aus, die dem Schutz des Versicherungsnehmers dienen.

Schutzbereiche

Die rechtlichen Regelungen zum Schutz der Versicherungskunden sind auf zahlreiche Gesetze verteilt. Dabei konzentrieren sich die einschlägigen Bestimmungen im Wesentlichen auf drei Bereiche.

Gesetzlicher Umfang des Verbraucherschutzes		
Inhalt der Verträge	Abschluss der Verträge	Belehrungen durch den Versicherer

4.6.1 Vertragsinhalt

Nachdem die Allgemeinen Versicherungsbedingungen (AVB) seit 1994 nicht mehr der Genehmigungsbedürftigkeit durch die Aufsichtsbehörde unterliegen, kommt ihrer Kontrolle nach Maßgabe der Vorschriften des VVG und der §§ 305 – 310 BGB gestiegene Bedeutung zu. Im Rahmen der Rechtsaufsicht bestehen aber auch nach wie vor Befugnisse der Aufsichtsbehörde hinsichtlich der Kontrolle von AVB.

VVG

Das Versicherungsvertragsgesetz (VVG) bildet den ältesten gesetzlichen Rahmen für die Überprüfung der Zulässigkeit von AVB. Das Gesetz unterscheidet drei Arten von Bestimmungen:

- abdingbare Vorschriften, von denen abgewichen werden kann
- halbzwingende Vorschriften, von denen nicht zuungunsten des Versicherungsnehmers abgewichen werden kann
- zwingende Vorschriften, von denen weder zu Gunsten noch zuungunsten des Versicherungsnehmers abgewichen werden kann.

Beispiele:

Halbzwingend sind die gesetzlichen Regelungen über das Widerspruchs-, Widerrufs- und Rücktrittsrecht sowie die Regelungen über den Prämienzahlungsverzug (§§ 15 a, 42 VVG).

Zwingend sind das Verbot der betrügerischen Über- und Doppelversicherung (§§ 51 Abs. 3, 59 Abs. 3 VVG), des Rücktritts bei einer Obliegenheitsverletzung (§ 6 Abs. 4 VVG) und die Zahlung von Verzugszinsen durch den Versicherer (§ 11 Abs. 4 VVG).

AGB-Kontrolle

Darüber hinaus wird der Inhalt Allgemeiner Versicherungsbedingungen (AVB) durch die Gerichte nach Maßgabe der §§ 305 – 310 BGB überprüft. Gemäß § 307 BGB sind Bestimmungen in AVB unwirksam, wenn sie den Vertragspartner des Verwenders (Versicherers) entgegen den Geboten von Treu und Glauben unangemessen benachteiligen. Auf Grund dieser Bestimmung misst die Rechtsprechung den Inhalt der AVB danach, ob sie sich mit den wesentlichen Grundgedanken der gesetzlichen Regelung, also insbesondere des BGB und VVG, vereinbaren und nicht wesentliche Rechte oder Pflichten, die sich aus der Natur des Versicherungsvertrages ergeben, so einschränken, dass die Erreichung des Versicherungszwecks gefährdet ist, also der Versicherungsschutz ausgehöhlt wird.

BGHZ 123, 83 = VersR 93, 957

Beispiel:

Die frühere so genannte Wissenschaftlichkeitsklausel des § 5 Abs. 1 f MBKK, wonach keine Leistungspflicht bestand für wissenschaftlich nicht allgemein anerkannte Untersuchungs- und Behandlungsmethoden und Arzneimittel, hat der BGH für unwirksam erklärt. Dieses Urteil hat vor allem Bedeutung für die Kostenerstattung bei Behandlungsmethoden der so genannten Alternativen Medizin und bei Krankheiten, für die es noch keine wissenschaftlich anerkannte Heilbehandlungen gibt (notwendige Heilbehandlung bei HIV-Infizierung).

Versicherungsaufsicht

Trotz der Aufhebung der allgemeinen Genehmigungsbedürftigkeit für AVB ist die Aufsichtsbehörde weiterhin gehalten, ihren Inhalt unter dem Gesichtspunkt der Rechtsaufsicht zu prüfen. Denn Gegenstand der rechtlichen Aufsicht ist die ordnungsgemäße Durchführung des Geschäftsbetriebs einschließlich der Einhaltung der aufsichtsrechtlichen, der das Versicherungsverhältnis betreffenden und aller sonstigen, die Versicherten betreffenden Vorschriften sowie der rechtlichen Grundlagen des Geschäftsplans (§ 81 Abs. 1 Satz 4 VAG).

Unter diesem Gesichtspunkt untersagt die Aufsichtsbehörde den Versicherungsunternehmen die Verwendung von Klauseln in AVB, die von der Rechtsprechung des BGH für unwirksam erklärt worden sind.

4.6.2 Vertragsschluss

Rechte des VN

Im Zusammenhang mit dem Abschluss des Versicherungsvertrages sind dem Versicherungsnehmer bestimmte Rechte eingeräumt worden, die ihm die Befugnis gewähren, sich von seinen Erklärungen zu lösen, weil der Gesetzgeber sicherstellen will, dass der Vertragsabschluss nach sorgfältiger Überlegung durch den Versicherungsnehmer auf seinem freien Willen beruht.

Das Widerrufsrecht bei Haustürgeschäften und ähnlichen Geschäften findet nach § 312 Abs. 3 BGB beim Abschluss von Versicherungsverträgen keine Anwendung, weil sie üblicherweise nach Beratung durch den Mitarbeiter des Außendienstes in der Wohnung des Kunden zu Stande kommen.

Zum Schutz des Versicherungsnehmers bestehen jedoch spezielle versicherungsvertragsrechtliche Regelungen, durch die sichergestellt wird, dass der Kunde erst nach reiflicher Überlegung und Prüfung gebunden ist.

Rechte des Kunden beim Vertragsschluss		
Art	Gegenstand	Inhalt
Widerrufsrecht – § 8 Abs. 4 VVG –	Alle Versicherungen mit Ausnahme der Lebensversicherung bei einer längeren Laufzeit als einem Jahr, sofern nicht sofortiger Versicherungsschutz gewährt wird oder die Versicherung für die bereits ausgeübte gewerbliche oder selbstständige berufliche Tätigkeit des Versicherungsnehmers bestimmt ist	Widerruf des Antrages innerhalb von 14 Tagen ab Unterzeichnung
Rücktrittsrecht – § 8 Abs. 5 VVG –	Lebensversicherung	Rücktritt vom abgeschlossenen Vertrag
Widerspruchsrecht – § 5 a VVG –	Alle Sparten, sofern die gesetzlich vorgeschriebene Verbraucherinformation bei Antragstellung noch nicht erteilt wurde (Policenmodell)	Widerspruch nach Übersendung des Versicherungsscheins

4.6.3 Belehrungspflichten des Versicherers

Der Versicherungsvertrag ist ein juristisch kompliziertes Gebilde, dessen Regelung der Versicherungsnehmer nicht in allen Einzelheiten kennen kann. Weil es sich bei der Versicherungswirtschaft um ein Dienstleistungsgewerbe handelt und der Versicherer im Verhältnis zu seinen Kunden den wesentlich höheren Kenntnisstand hat, da er die Materie besser beherrscht als sie, treffen ihn im Interesse des Verbraucherschutzes zahlreiche Aufklärungs-, Belehrungs- und Hinweispflichten. Sie beruhen in der Mehrzahl der Fälle auf gesetzlichen Vorschriften. Zum Teil sind sie aber auch durch die Rechtsprechung entwickelt worden. Höherer Kenntnisstand

In der Regel erfolgt die Belehrung des Versicherungsnehmers auf Vordrucken, Formularen und ähnlichen Schriftstücken des Versicherers, wie beispielsweise im Antragsformular, auf dem Versicherungsschein oder auf dem Vordruck für die Schadenanzeige. Mitunter ist sie auch in Schreiben des Versicherers enthalten, etwa im Mahnschreiben beim Verzug des Versicherungsnehmers mit einer Folgeprämie oder in dem Schreiben, mit dem der Versicherer die Versicherungsleistung ablehnt.

Aufklärungs-, Hinweis- und Belehrungspflichten des Versicherers	
Inhalt	Rechtsgrundlagen
Widerspruchsrecht bei Abweichung des Versicherungsscheins vom Antrag	§ 5 Abs. 2 VVG
Widerspruchsrecht bei fehlender Verbraucherinformation	§ 5 a Abs. 1 VVG
Widerrufsrecht für den Antrag	§ 8 Abs. 4 VVG
Rücktrittsrecht bei der Lebensversicherung	§ 8 Abs. 5 VVG
Ablehnung der Versicherungsleistung	§ 12 Abs. 3 Satz 2 VVG
Prämienzahlungsverzug mit Folgeprämie	§ 39 Abs. 1 Satz 2 VVG
Von der Rechtsprechung entwickelte Tatbestände	
Zurückweisungspflicht einer unwirksamen Kündigung des Versicherungsnehmers	
Hinweispflicht nach Eintritt des Versicherungsfalles, dass der Versicherungsnehmer durch unwahre oder unvollständige Angaben seinen Anspruch auf den Versicherungsschutz gefährdet	

4.7 Organisationen und Institutionen

Übersicht

Dem Verbraucherschutz auf dem Gebiet des Versicherungswesens in der Bundesrepublik Deutschland dienen auch verschiedene private und öffentliche Organisationen und Einrichtungen. Ihre Aufgaben bestehen vor allem darin, die Interessen der Versicherungsnehmer gegenüber den Anbietern zu wahren, die Verbraucher zu beraten sowie gewisse Leistungsvergleiche zu erstellen und zu publizieren. Eine ähnliche Funktion nehmen auch bestimmte Medien sowie neuerdings Rating-Agenturen wahr.

4.7.1 Verbraucherverbände und verwandte Einrichtungen

Es ist zu unterscheiden zwischen Organisationen, welche die Interessen der Verbraucher in allen Lebensbereichen betreuen, und solchen Einrichtungen, die speziell auf Versicherungsfragen ausgerichtet sind.

Allgemein

Mit allen Problemen des Verbraucherschutzes und damit auch mit den Belangen der Versicherungskunden beschäftigen sich die folgenden Einrichtungen.

Verbraucherzentralen

Es handelt sich um Einrichtungen in der Rechtsform eingetragener Vereine zur Information und Interessenvertretung der Verbraucher. Finanziert werden sie weit überwiegend aus öffentlichen Mitteln, zu einem geringen Teil aus eigenen Einnahmen (Mitgliedsbeiträge und Erlöse aus dem Verkauf von Publikationen). Die Verbraucherzentralen unterhalten bundesweit etwa 220 Beratungsstellen. Sie bieten neben persönlicher und telefonischer Beratung Infotheken, Ausstellungen und Vorträge zu verbraucherpolitischen Themen an.

Stiftung Warentest

Die von der Bundesrepublik Deutschland 1964 mit dem Sitz in Berlin errichtete neutrale Einrichtung verfolgt den Zweck, die Öffentlichkeit über objektiv feststellbare Merkmale des Nutz- und Gebrauchswertes von Waren und Dienstleistungen zu unterrichten. Unter diesem Gesichtspunkt werden auch Versicherungsprodukte getestet. Die nicht immer unumstrittenen Ergebnisse veröffentlicht die gemeinnützige Stiftung in der Zeitschrift „FINANZtest" (Internet-Adresse: www.stiftung-warentest.de).

Versicherung

Neben diesen Organisationen allgemeinen Charakters bestehen Einrichtungen, die sich ausschließlich mit den Finanzdienstleistungen der Versicherungsunternehmen und dem speziellen Verbraucherschutz im Bereich des Versicherungswesens beschäftigen.

DVS Deutscher Versicherungs-Schutzverband e.V.

Der auf das Jahr 1901 zurückgehende Verein mit dem Sitz in Bonn sieht sich als Interessenvertretung der versicherungsnehmenden Wirtschaft und einzelner Personen gegenüber Regierungs- und gesetzgebenden Stellen und Behörden sowie gegenüber den Versicherungsverbänden und -unternehmen, namentlich in Bezug auf Gestaltung der Versicherungsbedingungen und den Versicherungsvertrag, die Festsetzung der Beiträge und die Feststellung der Schäden. Außerdem bezweckt er die Förderung des Feuerschutzes, Feuerlöschwesens sowie der Schaden- und Unfallverhütung.

Bund der Versicherten e.V. (BdV)

Der seit 1982 bestehende Verein mit dem Sitz in Hamburg (Geschäftsstelle: Henstedt-Ulzburg) betrachtet sich als Interessenvertretung der Versicherten, insbesondere mit dem Zweck, durch allgemeine Informationen, durch Beratung seiner Mitglieder zum Wissen um „Versicherung" beizutragen sowie durch seine Aktivitäten und Maßnahmen die Übereinstimmung des Versicherungswesens mit der Rechts- und Wirtschaftsordnung unseres Staates zu überprüfen und herzustellen. In diesem Sinne veranstaltet er Fachtagungen, gibt eine wissenschaftliche Schriftenreihe heraus und führt Musterprozesse (Internet-Adresse: www.bdv.info).

4.7.2 Einrichtungen für Ranking und Rating

Medien

In nicht unerheblichem Maße sind auch die Medien dem Verbraucherschutz verpflichtet, indem sie Tips für Versicherungsinteressenten und insbesondere Qualitätstests und Leistungsvergleiche veröffentlichen.

Ranking

Derartige Vergleichsstudien finden sich vor allem in Fachzeitschriften und Wirtschaftsmagazinen sowie in speziellen Testzeitschriften. Die Beurteilung der Unternehmen und/oder ihrer Leistungen erfolgt dabei nach einem Ranking-System. Die ermittelten Ergebnisse werden in einer Rangfolge dargestellt, sodass sich die Beurteilung der einzelnen Gesellschaft nur aus ihrer Stellung im Verhältnis zu den übrigen Unternehmen ergibt. Die bestplatzierte Gesellschaft erhält jeweils den 1. Rang. Ein tieferer, beispielsweise der 15. Rang, der mit großem Punkterückstand auf das erstplatzierte Unternehmen bei einem Ranking schwacher Wettbewerber erreicht wurde, ist wesentlich anders zu bewerten als dieselbe Platzierung, die mit sehr geringem Punktabstand in einem Vergleich mit den Spitzenanbietern erzielt wurde.

Rating

Demgegenüber werden Ratings von speziell darauf ausgerichteten Rating-Agenturen durchgeführt. Ein Rating ist das Ergebnis einer Bewertung wirtschaftlicher Sachverhalte, das durch eine Note ausgedrückt wird. Zum Unterschied vom Ranking kommt es somit nicht auf den Vergleich mit anderen Versicherungsunternehmen an. Das Rating kann sich auf Versicherungsunternehmen, Versicherungsprodukte oder eine Kombination von beidem beziehen.

Adressaten der Ratings sind namentlich potenzielle Versicherungsnehmer, die sich über ein Unternehmen und dessen Leistungsfähigkeit orientieren wollen. Daher müssen bei dem Rating diejenigen Kriterien berücksichtigt werden, welche für die Entscheidung des Kunden letztlich ausschlaggebend sind. Gefordert wird darüber hinaus eine Transparenz der Urteilsfindung und die Nachvollziehbarkeit der Ergebnisse.

Das Ergebnis der Bewertung besteht in der Einordnung in eine Notenklasse, die in der Regel durch nicht-numerische Symbole gekennzeichnet wird von A+++ bis D. Ein mit A+++ bewertetes Versicherungsunternehmen erfüllt die Qualitätsanforderungen und -erwartungen der Versicherungsnehmer in hervorragender Weise. Aber auch die mit A++ bis B– gerateten Versicherungsunternehmen zeichnen sich durch eine noch zufrieden stellende Sicherheitslage und Kundenorientierung aus. Im Einzelnen befinden sich diese Verfahren noch im Fluss der Entwicklung.

Gegenüberstellung	
Ranking	Rating
Bewertung von Unternehmen und Leistungen im Rahmen einer Rangfolge, die eine Beurteilung erst im Vergleich mit anderen Platzierungen ermöglicht	Bewertung von Unternehmen und Leistungen, die durch eine Note ausgedrückt wird und eine Beurteilung anhand der vorgegebenen Notenskala ermöglicht

4.7.3 Versicherungsaufsicht

Aufgabe

Die staatliche Versicherungsaufsicht stellt die älteste Institution im Bereich des Verbraucherschutzes dar. Traditionell sieht es die Aufsichtsbehörde als eine ihrer wichtigsten Aufgaben an, das Vertrauen und die Interessen der Versicherungsnehmer, Versicherten und Drittgeschädigten zu schützen.

Instrumente

Obwohl für die Allgemeinen Versicherungsbedingungen und die Tarife der Versicherungsunternehmen keine Genehmigungsbedürftigkeit mehr besteht, hat die Aufsichtsbehörde wichtige Aufsichtsmittel zur Verfügung. Hinsichtlich der Aufsichtstätigkeit wird zwischen Finanz- und Rechtsaufsicht unterschieden. Im Rahmen der Finanzaufsicht hat die Aufsichtsbehörde auf die dauernde Erfüllbarkeit der Verpflichtungen aus den Versicherungen zu achten, während sich die Rechtsaufsicht insbesondere auf die Einhaltung der aufsichtsrechtlichen und aller sonstigen die Versicherten betreffenden Vorschriften bezieht. Dadurch wird sowohl die Sicherheit der Versicherungsunternehmen gewährleistet als auch die Einhaltung der einschlägigen gesetzlichen Bestimmungen sichergestellt. Infolgedessen bedeutet die Versicherungsaufsicht eines der wichtigsten und wirkungsvollsten Instrumente des Verbraucherschutzes.

Die Tätigkeit der Versicherungsaufsichtsbehörde beschränkt sich jedoch nicht auf die Überwachung des Geschäftsbetriebes der Versicherungsunternehmen im Allgemeinen. Vielmehr können Versicherungsnehmer, Versicherte und Drittgeschädigte sich auch in konkreten Einzelfällen der Unzufriedenheit mit einem Versicherungsunternehmen an die Aufsichtsbehörde wenden. Diese Eingaben werden als Beschwerden bezeichnet. Die Aufsichtsbehörde sieht sich auf Grund des in Art. 17 GG geregelten Petitionsrechtes verpflichtet, diese Beschwerden in Versicherungsangelegenheiten entgegenzunehmen, sie sachlich zu prüfen und zu beantworten. Sie stellen für die Aufsichtsbehörde wesentliches Informationsmaterial über das Geschehen am Versicherungsmarkt dar. Beschwerden

Die Aufsichtsbehörde übersendet die Eingabe an den Vorstand des betroffenen Versicherungsunternehmens und fordert ihn zur Stellungnahme auf. Nach Eingang des Vorstandsberichtes wird das Anliegen aufsichtsrechtlich geprüft. Als Verwaltungsbehörde ist sie jedoch nicht befugt, Streitfragen aus einzelnen Versicherungsverträgen oder Schadenfällen mit rechtsverbindlicher Wirkung zu entscheiden, weil dafür die Zivilgerichte zuständig sind. Im Rahmen der Rechtsaufsicht wird jedoch die Einhaltung der einschlägigen gesetzlichen Bestimmungen überprüft.

Die Angabe der Anschrift der zuständigen Aufsichtsbehörde, an die sich der Versicherungsnehmer bei Beschwerden über den Versicherer wenden kann, gehört zur gesetzlich vorgeschriebenen Verbraucherinformation (Anlage Teil D Abschnitt I Nr. 1 h zum VAG). Zuständige Aufsichtsbehörde ist in der Mehrzahl der Fälle, soweit nicht die Landesaufsicht zuständig ist:

Bundesanstalt für Finanzdienstleistungsaufsicht Graurheindorfer Straße 108 53117 Bonn
Postanschrift: Postfach 13 08 53003 Bonn
Internet-Adresse: www.bafin.de
Versicherungen Telefon: 02 28/4 22-80 Telefax: 02 28/4 22-74 92

Mittel der Aufsichtsbehörde im Rahmen des Verbraucherschutzes		
Allgemein		Einzelfälle
Finanzaufsicht	Rechtsaufsicht	Bearbeitung von Beschwerden

Ombudsmann

Eine Eingabe bei der Versicherungsaufsicht schließt die Anrufung des Versicherungsombudsmannes und des Ombudsmannes für die private Krankenversicherung aus.

4.8 Datenschutz

Informationelle Selbstbestimmung

Zu den Aufgaben des Verbraucherschutzes gehört es auch, den Einzelnen davor zu bewahren, dass er durch den Umgang mit seinen personenbezogenen Daten in seinem Persönlichkeitsrecht beeinträchtigt wird. Diese Aufgabe ist speziell dem Datenschutz zugewiesen. Seine verfassungsrechtliche Grundlage hat er in dem Volkszählungsurteil des Bundesverfassungsgerichtes von 1983, das dem Bürger ein Recht auf informationelle Selbstbestimmung zuspricht, wonach er grundsätzlich selbst über die Preisgabe und Verwendung seiner persönlichen Daten zu bestimmen hat.

4.8.1 Begriffe

Funktion

Der Datenschutz hat in erster Linie die Aufgabe, vor Missbrauch der Daten zu schützen. Datenschutz ist somit Persönlichkeitsschutz.

Er bezieht sich auf die geschäftsmäßige Verarbeitung von Daten in oder aus Dateien. Eingeschlossen sind auch manuell geführte Dateien (Karteien).

Datensicherung

Zur Datensicherung gehören alle Maßnahmen zur Abwehr von Gefahren für Daten und Dateien, z. B. durch Feuer, Wasser, Einbruch, Diebstahl, unbeabsichtigtes Löschen und Verändern durch Programmfehler oder Stromausfall, falsches Hantieren durch das Bedienungspersonal, Zerstörung durch Maschinenfehler oder durch Sabotage.

<table>
<tr><th colspan="3">Personenbezogene Daten</th></tr>
<tr><td colspan="3">Einzelangaben über persönliche oder sachliche Verhältnisse einer bestimmten oder bestimmbaren natürlichen Person (Betroffener)</td></tr>
<tr><td>Erheben</td><td>Verarbeiten</td><td>Nutzen</td></tr>
<tr><td>Beschaffen von Daten über den Betroffenen</td><td>Speichern, Verändern Übermitteln, Sperren</td><td>Jede Verwendung, soweit es sich nicht um Verarbeitung handelt</td></tr>
</table>

Dem Datenschutz und der Datensicherung kommt für die Versicherungswirtschaft im Hinblick auf die Notwendigkeit, zur Bearbeitung der Versicherungsverträge Daten zu speichern, zu verknüpfen und abzurufen, ganz erhebliche Bedeutung zu. Die Datenbestände sind Kapital und Lebensnerv der Versicherungsunternehmen.

Bedeutung

4.8.2 Behandlung

Maßgebende gesetzliche Grundlage für den Datenschutz ist das Bundesdatenschutzgesetz (BDSG) in der Fassung vom 03. 05. 2001. Nach diesem Gesetz sind Datenverarbeitung und Datennutzung nur zulässig, wenn eine Rechtsvorschrift sie erlaubt oder anordnet oder soweit der Betroffene – in der Regel schriftlich – rechtlich eingewilligt hat. In letzterem Fall ist er auf den Zweck der Speicherung und einer eventuell vorgesehenen Übermittlung hinzuweisen. Versicherungsunternehmen dürfen Daten für eigene Geschäftszwecke dann speichern, verändern, übermitteln oder nutzen, wenn dies im Rahmen der Vertragsverhältnisse geschieht oder soweit es zur Wahrung berechtigter Interessen der speichernden Stelle erforderlich ist und kein Grund zu der Annahme besteht, dass das schutzwürdige Interesse des Betroffenen an dem Ausschluss der Verarbeitung oder Nutzung überwiegt.

Bundesdatenschutzgesetz

Versicherungsunternehmen können ihre Aufgaben heute nur noch mit Hilfe der elektronischen Datenverarbeitung erfüllen. Nur auf diese Weise lassen sich die Vertragsverhältnisse korrekt, schnell und wirtschaftlich abwickeln.

Einwilligungsklausel

Um dem Versicherungsunternehmen die Datenverarbeitung zu ermöglichen, enthält der Antrag eine Einwilligungsklausel, die den Anforderungen des Bundesdatenschutzgesetzes Rechnung trägt.

Der Antragsteller willigt durch seine Unterschrift in die Speicherung von personenbezogenen Daten, ihre Verwendung in der Versicherungsgruppe, die Übermittlung an Rückversicherer und andere Versicherungsunternehmen, ihre Aufnahme in Hinweissysteme der Verbände sowie ihrer Verwendung durch den eigenen Versicherungsvermittler ein. Ergänzt wird diese Klausel durch ein umfassendes Merkblatt zur Datenverarbeitung, das den Kunden über weitere Einzelheiten unterrichtet.

Maßnahmen zum Datenschutz und zur Datensicherung	
Zugangskontrolle	Verwehrung des Zugangs für Unbefugte zu Datenverarbeitungsanlagen, mit denen personenbezogene Daten verarbeitet werden
Datenträgerkontrolle	Verhinderung, dass Datenträger unbefugt gelesen, kopiert, verändert oder entfernt werden können
Speicherkontrolle	Verhinderung der unbefugten Eingabe in den Speicher sowie der unbefugten Kenntnisnahme, Veränderung oder Löschung gespeicherter personenbezogener Daten
Benutzerkontrolle	Verhinderung, dass Datenverarbeitungssysteme mit Hilfe von Einrichtungen zur Datenübertragung von Unbefugten genutzt werden können
Zugriffskontrolle	Gewährleistung, dass die zur Benutzung eines Datenverarbeitungssystems Berechtigten ausschließlich auf die ihrer Zugriffsberechtigung unterliegenden Daten zugreifen können
Übermittlungskontrolle	Gewährleistung, dass überprüft und festgestellt werden kann, an welche Stellen personenbezogene Daten durch Einrichtungen zur Datenübertragung übermittelt werden können
Eingabekontrolle	Gewährleistung, dass nachträglich geprüft und festgestellt werden kann, welche personenbezogenen Daten zu welcher Zeit von wem in Datenverarbeitungssysteme eingegeben worden sind
Auftragskontrolle	Gewährleistung, dass personenbezogene Daten, die im Auftrag verarbeitet werden, nur entsprechend den Weisungen des Auftraggebers verarbeitet werden können
Transportkontrolle	Verhinderung, dass bei der Übertragung personenbezogener Daten sowie beim Transport von Datenträgern die Daten unbefugt gelesen, kopiert, verändert oder gelöscht werden können
Organisationskontrolle	Gestaltung der innerbetrieblichen Organisation in der Weise, dass sie den besonderen Anforderungen des Datenschutzes gerecht wird

4.9 Europäischer Binnenmarkt

Für den Verbraucherschutz ist die Öffnung des Europäischen Binnenmarktes auf dem Gebiet des Versicherungswesens in doppelter Weise von Bedeutung: Bedeutung

- Die Europäische Union geht für den Verbraucherschutz von einem hohen Schutzniveau aus.
- Durch den Zugang ausländischer Anbieter aus dem Bereich der Europäischen Union verstärkt sich der Wettbewerb im Interesse der Versicherungskunden.

Im EG-Vertrag ist festgelegt, dass die Europäische Union in den Bereichen Gesundheit, Sicherheit, Umweltschutz und Verbraucherschutz von einem hohen Schutzniveau ausgeht. Zu dessen Erreichung hat die Gemeinschaft die entsprechenden Maßnahmen zu erlassen und durch spezifische Aktionen die Politik der Mitgliedstaaten zum Schutz der wirtschaftlichen Interessen der Verbraucher und zur Sicherstellung ihrer angemessenen Information zu unterstützen und zu ergänzen (Art. 100 a Abs. 3, 129 a EG-Vertrag). EU-Ziel

Ihren Niederschlag haben diese Bestrebungen vor allem in den Versicherungsrichtlinien der drei Generationen gefunden, die inzwischen auch in deutsches Recht umgesetzt worden sind.

Der Europäische Binnenmarkt ist für den Bereich des Versicherungswesens insoweit verwirklicht, als sich die den Unternehmen von den jeweiligen Aufsichtsbehörden erteilten Zulassungen zum Geschäftsbetrieb auf die Tätigkeit im gesamten Gebiet der Europäischen Union erstrecken. Beaufsichtigt werden die Unternehmen nach dem so genannten Sitzlandprinzip von den Aufsichtsbehörden ihres Heimatlandes. Verwirklichung

Es wird unterschieden zwischen dem Betrieb des Versicherungsgeschäftes über Niederlassungen oder im Dienstleistungsverkehr.

Tätigkeit der Versicherungsunternehmen in Mitgliedstaaten der Europäischen Union	
Niederlassung	Dienstleistungsverkehr
Betrieb des Versicherungsgeschäftes über eine in dem Mitgliedstaat errichtete Niederlassung	Deckung von Risiken, die in einem anderen Mitgliedstaat gelegen sind, durch ein Versicherungsunternehmen von seinem Sitz oder seiner Niederlassung in einem anderen Mitgliedstaat, ohne dass das Unternehmen von einer Niederlassung Gebrauch macht

Zweck Die auf diese Weise bewirkte Schaffung des Europäischen Versicherungs-Binnenmarktes dient der Ausweitung der Zahl der Anbieter in den einzelnen Mitgliedstaaten, der Vergrößerung der Produktpalette und damit den Interessen der Versicherungskunden im Sinne des Verbraucherschutzes, wobei selbstverständlich die übrigen Maßnahmen des Verbraucherschutzes zusätzlich Berücksichtigung finden müssen.

Zusammenfassung

Verbraucherschutz	
Instrument	Konkretisierung
Verbraucherfreundlichkeit	– Betreuung – Schriftverkehr – Schadenregulierung
Information und Beratung	– Versicherungsunternehmen – Verbände – Außendienst – Gesetzliche Verbraucherinformation
Beschwerden der Kunden	– Beschwerde-Management – Zufriedenstellung der Kunden
Unabhängige private Schlichtungsstellen	– Versicherungsombudsmann – Ombudsmann für die private Krankenversicherung
Rechtlicher Rahmen	– Vertragsinhalt – Vertragsschluss – Belehrungspflichten des Versicherers
Organisationen und Institutionen	– Verbraucherverbände – Ranking und Rating – Versicherungsaufsicht
Datenschutz	– Erfordernis der Datenverarbeitung – Einwilligungsklausel nach dem Bundesdatenschutzgesetz
Europäischer Binnenmarkt	– Hohes Schutzniveau des Verbraucherschutzes – Tätigkeit der Versicherungsunternehmen in der Europäischen Union – Erweiterung des Versicherungsangebotes

Übungsaufgaben

1. Sie sind Mitarbeiter der Sachversicherungsabteilung der Südstern Versicherung AG. Ihr Kunde Bruno Schiller schreibt Ihnen am 15. 02., dass er vor zwei Wochen in seinem Zweifamilienhaus mit 200 m² Wohnfläche im Erdgeschoss eine Imbissbude mit Grill eröffnet hat. Er fragt, ob sich dadurch sein Versicherungsvertrag ändert.
   Nach Ihren Annahmerichtlinien sind Imbissbuden in Wohngebäuden nur in Ausnahmefällen versicherbar. Bruno Schiller hat in den letzten beiden Jahren bereits drei größere Gebäudeschäden gemeldet. Sie kündigen deshalb fristlos den Gebäudeversicherungsvertrag mit der Begründung, dass der VN in dem Gebäude einen nicht versicherbaren Gewerbebetrieb aufgenommen hat.
   Am 18. 02. ruft Bruno Schiller an; er teilt Ihnen mit, dass am 17. 02. eine Fettexplosion im Elektrogrill und der nachfolgende Brand das Gebäude stark beschädigt hätten. Da er die Kündigung erst heute – am 18. 02. – erhalten habe, gehe er davon aus, dass der Gebäudeschaden bezahlt werde.
   Bruno Schiller hat bei Ihnen eine Wohngebäudeversicherung nach VGB 2001 abgeschlossen.
   Werden Sie leisten? Erläutern Sie Herrn Schiller die Rechtslage.

2. Ehepaar Fischer unterschreibt am 16. 03. die Anträge auf Abschluss einer Hausratversicherung und einer kapitalbildenden Lebensversicherung. Beide Versicherungen sollen am 01. 05. beginnen. Für die Prämienzahlung wird eine Einzugsermächtigung erteilt. Die Versicherungsscheine gehen dem Ehepaar Fischer am 25. 04. zu.
   Beschreiben Sie die Regelungen des VVG in Bezug auf Widerrufs-, Rücktritts- und Widerspruchsrecht, wenn das Ehepaar Fischer

   a) bei Antragstellung,
   b) erst bei Zugang der Versicherungsscheine

   die Versicherungsbedingungen mit Verbraucherinformationen erhält und ordnungsgemäß belehrt wird!

3. Die AVB eines Versicherungszweiges sehen u. a. vor:
   „Jeder Versicherungsfall ist binnen 10 Tagen nach seinem Eintritt anzuzeigen. ... Bei Verletzung dieser Obliegenheit ist der Versicherer mit der in § 6 Abs. 3 VVG vorgesehenen Einschränkung von der Verpflichtung zur Leistung frei."

   a) Herr Schneider zeigt einen Versicherungsfall erst 2 Monate nach seinem Eintritt an. Kann der Versicherer die Leistung wegen Obliegenheitsverletzung ablehnen?
      Begründen Sie Ihre Antwort.
   b) Erläutern Sie zwei weitere Obliegenheiten, die Herr Schneider im Versicherungsfall zu erfüllen hat!

4. Ihre Gesellschaft hatte seinerzeit vom Bundesaufsichtsamt für das Versicherungswesen folgendes Schreiben eines Versicherungsnehmers erhalten:

Bundesaufsichtsamt für
das Versicherungswesen
Ludwigkirchplatz 3 – 4

10719 Berlin

30. Januar 2001

Sehr geehrte Damen und Herren,

in nachfolgender Angelegenheit bitte ich um Ihre Hilfe:

Seit einiger Zeit bin ich privat bei der Südstern Krankenversicherung AG versichert. Seit meinem Übertritt im Mai 1998 haben sich die Beiträge wie folgt entwickelt:

Datum	Monatsbeitrag DM	Erhöhung gegenüber letztem Stand DM	% des Ursprungsbeitrages
10/1998	524,70	+ 125,90	122,11
10/1999	599,70	+ 75,00	139,56
10/2000	667,70	+ 70,00	155,85

Verbunden wird dies auch noch mit nicht weiter publizierten Leistungskürzungen, z. B. bei der Erstattung von Brillen.

Da diese regelmäßigen Erhöhungen nach meiner Überzeugung die tatsächlichen Kosten der medizinischen Versorgung und der momentanen Prämienentwicklung erheblich übersteigen, habe ich darüber mit der Südstern Krankenversicherung AG korrespondiert. Die in diesem Zusammenhang erhaltenen Schreiben und Erklärungen wurden immer kundenunfreundlicher und überzeugten mich nicht. Auch wurde ich wie ein lästiger Bittsteller von einer Abteilung zur anderen weitergereicht.

Nachdem ich einsehen musste, dass ich auf diesem Wege leider nicht weiterkomme, bat ich um Mitteilung von Name und Anschrift des „zuständigen unabhängigen Treuhänders“, der nach den Angaben des Versicherers die Beitragskalkulation regelmäßig überprüft und ihr zugestimmt habe.

Die erbetenen Angaben werden mir aus „datenschutzrechtlichen Gründen“ verweigert. Statt dessen wird angeboten, dem Versicherer zugeleitete Schreiben an den Treuhänder weiterzugeben.

Ich bitte daher höflich, Ihren Einfluss dahingehend geltend zu machen, dass mir der Treuhänder umgehend benannt wird.

Mit bestem Dank für Ihre Mühewaltung
und freundlichen Grüßen

Erläutern Sie den Sachverhalt und bereiten Sie das Rückantwortschreiben stichwortartig vor.

5. Sie sind Mitarbeiter in der Südstern Versicherung AG und erhalten folgendes Schreiben:

> Südstern Versicherung AG
> Stettiner Str. 78
>
> 13254 Leipzig
>
> Dresden, den 25. Juni ...
>
> Sehr geehrte Damen und Herren,
>
> mit Ihrem Schreiben vom 18. Juni haben Sie meinen Hausratschaden vom 03. März in Höhe von 500,00 € endgültig abgerechnet. Die Regulierung des Schadens hat viel zu lange gedauert.
>
> Ich habe mich deshalb u. a. bei der Aufsichtsbehörde beschwert, zumal Sie bei meinem Nachbarn Informationen über meine Lebensweise und den Schadenverlauf eingeholt haben.
>
> Ich kündige deshalb meinen Vertrag mit sofortiger Wirkung.
>
> Mit freundlichen Grüßen
>
> Felix Geiger

Geben Sie stichwortartig die Inhalte Ihres Antwortschreibens an Herrn Felix Geiger an.

6. Frau König kündigt ihre Privat-Haftpflichtversicherung zum Ablauf der Versicherungsperiode (31. 12.).

Datum der Kündigungserklärung:	15. 02.
Zugang beim Versicherer:	17. 02.

a) Zu welchem Termin und mit welcher Frist können solche Versicherungsverträge gemäß VVG ordentlich gekündigt werden? Gehen Sie bei Ihrer Antwort darauf ein, dass es sich hierbei um eine halbzwingende Vorschrift handelt!
b) Erläutern Sie, ob die Kündigung der Versicherungsnehmerin wirksam ist!
c) Erläutern Sie die Rechtslage, wenn die Kündigung dem Versicherer am 02. 10. zugeht!

7. Zur Schlichtung von Streitigkeiten zwischen dem Versicherer und dem Versicherungsnehmer wurde die Stelle des unabhängigen Ombudsmannes eingerichtet.

a) Wer ist Träger dieser Stelle?
b) Bis zu welcher Höhe kann der Ombudsmann Entscheidungen treffen?
c) Welche Besonderheit ergibt sich bei der privaten Krankenversicherung?

5. Mit- und Rückversicherung

Anlässlich der Neuordnungen der Versicherungen eines großen chemischen Werkes lässt sich der von der Konzernspitze entsandte Geschäftsführer die Abwicklung des Vorgangs erläutern. Es interessieren ihn insbesondere die Fragen, ob ein Versicherer in der Lage ist, das gesamte Risiko zu übernehmen, oder ob mehrere Versicherungsunternehmen daran beteiligt seien. In diesem Zusammenhang erkundigt er sich auch danach, wie im Falle der Mitwirkung mehrerer Gesellschaften die Zusammenarbeit mit dem Versicherungsnehmer gehandhabt werde.

Schließlich möchte er auch wissen, ob die einzelnen Versicherer das gesamte Risiko selbst trügen und welche Möglichkeiten für sie bestehen, Teile davon an andere Versicherer weiterzugeben. Als in diesem Zusammenhang die Begriffe der Mitversicherung und der Rückversicherung erwähnt werden, erhebt sich zusätzlich die Frage nach etwaigen Rechtsbeziehungen zu den Rückversicherern.

5.1 Funktionen

Zur Minimierung der Risiken wirken bei der Deckung großer Objekte Erst- und Rückversicherung zusammen. Bereits im Erstversicherungsbereich findet eine Aufteilung in der Weise statt, dass sich mehrere Versicherungsunternehmen an einem großen Risiko, beispielsweise der Feuerversicherung eines Industriebetriebes, beteiligen. Diesen Vorgang bezeichnet man als Mitversicherung. Jeder Erstversicherer ermittelt die Höhe seines Selbstbehaltes und gibt den darüber hinausgehenden Betrag im Wege der Rückversicherung an andere Versicherer weiter. Sachverhalt

Beispiel:

Ein Industriebetrieb wird mit einer Versicherungssumme von 100 Mio. € versichert. Im Wege der Mitversicherung übernehmen fünf Erstversicherer das Risiko in der Weise, dass sich eine Gesellschaft mit 40 %, zwei Gesellschaften mit je 20 % und zwei Gesellschaften mit je 10 % beteiligen. Jede Gesellschaft läuft einen Selbstbehalt von 20 % des übernommenen Anteils und gibt den darüber hinausgehenden Betrag an Rückversicherer weiter.

5.1.1 Mitversicherung

Begriff

Mitversicherung ist die einverständliche Beteiligung mehrerer Versicherer an einem Risiko in der Weise, dass jeder eine Quote der Versicherungssumme oder einen bestimmten Betrag übernimmt. So viele Versicherer beteiligt sind, so viele Verträge liegen vor. Im Versicherungsschein werden die einzelnen Gesellschaften mit ihrem Anteil namentlich aufgeführt. Es kommt also zwischen dem Versicherungsnehmer und jedem Mitversicherer ein Versicherungsvertrag über den jeweils gedeckten Anteil zu Stande.

Abwicklung

Zur Erleichterung der Abwicklung übernimmt die führende Gesellschaft, meistens derjenige Versicherer mit dem höchsten Anteil, die Verhandlungen im Namen der übrigen beteiligten Erstversicherer. Es wird eine so genannte Führungsklausel vereinbart, wonach im Verhältnis zum Versicherungsnehmer das führende Versicherungsunternehmen bevollmächtigt ist, Anzeigen und Willenserklärungen für alle beteiligten Versicherer abzugeben und in Empfang zu nehmen. Für seinen Arbeitsaufwand erhält der führende Versicherer in der Regel eine Führungs- oder Überweisungsprovision.

Die Führungsklausel bzw. Prozessführungsklausel ermächtigt den führenden Versicherer namentlich, für die übrigen Mitversicherer die Vertragsangelegenheiten mit dem Versicherungsnehmer zu regeln. Beiträge einzuziehen, Schäden zu regulieren und gegebenenfalls auch rechtliche Auseinandersetzungen abzuwickeln.

Die Führungsprovision beträgt in der Regel 1 – 3 % des Beitragsanteils der anderen Mitversicherer.

> Im Schadenfall haften die einzelnen Mitversicherer in Höhe ihres Anteils an der Gesamtversicherungssumme.

Die Beteiligung der Mitversicherer an einem Risiko wird in einem *Verteilungsplan* festgehalten.

Für die Berechnung von Zahlungen zwischen Mitversicherungsunternehmen gilt dabei allgemein:

> - *Beiträge* werden *auf volle 10 Cent kaufmännisch gerundet;* Rundungsdifferenzen im Verteilungsplan gehen zu Lasten der führenden Gesellschaft.
> - *Provisionen oder Entschädigungen* werden *auf den Cent genau* abgerechnet.

Beispiel:

An einem Industrie-Feuerversicherungsvertrag mit einer Versicherungssumme von 16 500 000,00 € zu 1,4 ‰ sind folgende Erstversicherer anteilig beteiligt: A mit 15 %, B mit 25 %, C (führende Gesellschaft) mit 30 %, D mit 10 % und E mit 20 %.

a) Stellen Sie den Verteilungsplan auf. Ermitteln Sie dazu den Anteil der einzelnen Mitversicherer an der Gesamtversicherungssumme und am Beitrag (mit und ohne 11 % Versicherungsteuer).

b) Die führende Gesellschaft C erhält eine Führungsprovision von 2 % der Beitragsanteile der übrigen Mitversicherer (ohne V.-Steuer). Welche Provision haben die einzelnen Mitversicherer dem führenden Versicherungsunternehmen zu zahlen?

Lösung zu a:

Mit den gegebenen Prozentsätzen für die Anteile der einzelnen Mitversicherer sind aus Gesamtversicherungssumme bzw. Gesamtbeitrag die anteiligen Versicherungssummen und Beiträge zu berechnen:

Verteilungsplan					
Anteil des Mitversicherers		V.-Summe	Beitrag ohne V.-Steuer	V.-Steuer	Beitrag einschl. V.-Steuer
A	15 %	2 475 000,00	3 465,00	381,15	3 846,15
B	25 %	4 125 000,00	5 775,00	635,25	6 410,25
C	30 %	4 950 000,00	6 930,00	762,30	7 692,30
D	10 %	1 650 000,00	2 310,00	254,10	2 564,10
E	20 %	3 300 000,00	4 620,00	508,20	5 128,20
	100 %	16 500 000,00	23 100,00	2 541,00	25 641,00

(Alle Angaben in €)

Lösung zu b:

Der führende Mitversicherer C erhält als Führungsprovision ...

... von Versicherer	Beitragsanteil *ohne* V.-Steuer	→	Anteil an der Führungsprovision
A 2 % von	3 465,00 €	→	69,30 €
B 2 % von	5 775,00 €	→	115,50 €
C 2 % von	2 310,00 €	→	46,20 €
D 2 % von	4 620,00 €	→	92,40 €
Führungsprovision insgesamt an Versicherer C		→	323,40 €

5.1.2 Rückversicherung

Was versteht man unter Rückversicherung?

Rückversicherung ist ein Sicherungssystem eigener Art zwischen Versicherungsunternehmen. Das Versicherungsgeschäft beruht auf der Überlegung, dass sich nach dem Äquivalenzprinzip Prämieneinnahmen auf der einen Seite sowie Versicherungsleistungen und Kosten auf der anderen Seite decken und dadurch ein Risikoausgleich ermöglicht wird. Obwohl der Kalkulation statistische Unterlagen zu Grunde liegen, ist eine korrekte Ermittlung der Bedarfsprämie nicht möglich. Der tatsächliche Schadenverlauf kann von den kalkulierten Ergebnissen erheblich abweichen. Diese Möglichkeit bezeichnet man als versicherungstechnisches Risiko. Sie hat verschiedene Ursachen.

Versicherungstechnisches Risiko			
Erscheinungsformen			
Zufallsrisiko	Änderungsrisiko	Kumul- oder Katastrophenrisiko	Irrtumsrisiko
Der tatsächliche Schadenverlauf weicht im Rahmen von Zufallsschwankungen vom vorausberechneten Trend ab. Unerwünschte Schwankungen können sich außerdem aus der Versicherung von Spitzenrisiken ergeben.	Über viele Risiken liegen dem Erstversicherer keine oder keine verlässlichen Berechnungsgrundlagen vor. Diese unzureichenden Grundlagen erschweren es, strukturelle Änderungen der Risikolage vorauszusehen.	Kumulierte Schäden (z. B. Flugzeugabstürze, Naturkatastrophen) gefährden den Risikoausgleich.	Die Prämienkalkulation oder die Tarifierung der Risiken beruht auf fehlerhaften Berechnungen bzw. Einschätzungen.

Aufgabe der Rückversicherung ist es, dieses versicherungstechnische Risiko für den Erstversicherer zu verringern. Infolgedessen stellt die Rückversicherung eine der wichtigsten Entlastungsmöglichkeiten für den Erstversicherer dar.

Vertrag

Die Risikoübernahme erfolgt durch den Abschluss eines Rückversicherungsvertrages. Seine Partner werden als Erstversicherer (auch Direktversicherer) und Rückversicherer bezeichnet. Versicherungsunternehmen, die ausschließlich das Rückversicherungsgeschäft betreiben, heißen professionelle Rückversicherer; sie unterliegen nur einer auf bestimmte Teilbereiche beschränkten Versicherungsaufsicht.

Der Erstversicherer behält von den übernommenen Risiken nur so viel für eigene Rechnung, als er nach allgemeinen versicherungstechnischen Grundsätzen tragen kann, ohne den eigenen Bestand zu gefährden. Ob und in welchem Umfang ein Erstversicherer von ihm in Deckung genommene Risiken rückversichert, hängt u. a. von folgenden Kriterien ab:

- Größe und Zusammensetzung des Bestandes,
- Art des Risikos,
- Kapitalreserven.

Für die übernommene Gefahr erhält der Rückversicherer (RV) vom Erstversicherer (EV) Beiträge.

Grundbegriffe der Rückversicherung		
Abschnitt	=	Bereich der Haftung eines RV-Vertrages
Exzedent	=	Teil der Versicherungssumme, der den Selbstbehalt übersteigt
Kapazität	=	Selbstbehalt + Exzedent
Limit	=	Haftungsgrenze des RV
Maximum	=	Selbstbehalt (beim Exzedentenvertrag)
Priorität	=	Anteil am Schaden, den der EV trägt
Quote	=	Verhältnis
Zedent	=	Erstversicherer
Zession	=	Abgabe von Risiken durch den Erstversicherer
Zessionar	=	Rückversicherer

Der Rückversicherungsvertrag unterliegt nicht dem VVG. Für ihn gilt uneingeschränkte Vertragsfreiheit. Die Vertragsbedingungen werden von erfahrenen und professionellen Partnern, die sich auf beiden Seiten gegenüberstehen, ausgehandelt. Eine wichtige Rolle spielt der Rückversicherungsbrauch. Streitigkeiten werden nicht durch ordentliche Gerichte, sondern im Rahmen von Schiedsverfahren entschieden. §§ 186 VVG, 10 Abs. 3 VAG

Im Gegensatz zur Erstversicherung gibt es keine regional abgrenzbaren Rückversicherungsmärkte, weil Angebot und Nachfrage nach Rückversicherungsschutz traditionell international ausgerichtet sind und deshalb die Grenzen einzelner Länder überschreiten. Markt

Nachgefragt wird Rückversicherungsschutz sowohl von Erst- als auch von Rückversicherungsunternehmen. Fast alle Erstversicherer sind darauf angewiesen, einen Teil der übernommenen Risiken im Wege der Rückversicherung weiterzugeben, aber auch Rückversicherer decken Risiken über die Weiterrückversicherung oder Retrozession bei anderen Erst- oder Rückversicherern ab. Somit wird eine Vielzahl von Versicherungsunternehmen an den Risiken beteiligt. Dieser Umstand erklärt zugleich die Internationalität der Rückversicherung, die dem weltweiten Risikoausgleich innerhalb der Versicherungswirtschaft dient.

Angeboten werden Rückversicherungen von Direktversicherern und auf dieses Geschäft spezialisierten Rückversicherungsunternehmen. Man bezeichnet die Übernahme von Risiken als aktive Rückversicherung oder indirektes bzw. in Rückdeckung übernommenes Geschäft. Demgegenüber wird unter passiver Rückversicherung die Abgabe von Risiken verstanden.

<table>
<tr><th colspan="4">Rückversicherungsmarkt</th></tr>
<tr><td colspan="3">Angebot</td><td>Nachfrage</td></tr>
<tr><td>professionelle Rückversicherungsunternehmen</td><td colspan="2">Erstversicherer, die auch Rückversicherung anbieten (gemischte Unternehmen)</td><td>alle Versicherungsunternehmen</td></tr>
<tr><td colspan="4">Abwicklung</td></tr>
<tr><td colspan="2">Abgabe von Risiken = passive Rückversicherung</td><td colspan="2">Übernahme von Risiken = aktive Rückversicherung</td></tr>
</table>

Abgrenzung zur Mitversicherung

Der Rückversicherungsvertrag begründet nur Rechtsbeziehungen zwischen Erst- und Rückversicherer, nicht in dem Verhältnis Versicherungsnehmer zum Rückversicherer. Bei Eintritt eines Versicherungsfalles ist dem Versicherungsnehmer gegenüber nur der Erstversicherer leistungspflichtig. Dadurch unterscheidet sich die Rückversicherung in grundsätzlicher Weise von der Mitversicherung. Der Versicherungsnehmer erwirbt unmittelbare Ansprüche gegen die einzelnen Mitversicherer.

5.2 Formen der Rückversicherung

Nach der vertraglichen Konstruktion unterscheidet man verschiedene Formen der Rückversicherung.

Fakultative Rückversicherung

Die fakultative Rückversicherung bezieht sich auf große Einzelrisiken. Der Erstversicherer, der ein derartiges Risiko übernehmen möchte oder übernommen hat, bietet dem Rückversicherer eine Beteiligung an. Das Angebot enthält nähere Angaben über den Versicherungsnehmer, Art und Größe des Risikos, Versicherungsperiode, Prämie sowie Selbstbehalt des Erstversicherers. Die Bezeichnung „fakultativ" erklärt sich daher, dass es dem Rückversicherer freigestellt ist, ob er das betreffende Angebot annehmen oder ablehnen will.

Daher handelt es sich bei der fakultativen Rückversicherung um eine fallweise Abwälzung von Risiken auf den Rückversicherer, häufig auch nach Ausschöpfung anderweitiger Deckungsmöglichkeiten. Eine Entscheidung über die Annahme oder Ablehnung des Angebotes ist rasch erforderlich.

Obligatorische Rückversicherung

Den größten Umfang des Rückversicherungsgeschäftes bestreitet die obligatorische Rückversicherung. Sie erzeugt eine stärkere und längerfristige Bindung zwischen den Vertragspartnern.

Bei der obligatorischen Rückversicherung bezieht sich der Versicherungsschutz auf den im Vertrag umschriebenen Versicherungsbestand. Der Erstversicherer hat bestimmte Risiken in einem bestimmten Ausmaß an den Rückversicherer abzugeben. In entsprechender Weise verpflichtet sich der Rückversicherer, diese Risiken zu übernehmen. Die obligatorische Rückversicherung stellt dem Erstversicherer verbindlich den Rückversicherungsschutz vom Zeitpunkt des Abschlusses des Versicherungsvertrages mit dem Versicherungsnehmer an sicher.

5.3 Arten der Rückversicherung

Zweck

Die Arten der Rückversicherung haben sich auf Grund des vom Erstversicherer mit der Rückversicherungsnahme verfolgten Zieles entwickelt. Es kann sein, dass der Erstversicherer Ausschläge im Schadenverlauf vermeiden und Spitzenbeträge zur Homogenisierung des Bestandes abgeben möchte. Es ist aber auch denkbar, dass der Erstversicherer nur Schadenbelastungen ab einer gewissen Höhe an den Rückversicherer weitergeben möchte.

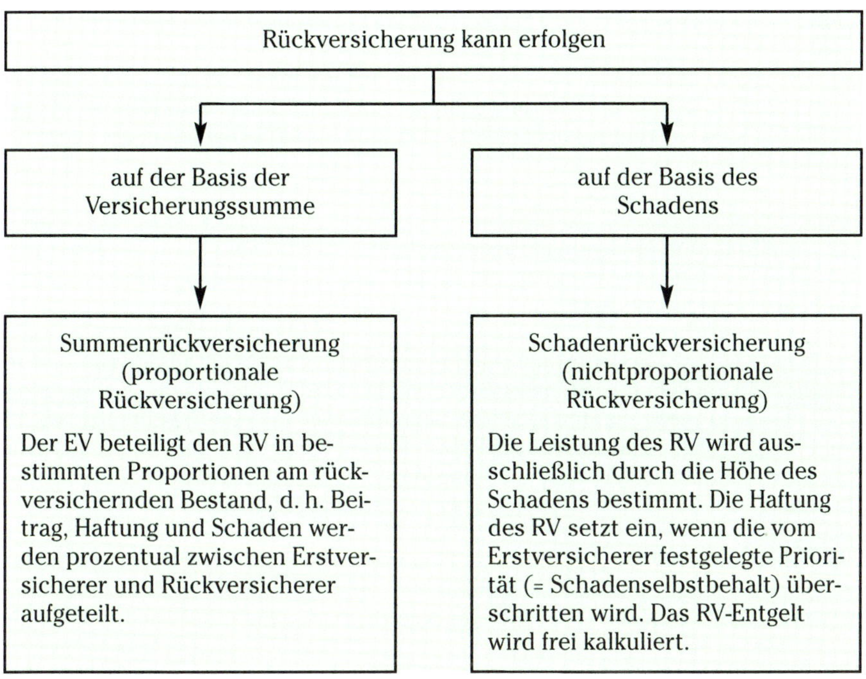

5.3.1 Proportionale Rückversicherung = Summenrückversicherung

Bei der proportionalen Rückversicherung erfolgt die Beteiligung des Rückversicherers auf der Grundlage der Versicherungssummen durch die Abgabe einer Quote und/oder der Spitzen bestimmter Risiken. Man spricht von Summenrückversicherung oder proportionaler Rückversicherung, weil eine proportionale Aufteilung der Versicherungssummen, Prämien und Schäden zwischen Erstversicherer und Rückversicherer stattfindet.

Quotenvertrag

Bei einem Quotenvertrag wird der Rückversicherer mit einem für die Vertragsdauer vertraglich festgelegten gleich bleibenden Prozentsatz (Quote) an allen unter den Vertrag fallenden Risiken beteiligt. Diese Quote (z. B. 10 oder 25 %) bestimmt auch die Aufteilung der Prämien und Schäden.

Aufgabe des Quotenrückversicherungsvertrages ist es, Schwankungen im Klein- und Mittelschadenbereich des Erstversicherers zu reduzieren und damit das Ausmaß eines versicherungstechnischen Verlustes zu verringern. Der Rückversicherer ist gleichmäßig an allen Risiken des Versicherungsbestandes beteiligt.

Summenexzedentenvertrag

Bei der Summenexzedentenversicherung ist der Rückversicherer nur an den Risiken beteiligt, deren Versicherungssumme einen bestimmten Betrag übersteigt. Der Versicherer ermittelt den Höchstbetrag, den er als Selbstbehalt zu übernehmen bereit ist.

Maximum

Dieser Selbstbehalt wird als Maximum bezeichnet. Seine Höhe ist bei den einzelnen Gesellschaften in Maximaltabellen festgelegt. Sie hängt ab von der Kapazität des Versicherungsunternehmens, der Gefährdung des einzelnen Risikos und dem jeweiligen Versicherungszweig.

Exzedent

Derjenige Teil der Versicherungssumme, der den Selbstbehalt übersteigt und in Rückdeckung gegeben wird, heißt Exzedent. Die Übernahmepflicht des Rückversicherers wird meistens in der Weise begrenzt, dass er eine bestimmte Anzahl von Maxima (z. B. 10 Maxima) übernimmt. Daraus folgt, dass der Erstversicherer bei einer derartigen Vertragsgestaltung das Zehnfache des von ihm für eigene Rechnung gehaltenen Betrages in Rückversicherung geben kann.

Die Summenexzedentenversicherung dient vor allem einer Ausgleichung des Versicherungsbestandes bei stark voneinander abweichenden Versicherungssummen (z. B. in der Industrie-Feuerversicherung).

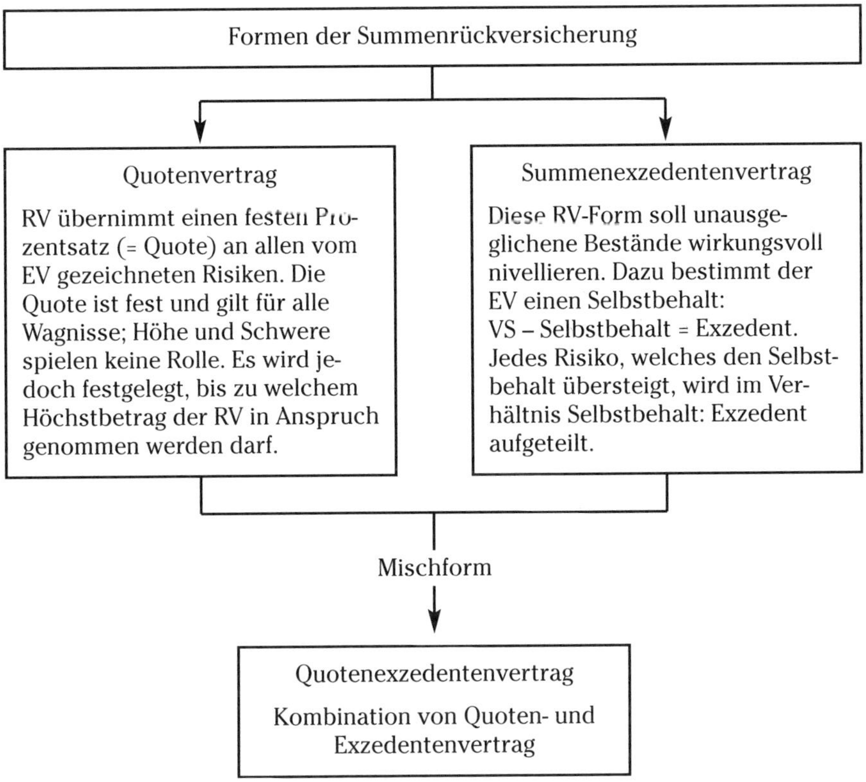

☛ Quotenvertrag

Beispiel:

Für einen Haftpflichtversicherer (EV) besteht ein Quotenvertrag mit einem Rückversicherer (RV); Quote 30 %, Limit 2,0 Mio. €, d. h. der RV übernimmt die Quote von maximal 2 Mio. €, auch wenn die tatsächliche VS des entsprechenden Vertrages höher liegt. Diesen Betrag wird der EV durch eine weitere Rückversicherung fakultativ (= von Fall zu Fall) abdecken.

Ermitteln Sie den Anteil des RV an Beitrag und Schaden für die folgenden Verträge des EV:

V.-Summe	Beitrag	Schaden
a) 600 000,00 €	390,00 €	84 000,00 €
b) 1 200 000,00 €	810,00 €	360 000,00 €
c) 2 500 000,00 €	1 240,00 €	1 600 000,00 €

Fortsetzung nächste Seite

Lösung:

Anteil am Beitrag

a) 30 % von 390,00 €	→	117,00 €
b) 30 % von 810,00 €	→	243,00 €
c) RV übernimmt bis zum Limit von 2,0 Mio. €; 2,0 Mio. € = ⅘ von 2,5 Mio. € VS; 30 % von ⅘ des Beitrages (= 992,00 €)	→	297,60 €
		657,60 €

Anteil am Schaden

a) 30 % von 84 000,00 €	→	25 200,00 €
b) 30 % von 360 000,00 €	→	108 000,00 €
c) 30 % von ⅘ des Schadens (= 1 280 000,00 €)	→	384 000,00 €
		517 200,00 €

☛ Summenexzedentenvertrag

Beispiel:

Für einen Hausratversicherer besteht ein Summenexzedentenvertrag mit einem Selbstbehalt von 100 000,00 € (= 1 Maximum); der RV übernimmt 500 000,00 € (= 5 Maxima). Im Bestand des EV befinden sich u. a. folgende Versicherungsverträge:

V.-Summe	Beitrag	Schaden
a) 600 000,00 €	1 440,00 €	18 900,00 €
b) 250 000,00 €	700,00 €	7 200,00 €
c) 85 000,00 €	204,00 €	56 300,00 €
d) 750 000,00 €	1 875,00 €	24 000,00 €

Berechnen Sie für die einzelnen Verträge die Anteile des RV an Beitrag, Haftung und Schaden.

Lösung:

Für jeden einzelnen Vertrag ist eine entsprechende RV-Quote zu ermitteln!

Vertrag a):

		Verhältnis
Selbstbehalt	100 000,00 € →	1
Exzedent	500 000,00 € →	5

Fortsetzung nächste Seite

→ Aufteilung von Beitrag, Haftung und Schaden zwischen EV und RV im Verhältnis 1 : 5:

	Verhältnis	Beitrag	Haftung	Schaden
EV	1	240,00 €	100 000,00 €	3 150,00 €
RV	5	1 200,00 €	500 000,00 €	15 750,00 €
		1 440,00 €	600 000,00 €	18 900,00 €

Vertrag b):

		Verhältnis
Selbstbehalt	100 000,00 € →	2
Exzedent	150 000,00 € →	3

→ Aufteilung von Beitrag, Haftung und Schaden zwischen EV und RV im Verhältnis 2 : 3:

	Verhältnis	Beitrag	Haftung	Schaden
EV	2	280,00 €	100 000,00 €	2 880,00 €
RV	3	420,00 €	150 000,00 €	4 320,00 €
		700,00 €	250 000,00 €	7 200,00 €

Vertrag c):

Selbstbehalt 100 000,00 € →
Exzedent 0,00 € (kein Exzedent, da VS < 100 000,00 €)

→ EV übernimmt Beitrag, Haftung und Schaden allein.

Vertrag d):

		Verhältnis
Selbstbehalt	100 000,00 €	1
	+ 150 000,00 € (der die Kapazität übersteigende Betrag)	
Exzedent	500 000,00 €	2

→ Aufteilung von Beitrag, Haftung und Schaden zwischen EV und RV im Verhältnis 1 : 2:

	Verhältnis	Beitrag	Haftung	Schaden
EV	1	625,00 €	250 000,00 €	8 000,00 €
RV	2	1 250,00 €	500 000,00 €	16 000,00 €
		1 875,00 €	750 000,00 €	24 000,00 €

☛ Quotenexzedentenvertrag (Mischform)

Beispiel:

Ein Erstversicherer vereinbart in einem Quotenrückversicherungsvertrag eine RV-Quote von 25 %, einen Selbstbehalt vom Quotenanteil von 80 000,00 € (= 1 Maxima) und als Exzedent 3 Maxima.

Berechnen Sie für einen Versicherungsvertrag über 240 000,00 € den Beitrags- und Schadenanteil des RV.

Lösung:

Da der Quotenexzedentenvertrag eine Kombination aus Quotenrückversicherungsvertrag und Summenexzedenten-RV-Vertrag darstellt, ist die Ermittlung des Beitrags- und Schadenanteils an dem betreffenden Versicherungsvertrag in 2 Schritten vorzunehmen:

	Anteil des EV	Anteil des RV
1. Schritt (Quotenrückversicherungsvertrag): Aufteilung der Versicherungssumme von 240 000,00 € in EV- u. RV Quote: V.-Summe 240 000,00 €		
(EV-Quote: 75 % von 240 000,00 €) = 180 000,00 €		(RV-Quote: 25 % von 240 000,00 €) = 60 000,00 €
2. Schritt (Summenexzedenten-RV-Vertrag): Aufteilung der EV-Quote in vereinbarter Selbstbehalt und Exzedent:	(Selbstbehalt) 80 000,00 €	(Exzedent) 100 000,00 €
Summe:	80 000,00 €	160 000,00 €

		Verhältnis
→ Anteil EV:	80 000,00 €	⅓
Anteil RV:	160 000,00 €	⅔

→ Für einen Versicherungsvertrag über 240 000,00 € erhält der RV ⅔ des Beitrages bzw. trägt ⅔ eines Schadens.

5.3.2 Nichtproportionale Rückversicherung = Schadenrückversicherung

Bei der nichtproportionalen Rückversicherung wird die Leistung des Rückversicherers ausschließlich durch die Höhe des Schadens bestimmt. Es findet also keine proportionale Aufteilung des einzelnen Risikos und der dafür erhobenen Prämie statt. Vielmehr ist für die nichtproportionale Deckung eine individuelle Prämie zu ermitteln.

Schadenrückversicherung

Bei der Schadenexzedentenversicherung (Excess of Loss) übernimmt der Rückversicherer den Teil eines Schadens, der einen vertraglich festgesetzten Betrag überschreitet. Dieser vom Erstversicherer zu tragende Schadenbetrag wird Schadenselbstbehalt oder Priorität genannt.

Schadenexzedentenvertrag

Ab dieser Priorität setzt die Rückversicherungsdeckung ein. Der Rückversicherer haftet nur, wenn die Priorität überschritten wird. Schäden unterhalb dieser Grenze hat der Erstversicherer allein zu tragen; an ihnen ist der Rückversicherer nicht beteiligt.

Priorität

Aufgabe der Schadenexzedentenversicherung ist es somit, den Erstversicherer vor Großschäden zu schützen. Das Ausmaß, mit dem der Rückversicherer an einem bestimmten Schaden beteiligt ist, hängt somit von dessen jeweiliger Höhe ab und liegt nicht, wie bei der Summenexzedentenversicherung, schon bei Abschluss des Rückversicherungsvertrages fest.

Bei der Jahresüberschaden-Versicherung deckt der Rückversicherer nicht den Betrag eines bestimmten Einzelschadens, der die Priorität des Erstversicherers überschreitet, sondern alle Schäden, die den vertraglich festgesetzten Schadeneigenbehaltssatz des Erstversicherers überschreiten. Infolgedessen setzt die Beteiligung des Rückversicherers erst dann ein, wenn der Schadenaufwand des Erstversicherers eine bestimmte Jahresschadenquote überschreitet. Stets wird auch eine Höchstquote für die Haftung des Rückversicherers festgesetzt.

Jahresüberschadenvertrag

Die Jahresüberschaden-Versicherung wird auch als Stop Loss bezeichnet, weil sie den gesamten Schadenaufwand eines Erstversicherers für das Geschäftsjahr der Höhe nach begrenzt. Sie hat besondere Bedeutung für Versicherungszweige mit jährlich schwankendem Schadenaufwand, wie beispielsweise die Hagel- und Sturmversicherung.

Stop Loss

Hauptformen der Schadenrückversicherung

Einzelschaden-Exzedentenvertrag (Excess of Loss)	Jahresüberschaden-Exzedentenvertrag (Stop Loss)
RV haftet für den *einzelnen* Schaden, soweit die Priorität überschritten wird. Die Haftung des RV wird durch eine Höchstsumme beschränkt.	RV haftet, wenn *Jahresschadenaufwand* die vereinbarte Priorität überschreitet. Die Haftung des RV ist immer durch eine Höchstsumme beschränkt.

Beitrag

Der Beitrag in der Schadenrückversicherung wird in der Regel als Prozentsatz des Jahresbeitrages festgesetzt, den der EV aus dem rückversicherten Bestand einnimmt.

☛ Einzelschaden-Exzedentenvertrag

Beispiel:

Bei einem Einzelschaden-Exzedentenrückversicherungsvertrag gelten folgende Vereinbarungen:

Priorität des EV 5 Mio. €; RV_A übernimmt den Abschnitt 1 ab Priorität bis Limit 15 Mio. €, RV_B und RV_C übernehmen den Abschnitt 2 ab 15 Mio. bis Limit 35 Mio. € gemeinsam zu gleichen Teilen.

Berechnen Sie die Beteiligung der einzelnen RV an folgenden Schäden:
a) 4 Mio. € b) 13 Mio. € c) 27 Mio. €.

Lösung: Grafische Darstellung

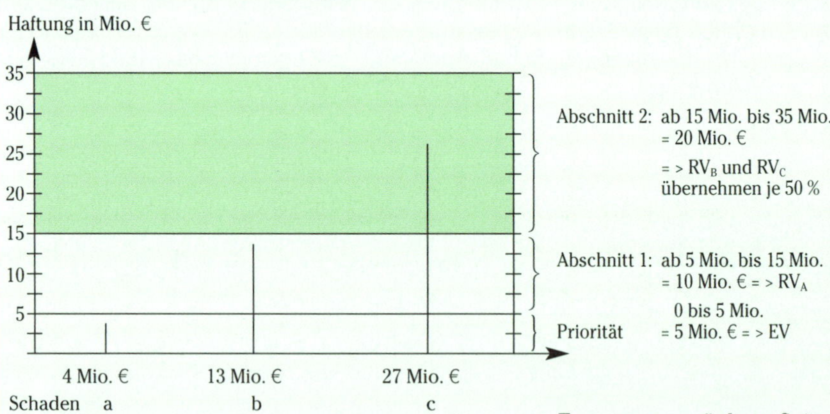

Fortsetzung nächste Seite

Berechnung

Schaden	a)	b)	c)
Schadenhöhe	4 000 000,00	13 000 000,00	27 000 000,00
– Priorität des EV (max. 5 Mio. € pro Schaden)	4 000 000,00	5 000 000,00	5 000 000,00
= Zwischensumme	–	8 000 000,00	22 000 000,00
– Haftung RV_A (max. 10 Mio. € pro Schaden)	–	8 000 000,00	10 000 000,00
= Haftung RV_B u. RV_C (je 50 %) (insges. max. 20 Mio. € pro Schaden)	–	–	12 000 000,00

☛ Jahresüberschaden-Exzedentenvertrag

Beispiel:

Ein Hagelversicherer hat eine Jahresüberschadenrückversicherung mit folgenden Vereinbarungen abgeschlossen:

Selbstbehalt 75 % des Jahresbeitrages des Bestandes;

Jahresüberschadenexzedent maximal 50 % des Jahresbeitragsaufkommens im Anschluss an den Selbstbehalt.

Vereinbarungsgemäß meldet der EV nach Abschluss des Versicherungsjahres seinem RV ein Jahresbeitragsaufkommen von 89 500 000,00 €.

Der Jahresschadenaufwand beträgt

a) 78 670 800,00 €,
b) 103 290 000,00 €,
c) 124 358 000,00 €.

Mit welchem Betrag ist der RV bei a), b) bzw. c) am Jahresschadenaufwand beteiligt?

Lösung a:

Jahresschadenaufwand	78 670 800,00 €
– Selbstbehalt (75 % von 89 500 000,00 €)	67 125 000,00 €
= Jahresüberschaden	11 545 800,00 €

Der RV trägt 11 545 800,00 € vom Jahresschadenaufwand.

Fortsetzung nächste Seite

Lösung b:

Jahresschadenaufwand	103 290 000,00 €
– Selbstbehalt (75 % von 89 500 000,00 €)	67 125 000,00 €
= Jahresüberschaden	36 165 000,00 €

Der RV trägt 36 165 000,00 € vom Jahresschadenaufwand.

Lösung c:

Jahresschadenaufwand	124 358 000,00 €
– Selbstbehalt (75 % von 89 500 000,00 €)	67 125 000,00 €
=	57 233 000,00 €
– Jahresüberschadenexzedent max. 50 % von 89 500 000,00 €	44 750 000,00 €
= Anteil, den der EV zusätzlich selbst zu tragen hat	12 483 000,00 €

Der RV trägt den maximal möglichen Anteil am Jahresschadenaufwand von 44 750 000,00 €.

(Der EV trägt über seinen Selbstbehalt von 67 125 000,00 € hinaus zusätzlich noch 12 483 000,00 €.)

5.4 Weitere Arten der Risikoverteilung

Retrozession

Rückversicherer geben einen Teil der von ihnen übernommenen Risiken wiederum in Rückdeckung. Diesen Vorgang bezeichnet man als Retrozession oder Weiterrückversicherung. Sie soll dazu beitragen, Häufungen von Risiken (Kumulierungen) in ihrem Bestand zu vermeiden, den erforderlichen Risikoausgleich zu verbessern und die Risiken in kleine Einheiten aufzuteilen (Atomisierung). Die Retrozession erfolgt weltweit zwischen Versicherungsunternehmen aller Länder und ermöglicht die Deckung größter Risiken (z. B. im Bereich der Meerestechnik und der Raumfahrt).

Versicherungspool

Der Aufteilung von Risiken dient auch der Versicherungspool. Dieses englische Wort bedeutet: Topf, Ring, Vereinigung.

Der Versicherungspool ist ein Zusammenschluss von Erst- und Rückversicherern in der Rechtsform der Gesellschaft des bürgerlichen Rechts. Die Poolmitglieder verpflichten sich, alle unter die Regelung fallenden Risiken in den Pool einzubringen, um dafür nach einem vorher festgelegten Schlüssel an dem Gesamtgeschäft des Pools beteiligt zu werden. Poolverträge dienen vor allem dazu, Risiken, die neuartig, besonders gefährlich oder unausgeglichen sind, unter den Poolmitgliedern aufzuteilen und gemeinschaftlich zu tragen.

Jedes Mitglied ist nur mit dem Anteil, der sich aus einem von vornherein festgelegten Verteilungsschlüssel ergibt, an den vom Pool gedeckten Risiken beteiligt.

Diesen Anteil übernimmt das einzelne Poolmitglied nicht nur an den von ihm selbst gezeichneten und in den Pool eingebrachten Risiken, sondern auch an denjenigen, die von anderen Mitgliedern dem Pool überwiesen werden. Die Geschäftsführung eines Pools obliegt entweder einem Mitgliedsunternehmen oder einem speziellen Poolsekretariat. Kosten legt es auf die Mitglieder um.

In Deutschland bestehen zurzeit drei große Versicherungspools:

- Deutscher Luftpool (für den Betrieb der Luftfahrtversicherung)
- Deutsche Kernreaktor-Versicherungsgemeinschaft (für den Betrieb der Nuklearversicherung)
- Pharma-Rückversicherungs-Gemeinschaft (für den Betrieb der Haftpflichtversicherung pharmazeutischer Betriebe nach dem Arzneimittelgesetz).

Zusammenfassung

Rückversicherung		
Vertragsgestaltung (Formen)	Deckungsmöglichkeiten (Arten)	
Fakultative Rückversicherung:	Proportionale Rückversicherung	Nichtproportionale Rückversicherung
Angebot großer Risiken von Fall zu Fall, wobei dem Rückversicherer die Annahme freisteht	Grundlage = Versicherungssumme	Grundlage = Schaden
Obligatorische Rückversicherung:	Quotenvertrag:	Schadenexzedentenvertrag:
Vertragliche Deckung im Einzelnen näher beschriebener Risiken ohne Ablehnungsmöglichkeit durch den Rückversicherer	Beteiligung des Rückversicherers mit einem festen Prozentsatz an einem bestimmten Versicherungsbestand	Übertragung desjenigen Teilbetrages eines Schadens, der den Schadenselbstbehalt (Priorität) des Erstversicherers übersteigt, auf den Rückversicherer
	Summenexzedentenvertrag:	Jahresüberschadenvertrag:
	Übertragung des den Selbstbehalt (Maximum) des Erstversicherers überschreitenden Betrags der Versicherungssumme auf den Rückversicherer	Deckung aller Schäden, die eine bestimmte Geschäftsjahresschadenquote des Erstversicherers übersteigen

Übungsaufgaben

1. Erläutern Sie den Begriff Rückversicherung.

2. Ohne professionelle Rückversicherung kann möglicherweise ein Erstversicherer seinen Verpflichtungen nicht nachkommen.

   a) Erklären Sie anhand von vier Beispielen die Aufgaben, die der Rückversicherer für den Erstversicherer leistet.
   b) Im Aufgabenbereich der Rückversicherer liegt auch die Atomisierung des Risikos. Beschreiben Sie diesen Vorgang und den Zweck, der damit verbunden wird.

3. In der Rückversicherung unterscheidet man verschiedene Rückversicherungsformen.

   a) Was versteht man in diesem Zusammenhang unter obligatorischer Rückversicherung? Geben Sie hierfür eine Erklärung.
   b) Ein wichtiger Rechtsgrundsatz im obligatorischen Rückversicherungsvertrag ist die Selbstbehaltpflicht des Erstversicherers.
      1. Warum ist diese Selbstbehaltpflicht bedeutsam?
      2. Nennen Sie drei Kriterien, nach denen sich der Selbstbehalt eines Erstversicherers richten sollte.
   c) In der obligatorischen Summenrückversicherung (proportionale Rückversicherung) unterscheidet man zwischen Quoten- und Summenexzedentenvertrag.
      1. Warum sind in einem Summenexzedenten-Rückversicherungsvertrag nicht alle Risiken des Bestandes des Erstversicherers rückversichert?
      2. Warum erstattet der Rückversicherer dem Erstversicherer eine Provision? Erläutern Sie die Gründe.

4. Grenzen Sie die Mitversicherung von der Rückversicherung anhand eines selbstgewählten Beispiels ab.

5. Erläutern Sie das versicherungstechnische Risiko einer Versicherungsunternehmung und nennen Sie fünf Möglichkeiten zu seiner Beeinflussung.

6. Warum schließt ein Erstversicherer mit dem Rückversicherer einen obligatorischen Rückversicherungsvertrag ab?

7. Unterscheiden Sie proportionales und nichtproportionales Rückversicherungsgeschäft und ordnen Sie Versicherungszweige diesen Rückversicherungsarten zu.

8. Was versteht man unter dem Versicherungspool?

9. Eine Industrie-Feuerversicherung ist in Form einer Mitversicherung vereinbart:
   Versicherungssumme: 3 675 000,00 €
   Beitragssatz: 2,00 ‰
   Versicherungsteuer: 11 %
   Anteile der Mitversicherer:
   Versicherer A 17,5 %
   Versicherer B 12,5 %
   Versicherer C 25,0 %
   Versicherer D 7,5 %
   Versicherer E 30,0 % (führende Gesellschaft)
   Versicherer F mit dem Restanteil.

   a) Erstellen Sie den Verteilungsplan für Versicherungssummen- und Beitragsanteile mit und ohne Versicherungsteuer.
   b) Der führende Versicherer E erhält eine Führungsprovision von 2,5 %. Berechnen Sie die Provisionsanteile der anderen Mitversicherer.
   c) Welchen Betrag hat der Versicherer E an die einzelnen Mitversicherer bei Verrechnung der Führungsprovision weiterzuleiten, nachdem der Versicherungsnehmer seinen Beitrag gezahlt hat?

10. Das Rückversicherungsunternehmen hat mit der Südstern Versicherung AG einen Quotenrückversicherungsvertrag abgeschlossen: Quote 35 %; Limit (Haftungsgrenze des RV): 2,8 Mio. €.
    Berechnen Sie, welchen Anteil der RV an Beitrag und Schaden für die folgenden Versicherungsverträge hat:

Versicherungssumme	Beitragssatz	Schaden
a) 1 600 000,00 €	1,65 ‰	437 980,00 €
b) 3 080 000,00 €	1,40 ‰	78 650,00 €
c) 580 000,00 €	2,05 ‰	15 376,00 €
d) 2 640 000,00 €	1,14 ‰	29 160,00 €

11. Die Südstern Versicherung AG hat mit mehreren RV einen Einzelschaden-Exzedentenrückversicherungsvertrag geschlossen. Der EV übernimmt einen Selbstbehalt (Priorität) von 3 Mio. €, der RV_A übernimmt ab Priorität den Abschnitt 1 bis 10 Mio. €, RV_B den Abschnitt 2 von 10 Mio. € bis 20 Mio. €, RV_C und RV_D je zur Hälfte den Abschnitt 3 bis 35 Mio. € Limit.
    Die Südstern Versicherung AG meldet den RV folgende Schäden:

    a) 2 789 000,00 €
    b) 16 432 000,00 €
    c) 39 700 000,00 €.

    Berechnen Sie die Anteile der einzelnen RV an den Schäden in €.

Wiederholungsaufgaben

01 Jeder Zusammenschluss einzelner Menschen zu staatlichen und wirtschaftlichen Vereinigungen beruht auf der Idee, dass die Gruppe stärker ist als der einzelne und sich auch besser gegen Gefahren und Verluste schützen kann.

a) Beschreiben Sie zwei Möglichkeiten der finanziellen Vorsorge, die zusätzlich alternativ zur Versicherung vorgenommen werden können!
b) Welche Merkmale kennzeichnen die Versicherung?
c) Erklären Sie das „Gesetz der großen Zahl" anhand eines Beispiels aus Ihrer beruflichen Praxis!

02 Einem Versicherer liegen (stark vereinfacht) für die Kalkulation der Risikoprämie folgende Erfahrungswerte vor:

Anzahl der Risiken	Schadendurchschnitt
900	–
40	200
30	500
20	1 000
6	5 000
3	10 000
1	25 000

a) Welche Prämienhöhe ergibt sich pro Risiko?
b) Alternativ bietet er die Vereinbarung einer Zweitrisikoversicherung im Sinne einer Integralfranchise in Höhe von 500,00 € an – welche Prämienersparnis hätte dadurch der Versicherungsnehmer?
c) Nennen Sie zwei weitere Gründe für die Vereinbarung einer Zweitrisikoversicherung (allgemein).

03 Durch Annahme- und Zeichnungspolitik sowie durch Rückversicherung kann der Versicherer die möglichen Auswirkungen des versicherungstechnischen Risikos reduzieren.

a) Erläutern Sie den Begriff des versicherungstechnischen Risikos und bewerten Sie diesen unter betriebswirtschaftlichen Kriterien.
b) Welche Maßnahmen können die Versicherer einleiten, u. a. auch bei schlechtem Schadenverlauf?
c) Wie wirkt sich das versicherungstechnische Risiko bei den Rückversicherern aus, und welche Einflussmöglichkeiten haben diese auf die Erstversicherer?

04 Anhand spezieller Gefahrenmerkmale in den einzelnen Versicherungszweigen differenziert der Versicherer für seine Kalkulation nach Wagnis- bzw. Tarifgruppen.

a) Welche Zielsetzung ist mit einer solchen Differenzierung bzw. Klassifizierung verbunden (gehen Sie dabei auch auf die Zuordnungs- und Erfassungsproblematik ein)?
b) Welche weiteren Probleme können sich dabei noch unter versicherungstechnischen/kalkulatorischen und betriebswirtschaftlichen Gesichtspunkten ergeben?

05 Erklären Sie die Bezeichnungen

a) abstrakte Bedarfsdeckung
b) konkrete Bedarfsdeckung

und nennen Sie je zwei Versicherungszweige.

06 Zeigen Sie anhand von vier Merkmalen Unterschiede zwischen einer Versicherungs-Aktiengesellschaft und einem Versicherungsverein auf Gegenseitigkeit auf.

07 Beschreiben Sie drei Gründe, die zur Konzernbildung in der Versicherungswirtschaft führen können.

08 Welche Kriterien bestimmen, ob jemand Handelsvertreter nach § 84 HGB ist?

09 Die Südstern Versicherung AG hat dem Handelsvertreter Paul Meier nach § 86 a Abs. 1 HGB die zur Ausübung seiner Tätigkeit erforderlichen Unterlagen zur Verfügung zu stellen.
Um welche Materialien handelt es sich hier?

10 Paul Meier gibt eine falsche Auskunft über den Umfang des Versicherungsschutzes.
Unter welchen Voraussetzungen ist die Südstern Versicherung AG an diese Erklärungen gebunden?

11 Der Vermittlungsagent Paul Meier nahm beim VN Peter Klein einen Antrag auf Gebäude-Versicherung auf, den Peter Klein auch unterschrieb. Einige Fragen hatte Paul Meier bewusst falsch beantwortet, weil er befürchtete, dass der Antrag sonst vom VR nicht angenommen wird. Peter Klein hatte Paul Meier gegenüber alles wahrheitsgemäß geschildert.
Im Antragsvordruck ist folgender Text enthalten: „Für die Richtigkeit der Angaben bin ich allein verantwortlich, auch wenn ich den Antrag nicht selbst ausgefüllt habe. Der Vermittler darf über die Erheblichkeit von Antragsfragen keine verbindlichen Erklärungen abgeben."
Anlässlich eines Schadenfalles ca. 1½ Jahre später lehnte der VR den Versicherungsschutz ab; Kausalität lag unstrittig vor. Er berief sich auf §§ 43 und 44 VVG.
Wie ist die Rechtslage zu beurteilen?

12 Herr Schulz ist Versicherungsmakler und hat für den Versicherungsnehmer Peter Fischer bei der Südstern Versicherung AG eine Versicherung vermittelt. Bei der Vermittlung hat Herr Schulz den Peter Fischer über den Versicherungsumfang irrtümlich falsch beraten, sodass ein Schaden in Höhe von 5000,00 €, der bei Peter Fischer eingetreten ist, entgegen den Erwartungen des Peter Fischer von der Südstern Versicherung AG bedingungsgemäß nicht reguliert wird, obwohl dieses Risiko gegen entsprechende Mehrprämie bei der Südstern Versicherung AG hätte versichert werden können.
Peter Fischer bittet Sie um Auskunft, ob er gegenüber der Südstern Versicherung AG oder gegenüber Herrn Schulz Ersatzansprüche hat.
Begründen Sie Ihre Antwort!

13 Der „Gesamtverband der Deutschen Versicherungswirtschaft e. V." nimmt für seine Mitglieder, die Versicherungsunternehmen, bestimmte Aufgaben wahr.
Welches sind seine wichtigsten Aufgaben?

14 Wie wirkt sich die Gesetzgebung auf die einzureichenden Geschäftspläne für die

- Lebensversicherung
- Krankenversicherung
- Schadenversicherung

aus?

15 Besonders eingehende Vorschriften befassen sich mit der Deckungsrückstellung bei der Lebensversicherung. Geben Sie eine Begründung für diese Regelung an.

16 Nach der Erlaubniserteilung für den Geschäftsbetrieb werden die Versicherungsunternehmen auch weiterhin von der Aufsichtsbehörde kontrolliert (laufende Aufsicht).
Beschreiben Sie, worin diese Aufsicht besteht und wie sie durchgesetzt wird.

17 Sie sind Mitarbeiter/-in der Abteilung Privatkundengeschäft der Südstern Allgemeine Versicherung AG.
Der Kunde Stefan Meier schloss am 6. Juni 2000, einen Tag vor seinem 16. Geburtstag eine Unfallversicherung mit einer Laufzeit von 5 Jahren ab (Beginn 1. Juni 2000). Die Eltern waren damit einverstanden und genehmigten in einem Schreiben an den Versicherer ausdrücklich den Vertrag. Die monatlichen Raten zahlte Stefan pünktlich von seiner Ausbildungsvergütung im Lastschrift-Einzugsverfahren.
Mit Schreiben vom 20. Juni 2002 verlangt Stefan nun die Rückzahlung der geleisteten Prämien sowie Zinsen seit Juni 2000.
Überprüfen Sie die Rechtslage in Bezug auf die Ansprüche des Versicherungsnehmers und des Versicherers!

18 Annette schloss am 09. 05., einen Tag vor ihrem 16. Geburtstag, bei ihrem Versicherer eine Kapital-Lebensversicherung auf 12 Jahre mit Wissen ihrer Eltern ab. Die monatlichen Raten zahlte Annette pünktlich – im Lastschrift-Einzugsverfahren – von ihrem ihr von den Eltern zur freien Verfügung überlassenen Arbeitseinkommen.
Mit Schreiben vom 10. 12. verlangte sie die Rückzahlung der bislang geleisteten Prämien sowie Zinsen seit Mai.
Der Versicherer verwies auf ein Schreiben der Eltern der Annette, in dem diese am 12. 11. dem Versicherer mitgeteilt hatten, dass sie den Vertragsabschluss ihrer Tochter genehmigten.

Fragen:

a) Kann Annette vom Versicherer die Rückzahlung der Prämien und auch Zinsen verlangen?
b) Kann der Versicherer von Annette die Fortsetzung des Vertrages verlangen?
c) Wie ist die Rechtslage, wenn der Versicherungsfall am 24. 11. des nächsten Jahres und wie, wenn er am 17. 08. des übernächsten Jahres eingetreten wäre?

19 Was besagt die Datenschutzklausel im Versicherungsantrag?

20 In der Lebensversicherung besteht die Möglichkeit, dass der VR die Versicherungssumme an den Inhaber des Versicherungsscheines zahlt, wenn keine Bezugsberechtigung besteht.
Welche Funktion hat der Versicherungsschein in diesem Fall? Begründen Sie Ihre Antwort.

21 Frau Schulz beantragt am 11. 03. eine Hausratversicherung mit einjähriger Vertragsdauer. Bei Antragstellung lagen ihr die Verbraucherinformationen des Versicherers gem. § 10 a VAG vor. Es gilt die gesetzliche Bindefrist. Am 20. 03. erhält sie die Police. Der Antrag wurde vom VR unverändert angenommen. Am 16. 04. löst der VN die Police durch Zahlung der Erstprämie ein.

a) Bis zu welchem Zeitpunkt ist der VN an seinen Antrag gebunden?
b) Wann endet in diesem Fall die vorvertragliche Anzeigepflicht des VN?
c) Wie ist die Übersendung der Police vertragsrechtlich zu bewerten?
d) Am 14. 04. entsteht ein Feuerschaden am Hausrat der Versicherungsnehmerin. Ist der Versicherer für diesen Schaden ersatzpflichtig? Bitte begründen Sie Ihre Entscheidung!

22 Herr Jäger beantragt zum 01. 01. eine Haftpflichtversicherung, die auch die Haltung eines Kaimans umfassen soll. Am 27. 12. des Vorjahres erhält er die Police, die nicht das Risiko aus der Haltung eines Kaimans enthält. Am 29. 12. bezahlt er die Erstprämie.

a) Wozu ist der VR bei Antragsabweichung verpflichtet?
b) Welche Rechtsfolge tritt ein, wenn der VR dieser Verpflichtung nicht nachkommt?

c) Der VR ist seiner Verpflichtung nachgekommen. Deshalb widerspricht der VN der Antragsabweichung, und zwar am
   - 25. 01. bzw.
   - 30. 01.

   Prüfen Sie jeweils (mit Begründung!), ob hier ein Vertrag besteht. Wann beginnt der Versicherungsschutz?

23 Herr Stracke – gerade verheiratet und Gründer eines eigenen Hausstandes – hat bei einer Konkurrenzgesellschaft am 06. 04. einen Antrag auf Abschluss einer Hausratversicherung unterschrieben. Am 22. 04. erfährt er, dass der Beitrag bei Ihrer Gesellschaft erheblich günstiger liegt.

a) Stellen Sie die zwei grundsätzlichen Möglichkeiten dar, die ein Antragsteller nach VVG bei einem Hausratantrag in einer solchen Situation besitzt.
   Nennen Sie die Voraussetzungen und Fristen.
b) Wie wäre der Fall zu betrachten, wenn es sich bei dem abgegebenen Antrag um einen Lebensversicherungsantrag handelt? Nennen Sie die Voraussetzungen und Fristen.

24 Aus privaten Versicherungsverträgen können sich steuerliche Auswirkungen ergeben.
Erläutern Sie diese an je einem Beispiel für den VN und den VR.

25 Herr Wittig hat eine Hausratversicherung zum 01. 03. abgeschlossen.
Welche Konsequenzen ergeben sich für seinen Vertrag, wenn der Erstbeitrag nicht gezahlt wird?

26 Prämienschuldner ist der VN. Von welchen anderen Personen muss der VR jedoch ebenfalls insbesondere die Prämie annehmen, obwohl er deren Zahlung nach den allgemeinen Regelungen des bürgerlichen Rechts ablehnen könnte?

27 Herr Bauer hat eine Hausratversicherung abgeschlossen. Versicherungsperiode 01. 01. – 01. 01. Nach Fälligkeit der Folgeprämie erhält er mit Datum 02. 02. folgende Mahnung:
„Sehr geehrtes Mitglied!
Bitte haben Sie Verständnis dafür, dass wir an Sie herantreten, weil Ihr Beitragskonto an dem oben genannten Tag noch nicht ausgeglichen war. Sollten Sie in den letzten Tagen überwiesen haben, so ignorieren Sie bitte dieses Schreiben. Sollten Sie noch nicht gezahlt haben, bitten wir Sie, nunmehr sofort zu überweisen, um den Versicherungsschutz nicht zu gefährden."
Am 16. 02. tritt ein Versicherungsfall ein. Darauf zahlt Herr Bauer sofort am 17. 02. den Beitrag.
Überprüfen Sie, ob in diesem Fall Versicherungsschutz besteht, und begründen Sie Ihre Antwort.

28 Frau Kube hat die am 05. 05. fällige Jahresfolgeprämie von 267,00 € für ihre private Unfallversicherung am 06. 06. noch nicht bezahlt. Der VR will Frau Kube daher am 07. 06. ein qualifiziertes Mahnschreiben, verbunden mit einer Kündigung, zusenden.
Bitte formulieren Sie das Mahnschreiben so, dass es rechtswirksam ist!
Das Mahnschreiben geht Frau Kube am 09. 06. zu.
Bitte erläutern Sie, unter welcher Voraussetzung ein Versicherungsfall, der bei Frau Kube am 27. 06. eintritt, vom Versicherer zu regulieren wäre.

29 Sie arbeiten in der Abteilung Privatkundengeschäft der Südstern Allgemeine Versicherung AG. Sie erhalten wöchentlich Auszüge von Verträgen, bei denen bis zum heutigen Datum trotz Zahlungserinnerung kein Zahlungseingang vorliegt.

Vertragsdaten (im Auszug)	Hausratversicherung
Versicherungsnehmer:	Lars Wolf, Färberstr. 17, 40223 Düsseldorf
Bedingungen:	VHB 2000
Beginn:	2000-12-01
Ablauf:	2005-12-01
Zahlungsweise:	vierteljährlich
Beitragskonto:	Beitrag 2002-03-01 rückständig Zahlungserinnerung 2002-03-20
Beitrag/Rate:	72,00 €

Sie entscheiden sich, ein qualifiziertes Mahn- und Kündigungsschreiben zuzusenden.
Notieren Sie in Stichpunkten den Inhalt Ihres Schreibens an Herrn Wolf!

30 Sie sind Mitarbeiter/-in der Sachversicherung der Südstern Allgemeine Versicherung AG. Zu einer Wohngebäudeversicherung liegen Ihnen folgende Daten vor:

Antragstellung:	16. 03. 2002
Beginn laut Police:	21. 03. 2002
Zugang des Antrags beim Versicherungsunternehmen:	20. 03. 2002
Zugang der Police mit Verbraucherinformationen beim Versicherungsnehmer:	04. 04. 2002
Abbuchung der Prämie im Lastschriftverfahren:	09. 04. 2002

a) Bis zu welchem Datum besteht die vorvertragliche Anzeigepflicht?
b) Mit welchem Datum beginnt der prämienbelastete Zeitraum?
c) An welchem Datum endet das Widerspruchsrecht des Versicherungsnehmers?
d) Ab welchem Datum besteht Versicherungsschutz?

31 Frau Behrens, Magdeburg, hat am 13. 02. einen Antrag auf Abschluss einer Hausratversicherung bei der Südstern Versicherung AG in München abgegeben.
Versicherungsperiode 01. 03. – 01. 03.
Am 18. 02. erhält sie eine Annahmeerklärung, am 22. 02. den Versicherungsschein per Post.

a) Wann ist die Prämie nach VVG fällig?
b) Welcher Ort ist für die Prämienzahlung Leistungsort?
c) Welche gesetzliche Regelung gilt für die Gefahrtragung der Prämienzahlung?
d) Angenommen, Frau Behrens hat am 02. 03. die Erstprämie immer noch nicht bezahlt. Was hat die Südstern Versicherung AG jetzt nach VVG zu unternehmen, wenn sie an einer Aufrechterhaltung des Vertrages interessiert bzw. nicht interessiert ist?

32 Herr Schmitz in Köln hat am 20. 02. eine Hausratversicherung bei der Südstern Versicherung AG, München, abgeschlossen (Versicherungsperiode 01. 03. – 01. 03.).
Am 25. 02. erhält Herr Schmitz den Versicherungsschein per Post.

a) Wann ist die Prämie nach VVG fällig (Begründung!)?
b) Welcher Ort ist für die Prämienzahlung Leistungsort (Begründung!)?
c) Herr Schmitz überlegt, ob er die Erstprämie (1) durch Verrechnungsscheck, (2) durch Banküberweisung oder (3) durch Erteilung einer entsprechenden Einzugsermächtigung zahlen soll. Erläutern Sie jeweils, zu welchem Zeitpunkt der Versicherungsschutz beginnt.
d) Welche Regelung gilt für die Gefahrtragung der Prämienzahlung nach VVG?

33 Am 21. 02. stellte Frau Bauer bei der Südstern Versicherung AG einen Antrag auf Abschluss einer Haftpflichtversicherung für die Dauer von fünf Jahren. Am 05. 03. hatte die Südstern Versicherung AG den Versicherungsschein ausgefertigt und sandte ihn mit gleichem Datum und normaler Post an Frau Bauer ab. Nach deren Aussage kam der Brief jedoch nie bei ihr an. Die gesondert zugesandte Prämienrechnung beglich Frau Bauer jedoch anstandslos durch Überweisung von ihrem Bankkonto. Auch die Prämienrechnungen der nächsten beiden Versicherungsperioden wurden von ihr ohne Kommentar bezahlt. Erst im vierten Jahr verweigerte sie die Zahlung mit der Begründung, es sei kein Versicherungsvertrag zu Stande gekommen. Die Südstern Versicherung AG fordert von Frau Bauer für die verbleibenden Versicherungsperioden die Bezahlung der Prämie.
Nehmen Sie Stellung und begründen Sie Ihre Aussagen!

34 Sie sind Mitarbeiter/-in der Antragsabteilung der Südstern Allgemeine Versicherung AG. Am 7. November 2001 geht ein Schreiben des Herrn Peter Klein vom 6. November 2001 ein. Darin heißt es unter anderem: „Von meinem Recht, die Zahlung der Erstprämie zu verweigern, mache ich hiermit Gebrauch. Ich habe mich aus persönlichen Gründen für einen anderen Anbieter entschieden."

Folgende Vertragsdaten liegen Ihnen vor:

Name des Antragstellers:	Peter Klein
Versicherungsart:	Hausratversicherung
Datum der Antragsunterschrift und der Übergabe des Antrags:	13. 10. 2001
Wurden dem Antragsteller nachweislich die Versicherungsbedingungen übergeben bzw. eine Verbraucherinformation nach dem Versicherungsaufsichtsgesetz überlassen?	Ja
Antragseingang bei Direktion:	15. 10. 2001
Beantragter Versicherungsbeginn:	01. 11. 2001
Beantragte Versicherungsdauer:	5 Jahre
Verlängerungsklausel:	Ja
Im Falle des Widerrufsrechts nach VVG:	
Wurde der VN bereits bei Antragstellung nachweislich über seine Rechte belehrt?	Ja
Hat der VN die Belehrung durch zusätzliche Unterschrift im Antrag bestätigt?	Ja
Weicht der Versicherungsschein inhaltlich vom Antrag ab?	Nein
Datum der Zustellung des Versicherungsscheines:	26. 10. 2001
Liegt eine Einzugsermächtigung vor?	Nein
Wurde zur Prämienzahlung aufgefordert?	Ja
Besonderheiten:	keine

Stellen Sie stichwortartig die Argumente für eine Stellungnahme zusammen, die Herrn Klein die Rechtslage verdeutlicht!

35 Herr Wirtz beantragt bei seinem Versicherungsunternehmen den Abschluss einer Versicherung zu einer Jahresprämie von 400,00 € und hält sich bis zum 02. 04. an den Antrag gebunden. Am 27. 03. geht Herrn Wirtz eine Erklärung des Versicherungsunternehmens zu, dass der Antrag angenommen und der Versicherungsschein in Kürze übersandt werde. Am 10. 04. erhält Herr Wirtz den Versicherungsschein mit der Aufforderung, die Erstprämie von 400,00 € zu entrichten. Herr Wirtz zahlt nicht, auch nicht auf zweimalige Mahnung des Versicherungsunternehmens. Daraufhin beschließt das Versicherungsunternehmen am 01. 07., die 400,00 € durch Mahnbescheid gegenüber Herrn Wirtz gerichtlich geltend zu machen.
Beurteilen Sie die Erfolgsaussicht des Prämienprozesses. Begründen Sie Ihre Antwort!

36 Frau Weiß verletzt schuldhaft die vorvertragliche Anzeigepflicht in der Unfallversicherung. Die Hauptfälligkeit ist der 01. 05. Der Versicherer erhält am 01. 10. Kenntnis von der Anzeigepflichtverletzung und erklärt daraufhin am 10. 10. den Rücktritt.
Für welchen Zeitraum hat der VR Anspruch auf die Prämie? Begründen Sie Ihre Antwort.

37 Welche Obliegenheiten gibt es bei oder nach Eintritt des Versicherungsfalles?

38 Herr Hintze hat eine Krankheitskosten-Vollversicherung beantragt. Die Rückfrage des Versicherers beim Hausarzt ergibt, dass der Antragsteller seit 3 Jahren wegen eines schweren Herzleidens in Behandlung ist. Daraufhin fertigt der Versicherer einen Versicherungsschein aus, der einen generellen Ausschluss für Herzkrankheiten enthält.
Muss der Antragsteller die Police einlösen? Unter welchen Voraussetzungen ist der policierte Ausschluss Vertragsbestandteil geworden?

39 Herr Fluß kündigt seine Privathaftpflichtversicherung zum Vertragsende (31.12.).

Datum der Kündigungserklärung:	15.02.
Zugang beim Versicherer:	17.02.

a) Zu welchem Termin und mit welcher Frist können solche Versicherungsverträge gemäß VVG ordentlich gekündigt werden? Gehen Sie bei Ihrer Antwort darauf ein, dass es sich hierbei um eine halbzwingende Vorschrift handelt!
b) Erläutern Sie, ob die Kündigung des Versicherungsnehmers wirksam ist!
c) Erläutern Sie die Rechtslage, wenn die Kündigung dem Versicherer am 02.10. zugeht!

40 Erklären Sie die Begriffe „Vorsatz" und „grobe Fahrlässigkeit" und die Wirkung dieser beiden Verschuldensarten für eine Sparte der Personen- und eine Sparte der Sachversicherung.

41 Bis zu welchem Termin muss der Kunde bei einer Krankheitskostenzusatzversicherung Veränderungen im Gesundheitszustand anzeigen?

– Antragstellung	13.05.
– beantragter Vers.-Beginn	01.06.
– Zugang der Police	15.06.
– Ende der allg. Wartezeit	31.08.

Begründen Sie Ihre Antwort.

42 Grenzen Sie Rechtspflichten und Obliegenheiten voneinander ab und führen Sie je zwei Beispiele an.

43 Frau Marlene Glück hat eine Versicherung abgeschlossen und ist mit der Zahlung einer Folgeprämie im Rückstand. Der Versicherer mahnt die ausstehende Prämie nach § 39 VVG an. Nach Ablauf der korrekt gesetzten Zahlungsfrist zahlt der Versicherungsnehmer die ausstehende Prämie auf das Postbankkonto des Versicherers bei der Post in bar ein. Vor Gutschrift dieses Betrages auf dem Konto des Versicherers tritt der Versicherungsfall ein. Besteht für den Versicherungsfall Versicherungsschutz? Begründen Sie Ihre Antwort!

44 Frau Axler hat bei der Südstern Versicherung AG eine Versicherung abgeschlossen. Als Frau Axler mit den monatlichen Prämienzahlungen in Rückstand geraten ist, übersendet die Südstern Versicherung AG am 23. 04. ein Mahnschreiben gemäß § 39 VVG, in dem die rückständigen Prämien von Januar bis einschließlich April angegeben sind. Am 21. 04. war jedoch die Prämienzahlung für April bereits bei der Südstern Versicherung AG eingegangen, was jedoch der das Mahnschreiben bearbeitende Sachbearbeiter noch nicht wusste. Ende Mai tritt der Leistungsfall ein.

a) Ist die Südstern Versicherung AG leistungspflichtig?
b) Wäre der Fall anders zu beurteilen, wenn im Mahnschreiben die Prämienschuld für Februar und März angegeben gewesen wäre, nicht jedoch die ebenfalls unbezahlte Prämie für den Januar?

Begründen Sie Ihre Entscheidungen!

45 Ansprüche aus dem Versicherungsvertrag unterliegen der Verjährung.

a) Erklären Sie den Begriff Verjährung
b) Wann beginnt die Verjährungsfrist gemäß § 12 VVG?
c) Ab wann ist ein Anspruch gemäß § 12 VVG verjährt.

46 In der Sach- und Haftpflichtversicherung wird beiden Parteien nach eingetretenem Versicherungsfall ein außerordentliches Kündigungsrecht eingeräumt.

a) Welche Gründe lassen sich hierfür anführen?
b) Warum gilt dieses außerordentliche Kündigungsrecht in der privaten Krankenversicherung nicht?
c) Wann müsste der VR spätestens kündigen, und welche Frist muss er dabei beachten?
d) Bitte erläutern Sie kurz, zu welchem Zeitpunkt der VN nach Ihrer Meinung kündigen sollte!

47 Erläutern Sie aus rechtlicher Sicht die Vorteile und Nachteile der Arglistanfechtung nach §§ 123 BGB, 22 VVG im Vergleich zum Rücktritt wegen Verstoßes gegen die vorvertragliche Anzeigepflicht.

48 Ein Versicherungsvertrag, der am 01. 01., 12.00 Uhr, begann, ist auf die Dauer eines Jahres abgeschlossen und enthält die Vereinbarung, dass er sich von Jahr zu Jahr verlängert, wenn er nicht mit einer Frist von drei Monaten zum jeweiligen Ablauf schriftlich gekündigt wird. Der Versicherungsnehmer erklärt mit Schreiben vom 30. 09. des folgenden Jahres, das am 01. 10. in den Vormittagsstunden beim Versicherer eingeht, die Kündigung des Versicherungsvertrages zum nächstmöglichen Zeitpunkt.
Zu welchem Zeitpunkt ist die Kündigung wirksam? Begründen Sie Ihre Antwort!

49 Herr Wolff meldet am 07. 11. seinem Versicherer einen Leitungswasserschaden, der sich am 05. 11. ereignet hat. Nach Prüfung des Falles lehnt der Ver-

sicherer die Leistung ab. Der schriftliche Ablehnungsbescheid geht dem VN am 15. 11. des folgenden Jahres zu.

a) Erläutern Sie, wann der Anspruch des Versicherungsnehmers verjährt!
b) Innerhalb welcher Frist muss der VN klagen, wenn er auf Leistung besteht? (mit kurzer Erläuterung!)
c) Wodurch unterscheiden sich Verjährung und Klagefrist?
d) Unter welchen Voraussetzungen kann der Versicherer die Leistung mit der Begründung ablehnen, dass der VN seinen Anspruch nicht rechtzeitig geltend gemacht habe?

50 Erläutern Sie zwei Möglichkeiten des Erstversicherers, ein Risiko zu versichern, das seine Leistungsfähigkeit übersteigt.

51 An einem Sammelversicherungsschein ist der Mitversicherer M mit einem Anteil von 20 % beteiligt. Er hat mit einem Rückversicherer einen Schadenexzedentenrückversicherungsvertrag mit einer Priorität von 100 000,00 € abgeschlossen.
Wie viel Tausend € beträgt der Entschädigungsanteil des Rückversicherers, wenn das versicherte Objekt von einem Schaden betroffen wurde, dessen Gesamtentschädigung an den Versicherungsnehmer sich auf 4 000 000,00 € beläuft?

52 Jonas, der mit 16 Jahren unter Mitunterschrift seiner Eltern bei der Südstern Versicherung AG eine fünfjährige Unfallversicherung abgeschlossen hatte, zu dem die Beiträge von seinem Bankkonto abgebucht wurden, schreibt zu diesem Vertrag mit 19 Jahren an die Südstern Versicherung AG:
„Wenn mir etwas zustößt, so soll das Geld meiner Freundin Lisa zustehen."
Kurze Zeit später schreibt Jonas wiederum an die Südstern Versicherung AG:
„Ich habe mich erkundigt. Der Versicherungsvertrag ist ungültig, weil ich damals minderjährig war. Bitte heben Sie den Vertrag rückwirkend auf und erstatten Sie mir die Beiträge."
Nehmen Sie zu folgenden Fragen Stellung:

1. Ist der Versicherungsvertrag wirksam zu Stande gekommen?
2. Kann Jonas die rückwirkende Aufhebung des Versicherungsvertrages unter Erstattung der Beiträge verlangen?

Begründen Sie Ihre Antwort!

53 Nach Abschluss eines Feuerversicherungsvertrages hält der VN die Vereinbarung, an bestimmten Stellen seines Betriebes funktionstüchtige Feuerlöscher zu installieren, nicht ein. Am 15. 06. erlangt der VR Kenntnis von diesem Zustand. Am 10. 07. tritt ein Versicherungsfall ein.

a) Bitte erläutern Sie ausführlich, wie die Leistungspflicht des Versicherers laut VVG geregelt ist?
b) Wie ist die Rechtslage zu beurteilen, wenn der VR schon am 05. 06. Kenntnis von dem Umstand erhält?

54 Sie sind Mitarbeiter/-in der Südstern Allgemeine Versicherung AG. Zur Hausratversicherung des Kunden Kevin Klein liegen Ihnen die folgenden Informationen vor:

- Die Folgeprämie, fällig am 1. April 2002, wurde von Herrn Klein nicht gezahlt.
- Da Herr Klein auf Zahlungserinnerung nicht reagiert, ging ihm am 4. Mai 2002 ein qualifiziertes Mahn- und Kündigungsschreiben mit Mindestzahlungsfrist zu.
- Am 16. Mai 2002 meldete Herr Klein einen bedingungsgemäßen Brandschaden vom selben Tag in Höhe von ca. 750,00 €. Gleichzeitig teilte er mit, dass er die ausstehende Folgeprämie am 15. Mai 2002 überwiesen habe.
- Die Gutschrift über die am 1. April 2002 fällig gewesene Folgeprämie erfolgte auf dem Bankkonto der Südstern am 21. Mai 2002.
- Am 22. Mai 2002 meldet Herr Klein einen weiteren bedingungsmäßigen Brandschaden, der sich am 20. Mai 2002 ereignet hatte, in Höhe von ca. 450,00 €.

Beurteilen Sie in Stichworten die Rechtslage bezüglich des Versicherungsschutzes und des Versicherungsvertrages!

55 Sie sind Mitarbeiter/-in des Service Centers der Südstern Versicherungsgruppe. Sie betreuen eine Praktikantin aus Mailand, die sich während ihres 3-monatigen Aufenthaltes mit dem deutschen Versicherungswesen vertraut machen will.
In der Abteilung werden Kunden mit Problemen zu verschiedenen Versicherungssparten beraten. Die Praktikantin versteht nicht, warum einige der Sparten von der Südstern Versicherung als rechtlich selbstständige Versicherungsunternehmen betrieben werden.
Außerdem ist der Praktikantin aufgefallen, dass auf mehreren Fernsehsendern häufig Werbespots von Direktversicherern mit Angabe einer Telefonnummer zu sehen sind. Sie kennt solche Werbung aus Italien nicht.

a) Erläutern Sie der Praktikantin, für welche Sparten rechtlich selbstständige Unternehmen in Deutschland vorgeschrieben sind und begründen Sie diese Regelung!
b) Erläutern Sie der Praktikantin, warum bei der Fernsehwerbung Direktversicherer stark vertreten sind!

56 Ihre Kundin, Frau Meissen, hat die Leistungsabrechnung zu ihrem Hausratversicherungsvertrag erhalten. Sie legt gegen diese Abrechnung Beschwerde ein, da sie der Auffassung ist, dass die Südstern Versicherung AG 500,00 € bei der Schadenabwicklung hätte berücksichtigen müssen. Die Südstern Versicherung AG lehnt jedoch diese Beschwerde ab. Frau Meissen hat diese Streitigkeiten in einem Brief dem Ombudsmann mitgeteilt.
Notieren Sie in Stichworten das Verfahren des Ombudsmannes.

57 Sie sind Mitarbeiter/-in der Sachantragsabteilung der Südstern Allgemeine Versicherung AG und zuständig für die Rückversicherungsverträge. Für die Sturmversicherung besteht ein Jahresüberschaden-Exzedentenvertrag (Stop-Loss-Vertrag) mit folgenden Vereinbarungen:

- Selbstbehalt 60 % des Jahresbeitrages
- Jahresüberschaden-Exzedent maximal 50 % des Jahresbeitrages im Anschluss an den Selbstbehalt.

Im vergangenen Jahr erzielten Sie einen Jahresbeitrag von 70,5 Mio. €; der Jahresschadenaufwand betrug 45,1 Mio. €.
Ihr Auszubildender Stefan Borg fragt Sie:

a) Mit welchem Betrag ist der Rückversicherer beteiligt? Erläutern Sie ihm die Abrechnung mit dem Rückversicherer.
b) Wird der Stop-Loss-Vertrag der Summen- oder der Schadenrückversicherung (proportionale oder nicht proportionale) zugeordnet? Begründen Sie die Angabe.

58 Zwischen einem Erstversicherer und einem Rückversicherer besteht ein Summenexzedentenvertrag.
Folgende Daten liegen vor:

Versicherungssumme	200 000,00 €
Selbstbehalt des Erstversicherers	50 000,00 €
Anteil des Rückversicherers	150 000,00 €

In welcher Form wird ein Teilschaden in Höhe von 60 000,00 € entschädigt?

Situation zur Aufgabe 59 und 60

Ihnen liegt der abgebildete Antrag von Frau Gärtner zum Abschluss einer Hausratversicherung zur Überprüfung vor.

Südstern Versicherungen

Antrag Hausrat-Versicherung – VHB 2000 – (Auszug)

FD	Agt.-Nr.	Versicherungsschein-Nr.	☒ Neuantrag ☐ Veränderungsantrag	Tagesablage

☐ Herr ☒ Frau	Name, Vorname des Antragstellers Gärtner, Viola	Titel

Straße, Hausnummer	PLZ	Wohnort und ggf. Ortsteil
Beethovenplatz 7	60325	Frankfurt/Main

Versicherungsbeginn 12 Uhr Tag/Monat/Jahr	Versicherungsablauf 12 Uhr Tag/Monat/Jahr	Die Verträge verlängern sich stillschweigend nach Ablauf der vereinbarten Dauer jeweils von Jahr zu Jahr, wenn nicht spätestens 3 Monate vor Ablauf der anderen Partei eine schriftliche Kündigung zugegangen ist
01.12.2002	01.12.2007	

Zahlungsweise ☐ 1/1 jährlich ☐ ½ jährlich ☐ ¼ jährlich ☒ 1/12 jährlich

Wohnfläche 110 qm

Unterversicherungsverzicht bei mindestens 650 EUR je qm

Versicherungssumme 85.000,00 EUR

Tarifzone
☐ H I ☐ H II ☐ H III ☐ H IV ☐ H V ☐ H VI

Grundbeitragssatz ____ ‰

Wertsachenanteil erhöht
☐ auf 25 % der Vers. Su. ☒ auf 30 % der Vers. Su. ☐ auf ____ % der Vers. Su.

Einschluß Fahrraddiebstahl und Diebstahl von Krankenfahrstühlen
☐ bis 1 % der Vers. Su. ☒ bis 2 % der Vers. Su. ☐ bis ____ % der Vers. Su.
☐ Einschluß von **Überspannungsschäden durch Blitz** bis 5 % der Vers. Su.
☒ Einschluß von Schäden durch **Wasser aus Aquarien/Wasserbetten**
☐ Gefahrerhöhung durch **vorübergehendes Unbewohntsein** über die Dauer von 60 Tagen hinaus
☐ **Sonstiges/Einschlüsse/Ausschlüsse:**

Beitragssatz zusammen ____ ‰

Gesamtprämie gemäß Zahlungsweise einschließlich Versicherungsteuer ____ EUR

Allgemeine Angaben/Risikobeschreibung

Vers. – Grundstück	☒ wie Anschrift	Straße, Hausnummer	PLZ	Ort und ggf. Ortsteil	
Wohnungs/ Haustyp	☒ ständig bewohnte Wohnung/Einfamilienhaus	☐ Zweit-/Ferienwohnung in einem ständig bewohnten Gebäude ☐ Zweit-/Ferienwohnung in einem nicht ständig bewohnten Gebäude		☐ innerhalb geschloss. Wohngebiet ☐ außerhalb geschloss. Wohngebiet	Vers. Räuml. im ☐ UG ☐ EG ☐ ...... OG
Sonstiges	☐ Räume in Nebengebäuden sind vorhanden				
Sicherungen	**Alle Außen-/Wohnungsabschlußtüren mit** ☒ Zylinderschloß – bündig mit Sicherheitsbeschlag, oder: **Kellerfenster/-schächte gesichert durch** ☐ Gitter ☒ Kellerrostverankerung ☐ Stahlblechboden mit Schloß ☐ keine vorhanden				
Vorversicherung/ Vorschäden	Bestehen/bestanden gleichartige Verträge für vorgenannte Risiken des Antragstellers ☐ ja ☒ nein Kündigung durch Vorversicherer ☐ ja ☒ nein wenn ja, wann:			bei/von Versicherer	VS-Nr.
	Vorschäden zu den beantragten Versicherungen in den letzten 10 Jahren ☐ ja ☒ nein			Art	Tag / Höhe EUR

26.11.2002
Datum

Unterschrift Vermittler

Gärtner
Unterschrift Antragsteller

59 Die Verbraucherinformation wurde Frau Gärtner bei Antragstellung schriftlich übergeben. Eine Bestätigung liegt vor.

a) Stellen Sie fest, welches Recht Frau Gärtner jetzt zusteht.
b) Bis zu welchem Zeitpunkt kann Frau Gärtner dieses Recht ausüben?

60 Am 7. Dezember erhält Frau Gärtner eine Annahmeerklärung der Südstern Versicherung AG per Postbrief. Die Police geht am 17. Dezember zu. Frau Gärtner hatte die Südstern Versicherung AG bei der Antragsaufnahme eine Einzugsermächtigung erteilt. Die Abbuchung erfolgt am 22. Dezember. Das Konto verfügt stets über Deckung:

a) Ermitteln Sie den technischen Beginn.
b) Ermitteln Sie den formellen Beginn.
c) Ermitteln Sie den materiellen Beginn.
d) Stellen Sie fest, ab welchem Tag unter dem gegebenen Sachverhalt die Prämienschuld als getilgt gilt.

Stichwortverzeichnis